《刑法原理与实务》（下）编委会

主　　编：陈　鸿　周　颜

副 主 编：丁为群　朱萍萍

编写人员：（按姓氏笔画排序）

丁为群　朱萍萍　陈　鸿　陈　娴　陈　妍

罗平娥　周京英　周　颜　程应需　谢素珺

高等法律职业教育系列教材
GAODENGFALUZHIYEJIAOYUXILIEJIAOCAI

刑法原理与实务（下）

主　编◎陈　鸿　周　颜
副主编◎丁为群　朱萍萍

暨南大學出版社
JINAN UNIVERSITY PRESS
中国·广州

图书在版编目（CIP）数据

刑法原理与实务（下）/陈鸿，周颜主编；丁为群，朱萍萍副主编. —广州：暨南大学出版社，2014.2（2023.12 重印）
（高等法律职业教育系列教材）
ISBN 978－7－5668－0857－8

Ⅰ.①刑… Ⅱ.①陈…②周…③丁…④朱… Ⅲ.①刑法—中国—高等职业教育—教材 Ⅳ.①D924

中国版本图书馆 CIP 数据核字(2013)第 276315 号

刑法原理与实务（下）

XINGFA YUANLI YU SHIWU（XIA）

主　编：陈　鸿　周　颜　副主编：丁为群　朱萍萍

出 版 人：阳　翼
责任编辑：付有明　何镇喜
责任校对：周玉宏　周优绚　曹　军
责任印制：周一丹　郑玉婷

出版发行：暨南大学出版社（511443）
电　　话：总编室（8620）37332601
营销部（8620）37332680　37332681　37332682　37332683
传　　真：（8620）37332660（办公室）　37332684（营销部）
网　　址：http：//www. jnupress. com
排　　版：广州市新晨文化发展有限公司
印　　刷：佛山市浩文彩色印刷有限公司
开　　本：787mm×1092mm　1/16
印　　张：20. 5
字　　数：500 千
版　　次：2014 年 2 月第 1 版
印　　次：2023 年 12 月第 15 次
定　　价：45. 00 元

目　录
CONTENTS

总　序 …… 001

前　言 …… 001

单元一　概　述

项目一　刑法总论与刑法分论的关系 …… 001
项目二　刑法分则的体系 …… 003
项目三　法条竞合 …… 009

单元二　危害国家安全罪

项目一　重点罪名 …… 014
项目二　次重点罪名 …… 021

单元三　危害公共安全罪

项目一　重点罪名 …… 026
项目二　次重点罪名 …… 058
项目三　本单元涉及的其他罪名 …… 065

单元四　破坏社会主义市场经济秩序罪

项目一　重点罪名 …… 068
项目二　次重点罪名 …… 125
项目三　本单元涉及的其他罪名 …… 135

单元五　侵犯公民人身权利、民主权利罪

项目一　重点罪名 …… 138
项目二　次重点罪名 …… 175

项目三　本单元涉及的其他罪名 …… 181

单元六　侵犯财产罪

项目一　重点罪名 …… 183
项目二　次重点罪名 …… 203

单元七　妨害社会管理秩序罪

项目一　重点罪名 …… 208
项目二　次重点罪名 …… 240
项目三　本单元涉及的其他罪名 …… 247

单元八　危害国防利益罪

项目一　重点罪名 …… 253
项目二　次重点罪名 …… 263
项目三　本单元涉及的其他罪名 …… 265

单元九　贪污贿赂罪

项目一　重点罪名 …… 267
项目二　次重点罪名 …… 282

单元十　渎职罪

项目一　重点罪名 …… 287
项目二　次重点罪名 …… 298

单元十一　军人违反职责罪

项目一　重点罪名 …… 307
项目二　次重点罪名 …… 314

参考文献 …… 321

总　序

高等法律教育职业化已成为社会的广泛共识。2008 年，由中央政法委等 15 部委联合启动的全国政法干警招录体制改革试点工作，更成为中国法律职业化教育发展的里程碑。这也必将带来高等法律职业教育人才培养机制的深层次变革。顺应时代法治发展需要，培养高素质、技能型的法律职业人才，是高等法律职业教育亟待破解的重大实践课题。

目前，受高等职业教育大势的拉动，我国高等法律职业教育开始了教育观念和人才培养模式的重塑。我们改革传统的理论灌输型学科教学模式，吸收、内化“校企合作、工学结合”的高等职业教育办学理念，从办学“基因”——专业建设、课程设置上“颠覆”以往教学模式：“校警合作”办专业，以“工作过程导向”为基点，设计开发课程，探索出了富有成效的法律职业化教学之路。为积累教学经验、深化教学改革、凝塑教育成果，我们着手推出“基于工作过程导向系统化”的法律职业系列教材。

《国家中长期教育改革和发展规划纲要（2010—2020 年）》明确指出，高等教育要注重知行统一，坚持教育教学与生产劳动、社会实践相结合。该系列教材的一个重要出发点就是尝试为高等法律职业教育在“知”与“行”之间搭建平台，努力对法律教育如何职业化这一教育课题进行研究、破解。在编排形式上，打破了传统的篇、章、节的体例，以司法行政工作的法律应用过程为学习单元来设计体例，以职业岗位的真实任务为基础，突出职业核心技能的培养。在内容设计上，改变传统的历史、原则和概念的理论型解读，采取“教、学、练、训”一体化的编写模式。以案例等导出问题，根据内容设计相应的情境训练，将相关原理与实操训练有机地结合，围绕关键知识点引入相关实例，归纳总结理论，分析探寻解决问题的途径，充分展现法律职业活动的演进过程和法律的应用流程。

法律的生命不在于逻辑，而在于实践。法律职业化教育之舟只有航行于法律实践的海洋之上，才能迸发出勃勃生机。在以高等职业教育实践性教学改革为平台进行法律职业化教育改革的路径探索过程中，有一个不容忽视的现实问题。高等职业教育人才培养模式主要适用于机械、工程、制造等以“物”作为工作对象的职业领域，而法律职业教育主要针对的是司法机关、行政机关等以“人”作为工作对象的职业领域，这就要求在法律职业教育中对高等职业教育人才培养模式进行“辩证”的吸纳与深化，而不是简单、盲目地照搬照抄。我们所培养的人才不应是“无生命”的执法机器，而是有法律智慧、正义良知、训练有素的有生命的法律职业人员。但愿这套系列教材能为我国高等法律职业化教育改革作出有益的探索，为法律职业人才的培养提供宝贵的经验。

2010年11月15日

前　言

刑法学是高职高专法律教育的一门主干课程。随着高职高专教育的快速发展，为了满足高职高专类法律院校及高职高专院校的法律专业培养应用型法律人才的需要，我们组织了具有厚实的刑法学理论基础与较强实践经验的部分刑法学骨干教师以及司法实践一线的法律工作者，共同编写了此高职高专类刑法学理论与实务教材。

本教材重点针对高职高专院校的学生编写，突出以培养实用技能为主导的“高职特色”。具体说来，本教材具有以下特点：

第一，“理论够用”。针对高职高专院校的学生注重应用而非理论研究的特色，本教材的编写坚持理论能用、够用，而非高、深、全的原则。一是系统完整。本教材的“原理精读”等理论阐述部分，涵盖了包括迄今为止最新的《刑法修正案（九）》在内的全部罪名，囊括了当前我国刑法实践中通行的主要刑法理论原理，以及到 2015 年 12 月为止颁布实施的主要最新政策规定。二是简洁精练。本教材的阐述坚持实用第一、详略有别的原则。对重点罪名的阐述简练系统、详尽完整，对次重点罪名的阐述完整概括，但对所有罪名有关理论的历史沿革、学术研究、学派争论等内容，则基本舍弃或者一笔带过。与普通高校的刑法教材相比，本教材的篇幅缩小 40% 以上。

第二，“实操管用”。本教材自始至终贯彻“任务驱动、实务导向”的实训理念，对强化学生基本技能的培养具有实效。其一，编写结构单元化。本教材一改传统的章节叙述模式，以刑法分则的主体结构划分学习单元，以“知识目标—能力目标—原理精读—实务操练—课后作业—拓展阅读”等基本模块组合学习单元，目标明确，实训环节细化，突出技能训练。其二，注重“互动教学”环节。互动是掌握知识、提升能力的最佳方法之一。本教材的“实务操练”模块，由“示范引导训练”与“学生互动训练”两大子模块构成，是从头到尾的互动大本营。在编写体例上体现互动实训，是本教材的重要特色之一。

第三，“持续可用”。国内外刑法教学改革、刑事法律政策的变化都很快。为了保持教材的鲜活性与时效性，本教材在每一个单元的最后，特别设置了“拓展阅读”模块。本模块的内容分为固定与开放两部分，意在引导教师与学生及时了解最新的法律政策规定及其相关理论与实践成果。

本教材不仅适合高职高专类法律院校及高职高专院校的法律专业学生使用，而且对司法工作者、法学专业自考者以及其他法学爱好者来说，也是值得一读的参考用书。

《刑法原理与实务》（下）由编者共同讨论审改，最后由主编定稿。具体编写分工如下：

单元一、二、三，陈鸿；单元四，程应需、周京英；单元五，周颜；单元六，朱萍萍；单元七，丁为群、陈娴、谢素珺；单元八，周京英；单元九，罗平娥；单元十、十一，陈妍。

本教材在编写过程中，吸收和借鉴了高职高专教材《刑法学分论》（暨南大学出版社 2007 年版）的重要成果，参阅了大量科研机构的研究成果与文献资料，得到了有关部门的大力支持以及盛永彬教授、程应需教授等法学专家学者的指导与帮助。在此，一并表示诚挚的谢忱！

由于编者水平所限，加之时间紧促，本书难免存在不足和缺陷，真诚希望读者批评指正，以便进一步提高教材的质量和水平，更好地为广大读者服务。

编者

2016 年 2 月

单元一
概 述

【知识目标】

理解刑法总论（总则）与刑法分论（分则）的关系；理解刑法分则体系排列的特点与依据；掌握罪状、法定刑的概念与种类；熟练掌握法条竞合的概念与特征。

【能力目标】

能正确区分刑法条文中罪状与法定刑的类型，能在司法实践中熟练掌握法条竞合的分析与运用。

【内容结构表】

概述	总论（总则）与分论（分则）的关系	1. 相互区别：抽象与具体、普遍与特殊、共性与个性。 2. 相互联系与作用：共同服务于刑法的根本任务；共同服务于定罪量刑；相互依赖，共同促进，共存于不断完善的刑法规范体系。
	分则的体系	1. 犯罪的分类排列：主要以同类客体为标准，将犯罪分成 10 类（章）；主要以罪行的社会危害程度为标准，对类罪、个罪进行排列。 2. 具体犯罪条文的构成：罪状；法定刑。
	法条竞合	1. 特征：一个犯罪行为；同时触犯多个条文；多个条文之间存在包容与被包容关系。 2. 适用原则：特别法优先于普通法的原则；重法优先于轻法的原则（法律有特别规定时）。

项目一 刑法总论与刑法分论的关系

基本任务：正确理解刑法总论（总则）与刑法分论（分则）的关系。

【引例 1】 被告人甲，1970 年出生。1994 年 2 月 25 日傍晚带领朋友 4 岁的儿子乙去公园玩，当时游客稀少。当甲与乙在一大型水池边玩水时，乙不慎滑进水池。水池很深，水很凉。甲怕冷，不敢下水救人，只是大声喊救命。恰逢被告人丙（1972 年出生）从旁边经过，但丙只是停下来观看，并对在水中挣扎的乙加以嬉笑，就是不施以援手。最后乙溺水而亡。乙的父母将甲、丙二人告上法庭。问：法院应如何判决？

【原理精读】

一、刑法分论的研究对象

刑法分论以刑法分则作为自己的研究对象。具体而言，刑法分论的研究对象包括两大部分：第一部分是与具体罪名相关的系列成文法，它以刑法典的分则部分为基础，还包括单行刑法、附属刑法的相关内容；第二部分是非成文法，它主要包括刑事立法、刑事司法中提出的各种与分则有关的理论和一系列具体实践问题。

二、刑法总则与刑法分则的关系

刑法总则与刑法分则之间是一种抽象与具体、普遍与特殊、共性与个性的关系。刑法总则对犯罪、刑事责任、刑事处罚作出一般原则与制度性规定，对刑法分则具有整体性指导与制约作用；刑法分则对各种具体犯罪的概念、特征、犯罪构成、认定以及刑事处罚作出一系列具体规定，是刑法总则的具体体现。二者共同构成完整的刑法规范体系，共同为正确认定和打击犯罪服务。

三、刑法总论与刑法分论的关系

和刑法总则与分则的体例及其关系相适应，刑法学体系也由刑法总论与刑法分论两部分构成。总的说来，总论与分论是相互区别、相互联系、相互作用的关系。

（一）相互区别

一是基本属性不同。总论与分论是一般与个别、抽象与具体的关系。总论研究的是有关犯罪、刑事责任与刑罚的一般原理、基本原则与基本制度，它是建立在分论基础上的，具有高度抽象性；而分论研究的是有关各种具体犯罪的概念、特征以及相应的司法认定和具体刑罚，是总论原理规则的具体化。

二是作用不同。一方面，总论对分论具有概括、指导、制约作用。总论作为对分论的科学概括和抽象，其抽象出来的原理与原则是既来源于实践又高于实践的、带有普遍性和规律性的东西，因而对刑法分论与司法实践具有指示方向、规范形式、界定范围的作用。分论必须切实贯彻总论的基本原理原则，不得违反。另一方面，分论对总论具有依托、促进、发展作用。内容丰富的分论及与之紧密联系的司法实践是总论原理原则成立和发生作用的基础和依托。总论关于犯罪、刑事责任、刑事处罚的带有普遍性、规律性的原理原则，也只有通过分论关于具体犯罪的认定、处罚等内容的阐述，才能得到实实在在的贯彻和体现；也只有依托丰富多彩的分论内容，才能使总论枯燥、抽象的原理原则变得具体、形象，从而便于理解和接受。同时，分论及其司法实践通过对各种各样具体犯罪问题的探讨，往往可以发现现有总论的各种不足，进而有效促进总论的完善和发展。

（二）相互联系与作用

二者通过共同的服务对象和根本任务联系在一起。主要表现在以下三个方面：

一是共同服务于刑法的根本任务。虽然二者的具体作用和功能不同，但都是从不同角度为正确认定、有效打击各种犯罪服务的，都是基于实现刑法、预防犯罪的基本目的，最后共同实现刑法关于“惩罚犯罪，保护人民”的根本任务。

二是共同服务于定罪量刑。就定罪而言，一个行为是否构成犯罪，首先要看该行为是否同时符合刑法总论规定的关于犯罪的三大基本特征——严重的社会危害性、刑事违法性、应受刑罚处罚性，只要有一个特征不符合，即不构成犯罪；其次，该行为还必须符合刑法分论规定的某一具体罪名关于犯罪客体、犯罪客观方面、犯罪主体、犯罪主观方面等四大要件，即具体的犯罪构成，只要有一个要件不具备，同样不构成犯罪。就量刑而言，法定刑的确定也是由总论与分论共同完成的。首先，总论确定量刑的原则、刑种、刑度（量刑的上下限）。如处 6 个月以上 15 年以下有期徒刑，数罪并罚不超过 20 年。其次，在总论的原则框架下，分论对某一具体犯罪规定具体的刑种与量刑幅度。如对故意伤害罪的处罚，致人重伤的，处 3 年以上 10 年以下有期徒刑，其有期徒刑的具体范围就不能违背总论的规定。

三是二者相互依赖，共同促进。无论是总论还是分论，其功能的发挥及发挥程度，其理论的完善和发展状况，都是二者互为依托、相互促进的结果。

【实务操练】

示范引导训练

案例：见前面的【引例 1】。

基本步骤：

1. 学生集体阅读案例。

2. 教师提出问题。

问题（1）：被告甲应承担什么责任？为什么？

问题（2）：被告丙应承担什么责任？为什么？

问题（3）：法院应当如何判决？为什么？

3. 教师引导分析。

问题（1）：道德责任；是否有刑事责任；不作为犯罪的成立条件。

问题（2）：公民见义勇为义务的性质问题。

问题（3）：考虑总则对不作为犯罪处罚的一般规定与分则对相关个罪处罚的具体规定。

4. 教师总结。

具体见本单元后面的【引例评析】。

项目二　刑法分则的体系

基本任务：掌握犯罪的分类、排列特点与依据；掌握罪状、罪名、法定刑的概念与分类。

【原理精读】

刑法分则的体系，即刑法分则的组成与结构，是指刑法分则所规定的各类犯罪以及各类犯罪所包含的各种具体犯罪及其条文按照一定的逻辑秩序排列而构成的有机统一体。

一、犯罪的分类排列

（一）以同类客体为主要标准并兼顾其他标准对犯罪进行分类

我国刑法分则依据同类客体这一标准将现有的400多个罪名分为10个大类，一个大类作为一章，并以此构成刑法分则的10章。例如生产、销售伪劣产品罪，走私假币罪，伪造货币罪等100余个罪名，它们的行为从不同角度侵犯了社会主义市场经济秩序这个同类客体，从而被归入第三类——破坏社会主义市场经济秩序罪，并成为分则的第3章。由于罪名甚多，这一章下设8节，每一节均由若干罪名组成。其中节的划分，也是以同类客体为依据，每一节均属于第三类下的一个小类，每一小类均有另一个同类客体，我们称其为次同类客体或亚同类客体。例如第3章第2节由10个具体罪名组成，各罪名都具有违反国家对外贸易管理制度这一（次）同类客体的特点，因而被归入第三大类下的第二小类（次类），即走私罪。

按照同类客体的划分标准，我国刑法分则的10章依次是：第1章“危害国家安全罪”（第102条至第113条），第2章“危害公共安全罪”（第114条至第139条），第3章“破坏社会主义市场经济秩序罪”（第140条至第231条），第4章“侵犯公民人身权利、民主权利罪”（第232条至第262条），第5章“侵犯财产罪”（第263条至第276条），第6章“妨害社会管理秩序罪”（第277条至第367条），第7章“危害国防利益罪”（第368条至第381条），第8章“贪污贿赂罪”（第382条至第396条），第9章“渎职罪”（第397条至第419条），第10章“军人违反职责罪”（第420条至第451条）。另外，对于条款较多的章，章下再设节，具体表现在第3章下设8节，第6章下设9节。

在犯罪的分类上，我国刑法分则除了以同类客体作为最基本的分类标准外，还兼顾其他分类标准。在某些特殊情形下，往往以基本标准加目的标准对某些犯罪进行分类。例如，分则中的第8章“贪污贿赂罪”与第9章“渎职罪”阐述的实际上都是渎职型犯罪，但基于全面惩治和防范腐败犯罪以及协调现有司法机构的考虑，我国刑法分则将贪污贿赂罪从渎职罪中分列出来，成为单独的一类一章。显然，贪污贿赂罪这一章的单列，首先是源于特定的防腐与反腐目的，其次又没有违背同类客体的基本分类标准（因为其组成的12个罪都有一个同类客体即国家工作人员的职务廉洁性）。又如全国人大将妨害婚姻家庭罪从1979年的《刑法》第7章并入1997年的《刑法》第4章“侵犯公民人身权利、民主权利罪”，不仅仅是该类罪也具有侵犯公民人身权利这一同类客体的特点，更主要的是为了章节之间的平衡，因为妨害婚姻家庭罪的具体罪名太少，不宜单独作一章。

（二）以罪行的社会危害度为主要标准兼顾其他标准对类罪、个罪进行排列

1. 类罪的排列标准

我国刑法分则对10类犯罪基本上依据罪行的社会危害度，以从重到轻的顺序排列。例如危害国家安全罪，侵犯了国家、民族的最根本利益，从整体上看是危害性质最严重、处罚也最严厉的犯罪，因而被放在第一位，构成了刑法分则的第1章。危害公共安全罪，侵害的是不特定多数人的生命、健康以及重大公私财产的安全，具有十

分严重的危险性与危害性，因而被放在第二位，构成刑法分则的第 2 章。但是这种轻重排列的标准也不是排列全部犯罪的唯一标准。例如，军人违反职责罪也是一种危及国家军事利益、具有极其严重社会危害性的犯罪，却被放在刑法分则的最后一章。

2. 个罪（具体犯罪）的排列标准

我国刑法分则对每一类罪中的各具体犯罪则以罪行的社会危害度的大小并兼顾各罪之间的内在逻辑联系为标准进行排列。例如背叛国家罪、放火罪、故意杀人罪、抢劫罪、贪污罪、战时违抗命令罪都是各章中社会危害最严重或者危害影响范围极广泛的犯罪，其处罚最高均可达极刑，因而均被放在各章的首位。但是也有例外，如在分则的第 6 章，排在第一位的是妨害公务罪，其量刑比排在其后的诸多犯罪都要轻。这里主要是从社会管理秩序即犯罪对象的角度来考虑的。在分则的第 4 章，在故意杀人罪之后排列的是最高刑仅为 7 年的过失致人死亡罪，而不是同样最高刑可处极刑的故意伤害罪；在分则的第 2 章，在以危险方法危害公共安全罪之后安排的是失火罪等 5 种最高刑仅为 7 年的过失类犯罪，而不是其后可判极刑的诸种严重恶性犯罪等等，其原因主要在于前述较轻罪行与前罪之间存在某种相同属性的内在逻辑联系。

二、刑法分则的条文结构

刑法分则的条文结构是指条文的具体组成要素及其方式。它反映具体的罪刑关系。刑法分则的条文一般由罪状与法定刑组成，而具体的罪名又包含于罪状之中。罪状、罪名、法定刑是刑法分则的重要内容，也是刑法分论研究的重要对象之一。

（一）罪状

1. 概念及其特征

罪状，是指刑法分则中包含罪刑内容的条文对某种具体犯罪构成特征的描述。从字义形式上看，所谓罪，即罪刑及其特征；所谓状，就是描述。从内在属性及其联系看，罪状具有两个基本特征：其一，罪状仅仅存在于描述具体罪刑关系的分则条文之中。在这些分则条文中，罪状与法定刑构成其基本内容。例如，我国《刑法》第 102 条第 1 款规定："勾结外国，危害中华人民共和国的主权、领土完整和安全的，处无期徒刑或者 10 年以上有期徒刑。"该条文的前半部分即"勾结外国，危害中华人民共和国的主权、领土完整和安全的"是对背叛国家罪这一具体犯罪行为的描述，即罪状；而条文的后半部分即"处无期徒刑或者 10 年以上有期徒刑"，则是对前述行为的处罚亦即法定刑。二者共同构成这一描述罪刑关系的分则条文。其二，罪状仅仅是对具体犯罪构成起决定作用的要件特征的描述。因此，要准确掌握具体犯罪的全部构成要件，还要将罪状的规定与刑法总则的规定、其他法律法规的相关规定结合起来，作综合性的分析研究。例如，《刑法》第 234 条第 1 款规定："故意伤害他人身体的，处 3 年以下有期徒刑、拘役或者管制。"显然，这个罪状只描述了行为人犯罪的主观特征（故意）以及客观方面的特征（伤害他人身体的行为），但是在司法实践中要成立故意伤害罪，能够处以相关法定刑，还必须结合刑法总则的规定，考察犯罪主体以及犯罪客体方面的特征。只有四大要件特征全部符合，才可定罪量刑。

2. 罪状的分类

根据分则条文对罪状的描述方式的不同，罪状可以分为如下四种：

其一，叙明罪状。即对具体犯罪的基本构成要件作了相对详细描述的罪状。这种罪状的主要特征是：字数在十几个甚至数十个，自然句在两个或者以上，对犯罪构成要件的描述相对详细具体。例如，《刑法》第 131 条规定"航空人员违反规章制度，致使发生重大飞行事故，造成严重后果的"，《刑法》第 168 条规定"国有公司、企业直接负责的主管人员，在签订、履行合同过程中，因严重不负责任被诈骗，致使国家利益遭受重大损失的"等，都属于叙明罪状。由于相对详细具体，可以避免歧义，因此，我国《刑法》条文中的罪状以叙明罪状最为常见。

其二，简单罪状。即只是简单地规定犯罪的本质特征或者名称，没有详细论述犯罪构成特征的罪状。它是和叙明罪状相对而言的，其主要特征是：一般字数在十个左右，自然短句一个，其描述涉及的犯罪构成特征一般不超过两个。例如《刑法》第 232 条规定"故意杀人的，处……"，第 233 条规定"过失致人死亡的，处……"，第 295 条规定"传授犯罪方法的，处……"等，都属于简单罪状。简单罪状一般适用于十分常见的、便于理解的罪名描述，其优点是简要概括、一目了然，其不足在于过度的概括容易导致可操作性的降低。因此，在我国《刑法》中，简单罪状不多。

其三，引证罪状。即仅仅引用刑法分则的其他条款来说明某一具体犯罪构成特征的罪状。这类罪状的基本特征主要表现为：在前款、前条的基础上，使用诸如"犯前款罪的……""过失犯前款罪的……""单位犯前款罪的……"等特殊引导词句来进行描述说明。例如，《刑法》第 257 条第 1 款规定："以暴力干涉他人婚姻自由的，处 2 年以下有期徒刑或者拘役。"第 2 款规定："犯前款罪，致使被害人死亡的，处 2 年以上 7 年以下有期徒刑。"在这里，第 257 条第 2 款的规定就是引证罪状。

其四，空白罪状。也称参见罪状，即只确定某种具体行为，而犯罪构成的具体特征必须参照其他法律法规的规定才能明确界定的罪状。这类罪状的主要特征是：在罪状的前面通常冠以"违反……法的规定，……"或者类似的引导词句来帮助描述说明。所谓空白，在这里是指该条文对犯罪的某些具体构成特征的描述处于空白、缺位状态。例如，《刑法》第 133 条规定："违反交通运输管理法规，因而发生重大事故，致人重伤、死亡或者是公私财产遭受重大损失的，处……"此处关于描述交通肇事罪的罪状就属于空白罪状。刑法典采用空白罪状的形式，既有利于其简明稳定，又体现了它与其他法律法规的协调一致。

应该指出的是，依据不同的标准，罪状有不同的分类。如果按照同一个条文中对某一犯罪构成特征描述方式的种类单复不同，罪状还可以分为单一罪状和混合罪状。如果一个罪状里只有上述四种方式中的任一种方式，就是单一罪状；如果有两种或者以上的方式，则为混合罪状。例如，《刑法》第 341 条第 2 款规定："违反狩猎法规，在禁猎区、禁猎期或者使用禁猎的工具、方法进行狩猎，破坏野生动物资源，情节严重的，处……"这是关于非法猎捕、杀害珍贵、濒危野生动物罪的罪状，其第一个自然句列出了该罪必须参照的法规，属于典型的空白罪状，后面三个自然句则详细地描述了该罪在地点、时间、方法、对象以及情节方面的具体特征，属于典型的叙明罪状的描述方式。因为本条文前后使用了两个不同的描述方式，所以属于混合罪状。

（二）罪名

罪名，即犯罪的名称，是对犯罪的主要特征或本质属性的高度概括。罪名有广义与狭义之分。一般而言，广义的罪名包括三个层次的罪名：第一层次是类罪名，亦即刑法分则所列 10 章的章罪名，如危害国家安全罪、侵犯财产罪等。第二层次是亚类罪名，即节罪名，具体表现在刑法分则的第 3 章、第 6 章下面各节的概括性罪名，如第 3 章第 1 节生产、销售伪劣产品罪，第 6 章第 1 节扰乱公共秩序罪等。第三层次是具体罪名，亦即具体犯罪行为侵犯直接客体所引起的罪名，如分裂国家罪、故意杀人罪等。我国《刑法》目前共规定了 400 多个具体罪名。具体罪名，就是狭义的罪名，也是一般情况下所指的罪名。

根据罪名所包含的犯罪构成具体内容的单复不同，具体罪名又可分为以下三种：

一是单一性罪名。即指包含的犯罪构成内容单一，只能单独反映一个犯罪行为，不能分开或选择使用的罪名。如故意伤害罪、叛逃罪、盗窃罪等。单一性罪名在我国刑法分则中占据绝大部分。

二是选择性罪名。即指其犯罪构成具体内容包含数个犯罪行为或犯罪对象，既可连用又可分开使用的罪名。例如，组织、领导、参加恐怖组织罪，非法携带枪支、弹药、管制刀具、危险物品危及公共安全罪，盗窃、抢夺枪支、弹药、爆炸物、危险物质罪等都是典型的选择性罪名。选择性罪名包括行为选择、对象选择、行为与对象同时选择三种。上述三个罪名的举例，就是前述选择性罪名的三种情况。需要强调的是，在选择性罪名中，无论是多个行为还是一个行为侵犯了多个犯罪对象，或者多个行为侵犯多个犯罪对象，只要符合刑法分则某条文的具体犯罪构成，都是按一罪而非数罪认定。

三是概括性罪名。即指对其犯罪构成所包含的数个犯罪行为或犯罪对象，可以用一个上位概念予以概括的罪名。如《刑法》第 116 条所规定的罪名——破坏交通工具罪，就是一种典型的概括性罪名。该罪名的犯罪行为涉及火车、汽车、电车、船只、航空器等五种犯罪对象，但这五种对象都可以用一个上位概念即交通工具来予以概括，于是该罪名就可以用破坏交通工具罪来确定，而不必用烦琐的选择性罪名了。这样，破坏其中一种对象是破坏交通工具罪，破坏其中数种对象也可以定为破坏交通工具罪。再如《刑法》第 293 条规定的寻衅滋事罪也属此类罪名。依据不同的标准，罪名可以有不同的分类。

除上述最基本的分类以外，还可以按照罪名的效力标准，将罪名分为立法罪名、司法罪名和学理罪名；按照罪名是否确定不变为标准，可以将罪名分为确定罪名与不确定罪名等。

（三）法定刑

法定刑，是指刑法分则条文所确定的适用于某种具体犯罪的刑罚种类以及量刑幅度。法定刑体现着罪责刑的因果关系。无论是在一般情况下，还是在具备从重或减轻情节的特殊情况下，法定刑始终是人民法院对犯罪人适用刑罚的基本法律依据。

1. 法定刑的分类

依据法定内容的确定性程度，可以将法定刑分为如下三种基本类型。

一是绝对确定的法定刑。指在刑法分则罪刑式条文中对某种具体犯罪只规定了单一的、没有刑种刑度选择余地的刑罚类型。在绝对确定的法定刑面前，法官没有任何自由裁量权。这种情况对司法实践不利。因此，现代刑法很少采用绝对确定的法定刑，我国也是一样。但为了强化对某种极其恶劣的犯罪的严厉打击，我国也保留了极少数的绝对确定的重刑。例如，《刑法》第 121 条规定："以暴力、胁迫或者其他方法劫持航空器的，……致人重伤、死亡或者使航空器遭受严重破坏的，处死刑。"《刑法》第

240 条规定："拐卖妇女、儿童的，……情节特别严重的，处死刑，并处没收财产。"当然，也有学者指出，前述的死刑不是严格意义上的绝对确定的法定刑，只是对某种犯罪从重处罚的情形。

二是绝对不确定的法定刑。指在刑法分则罪刑式条文中对某种具体犯罪只规定要追究刑事责任，但没有规定任何具体刑种刑度的刑罚类型。也就是说，在实践中对犯罪如何处罚，完全没有统一的刑罚标准，法官有绝对的自由裁量权。这种情况很容易导致法官肆意擅断和司法腐败，也与罪刑法定原则的基本精神不符。缘于此，我国新旧刑法都没有规定该种法定刑。

三是相对确定的法定刑。指在刑法分则条文中对某种具体犯罪依据其犯罪性质与社会危害度，既规定一定的刑种刑度又明确界定最高刑与最低刑的刑罚类型。应该说，这种法定刑既明确了统一性标准，又赋予法官一定的自由裁量权，体现了原则性与灵活性的统一，有利于刑罚目的的实现。因为它的科学性，这种法定刑为当今大多数国家的刑法所采用。我国刑法分则中的法定刑绝大多数属于该种类型。例如，《刑法》第 103 条第 2 款规定："对煽动分裂国家罪的首要分子或者罪行重大者，处 5 年以上有期徒刑。"这一处罚首先明确规定了刑种——有期徒刑，其次分则规定下限（最低为 5 年），总则确定上限（根据总则对有期徒刑范围的规定可知该处罚最高为 15 年）。

2. 法定刑、宣告刑、执行刑三者之间的关系

（1）法定刑与宣告刑。二者的主要区别表现在：一是实施主体及其性质不同。法定刑是立法机关制定的量刑标准，主要体现刑罚的普遍性，宣告刑是人民法院针对具体犯罪行为的判决宣告，主要体现刑罚的特殊性。二是确定的时间不同。法定刑是立法机关在制定刑法时确立的刑罚，而宣告刑是人民法院在对犯罪行为审判终结时宣告的、将对具体犯罪分子实施的刑罚。三是可选择与否的不同。法定刑所表现的是一个国家刑罚的整体，具有各种可供选择的刑种刑度，如我国的法定刑就有 5 种主刑、4 种附加刑，每个刑种还有不同程度的自由裁量范围；而宣告刑是针对某具体犯罪人已经现实实施的具体犯罪行为的刑事处罚，是没有任何刑种刑度选择的。二者的主要联系在于：法定刑是宣告刑的法律依据，宣告刑是法定刑的实践适用。

（2）宣告刑与执行刑。执行刑是司法执行机关对犯罪分子实际执行的刑罚。二者的主要区别表现在：一是实施主体不同。在我国，执行刑的主体既包括监狱，也包括公安部门、人民法院；而宣告刑的主体只是各级各类人民法院。其中，主刑中的管制、拘役、1 年以下的有期徒刑以及附加刑中的剥夺政治权利、驱逐出境一般由公安部门执行；主刑中的死刑立即执行，附加刑中的处以罚金、没收财产一般由人民法院执行；其余的均由监狱部门执行。二是实际刑期略有不同。一般情况下，二者没有区别。但是在实际执行过程中，如果遇到减刑、假释、赦免等情形，执行刑的刑期则短于宣告刑的刑期。二者的主要联系在于：宣告刑是执行刑的依据和前提，执行刑是宣告刑的实际体现与调整。

项目三　法条竞合

基本任务：熟练掌握法条竞合的概念、特征与适用原则。

【引例2】被告人李某，1960年出生。2010年5月3日深夜，李某潜入某市火车站贵宾候车室，看到一位军人在打瞌睡，一只手搭在一个提包上。李某悄悄拿起提包，迅速跑出贵宾候车室。由于军人马上惊觉，在民警的协助下，李某在火车站大门口被抓。民警打开提包一看，里面除了现金1 000元、价值2 000元的手表一只以及其他日常用品外，还有1把六四手枪及子弹5发。该案件在审理过程中，存在两种不同意见：一种意见认为李某的行为构成盗窃罪；另一种意见则认为李某的行为符合盗窃罪与盗窃枪支罪的犯罪构成，应当按照盗窃枪支罪定罪处刑。问：法院应该如何判决？

【原理精读】

一、法条竞合的概念与特征

法条竞合，又称法规竞合，是指规定具体犯罪的不同刑法条文所确定的犯罪构成存在包容与被包容关系，但在司法实践中只适用其中一个条文而排斥其他相关条文的情形。

法条竞合的类型复杂，但具有共同特征，具体表现为“一个”“数个”“包容”。

（1）一个——实施一个犯罪行为。所有法条竞合都有一个前提，那就是犯罪人仅仅实施了一个犯罪行为。如果犯罪人实施了多个独立的犯罪行为而触犯不同的法律条文，则不属于法条竞合而可能属于数罪并罚的情况。

（2）数个——行为同时触犯数个刑法条文。即一个犯罪行为同时触犯了数个刑法条文。需要指出的是，这里的刑法是广义的刑法，即可以是同一部刑法典中的数个不同条文，也可以是单行刑法或附属刑法中的不同条文，还可以分别是刑法典、单行刑法、附属刑法中的条文。如果只是触犯一个条文，也就无所谓法条竞合的问题。

（3）包容——被触犯的条文之间存在包容与被包容关系。所谓包容与被包容关系，是指不同犯罪构成之间存在范围大小的覆盖关系，其中一个犯罪构成的部分或者整体被另一个犯罪构成所覆盖。例如《刑法》第140条规定的生产、销售伪劣产品罪的对象与《刑法》第141条至第148条所规定的8种犯罪的对象之间都存在一种包容关系。前者的犯罪对象可以是一般伪劣产品、特殊伪劣产品中的任何一种伪劣产品，而后者的某罪只能是特殊伪劣产品中的某一种伪劣产品。从包容关系的类别来看，第140条与第141条至第148条之间是犯罪对象之间的包容关系。除此之外，还有犯罪主体之间的包容关系、犯罪目的之间的包容关系、犯罪方式之间的包容关系以及数个要件之间的包容关系等。

二、法条竞合的适用原则

根据我国现有刑法的相关规定以及刑法学界的理论通说，解决法条竞合问题的适用原则有以下两个。

（一）特别法优先于普通法的原则

在我国刑法中，刑法典即《中华人民共和国刑法》为普通法。单行刑法、附属刑法均属于特别法。由于特别法是在普通法的基础上制定的特别规定，因而无论是在定罪上还是在量刑幅度上，特别法都有较普通法更强的针对性和更高的准确性。基于此，当某一犯罪行为在触犯了特别法又触犯了普通法的时候，一般情况下，宜优先使用特别法而不是普通法。具体来说，此原则的使用，主要包括以下三种情况：

（1）一个犯罪行为同时触犯刑法典条文与其他刑事法律条文。自然，在这种情况下，定罪量刑适用其他刑事法律条文而不是刑法典中的条文。

（2）一个犯罪行为同时触犯同一法律中的不同条文，其中有条文明确指出使用特殊规定处理。在这种状况下，应依据有关特殊规定的条文处理。例如，《刑法》第 266 条在规定了诈骗罪几种情形的处罚后，又明确规定："本法另有规定的，依照规定。"在这里所说的"另有规定"，就是特别法的规定；"依照规定"就是不以《刑法》第 266 条前述的规定处罚，而是依据其他有关特别法的规定进行处罚。

（3）一个犯罪行为同时触犯同一法律的不同条文，但条文都没有指出使用特殊规定处理。在这里，定罪量刑依然优先适用特别法，即选用相对特殊的法律条文。例如，某现役军人向境外非法提供军事秘密的犯罪行为，就构成《刑法》第 431 条"为境外窃取、刺探、收买、非法提供军事秘密罪"与《刑法》第 111 条"为境外窃取、刺探、收买、非法提供国家秘密、情报罪"在犯罪主体、犯罪对象上的法条竞合。显然，上述两个条文都是刑法典中的，且都未指出按特殊规定处理的不同条文，但是，前者属于刑法分则第 10 章"军人违反职责罪"的某一个条文，对一般犯罪者而言，第 10 章罪名的设立意在表明立法者对现役军人犯罪的特别关注。因此，现役军人犯罪应该以第 431 条定罪处刑。

（二）重法优先于轻法的原则

重法，即对同一犯罪行为处罚相对较重的刑法条文。轻法，即对同一犯罪处罚相对较轻的刑法条文。一般情况下，当普通法与特别法竞合，同时刑法又没有明确规定适用原则时，应该首先遵循特别法优先于普通法的原则。但是，当法律明确规定优先适用重法时，应当适用重法优先于轻法的原则。具体说来，该原则主要适用于以下两种情况：

（1）一行为同时触犯同一法律中的不同条文，相关条文明确规定按照处罚较重的条文定罪处罚。例如，我国《刑法》第 149 条第 2 款规定："生产、销售本节第 141 条至第 148 条所列产品，构成各条规定的犯罪，同时又构成本节第 140 条规定之罪的，依照处罚较重的规定定罪处罚。"显然，由于刑法的明确规定，这里就应当适用重法优先于轻法的原则。

（2）一行为同时触犯同一法律中的不同条文，相关条文没有明确规定按照处罚较重的条文定罪处罚。在这种情况下，如果适用处罚较轻的条文明显有违罪责刑相适应的基本原则，则仍然可以适用重法优先于轻法的原则。例如，我国《刑法》第 266 条规定的诈骗罪最高刑为无期徒刑，《刑法》第 279 条规定的招摇撞骗罪最高刑为 10 年有期徒刑。某人如果冒充国家工作人员诈骗巨额财产，其行为则构成诈骗罪与招摇撞骗罪的法条竞合。在这里，刑法条文并没有明示依照特别规定，按常理我们应该适用特别法优先于普通法的原则，即按照招摇撞骗罪处理（因为以冒充国家工作人员的方式来骗取钱财，是诈骗的一种特殊形式，属于相对特殊条款）。但是，这种“冒充”的骗取方式，既侵犯了公私财产的所有权，又极大地损害了国家公务人员的荣誉与形象，因而较单纯的诈骗钱财行为有更大的社会危害性。所以，依照罪责刑相适应的基本原则，应适用重法优先于轻法的原则，即以诈骗罪定罪量刑。

三、法条竞合与想象竞合的关系

想象竞合，是指行为人基于数个不同的具体罪过，实施了一个危害行为，实际上触犯了数个异种罪名的犯罪情形。法条竞合与想象竞合这两个概念很容易混淆，必须认真比较，严格加以区分。

（一）二者的相同点

二者都只实施了一个犯罪行为，都是实质的一罪；司法实践中都只按一罪（一个法条中的罪名）处罚；二者的行为客观上都触犯了多个异种罪名的刑法条文。

（二）二者的不同点

1. 产生的原因不同

想象竞合的出现主要是犯罪人基于多个不同罪过的一个犯罪行为所造成；而法条竞合的出现并不是犯罪人行为本身的原因，而是立法本身错综复杂的规定或者立法的水平有限所致。

2. 适用的法律原则不同

想象竞合适用的法律原则只有一个，即“从一重处罚”；而法条竞合适用的法律原则有两个：特别法优先于普通法；重法优先于轻法。

3. 所触犯法条之间的关系性质不同

这是最主要的区别。想象竞合所触犯的数个法条之间是并列关系，法条之间性质不同，不能进行范围大小、交叉关系比较；而法条竞合所触犯的数个法条之间属于包容与被包容关系，性质相同或者相似，其中一个法条某方面的内容可以全部或者部分包含在另一个法条之中。例如，王某为了报仇，不考虑其他后果，拔出短筒猎枪将紧靠在李某旁边的仇人张某打死，但猎枪飞出的铁砂同时将李某击成重伤。显然，王某的这一行为既触犯了《刑法》第 232 条的故意杀人罪的法条，又触犯了《刑法》第 234 条故意伤害罪（间接故意）的法条。但是，故意杀人罪与故意伤害罪是性质完全不同的、彼此独立并列的罪名，不能说故意伤害罪的某个犯罪构成要件包含在故意杀人罪的犯罪构成要件之中，因此，王某的行为构成想象竞合犯。又如刘某开设地下工厂，用穿心莲制成所谓的妇科千金片，冒用正规的妇科千金片的商标予以销售，其行为就属于《刑法》第 140 条规定的生产、销售伪劣产品罪与第 141 条规定的生产、销售假药罪在犯罪对象方面的法条竞合犯，因为假药只是伪劣产品中的一种，后者可以全部包含在前者之中。

【实务操练】

示范引导训练

案例：见前面的【引例 2】。

基本步骤：

1. 学生集体阅读案例。

2. 教师提出问题。

问题（1）：被告人李某的行为符合盗窃罪的犯罪构成吗？

问题（2）：被告人李某的行为符合盗窃枪支罪的犯罪构成吗？

问题（3）：被告人李某应当如何定罪量刑？为什么？

3. 教师引导分析。

问题（1）：犯罪的基本特征；盗窃罪的犯罪构成；《刑法》第264条（1997）。

问题（2）：犯罪的基本特征；盗窃枪支罪的犯罪构成；《刑法》第127条（1997）。

问题（3）：两罪的条文之间存在什么关系，并列还是包容？盗窃罪的处罚规定；盗窃枪支罪的处罚规定。

4. 教师总结。

具体见本单元后面的【引例评析】。

【引例评析】

引例1评析：

解答问题（1）：首先，被告人甲作为成年公民，作为受害人乙的父母的朋友，对于乙的死亡必须承担道德责任。其次，被告人甲涉嫌犯罪，需要承担刑事责任。被告人甲带乙出去玩耍期间，其先行行为已经让自己处于临时监护人地位，具有保护乙的安全的特定法定义务，在乙遭遇生命危险时，具有特定法律义务的青年甲具有救援的能力（怕冷并没有让其丧失救援能力）而不直接施以援手，最后导致乙死亡的严重后果，已经符合不作为犯罪的三大条件。

解答问题（2）：青年丙只需承担道德责任。青年丙不但见死不救，还要讽刺嘲笑，其道德品质之低下，令人气愤、震惊，无论施以怎样的批评与谴责，都不过分。但是，在我国，迄今为止，见义勇为还只是公民的道德义务而没有被上升到法律义务。因此，其不作为的行为不构成犯罪。

解答问题（3）：对被告人甲，法院应判故意杀人罪从宽处罚。首先，依据刑法总则的规定，甲的行为符合不作为犯罪的成立条件；其次，根据《刑法》第232条的规定，甲的行为符合故意杀人罪（间接故意）的犯罪构成。但是，由于甲并没有希望乙死亡的意愿，客观上也有叫喊救命的积极性质的行为，因此，甲的主观恶性较小，宜从轻或减轻处罚。如果甲事后能够做好道歉、民事赔偿等善后工作而获得朋友的宽容，也可免除刑罚。

引例2评析：

解答问题（1）：李某的行为符合盗窃罪的犯罪构成。李某作为成年人，以非法占有为目的，以自以为秘密的方式故意取走不属于自己的提包，且提包及其里面的物品价值远超1 000元人民币，根据《刑法》第13条、第264条以及最高人民法院、最高人民检察院《关于审理盗窃案件法律应用若干问题的解释》，李某的行为符合犯罪的三大特征，也符合盗窃罪的四大构成要件及立案标准。

解答问题（2）：李某的行为也符合盗窃枪支罪的犯罪构成。李某在明知对方是军人、其提包内可能有枪支等特殊物品的情况下，依然想非法占有，符合盗窃枪支罪的主观方面要件（即犯罪故意）；李某实施了以秘密方式非法占有包括枪支在内的对方提包的行为，符合盗窃枪支罪的客观方面要件；枪支属于具有危险性的特殊物品，李某的行为不但侵害了军人的财产权，也明显危害社会公共安全，符合盗窃枪支罪的客体要件，李某是具有完全刑事责任能力的成年人，符合盗窃枪支罪的主体要件。根据《刑法》第 13 条、第 127 条的规定，李某的行为符合犯罪的三大特征，也符合盗窃枪支罪的四大构成要件及立案标准。

解答问题（3）：枪支属于物品中的一个特殊种类，因此李某盗取军人提包的行为构成《刑法》第 264 条普通法条与第 127 条特殊法条在犯罪对象上的法条竞合。根据法条竞合“特别法优先于普通法”的适用原则，对李某应以盗窃枪支罪定罪量刑。

【课后作业】

1. 名词解释

叙明罪状　简单罪状　引证罪状　空白罪状　法条竞合　法定刑

2. 思考题

（1）刑法总论与刑法分论的关系如何？

（2）我国刑法中 400 多个罪名是如何分类与排列的？

【自测案例】

被告人王某，男，1996 年 10 月出生。2012 年 8 月，王某为了筹集打电脑游戏的钱，将 5 岁男孩张某绑架，并向张某的家长打电话索要人民币 8 000 元，因为张某的家长报警，勒索未成，王某残忍地将张某杀害。检察机关以绑架罪对王某提起公诉。王某的辩护律师认为王某的绑架行为不构成犯罪，其主要理由是：一方面，根据《刑法》分则第 239 条的规定，因勒索钱财而绑架人质并杀害人质者，以绑架罪一罪处罚。另一方面，王某绑架杀人时，年龄未满 16 岁，属于相对刑事责任能力阶段。根据刑法总则的规定，其行为只对法定的八大恶性犯罪承担刑事责任，而绑架罪不在八大罪名之中。因此，按照罪刑法定原则，王某的行为不构成犯罪。问：法院应如何判决？为什么？

【拓展阅读】

1. 黄京平，陈毅坚．法条竞合犯的类型及其法律适用．中国刑事法杂志，2007（4）．
2. 张明楷．法条竞合中特别关系的确定与处理．法学家，2011（1）．
3. 有关刑事法律、政策的最新规定以及理论、实践的最新成果。

单元二

危害国家安全罪

【知识目标】

理解危害国家安全罪的概念与特征；掌握分裂国家罪等 4 个重点罪名的犯罪构成、认定及其处罚规定；理解背叛国家罪等 8 个次重点罪名的主要特征与处罚规定。

【能力目标】

能在司法实践中正确认定危害国家安全行为的罪与非罪，区分此罪与彼罪以及重罪与轻罪。

【内容结构表】

危害国家安全罪	概　述	概念	故意危害国家安全的行为	特征	客体为国家安全；客观方面表现为实施危害国家安全的行为；主观方面表现为直接故意；主体多为一般主体	范围	《刑法》第 102 条至第 113 条，共计 12 个罪名
	重点罪名（4）	分裂国家罪，间谍罪，叛逃罪（修正案八），为境外窃取、刺探、收买、非法提供国家秘密、情报罪					
	次重点罪名（8）	背叛国家罪，煽动分裂国家罪，武装叛乱、暴乱罪，颠覆国家政权罪，煽动颠覆国家政权罪，资助危害国家安全犯罪活动罪，投敌叛变罪，资敌罪					

项目一　重点罪名

基本任务：理解、记忆 4 个重点罪名的犯罪构成及其处罚规定，并能在实践中熟练掌握其定罪与量刑。

【引例】被告人邵某，1956 年出生于上海，1989 年加入美国国籍，但长期侨居中国。2001 年他回美国期间成为间谍组织成员，然后接受其组织派遣的任务，潜入中国刺探、收集军事情报。2001 年 5 月，邵某在中国某空军基地刺探情报时，被中国安全机关抓获。中国检察机关以间谍罪与为境外刺探情报罪对被告人邵某提起公诉。邵某及其辩护人提出情报刺探行为没有成功，对中国安全没有构成实质性危害（危害不大），请求不以犯罪论处；如果以犯罪论处，最多也只能是犯罪未遂，应减轻处罚。问：法院应该如何判决？

【原理精读】

一、分裂国家罪

（一）概念

分裂国家罪，是指组织、领导、策划、实施分裂国家、破坏国家统一的行为。

（二）犯罪构成

分裂国家罪的客体是国家的统一。客观方面表现为行为人实施了组织、领导、策划、实施分裂国家、破坏国家统一的行为。组织即为分裂国家而纠集多人，策划即秘密制定分裂行动纲领、计划，实施即具体着手进行分裂行为。典型表现：另立政府；割据一方；搞地方独立；搞民族独立；其他分裂行为。本罪和本章其他罪名一样，均为行为犯，亦即只要实施完成了上述一种或者多种行为，不管结果如何，均为犯罪既遂。主观方面只能是直接故意。不论动机如何，均不影响本罪成立。主体为一般主体。

（三）认定

1. 罪与非罪的界限

关键在于是否具备基于分裂国家目的的直接故意以及实施相关的分裂行为。

2. 此罪与彼罪的界限

（1）分裂国家罪与背叛国家罪。①主体范围不同：此罪是一般主体，彼罪是中国公民[①]。②直接故意的内容不同：此罪主观上直接分裂国家，彼罪是勾结外国危害国家主权、领土完整和安全。③客观方面的表现方式不同：此罪制造割据、直接分裂，彼罪是通过勾结外国来实现对国家主权与领土的危害。

（2）分裂国家罪与煽动分裂国家罪。①行为实施方式不同：此罪是通过自身的组织、策划、实施等方式直接分裂国家，彼罪是通过蛊惑、煽动，诱使他人实施分裂国家的活动。②直接故意的内容不同：此罪是直接分裂的故意，彼罪是煽动他人分裂的故意。③共同犯罪形式不同：此罪是必要共同犯罪，彼罪是任意共同犯罪。[②]

（3）煽动分裂国家罪与煽动颠覆国家政权罪。①煽动内容不同：此罪是煽动将国家一分为二或者一分为多，彼罪是煽动推翻现政权，建立新政权。②客体不同：此罪是国家统一，彼罪是国家现有根本制度。

（4）煽动分裂国家罪与分裂国家罪的教唆犯。①对象不同：此罪是不特定多数者，彼罪是特定者。②罪名不同：此罪是教唆者单独成立固定的与被教唆者不同的罪名，彼罪是教唆者与被教唆者构成共同犯罪。

（四）处罚

对危害特别严重、情节特别恶劣的，可以判处死刑；对首要分子或罪行重大的，处无期徒刑或者10年以上有期徒刑；对积极参加的，处3年以上10年以下有期徒刑、拘役、管制或者剥夺政治权利；对其他参加的，处3年以下有期徒刑、拘役、管制或者剥夺政治权利；其他参加者中，情节显著轻微、危害不大的，不应认为是犯罪。犯

---

① 在有“叛”字的罪名中，犯罪主体的主犯均为中国公民，外国或者无国籍公民只能构成共犯中的从犯。

② 亦即分裂国家罪只能由共同犯罪形式存在，而煽动分裂国家罪既可以由共同犯罪形式存在，也可以由个人犯罪形式出现。

本罪的，应当附加剥夺政治权利，可以并处没收财产；与境外机构、组织、个人相勾结犯本罪的，应从重处罚。

【法律链接】

1.《中华人民共和国刑法》(1997) 第103条第1款＊[①]、第113条、第56条、第106条、第13条。

2.《中华人民共和国刑法》(1979) 第92条。

3. 最高人民法院、最高人民检察院《关于办理组织和利用邪教组织犯罪案件具体应用法律若干问题的解释》(1999) 第7条。

二、间谍罪

(一) 概念

间谍罪，是指参加间谍组织或者接受间谍组织及其代理人的任务，或者为敌人指示轰击目标，危害国家安全的行为。

(二) 犯罪构成

间谍罪的客体是中华人民共和国广义的国家安全，具体包括国家独立、国家政权、社会主义制度、国家主权、领土完整、国家机关等安全。客观方面表现为行为人实施了如下行为：参加间谍组织[②]；接受间谍组织及其代理人（包括自然人或法人）的任务；为敌人[③]指示轰击目标。本罪是行为选择犯。行为人只要实施了上述行为中的一种，即可构成间谍罪；只要实施了上述行为，不管结果如何，均为既遂。主观方面表现为直接故意，且具有危害本国国家安全的目的。至于动机，无论贪财、贪色还是怕死等等，均不影响本罪成立。主体为一般主体。

(三) 认定

1. 罪与非罪的界限

关键在于两点：是否具有危害本国国家安全的直接故意，以及是否实施了概念中列举的危害本国国家安全的行为，二者缺一不可。误入组织后得知真相离开的，或从事的工作与间谍工作不相关的，或虽为间谍但不危害本国安全的，均不构成犯罪。

2. 一罪与数罪的界限

关键看行为人从事的间谍活动与其他犯罪活动是否存在必然联系。有必然联系，择一重罪处罚；无必然联系，数罪并罚。

(四) 处罚

对危害特别严重、情节特别恶劣的，可以判处死刑；情节严重的，处无期徒刑或者10年以上有期徒刑；情节较轻的，处3年以上10年以下有期徒刑；犯本罪的，应当附加剥夺政治权利，可以并处没收财产。

---

① ＊部分为本罪名的基本条文序号，下同。

② 间谍组织，是指外国政府或者境外敌对势力建立的旨在收集情报从事颠覆、破坏活动等危害本国国家安全与利益的组织。

③ 敌人，是指战时与本国交战的敌国或敌方，或者非交战时军事轰炸本国的敌国敌方。

【法律链接】

1.《中华人民共和国刑法》(1997) 第 110 条*，第 113 条第 1 款、第 2 款，第 56 条。

2.《中华人民共和国刑法》(1979) 第 97 条。

3.《中华人民共和国安全法》第 4 条、第 24 条、第 25 条。

三、叛逃罪（修正案八）

（一）概念

叛逃罪，是指国家机关工作人员或掌握国家秘密的国家工作人员在履行公务期间，擅离岗位，叛逃境外或者在境外叛逃的行为。这是一个经《刑法修正案（八）》作了重大修正的罪名。

（二）犯罪构成

叛逃罪的客体是对国家机关工作人员履行公务期间的岗位国境管理制度与国家安全。客观方面表现为国家机关工作人员在履行公务期间，实施了叛逃行为：在境内，擅离岗位，逃往境外；或者在境外擅离岗位，境外叛逃。主体为特殊主体：国家机关工作人员[①]与掌握国家秘密的国家工作人员[②]。主观方面表现为直接故意，动机可以多样，但均不影响罪名的成立。

（三）认定

1. 罪与非罪的界限

关键在于三点：是否在履行公务期间擅离岗位出逃；是否为国家机关工作人员或者掌握国家秘密的工作人员；是否有危害国家安全的危险。三者缺一不可。经过《刑法修正案（八）》修正后，本罪不再要求行为人具有危害国家安全的实行行为。

2. 此罪与彼罪的界限

（1）叛逃罪与投敌叛变罪。①主体范围不同：此罪是特定身份的中国公民，彼罪是任何有刑事责任能力的中国公民。②客观方面不同：此罪是履行公务期间擅离岗位且叛逃境外或在境外叛逃[③]，彼罪是投靠敌国敌方或被俘且叛变[④]。③犯罪对象不同：此罪未明确要求联系、投靠的对象及其性质，而彼罪要求投奔、投靠的对象必须是“敌人”。

（2）叛逃罪与军人叛逃罪。①主体身份不同：此罪是在职国家机关工作人员或掌握国家秘密的在职国家工作人员，彼罪是在职军职人员。②客体不同：此罪是除军事之外的国家安全利益，彼罪是国家的军事利益。

---

① 刑法中所称的国家机关工作人员，是指在国家机关中从事公务的人员，包括在各级国家权力机关、行政机关、司法机关和军队中从事公务的人员。在乡（镇）以上中国共产党机关、人民政协机关中从事公务的人员，在司法实践中也应当视为国家机关工作人员。

② 《中华人民共和国刑法》(1997) 第 93 条规定：“本法所称国家工作人员，是指国家机关中从事公务的人员。国有公司、企业、事业单位、人民团体中从事公务的人员和国家机关、国有公司、企业、事业单位委派到非国有公司、企业、事业单位、社会团体从事公务的人员，以及其他依照法律从事公务的人员，以国家工作人员论。”

③ 叛逃，是指具有上述两种身份的人实施的利用公务之便逃离祖国（包括逃至国外、港澳台地区、外国驻中国的使领馆）的行为。

④ 叛变，是指背叛祖国且造成实质性的危害祖国安全的行为。

3. 一罪与数罪的界限

国家机关工作人员或掌握国家秘密的国家工作人员为了达到叛逃目的而采用的手段触犯其他罪名的，择一重罪处罚；犯罪后为逃避刑罚而叛逃，或者叛逃后又实施其他危害祖国安全的行为的，均应数罪并罚。

（四）处罚

犯本罪的，处5年以下有期徒刑、拘役、管制或者剥夺政治权利；情节严重的，处5年以上10年以下有期徒刑；掌握国家秘密的国家工作人员犯本罪的，依上述规定从重处罚；犯本罪的，应当剥夺政治权利，可以并处没收财产。

【法律链接】

1. 《中华人民共和国刑法》（1997）第109条*、第113条第2款、第56条。
2. 《中华人民共和国安全法》第4条第1款。
3. 《中华人民共和国刑法修正案（八）》第21条。

四、为境外窃取、刺探、收买、非法提供国家秘密、情报罪

（一）概念

为境外窃取、刺探、收买、非法提供国家秘密、情报罪，是指为境外机构、组织或者人员窃取、刺探、收买、非法提供国家秘密或情报，危害中华人民共和国国家安全的行为。

（二）犯罪构成

客体是广义的国家安全利益，即中华人民共和国的主权、领土完整与安全、政权、社会制度等方面的安全与利益。客观方面表现为行为人实施了为境外的机构、组织、人员①窃取、刺探、收买、非法提供国家秘密②或者情报③的行为。刺探即以各种手段探知；收买即以财物或其他利益换取；非法提供即掌握秘密或情报的人，将秘密或情报非法出售、提交、告知境外机构、组织、人员。上述行为包括互联网实现形式。主体为一般主体。主观方面表现为直接故意，亦即知道或者应当知道对方是境外组织、机构、人员，还要将国家秘密、情报告知。

（三）认定

1. 罪与非罪的界限

关键在于两点：一是行为人是否知道或应当知道犯罪对象是国家秘密或情报；二是行为人是否为境外的机构、组织、人员服务。二者缺一不可。如果行为人以为是国家秘密、情报或以为是境外机构、组织、人员，但实际上不是，则属于刑法上的认识错误，不影响本罪的成立。

---

① 境外机构、组织、人员是指中华人民共和国国境外的国家或者地区的政府机构、军事机构、经贸机构、文教单位、科研机关、政党、社会团体、宗教组织以及上述机构、组织以外的个人。

② 本罪名涉及的国家秘密是指《中华人民共和国保守国家秘密法》第2条、第8条，以及《中华人民共和国保守国家秘密法实施办法》第4条所规定的，关系到国家安全和利益，经法定程序确定，在一定时间内只限于一定范围的人员知悉的事项。具体包括绝密级、机密级、秘密级三个级别的国家秘密。

③ 本罪名涉及的情报，是指关系到我国国家安全与利益的，尚未公开或者依据有关规定不应公开的事项（资料、情况、消息）。

2. 此罪与彼罪的界限

（1）为境外窃取、刺探、收买、非法提供国家秘密、情报罪与泄露国家秘密罪。①客体不同：此罪是国家安全，彼罪是工作人员的保密职责与国家保密制度。②主体不同：此罪是一般主体，彼罪是国家机关工作人员。③行为对象不同：此罪是境外机构、组织、人员，彼罪是境内境外不应知悉者。④告知的内容不同：此罪是国家秘密或情报，彼罪是绝密、机密、秘密三个密级的国家秘密。⑤成立犯罪的条件不同：此罪没有情节与后果要求，彼罪必须是情节严重。

（2）为境外窃取、刺探、收买、非法提供国家秘密、情报罪与间谍罪。①行为服务对象不同（关键）：此罪是间谍组织及其代理人之外的境外机构、组织、人员，彼罪是间谍组织及其代理人。②犯罪对象的范围不同：此罪是国家秘密、情报，彼罪是国家秘密与情报、为敌人指示的轰击目标、间谍组织派遣任务的对象。

（3）为境外窃取、刺探、收买、非法提供国家秘密、情报罪与为境外窃取、刺探、收买、非法提供军事秘密罪。①犯罪对象的范围不同：此罪是国家秘密、情报，彼罪是国家军事秘密。②主体不同：此罪是一般主体，彼罪是特殊主体（军人）。

3. 一罪与数罪的界限

本罪为选择性罪名，有窃取、刺探、收买、非法提供四种行为中的一种或多种行为，均构成本罪一罪。

（四）处罚

对构成犯罪的①，处5年以上10年以下有期徒刑；情节特别严重的②，处10年以上有期徒刑或者无期徒刑；情节较轻的③，处5年以下有期徒刑、拘役、管制或者剥夺政治权利。构成本罪，对国家和人民危害特别严重、情节特别恶劣的，可处死刑。对构成本罪的，应当剥夺政治权利，可以并处没收财产④。

【法律链接】

1. 《中华人民共和国刑法》（1997）第111条*、第113条、第56条、第282条。

2. 《中华人民共和国安全法》（1993）第2条、第8条、第9条。

3. 最高人民法院《关于审理为境外窃取、刺探、收买、非法提供国家秘密、情报案件具体运用法律若干问题的解释》（2000）第2条、第3条。

【实务操练】

一、示范引导训练

案例：见前面的【引例】。

基本步骤：

1. 学生集体阅读案例。

2. 教师提出问题。

① 即为境外窃取、刺探、收买、非法提供机密级国家秘密的，或者三项以上秘密级国家秘密的，或者因提供国家秘密与情报未达到前述等级与数量但对国家安全与利益造成严重损害的情形。

② 即为境外窃取、刺探、收买、非法提供绝密级国家秘密、三项以上机密级国家秘密或者其他国家秘密或者情报，对国家安全和利益造成其他特别严重损害的情形。

③ 即为境外窃取、刺探、收买、非法提供不足三项的秘密级国家秘密或者情报的情形。

④ 除了死刑应当并处没收财产外，其他情形均可以并处没收财产。

问题（1）：邵某及其辩护人的辩护是否成立？为什么？
问题（2）：检察机关的公诉罪名有没有问题？为什么？
问题（3）：邵某应当如何处罚？为什么？
3. 教师引导分析。
问题（1）：考虑犯罪的基本特征、犯罪构成。本章犯罪的既遂特征。
问题（2）：比较间谍罪、为境外刺探情报罪的个罪特征。
问题（3）：考虑个罪相关处罚规定以及总论有关处罚规定。
4. 教师总结。
具体见本单元后面的【引例评析】。

二、学生互动训练

基本步骤：
1. 按问题需要对学生进行分组；
2. 以组为单位让学生自行开展讨论；
3. 各组学生内部选出代表拟订应答方案；
4. 各组代表应答，阐述观点及其理由；
5. 学生自我评价实训效果；
6. 教师简要点评与总结。

案例1：李某，30岁，农民，小学文化程度，母亲多病，妻子怀孕3个月，儿子上小学一年级，家境贫困。2005年10月，乡政府计划生育办三人由一位副乡长带队，找到李某家，试图说服李某妻子引产，但遭到李某拒绝，于是李某妻子被带走并强制人流，母亲因没钱治病加上气愤而去世。李某闹到乡政府，强烈要求赔偿损失但无果。一气之下，李某花了两天时间写了一篇5 000字的文稿，发泄对乡政府、对党的强烈不满。他还印发100份，到处散发。另外，李某还做了一个签名册，请求大家签名，但没人响应。李某的行为被人举报导致事发。公安机关侦查后认为，李某的行为涉嫌分裂国家罪与煽动分裂国家罪，提请检察机关公诉。对此，检察机关有起诉与不应起诉两种意见。问：

（1）李某的行为是否构成分裂国家罪？为什么？
（2）李某的行为是否构成煽动分裂国家罪？为什么？
（3）检察机关应当如何处理？为什么？

案例2：2004年5月，王某在下岗半年后经过就业培训获得厨师资格证。同年6月，通过熟人李某的介绍到某家外资企业做专职厨师。王某工作一段时间后感觉该公司比较神秘而咨询李某，但从部队转业后来到这家公司的李某说一切正常。2005年6月，国家安全部门来人将李某、王某带走。原来，这家公司表面上以经济贸易为名，实则是某国的一家专门收集我国军事、经济情报的间谍组织。经过侦查，李某2003年3月从部队转业后来到这家公司，虽然凭其职业敏感觉察到公司有问题，但不久因为公司丰厚待遇的吸引而多次接受公司的特殊任务，利用曾经在部队工作的资源渠道，多次为公司成功搜集我国的军事情报与经济情报。其中，李某多次邀请其朋友谢某（某行政管理部门主管经济的副厅级领导干部）喝酒，在酒桌上成功从谢某处套取国家重要经济情报。2005年9月，李某、王某、谢某被有关部门正式逮捕。问：

（1）李某的行为是否构成犯罪？如果构成犯罪，何罪？为什么？

(2) 王某的行为是否构成犯罪？如果构成犯罪，何罪？为什么？

(3) 谢某的行为是否构成犯罪？如果构成犯罪，何罪？为什么？

案例3：1992年3月，吴某（男，31岁，某通讯社编辑，国家工作人员）与前来北京采访第七届全国人民代表大会第五次会议新闻的香港记者梁某相识。梁某为了获取中国共产党第十四次全国人民代表大会的报告稿，利诱吴某搜集。同年10月4日，吴某利用工作之便，将《在中国共产党第十四次全国人民代表大会上的报告》（送审稿；以下简称《报告》）复制，指使马某（女，29岁，某杂志社编辑，国家工作人员）按照事先约定的时间、地点交给梁某，梁某立即全文传真给某报，10月5日，某报全文刊载了报告。10月21日，梁某约见了吴某、马某，并给付吴某5 000元人民币。问：

(1) 吴某、马某的行为是否构成共同犯罪？为什么？

(2) 人民法院一审判处吴某、马某的行为构成为境外非法提供国家秘密罪是否正确？为什么？

(3) 对吴某、马某应当如何处罚？为什么？

项目二　次重点罪名

基本任务：理解与了解8个次重点罪名的主要特征与处罚规定[①]。

一、背叛国家罪（第102条）

(1) 概念。勾结外国或者境外机构、组织、个人，危害中华人民共和国的主权、领土完整和安全的行为。

(2) 犯罪构成特点。客体为我国的主权与领土安全。客观方面表现为行为人实施了与境外、国外的组织、机构或个人勾结，危害国家安全的行为。主体中的主犯只能是中国公民，且一般为具有重要职务或地位的中国公民。主观方面表现为直接故意。

(3) 处罚。10年以上有期徒刑；无期徒刑；死刑。

二、煽动分裂国家罪（第103条）

(1) 概念。煽动分裂国家、破坏国家统一的行为。

(2) 犯罪构成特点。客体为国家安全。客观方面表现为行为人鼓动、怂恿、诱惑他人去从事分裂国家的活动，而对具体分裂活动的实施行为本人不参与；煽动方式可以是语言、文字、音像等多种方式。主体为一般主体。主观方面为表现直接故意。

(3) 处罚。5年以下有期徒刑、拘役、管制、剥夺政治权利；5年以上有期徒刑。与境外勾结犯本罪的，从重处罚。

三、武装叛乱、暴乱罪（第104条）

(1) 概念。组织、策划、实施武装叛乱、暴乱，或者策动、胁迫、勾引、收买国

① 8个罪名的共同点“行为犯；应当剥夺政治权利；可以并处没收财产”在以下个罪中不再重复表述。罪名后面括号中的数字为本罪的基本条文序号。

家机关工作人员、军警、民兵进行武装叛乱、武装暴乱的行为。

（2）犯罪构成特点。客体为我国人民民主专政的国家政权与社会主义制度安全。客观方面表现为行为人采用武装形式聚众暴乱或骚乱，或者勾结境外敌对势力聚众进行武装破坏、骚乱即武装叛乱。主体为一般主体。若为叛乱，主体的主犯只能是中国公民。主观方面表现为直接故意。

（3）处罚。3 年以下有期徒刑、拘役、管制、剥夺政治权利；3 年以上 10 年以下有期徒刑；10 年以上有期徒刑、无期徒刑、死刑。与境外勾结犯本罪的，从重处罚；策动、胁迫、勾引、收买国家机关工作人员、军警、民兵进行武装叛乱、武装暴乱的，应当从重处罚。

四、颠覆国家政权罪（第 105 条）

（1）概念。组织、策划、实施颠覆国家政权、推翻社会主义制度的行为。

（2）犯罪构成特点。客体为我国人民民主专政的国家政权与社会主义制度安全。客观方面表现为行为人以武装手段或非武装手段推翻或篡夺现有政权。主体为一般主体且一般为重要人物。主观方面表现为直接故意。

（3）处罚。3 年以下有期徒刑、拘役、管制、剥夺政治权利；3 年以上 10 年以下有期徒刑；10 年以上有期徒刑、无期徒刑。与境外勾结犯本罪的，应从重处罚。

五、煽动颠覆国家政权罪（第 105 条）

（1）概念。以造谣、诽谤或者其他方式煽动颠覆国家政权、推翻社会主义制度的行为。

（2）犯罪构成特点。客体为我国人民民主专政的国家政权与社会主义制度安全。客观方面表现为造谣行为或诽谤行为。造谣行为即捏造虚假事实并公开散布、迷惑群众；诽谤行为即散布有损于国家政权和社会主义制度的言论，损害国家形象。主体为一般主体。利用出版物、邪教组织、突发事件进行煽动颠覆行为的，以本罪论处。主观方面表现为直接故意。

（3）处罚。5 年以下有期徒刑、拘役、管制、剥夺政治权利；5 年以上有期徒刑。与境外勾结犯本罪的，应从重处罚。

六、资助危害国家安全犯罪活动罪（第 107 条）

（1）概念。境内外的组织、个人资助境内的组织、个人实施背叛国家罪，分裂国家罪，煽动分裂国家罪，武装叛乱、暴乱罪，颠覆国家政权罪，煽动颠覆国家政权罪的行为。①

（2）犯罪构成特点。客体为我国的国家安全（广义）。客观方面表现为境内外组织、机构、个人资助境内组织或个人，如果资助对象为境外组织或个人，不构成本罪。资助形式多样。主体为一般主体。主观方面表现为直接故意。

（3）处罚。5 年以下有期徒刑、拘役、管制、剥夺政治权利；5 年以上有期徒刑。

---

① 这是一个带总体性质的个罪罪名。在司法实践中，可以根据行为人不同的资助行为确定其罪名，如资助他人颠覆国家政权，应定为资助颠覆国家政权罪。

七、投敌叛变罪（第 108 条）

（1）概念。中国公民投奔敌方或者敌国[①]，或者在被捕、被俘或者由于其他原因被敌方控制以后投降变节，危害中华人民共和国国家安全的行为。

（2）犯罪构成特点。客体为我国国家安全（广义）。客观方面表现为行为人同时具备投敌（投靠、投奔、投降敌方敌国）的行为与叛变（为敌方敌国效劳）的行为。只投未变，不构成本罪。主体为一般主体，并且主犯只能是中国公民。

（3）处罚。3 年以上 10 年以下有期徒刑；10 年以上有期徒刑、无期徒刑、死刑。

八、资敌罪（第 112 条）

（1）概念。战时供给敌人武器装备、军用物资的行为。

（2）犯罪构成特点。客体为国家政权的安全和战时武器装备军用物资的管理制度。客观方面表现为在战争期间行为人实施了供给敌人武器装备、军用物资的行为。主体为一般主体，并且主犯只能是中国公民。主观方面表现为直接故意。

（3）处罚。3 年以上 10 年以下有期徒刑；10 年以上有期徒刑、无期徒刑、死刑。

【引例评析】

解答问题（1）：二人的辩护予以驳回。这里涉及罪与非罪、犯罪形态两个问题。首先，邵某为间谍组织刺探军事情报危及国家军事安全，主观恶性大，具有严重的社会危害性，符合犯罪的基本特征，因而其行为构成犯罪。其次，邵某的行为符合间谍罪的犯罪构成，因而构成间谍罪。间谍罪是行为犯，其犯罪既遂不以危害结果而以行为完成为条件，间谍组织的加入行为或者任务的接受行为已经完成，因而构成间谍罪既遂。

解答问题（2）：检察机关的起诉罪名存在不妥。这里涉及一罪还是数罪的问题。为境外刺探情报罪的服务对象只能是非间谍组织，无论是加入间谍组织还是接受间谍组织的任务收集情报，都是间谍罪中的法定行为，因而只能以间谍罪一罪起诉（也有专家认为，邵某的行为符合间谍罪与为境外刺探情报罪的牵连关系，以间谍罪处罚）。

解答问题（3）：从轻处罚。邵某属于间谍罪犯罪既遂，同时，他不具备自首、立功等法定减轻处罚情节，不能减轻处罚。但考虑其行为没有造成实质性的危害后果，应按照刑法规定的“情节较轻”情形处罚（从轻处罚）：处 3 年以上 10 年以下有期徒刑，应当剥夺政治权利，可以并处没收财产。

【课后作业】

1. 名词解释

国家安全　间谍罪　投敌叛变罪　资敌罪　为境外窃取、刺探、收买、非法提供国家秘密、情报罪

2. 思考题

分裂国家罪与背叛国家罪有何区别？

---

① 敌国，即战时对方国；敌方则可指战时的对方或对本国具有敌意的机构与组织（不含间谍组织）。

【自测案例】

被告人张某，男，36岁，国家机关工作人员。1998年5月，张某由我国政府派往甲国从事援外工作，工作期间利用职务之便将公款6 000美元据为己有。事后张某担心贪污行为败露，遂在甲国申请政治避难并请求将其送往乙国。在乙国大使指使下，张某接受其各种询问与安排，公开声明永远脱离中国。后因某种原因，张某未能前往乙国。1999年2月，张某经甲国引渡，被押解回中国，接受审判。问：张某的行为构成何罪？为什么？

【拓展阅读】

1. 王世洲，等．危害国家安全罪研究．北京：中国检察出版社，2012.
2. 冒国军．危害国家安全罪法律实务．北京：法律出版社，2012.
3. 有关刑事法律、政策的最新规定以及理论、实践的最新成果。

单元三

危害公共安全罪

【知识目标】

理解危害公共安全罪的概念与特征；掌握放火罪、危险驾驶罪等19个重点罪名的犯罪构成、认定及其处罚规定；理解以危险方法危害公共安全罪等18个次重点罪名的主要特征与处罚规定；了解失火罪等其他10个罪名的名称与条文。

【能力目标】

能在司法实践中正确认定危害公共安全行为的罪与非罪，区分此罪与彼罪以及重罪与轻罪。

【内容结构表】

<table>
<tr><td rowspan="4">危害公共安全罪</td><td>概　述</td><td>概念</td><td>行为人故意或过失实施的危害不特定多数人生命、健康或重大公私财产、公共生产、公共生活安全的行为</td><td>特征</td><td>客体为公共安全（不特定多数）；客观方面表现为行为人以作为或不作为方式实施危害或威胁公共安全的行为；主观方面多数为故意，少数为过失，极个别或故意或过失；主体多数为一般主体，少数为特殊主体</td><td>范围</td><td>《刑法》第114条至第139条，共计47个罪名</td></tr>
<tr><td>重点罪名（19）</td><td colspan="6">放火罪，爆炸罪，投放危险物质罪，破坏交通工具罪，破坏交通设施罪，破坏广播电视设施、公用电信设施罪，组织、领导、参加恐怖组织罪（修正案八），劫持航空器罪，非法制造、买卖、运输、邮寄、储存枪支、弹药、爆炸物罪，非法持有、私藏枪支、弹药罪，非法出租、出借枪支罪，非法携带枪支、弹药、管制刀具、危险物品危及公共安全罪，交通肇事罪，危险驾驶罪（修正案八），强令违章冒险作业罪，重大责任事故罪，重大劳动安全事故罪，重大群众性活动安全事故罪，瞒报、谎报安全事故罪</td></tr>
<tr><td>次重点罪名（18）</td><td colspan="6">以危险方法危害公共安全罪，决水罪，过失投放危险物质罪，劫持船只、汽车罪，资助恐怖活动罪，暴力危及飞行安全罪，重大飞行事故罪，非法制造、买卖、运输、储存危险物质罪，违规制造、销售枪支罪，盗窃、抢夺枪支、弹药、爆炸物、危险物质罪，抢劫枪支、弹药、爆炸物、危险物质罪，危险物品肇事罪，工程重大安全事故罪，教育设施重大安全事故罪，消防责任事故罪，破坏电力设备罪，破坏易燃易爆设备罪，丢失枪支不报罪</td></tr>
<tr><td>其他罪名（10）</td><td colspan="6">失火罪，过失决水罪，过失爆炸罪，过失以危险方法危害公共安全罪，过失损坏交通工具罪，过失损坏交通设施罪，过失损坏电力设备罪，过失损坏易燃易爆设备罪，过失损坏广播电视设施、公用电信设施罪，铁路运营安全事故罪</td></tr>
</table>

项目一　重点罪名

基本任务：理解、记忆19个重点罪名的犯罪构成及其处罚规定，并能在实践中熟练掌握其定罪与量刑。

【引例1】2002年5月10日，被告人王某与邻居张某为责任田的事情发生激烈争吵，在争吵中王某吃了亏。事后王某感到丢了脸面，决定一把火烧了自己家与张某家的房子，然后举家外迁。11日，王某趁张某家没人，点燃了自家与张某家的草房。王某、张某的房子周边还有8间他人的房子。火随风势，很快王张两家的房子被烧，他人的房子中也有3家受损。经统计，张某家全部被毁，损失达80 000余元，另外3家财产损失20 000余元，没有人员伤亡。检察机关对王某以故意毁坏财物罪提起公诉。问：法院应如何判决？

【原理精读】

一、放火罪

（一）概念

放火罪，是指行为人故意以放火焚烧公私财物的方式，危害公共安全的行为。

（二）犯罪构成

（1）客体是公共安全，即犯罪行为侵犯了不特定多数人的生命、健康和重大公私财产的安全。行为没有或者不足以危及公共安全的，不构成本罪；此外，即使对自己的财物放火，只要危及公共安全的，也构成本罪。

（2）客观方面表现为行为人实施了放火焚烧公私财物，危害公共安全的行为。至于行为的方式，可以是作为，如行为人直接用引燃物将公私财物点燃；也可以是不作为，如电路维修工发现电路有损出现明火，但故意不维修最后导致火灾出现。不作为方式的放火罪必须具备行为人具有防止火灾发生的义务条件。

（3）主体为一般主体，即只要达到刑事责任年龄，具有刑事责任能力，不管其他资格、条件如何，均可构成犯罪主体。根据我国《刑法》第17条第2款的特别规定，已满14周岁不满16周岁的人犯放火罪的，也应当承担刑事责任。

（4）主观方面表现为故意。这里的故意包括直接故意和间接故意，即明知自己的放火行为会发生危害公共安全的结果，还希望或者放任这种结果发生。至于放火的目的与动机如何，均不影响本罪的成立，只是影响量刑。

（三）认定

1. 罪与非罪的界限

其界限在于行为人主观上是否有危害公共安全的故意，客观上是否具有危害公共安全的结果或者是否足以造成危及公共安全的危险状态。如果行为人故意焚烧自己或者他人的财物，或者少量公有财物，但没有危害、威胁到公共安全，那么一般不构成放火罪，但可以以故意毁坏财物罪论处。

2. 本罪既遂与未遂的界限

对于放火罪的既遂与未遂，我国采用独立燃烧说[①]的标准。亦即只要行为人的放火行为已经使犯罪对象开始独立燃烧，不管其已经燃烧到什么程度，也不论是否被及时扑灭，都构成放火罪的既遂。但如果只点燃引燃物，尚未点燃犯罪对象就被制止，或者尚未点燃引燃物即被制止，则只构成放火罪的未遂。

3. 本罪与失火罪的界限

失火罪，是指行为人由于过失引起火灾，造成严重后果，危害公共安全的行为。放火罪与失火罪的界限主要表现在：①主观方面的故意与过失不同。本罪属于故意，即行为人希望或者放任危害结果的出现；而后罪则因过失引起火灾，行为人反对危害结果的出现。这也是两罪的根本区别所在。②客观方面对危害结果的要求不同。就本罪而言，只要行为人实施了足以危及公共安全的行为，不管其实际危害结果的有无或严重与否，均不影响罪名的成立；但后罪是过失类犯罪，其罪名的成立必须具备一个前提条件：严重的危害结果出现。

4. 本罪与以放火方式实施的破坏交通工具罪、故意毁坏财物罪、故意杀人罪的界限

其界限主要表现在：①犯罪对象不同。在破坏交通工具罪中，行为人放火焚烧的对象是火车、汽车、电车、船只、航空器这五类特殊工具，而本罪焚烧的对象是指除上述五类工具之外的且没有其他对应罪名的对象。二者是特殊与一般的关系。在故意毁坏财物罪中，其放火行为指向的是特定的公私财物，而本罪针对的是非特定的多数人或者重大的公私财物。在故意杀人罪中，行为人的放火目的对象只是特定的人，包括一人或多人，尽管其直接对象可能是房子等财物；而在本罪中，行为人的放火对象是非特定的公私财物，尽管其行为实际侵害的直接对象中可能包括人。②犯罪客体不同。本罪侵害的是公共安全，而破坏交通工具罪侵害的是交通运输中的公共安全，故意毁坏财物罪侵害的是公私财产所有权，故意杀人罪侵害的是公民的生命健康权。③主观方面不同。本罪有危害公共安全的故意，而破坏交通工具罪有侵害交通运输公共安全的故意，故意毁坏财物罪有侵害一定公私财产所有权的故意，故意杀人罪则有侵害公民生命健康权的故意。

5. 本罪与决水罪、爆炸罪、投放危险物质罪以及以危险方法危害公共安全罪的界限

这些罪均属于危害公共安全类的犯罪，其犯罪客体、主观方面基本相同。其区别在于：①客观方面的表现不同。这是最主要的区别。本罪采用的是放火焚烧的方式；决水罪采取的是制造水患的方式；爆炸罪采取的是引燃爆炸物的方式；投放危险物质罪采用的是投放具有毒害性、放射性、传染性的各类危险物质的方式；而以危险方法危害公共安全罪采用的则是除放火、决水、爆炸、投放危险物质以外的，其危害程度又与之相当的其他危险方式，如驾车杀人、私拉电网伤人杀人等。②犯罪主体有所不同。放火罪、爆炸罪、投放危险物质罪的犯罪主体的年龄起点是年满 14 周岁，而以危险方法危害公共安全罪的犯罪主体的年龄起点是年满 16 周岁。

---

① 所谓独立燃烧说，是指当放火行为导致对象物在离开媒介物（引燃物）的情况下能够独立燃烧时即视为烧毁的观点。它是我国刑法领域针对放火罪既遂标准的通说。

6. 一罪与数罪的界限

主要有两种情况：①造成人员伤亡以及财产损失的单一放火行为。如果都属于特定的人员与财产，按上述的第 4 种情况的后罪（故意杀人罪或故意伤害罪或故意毁坏财物罪）处理；如果伤亡人员与损失财产中有一项属于“非特定”，另一项属于“特定”，则属于实质一罪中的想象竞合犯，择一重罪定罪量刑。②实施他罪之后，为毁灭罪证而实施的放火行为。这里又分为两种情形：首先，在实施诸如故意杀人、抢劫、强奸等犯罪行为致人死亡后，为毁灭罪证，在野外放火焚尸，但不足以危及公共安全的，不另定放火罪，只以前述相关罪名从重处罚；其次，在犯他罪后，为毁灭罪证，不惜在住宅区、建筑物或其他公共场所放火，实际危害或者足以危及公共安全的，应该另定放火罪，实行数罪并罚。显然，在实施他罪之后的放火行为，是否实行数罪并罚，关键在于其放火行为是否危害、威胁公共安全。

（四）处罚

根据《刑法》第 114 条的规定，犯放火罪，尚未造成严重后果的，处 3 年以上 10 年以下有期徒刑；根据《刑法》第 115 条的规定，犯放火罪，致人重伤、死亡或者导致公私财产遭受重大损失的，处 10 年以上有期徒刑、无期徒刑或者死刑。

【法律链接】

1. 《中华人民共和国刑法》（1997）第 17 条第 2 款。
2. 《中华人民共和国刑法》（1997）第 114 条＊、第 115 条。

二、爆炸罪

（一）概念

爆炸罪，是指行为人故意使用爆炸的方法，致使不特定多数人伤亡或者公私财物遭受破坏，危害公共安全的行为。

（二）犯罪构成

（1）客体是公共安全。不危及公共安全的爆炸行为，不构成本罪。

（2）客观方面表现为行为人实施了使用爆炸的方法，造成不特定多数人伤亡或公私财物的破坏，危害公共安全的行为。爆炸的方法多种多样，既可以是直接爆炸的方式，如直接引爆炸药、雷管、手榴弹、炸弹、地雷等；也可以是间接爆炸的方式，如故意引发天然气外泄，故意破坏煤矿通风设备等。既可以是作为的方式，如前面所述的情形；也可以是不作为的方式，如有关责任人明知煤矿的通风设备已经失效，如果不及时检修将会导致严重后果，而故意不予检修最后导致煤矿瓦斯爆炸的情形。

（3）主体为一般主体。由于爆炸罪也属于重大恶性犯罪，因此，和放火罪一样，依据《刑法》第 17 条第 2 款的规定，已满 14 周岁不满 16 周岁的人犯爆炸罪的，应当负刑事责任。

（4）主观方面表现为故意，包括直接故意与间接故意。

（三）认定

1. 罪与非罪的界限

其界限在于爆炸引起的危害程度不同。爆炸罪最突出的特点是爆炸行为已经危害公共安全或者足以危及公共安全，而非罪的一般爆炸行为，其情节显著轻微，其结果不足以危害公共安全。

2. 本罪与盗窃罪的界限

这里主要是指在行为人为达到盗窃的目的而使用爆炸方法的特殊情形下，爆炸罪与盗窃罪的区分问题。根据2013年4月最高人民法院、最高人民检察院《关于办理盗窃刑事案件适用法律若干问题的解释》的精神[①]，携带爆炸物盗窃，但没有引起其他严重后果的，应当认定为“携带凶器盗窃”，以盗窃罪从重处罚；如果盗窃过程中实施爆炸手段，如故意往堤坝、其他公共设施附近的水库投掷大量炸药，严重危害公共安全，造成他人伤亡或者是公私财物遭受重大损失的，以爆炸罪论处。

（四）处罚

根据《刑法》第114条、第115条的规定，犯本罪，尚未造成严重后果的，处3年以上10年以下有期徒刑；致人重伤、死亡或者导致公私财产遭受重大损失的，处10年以上有期徒刑、无期徒刑或者死刑。

【法律链接】

1. 最高人民法院、最高人民检察院《关于办理盗窃刑事案件适用法律若干问题的解释》（2013年4月2日）第3条、第11条。

2. 《中华人民共和国刑法》（1997）第17条第2款。

3. 《中华人民共和国刑法》（1997）第114条、第115条＊。

三、投放危险物质罪[②]

（一）概念

投放危险物质罪，是指行为人故意投放毒害性、放射性、传染病病原体等危险物质，危害公共安全的行为。

（二）犯罪构成

（1）客体是公共安全。即行为人的行为侵犯了不特定多数人的生命健康安全，或者不特定多数动物的安全，或者较大数量饮食品等公私财物的安全。

（2）客观方面表现为行为人实施了故意投放毒害性、放射性、传染病病原体等危险物质，危害公共安全的行为。所谓毒害性物质，是指能够造成人和动物有机体中毒，引起其功能障碍、疾病甚至死亡的物质，如砒霜、氰化钾、剧毒农药以及其他剧毒物品等。所谓放射性物质，是指含有核素的核材料或者其他可自然衰变的，同时放射一种或者多种致电离射线的，能造成人员伤亡或财产、环境等重大损害的物质，如镭、铀、钴等。所谓传染病病原体，是指能够引起人与人、人与动物、动物与动物之间相

① 《解释》第3条第2款：携带枪支、爆炸物、管制刀具等国家禁止个人携带的器械盗窃，或者为了实施违法犯罪携带其他足以危害他人人身安全的器械盗窃的，应当认定为“携带凶器盗窃”。《解释》第11条：盗窃公私财物并造成财物损毁的，按照下列规定处理：（一）采用破坏性手段盗窃公私财物，造成其他财物损毁的，以盗窃罪从重处罚；同时构成盗窃罪和其他犯罪的，择一重罪从重处罚；（二）实施盗窃犯罪后，为掩盖罪行或者报复等，故意毁坏其他财物构成犯罪的，以盗窃罪和构成的其他犯罪数罪并罚；（三）盗窃行为未构成犯罪，但损毁财物构成其他犯罪的，以其他犯罪定罪处罚。

② 该罪名原为《中华人民共和国刑法》第114条、第115条中的投毒罪，经过2001年12月《中华人民共和国刑法修正案（三）》的修正，由最高人民法院、最高人民检察院于2002年3月15日在《关于执行〈中华人民共和国刑法〉确定罪名的补充规定》中正式改为现在的投放危险物质罪。

互传播疾病的致命微生物或寄生虫，如衣原体、螺旋体、立克次体等。至于投放，是指行为人将毒害性、放射性、传染病病原体等危险物质放置于非特定多数人可以接触到的地方，其放置的方法与地点没有严格限制，只要能够危害公共安全即可。

（3）主体是一般主体。由于本罪属于8大恶性犯罪之一，因此，依据《刑法》第17条第2款的规定，已满14周岁不满16周岁的人犯投放危险物质罪的，应当负刑事责任。

（4）主观方面表现为故意，包括直接故意与间接故意。即明知自己的投放危险物质行为会发生危害公共安全的结果，还希望或者放任这种结果发生。行为的目的与动机多种多样，但均不影响本罪的成立，只是影响量刑。

（三）认定

1. 罪与非罪的界限

其界限主要表现在主观上是否有危害公共安全的故意，客观上是否实施了危害或者足以危及公共安全的行为。只有二者同时具备，才构成投放危险物质罪。例如某人为毒杀老鼠，在老鼠经常出没的地方放置掺有毒鼠强的大米，不慎造成大量家禽被毒杀的损失结果，就不能定为投放危险物质罪（只能是过失投放危险物质罪）；如果损失不大，则宜作非罪处理。因为这种情况不具备该罪的主观要件。

2. 本罪与危险物品肇事罪的界限

后罪是指行为人违反对爆炸性、易燃性、放射性、毒害性、腐蚀性物品的管理规定，在生产、储存、运输、使用过程中，由于过失而发生重大事故，造成严重后果的行为。本罪与后罪在犯罪对象、客体等方面有诸多相似之处，但是二者有明显区别：①主观方面不同。投放危险物质罪是故意犯罪，危险物品肇事罪是过失犯罪。这是二者的主要区别所在。②客观要件不同。一是对结果的要求不同。本罪是危险犯，实际危害结果出现与否，均不影响犯罪的成立；而后罪属于结果犯，其罪的成立必须以危害公共安全的严重现实后果为前提。二是对时空的要求不同。本罪无严格的时空限制，而后罪限于危险物品的生产、储存、运输、使用过程之中。

3. 本罪与以投放危险物质方式实施的故意杀人罪的界限

二者的根本区别在于其行为是否已经危害或者足以危及公共安全。本罪的行为对不特定多数人的生命健康造成现实危害或者实质性威胁，而后罪的行为则具有明显的针对性，即指向特定的一人或者数人，并没有危及公共安全。例如，张某为杀死妻子，将砒霜下到专为妻子炖的鸡汤里，则构成故意杀人罪。但是，如果张某为杀死妻子，将毒药下到妻子经常去挑水饮用的公用水井里，那么，不论结果如何，张某的行为已经危及公共安全，构成本罪与后罪的想象竞合犯。根据想象竞合犯从一重罪处断的原则，对张某应以本罪即投放危险物质罪定罪处罚。

（四）处罚

该罪的处罚，其刑种刑度与放火罪、爆炸罪相同。根据《刑法》第114条的规定，犯投放危险物质罪，尚未造成严重后果的，处3年以上10年以下有期徒刑；根据《刑法》第115条的规定，犯投放危险物质罪，致人重伤、死亡或者导致公私财产遭受重大损失的，处10年以上有期徒刑、无期徒刑或死刑。

【法律链接】

1.《中华人民共和国刑法》（1997）第17条第2款。

2. 《中华人民共和国刑法》(1997) 第 114 条*、第 115 条。

3. 《中华人民共和国刑法修正案(三)》第 1 条、第 2 条。

4. 最高人民法院、最高人民检察院《关于执行〈中华人民共和国刑法〉确定罪名的补充规定》(2002 年 3 月 15 日)。

四、破坏交通工具罪

(一) 概念

破坏交通工具罪,是指行为人故意破坏正在使用期间的火车、汽车、电车、船只、航空器,足以使其发生倾覆、毁坏危险的行为。

(二) 犯罪构成

(1) 客体是交通运输安全。具体限于与火车、汽车、电车、船只、航空器五种大型交通运输工具相关的交通安全。至于破坏摩托车、自行车、人力车以及限于田间耕作的手扶拖拉机等而造成的人员伤亡及财产损失,由于不涉及不特定多数人或重大公私财产安全,因而其侵害的社会关系不构成本罪的犯罪客体。

(2) 客观方面表现为行为人实施了破坏正在使用中的火车、汽车、电车、船只、航空器,足以使其发生倾覆、毁坏危险的行为。对此行为的理解,应着重把握三点:①行为人破坏的对象限于《刑法》第 116 条中规定的火车、汽车、电车、船只、航空器,除了这五种之外的任何交通工具都不在本罪范围之内。②行为人破坏的对象是正在使用期间的交通工具。所谓正在使用期间的交通工具,包括正在行驶或者飞行中的交通工具,也包括已经交付使用、随时都可执行交通运输作业但行为发生时仍处于停放状态的交通工具。不具有交通运输功能的上述五种工具(如已经报废、仅供展览用途或者还在生产中等)则不在本罪范围之内。③行为人的破坏行为足以使前述交通工具发生倾覆、毁坏危险。所谓倾覆,是指火车脱轨,汽车、电车翻车,船只翻沉,飞机坠落等。所谓毁坏,是指炸毁、烧毁、坠毁,或者造成其他无法修复的严重破坏。所谓严重破坏,不是指任何表面的、局部的损害,而是指造成交通工具基本交通运输功能的丧失或者安全行驶功能的破坏。例如,行为只造成车窗或者座椅等的破坏,而不影响交通工具的基本安全运载功能的,则不构成本罪。本罪属于危险犯,即不要求交通工具倾覆或者毁坏的现实结果出现,只要造成了使交通工具倾覆或者毁坏的危险即可。至于在具体案件中的危险认定,应根据其破坏的部位、工具功能的损坏程度等具体情况进行综合考虑。

(3) 主体为一般主体,即任何年满 16 周岁,具有刑事责任能力的自然人。

(4) 主观方面表现为故意,包括直接故意和间接故意。即行为人明知自己的行为会造成正在使用期间的交通工具发生倾覆、毁坏的危险结果,并且希望或者放任这种结果发生。至于犯罪的动机,可以是各种各样的,如报复、嫁祸、贪财等,均不影响本罪的成立。

(三) 认定

1. 罪与非罪的界限

破坏交通工具行为,罪与非罪的界限主要在于两个方面:一是行为人是否具有危害交通运输安全的故意;二是行为是否足以危害公共交通安全,这是关键。如果行为只是涉及破坏门窗、座椅等类,而且受损财物价值也不大,则不构成犯罪。

2. 本罪既遂与未遂的界限

破坏交通工具罪属于危险犯。因此，只要行为人的行为足以造成五种之一的交通工具发生倾覆、毁坏的危险即构成本罪的既遂，而不要求倾覆、毁坏的现实结果出现。但是，如果行为人刚开始实施破坏行为或者行为还未完成就被制止，亦即危险尚未造成，则构成本罪的未遂。

3. 本罪与故意毁坏财物罪、盗窃罪的界限

当故意毁坏财物罪、盗窃罪的对象也是交通工具时，有必要区分这两种犯罪与本罪的界限。本罪与后罪（即后面二罪，下同）的主要区别在于：①犯罪客体不同。本罪的犯罪客体是交通运输安全，而后罪的犯罪客体是公私财物所有权。②犯罪对象不同。本罪的对象必须是正在使用中的交通工具，而且限于火车、汽车、电车、船只、航空器，而后罪则无此时间、种类限制。

4. 本罪与放火罪、爆炸罪的界限

后罪的犯罪对象可以包括各种公私财物，而交通工具属于公私财物的一种，后者包容于前者之中。因此，以放火、爆炸的方法破坏交通工具的行为，同时触犯本罪与放火罪或爆炸罪，属于法条竞合。依照法条竞合特殊法优先于普通法的适用原则，对此情形应按破坏交通工具罪定罪处罚。

（四）处罚

根据《刑法》第116条的规定，犯破坏交通工具罪，尚未造成严重后果的，处3年以上10年以下有期徒刑；根据《刑法》第119条的规定，犯破坏交通工具罪，已经造成严重后果的，处10年以上有期徒刑、无期徒刑或者死刑。

【法律链接】

1.《中华人民共和国刑法》（1997）第116条*。

2.《中华人民共和国刑法》（1997）第119条。

五、破坏交通设施罪

（一）概念

破坏交通设施罪，是指行为人故意实施的，破坏轨道、桥梁、隧道、公路、机场、航道、灯塔、标志或者其他相关交通设施，足以使火车、汽车、电车、船只、航空器发生倾覆、毁坏危险的行为。

（二）犯罪构成

（1）客体是交通运输安全。交通设施是交通工具运行的基础和前提。因此，交通设施一旦遭到严重破坏，必然危害交通运输安全，从而危及交通运输中不特定多数人的生命健康以及公私财产安全。

（2）客观方面表现为行为人实施了破坏交通设施，足以使火车、汽车、电车、船只、航空器发生倾覆、毁坏危险的行为。该行为具有以下特点：①行为的破坏对象是正在使用期间的交通设施。所谓“正在使用期间”，是指已经交付使用或者处于正在使用之中的交通设施，如公路、铁路轨道、隧道、飞行跑道、机场航道、灯塔等。正在建设或正在修理且未交付使用，或者已废弃不用的交通设施不构成本罪的犯罪对象，因为后者不可能涉及交通工具的安全运行问题。②行为破坏的交通设施是直接关联交

通运输安全的交通设施。所谓“直接关联交通运输安全”，是指对交通设施的破坏，会直接造成火车、汽车、电车、船只、航空器发生倾覆、毁坏危险，危及公共安全。换言之，破坏不直接关系到交通运输安全的交通设施，则不构成破坏交通设施罪，如破坏车站的候车室、机场的候机室等。③对交通设施实施了足以危害交通运输安全的破坏。这种破坏，不是轻微的损坏，而是指对交通设施本身的实质性毁坏或使交通设施、设备不能发挥正常功能，它既包括直接破坏，也包括间接破坏。例如，对海上的灯塔或航标的破坏，既可以将灯塔的发光设备砸毁，也可以故意挪动航标的位置，使之完全失去正常指示功能，从而导致航船发生安全事故。

（3）主体是一般主体，即年满 16 周岁，具有刑事责任能力的人，均可构成本罪的主体。

（4）主观方面为故意，既可以是直接故意，也可以是间接故意。即行为人明知破坏交通设施会造成交通工具倾覆、毁坏危险，并且希望或者放任这种结果的发生。至于犯本罪的动机可以多种多样，均只影响量刑，不影响定罪。

（三）认定

1. 本罪既遂与未遂的界限

本罪属于危险犯。因此，只要对交通设施的破坏行为足以使交通工具发生倾覆、毁坏危险，无论是否造成严重后果，均构成本罪既遂。但是，如果行为人已经开始破坏交通设施的实行行为或破坏行为尚未完成，倾覆、毁坏的危险状态尚未出现，由于犯罪分子意志以外的原因而停止下来，则构成本罪的未遂。

2. 本罪与盗窃罪的界限

这里主要是指在出于非法占有的目的，因盗窃交通设施而严重危害交通运输安全的情形下，两罪的区分问题。例如盗窃铁轨上的枕木与螺帽，偷割使用中的铁路专用电缆等行为就属于这种情形。这种盗窃行为，从犯罪客体上看，既侵犯了公有财产权，又严重危害交通运输安全；从犯罪主观方面来看，行为人既有非法占有公有财物的直接故意，又有造成交通工具倾覆或者毁坏危险的间接故意。因此，这种行为既构成盗窃罪，又构成破坏交通设施罪，属于想象竞合犯。根据想象竞合犯的法律适用原则，应当按一个重罪即破坏交通设施罪定罪量刑。

3. 本罪与破坏交通工具罪的界限

二者均能造成交通工具的倾覆、毁坏，从而危害公共安全。但是二者有根本区别：犯罪对象不同。本罪是直接针对诸如公路、桥梁、灯塔、轨道、隧道、航道、机场等交通基础设施进行破坏，而后罪是直接针对火车、汽车、电车、船只、航空器五种大型的现代化交通工具进行破坏。

（四）处罚

根据《刑法》第 117 条的规定，犯本罪，尚未造成严重后果的，处 3 年以上 10 年以下有期徒刑；根据《刑法》第 119 条的规定，犯本罪，已经造成严重后果的，处 10 年以上有期徒刑、无期徒刑或者死刑。

【法律链接】

1.《中华人民共和国刑法》（1997）第 117 条＊。

2.《中华人民共和国刑法》（1997）第 119 条。

六、破坏广播电视设施、公用电信设施罪

（一）概念

破坏广播电视设施、公用电信设施罪，是指行为人故意破坏广播电视设施、公用电信设施，危害公共安全的行为。

（二）犯罪构成

（1）客体是公共通讯的安全，即正在使用中的广播、电视、公用电信等通讯设施的安全。尽管对公共通讯设施的破坏不会直接危及不特定多数人的生命健康，但是会给国家的重要管理秩序、人民的基本生活秩序带来严重影响，如果被不法分子利用，往往会导致重大公私财产的损失以及其他严重后果。因此，公共通讯设施的安全也是公共安全的重要组成部分。

（2）客观方面表现为行为人实施了破坏广播电视设施、公用电信设施，足以危害公共安全的行为。具体说来，主要表现在以下几个方面：①行为人破坏的是直接用于广播、电视、公用电信等的公共通讯设施，包括广播电台发送、接收电波的设施，电视台发送、接收电视图像的设备设施，有线广播电视传播覆盖设施，公用电话的交换设施以及国家重要部门的相关设施等。如果破坏的是单位内部、个人家庭等相关设施或者公用电话亭等，则不构成本罪。②破坏的是正在使用中的公共通讯设施。所谓正在使用，是指已经交付使用并且还未报废的阶段与状态。它包括设施正处于运行状态与等待运行两种情形。如果破坏的是正在制造或已制造完成但未安装交付使用或者已经报废的通讯设施，则不构成本罪。③对设施的破坏程度足以危害公共通讯设施安全。如使通讯设备失去原有功能，使不特定多数的单位和个人无法正常收听、收看广播、电视等。本罪为行为犯，只要在客观上实施破坏广播电视设施、公用电信设施的行为，并足以危害公共安全，无论严重后果出现与否，均可成立本罪。

（3）主体是一般主体，即达到法定刑事责任年龄、具有刑事责任能力的人均可构成犯罪主体。

（4）主观方面表现为故意，包括直接故意和间接故意。即行为人明知其破坏广播电视、电信设施的行为会危害通讯的公共安全，并且希望或者放任这种危害结果的发生。实施本罪的动机是多种多样的，但均不影响本罪的成立。

（三）认定

1. 本罪与盗窃罪的界限

主要区别在于犯罪对象是否是正在使用中的通讯设备。行为人窃取的如果是库存或正在生产、维修中的通讯器材，因为该行为并不危害通讯方面的公共安全，故以盗窃罪论处。相反，如果窃取的是正在使用中的通讯设备，该行为同时侵害财产所有权和公共通讯安全，这种情况构成想象竞合，应从一重罪处断，即以本罪论处。

2. 本罪与放火罪、爆炸罪的界限

如果行为人以放火或者爆炸方法破坏正在使用中的广播、电视、公用电信等公用通讯设施，而且只实施了一个行为，则构成本罪与后罪的法条竞合。其中，后罪的有关法条是普通法条，本罪的有关法条是特殊法条。根据法条竞合特殊法优先于普通法的法律适用原则，应以本罪论处。

3. 本罪与破坏交通工具罪、破坏交通设施罪的界限

（1）如果破坏交通工具、交通设施中的通讯设施，足以危及交通运输安全，但不足以危及公共通讯安全，则以后罪论处。

（2）如果不足以危及交通运输安全，但足以危害通讯公共安全的，则应以本罪定罪处罚。

（3）如果破坏交通工具或交通设施中的通讯设施行为，不但危及公共通讯设施安全，而且足以使火车、船只、航空器等发生倾覆或毁坏危险的，则构成本罪与后罪的想象竞合。在这种情况下，应当择一重罪即破坏交通工具罪或破坏交通设施罪定罪处罚。

（四）处罚

根据《刑法》第124条的规定，犯本罪的，处3年以上7年以下有期徒刑；造成严重后果的[①]，处7年以上有期徒刑。

【法律链接】

1.《中华人民共和国刑法》（1997）第124条＊。

2. 最高人民法院、最高人民检察院、公安部《关于严厉打击盗窃、破坏铁路、油田、电力、通讯等器材设备的犯罪活动的通知》（1993年12月1日，公发〔1993〕10号）。

3.《中华人民共和国刑法》（1979）第111条。

4. 最高人民法院《关于审理破坏公用电信设施刑事案件具体应用法律若干问题的解释》（法释〔2004〕21号）。

七、组织、领导、参加恐怖组织罪（修正案八；修正案九）

（一）概念

组织、领导、参加恐怖组织罪，是指行为人以进行恐怖活动为目的，组织、领导、参加恐怖组织，危害公共安全的行为。

（二）犯罪构成

（1）本罪客体是社会公共安全，即不特定多数人的生命、健康和重大公私财产安全。

（2）本罪在客观方面表现为行为人实施了组织、领导、参加恐怖组织，危害公共安全的行为。所谓恐怖组织，是指由3人以上组成，以长期有计划实施杀人、爆炸、绑架等恐怖活动为目的的犯罪组织。该组织具有人数较多（3人以上）、组织严密稳定、以实施恐怖活动为目的以及极大的社会危害性等特征。所谓组织，是指行为人发动、召集多人结合成一个恐怖活动群体的行为。所谓领导，是指在恐怖组织中担任职务，并计划、指挥、协调组织恐怖活动的行为。所谓参加，是指明知是恐怖组织，仍然加入成为其中普通一员，或者加入后积极参加谋划、实施恐怖活动的行为。只要行为人实施了上述三种行为之一，即可构成本罪。

---

① 在这里，所谓严重后果，既包括致人重伤、死亡或者使公私财产遭受重大损失等因素，也包括社会公益、国家信誉严重受损等情况。

（3）本罪主体为一般主体，即任何年满16周岁，具备刑事责任能力的自然人，均可构成本罪的主体。

（4）犯罪的主观方面为直接故意，并且具有进行恐怖活动的特有目的。即行为人以长期实行某种或某几种恐怖犯罪活动为目的，明知组织、领导、参加的是恐怖组织而故意实施其组织、领导、参加行为。

（三）认定

1. 本罪既遂与未遂的界限

本罪属于举动犯，亦即只要行为人着手实施了组织、领导、参加恐怖组织的行为（均为实行行为），即构成本罪的既遂，不存在未遂的问题。至于行为人参加恐怖组织后，是否实施了其他具体的恐怖活动，不影响本罪的构成与既遂。

2. 一罪与数罪的界限

本罪名属于选择性罪名，因此，只要行为人在组织、领导、参加恐怖组织三种行为中实施了其中的一种或者一种以上，即成立本罪，但不是数罪。如果行为人在组织、领导、参加恐怖组织行为之外，又实施了诸如抢劫、爆炸、杀人等具体恐怖活动行为，触犯了其他罪名的，则构成数罪，必须实行数罪并罚。

3. 本罪与一般集团犯罪的界限

本罪是一种特殊的集团犯罪，与一般集团犯罪相比具有以下不同：

（1）主观目的不同。恐怖组织是以进行暴力性恐怖活动为目的的犯罪组织；一般的犯罪集团也可能出现暴力等恐怖活动形式，但都是出于其他犯罪目的需要，而不以恐怖活动本身为目的。

（2）客观表现不同。由于恐怖组织本身的极大社会危害性和危险性，我国刑法规定只要组织、领导、参加恐怖组织的即构成犯罪，而不论其是否实际上实施具体恐怖活动。而组织、领导、参加一般的犯罪集团（不含黑社会性质的组织）不构成独立的犯罪，只能根据犯罪集团具体实施的犯罪行为确定罪名，如以盗窃犯罪为目的的犯罪集团，就被称为盗窃犯罪集团，其犯罪行为为盗窃罪。

（四）处罚

根据《刑法》第120条以及《刑法修正案（三）》《刑法修正案（八）》《刑法修正案（九）》的规定，对犯组织、领导、参加恐怖组织罪的处罚可分为四个方面：①组织、领导恐怖活动组织的，处10年以上有期徒刑或者无期徒刑，并处没收财产。②积极参加恐怖活动组织的，处3年以上10年以下有期徒刑，并处罚金。③其他参加的，处3年以下有期徒刑、拘役、管制或者剥夺政治权利，可以并处罚金。④犯前款罪并实施杀人、爆炸、绑架等具体恐怖活动犯罪的，以本罪加故意杀人罪、爆炸罪、绑架罪等罪名，实行数罪并罚。

【法律链接】

1. 《中华人民共和国刑法》（1997）第120条*。
2. 《中华人民共和国刑法》（2011）第66条。
3. 《中华人民共和国刑法修正案（八）》第22条。
4. 《中华人民共和国刑法修正案（九）》第5条。

八、劫持航空器罪

（一）概念

劫持航空器罪，是指以暴力、胁迫或其他方法劫持航空器，危害公共安全的行为。

（二）犯罪构成

（1）客体是航空器飞行安全。即与航空器有关的不特定多数人的生命、健康以及重大公私财产的安全。航空器是作为空中飞行的、用于物资和旅客运输的特殊交通运输工具，一旦被劫持而失去控制，往往会造成机毁人亡的严重后果。因此，劫持航空器的行为，不仅是一种严重危害公共安全的行为，而且还被各国刑法列为共同打击的国际性恐怖活动。

（2）客观方面表现为行为人实施了以暴力、胁迫或者其他方法劫持航空器的行为。本行为主要有以下特点：①行为对象是航空器。所谓航空器，在这里主要是指民用飞机，一般不包括军用、海关的航空器。但是，如果是载人航空器，适用于公务活动、警察、海关、军队的国家航空器，也可以成为本罪的对象。②行为对象是正在使用中的航空器。所谓正在使用中，是指正在飞行状态与等待飞行状态两种情形。正在制造中的、正在装配中的、正在修理中的、已经报废的航空器均不能构成本罪的对象。③使用暴力、胁迫或其他方法劫持航空器。所谓暴力，是指直接对航空器实施暴力袭击或采用杀害、殴打等身体伤害以及捆绑、监禁等身体强制方法，使乘务人员或旅客不能反抗或不敢反抗。所谓胁迫，是指行为人以暴力相威胁，实行精神强制，使乘务人员或旅客不敢反抗。所谓其他方法，是指除暴力、胁迫之外的其他强制性控制方法，如下毒、麻醉等，使乘务人员、旅客不知反抗或不能反抗或不敢反抗。所谓劫持，是指行为人通过上述方法，实际控制航空器，按照自己的意志强行改变飞行路线、改变着陆地点或着陆方式的行为。

（3）主体为一般主体，即任何年满16周岁并具有刑事责任能力的自然人，不管是中国人还是外国人或者无国籍人，均可成为本罪的犯罪主体。依照我国《刑法》第9条关于普遍管辖权的规定，外国人劫持飞机后进入中国境内的，中国刑法具有管辖权。[①]

（4）主观方面只能是直接故意，即行为人明知劫持航空器的行为会严重危及航空器的安全，并且希望或追求这种结果的发生。至于行为人的目的则可因人而异，可以是政治目的，也可以是经济目的，还可以是其他情况，但无论如何，都不影响本罪的成立。

（三）认定

1. 本罪与破坏交通工具罪的界限

二者的主要区别在于：

（1）目的、意图不同。本罪是基于某种政治或经济目的，企图强制航空器按自己指定的方向飞行，到自己指定的地点降落；后罪的目的在于使航空器倾覆、坠落或毁坏。

---

① 在有关航空安全方面，我国已于1978年加入《东京公约》、1980年加入《海牙公约》与《蒙特利尔公约》，1992年通过《关于惩治劫持航空器犯罪分子的决定》。现在，我国对如下情形的劫持航空器犯罪（民用航空器）享有管辖权：a. 在我国的航空器内犯本罪；b. 在外国的航空器内犯本罪，航空器在我国降落且嫌疑人仍在航空器内；c. 光机租赁而租用人在我国有主要营业地或永久住所；d. 在他国地，他国人对其他国家航空器犯本罪，嫌疑人进入我国，我国不予引渡的。

（2）客观行为表现方式不同。本罪是以暴力、胁迫或者其他方法劫持正在使用中的航空器，至于劫持过程中是否会产生航空器坠落或毁坏的危险以及是否已经使航空器坠落或毁坏，对本罪的构成没有影响；后罪通常采用秘密方法对正在使用中的航空器进行破坏，并且破坏的程度必须足以使航空器发生坠落、毁坏的危险或者已经造成坠落、毁坏的结果，才可构成犯罪。

（3）整体社会危害程度及其处罚不同。本罪是国际性恐怖犯罪，其整体社会危害度大于后罪，因而其处罚的起点为10年以上有期徒刑，如果出现严重后果，其处罚是我国现有刑罚中为数极少的绝对确定性死刑；而后罪的处罚是3年以上有期徒刑到死刑，量刑幅度很大。

2. 本罪既遂与未遂的界限

传统观点认为，本罪是行为犯，只要行为人实施了劫持航空器的实行行为，就构成本罪的既遂，不存在未遂的问题。但是，近些年来，刑法学界以及司法实践界逐步形成了以下共识：本罪宜以对航空器的实际控制为既遂标准。也就是说，在整个劫持过程中，如果行为人控制了或者曾经控制过航空器，则成立本罪的既遂；相反，如果行为人没有实际控制（过）航空器，没能影响航空器的正常飞行，则以本罪未遂论处。

3. 一罪与数罪的界限

一般认为，行为人在劫持过程中，如果造成人员伤亡、财产损失或航空器损坏，不另定故意杀人罪、故意伤害罪、故意破坏交通工具罪等相关罪名，而以本罪从重处罚。但是，如果行为人在劫持过程中实施了与劫持无直接关联的犯罪行为，如盗窃、强奸等，则应另外单独定罪，实行数罪并罚。

（四）处罚

根据《刑法》第121条的规定，犯本罪的，处10年以上有期徒刑或无期徒刑；致人重伤、死亡或者使航空器遭受严重破坏的，处死刑（绝对确定的法定刑①）。

【法律链接】

《中华人民共和国刑法》（1997）第121条*。

九、非法制造、买卖、运输、邮寄、储存枪支、弹药、爆炸物罪

（一）概念

非法制造、买卖、运输、邮寄、储存枪支、弹药、爆炸物罪，是指行为人违反国家对枪支、弹药、爆炸物的管理制度，非法制造、买卖、运输、邮寄、储存枪支、弹药、爆炸物，危害公共安全的行为。

（二）犯罪构成

（1）客体是复合客体，即行为同时侵犯了社会的公共安全和国家对枪支、弹药、爆炸物的管理秩序。本罪的犯罪对象，即具有极大的杀伤力与破坏力的枪支、弹药、爆炸物。这些物品一旦脱离国家控制，就会对不特定多数人的生命、健康带来严重威胁，从而极大地危害公共安全。

① 绝对确定的法定刑，是指在条文中对某种犯罪或某种犯罪的某种情形只规定单一的刑种和固定的刑度，法官没有自由裁量权。我国现行刑法中，只有极少数的绝对确定的法定刑。

（2）客观方面表现为行为人实施了非法制造、买卖、运输、邮寄、储存枪支、弹药、爆炸物，危害公共安全的行为。具体说来，该行为具有以下特点：①行为人违反了国家对枪支、弹药、爆炸物的管理法规、制度。正因为行为人违反了有关管理法规、制度，上述行为才构成非法。如果行为人的行为是经过国家认定或者指定的，则不构成本罪。②行为人实施了非法制造、买卖、运输、邮寄、储存上述物品的行为。所谓制造，是指对上述物品的原始创制或者组装、修理、改装和拼装行为。所谓买卖，是指对上述物品的私下购买或者销售行为。所谓运输，是指将上述物品通过邮局之外的方式由大陆境内一地运往境内另一地的行为。所谓邮寄，是指通过邮局渠道将上述物品由大陆境内一地寄往境内另一地的行为。所谓储存，是指将上述物品中的枪支、弹药私下大量储藏、存放的行为，或者对爆炸物的私下储藏、存放行为。③行为人制造、买卖、运输、邮寄、储存的是法律制度禁止的杀伤力、破坏力较大的枪支、弹药、爆炸物。所谓枪支，是指足以致人伤亡或者丧失知觉的各种枪支，包括军用枪支、民用枪支和仿真枪支。所谓弹药，是指通过各种军用、民用枪支或者仿真枪支发射的、本身无引爆装置的各种弹药。所谓爆炸物，是指各种能够通过引爆产生较大杀伤力、破坏性，从而对公共安全构成强烈威胁和危害的物品，具体包括军用爆炸物、民用爆炸物和其他利用爆裂原理和爆裂性原料配制成的炸药与爆炸性装置等。

（3）犯罪主体既包括自然人，也包括单位。即任何已满16周岁、具有刑事责任能力的自然人与单位，均可成为本罪的犯罪主体。

（4）主观方面表现为直接故意，即行为人明知是国家法律禁止制造、买卖、运输、邮寄、储存的枪支、弹药、爆炸物，而故意为之。如果行为人因被人欺骗或利用，的确不知其所制造、买卖、运输、邮寄、储存的是枪支、弹药、爆炸物的，不构成犯罪。

（三）认定

1. 罪与非罪的界限

关键在于是否危及公共安全。如果行为人储存少量爆炸物仅供自己在生产、生活中使用，不足以危及公共安全，事实上也没有造成危害后果，情节显著轻微的，不构成犯罪。如果行为人没有经过国家有关部门批准，私下储存少量枪支、弹药，应定非法持有、私藏枪支、弹药罪，而不宜以本罪论处。

2. 本罪与违规制造、销售枪支罪的界限

二者的主要区别在于：

（1）犯罪主体不同。本罪主体包括自然人和单位；后罪主体是单位，而且是特殊主体，即只能是依法被指定、确定的枪支制造企业、销售企业。

（2）犯罪的客观方面表现不同。本罪在客观方面表现为各种非法制造、买卖、运输、邮寄、储存枪支、弹药、爆炸物的行为，即不具备法定枪支制造、销售资格者实施的上述行为。而后罪是指依法被确定、指定的枪支制造、销售企业实施的以下违规制造、销售枪支的行为：超过限额或者不按照规定的品种制造、配售枪支；制造无号、重号、假号的枪支；非法销售枪支或者在境内销售为出口制造的枪支。

（3）犯罪的主观方面表现不同。后罪必须具有非法销售的目的；本罪则无此限制。

（4）犯罪对象不同。本罪的对象包括枪支、弹药和爆炸物；后罪的对象仅限于枪支。

3. 一罪与数罪的界限

（1）本罪属于选择性罪名。一方面，只要行为人实施了上述五种行为之一并涉及枪支、弹药、爆炸物之一者，即构成本罪；另一方面，如果具备上述一种行为以上并涉及三种物品中的一种以上者，也只构成本罪一罪而非数罪。

（2）本罪与走私武器、弹药罪交叉的情形。如果行为人走私进口枪支、弹药、爆炸物而又运输、销售、储存，或者在非法制造枪支、弹药、爆炸物后又走私出口，或者非法制造、买卖枪支、弹药、爆炸物进行杀人、抢劫、爆炸的，均构成牵连犯，从一重罪处断。

（四）处罚

根据《刑法》第125条第1款和第3款的规定，犯本罪的，处3年以上10年以下有期徒刑；情节严重的，处10年以上有期徒刑、无期徒刑或者死刑。单位犯本罪的，对单位判处罚金，并对直接负责的主管人员和其他直接责任人员，处3年以上10年以下有期徒刑；情节严重的，处10年以上有期徒刑、无期徒刑或死刑。

【法律链接】

《中华人民共和国刑法》（1997）第125条*。

十、非法持有、私藏枪支、弹药罪

（一）概念

非法持有、私藏枪支、弹药罪，是指行为人违反国家枪支管理规定，私自挪用、藏匿枪支、弹药，拒不交出，危害公共安全的行为。

（二）犯罪构成

（1）客体是复杂客体，即公共安全和国家对枪支、弹药的管理制度。本罪的犯罪对象是枪支、弹药（不含爆炸物）。迄今为止，我国禁止任何个人非法持有、私藏枪支、弹药。枪支、弹药一旦被犯罪分子用来实施杀人、抢劫、绑架等违法犯罪活动，就会恶化社会治安，给不特定多数人的生命健康带来严重威胁。因此，非法持有、私藏枪支、弹药的行为，不仅严重破坏国家对枪支、弹药的管理制度，而且极大地危害公共安全。

（2）客观方面表现为行为人实施了违反枪支管理规定，非法持有、私藏枪支、弹药，危害公共安全的行为。所谓非法持有，是指违反枪支管理规定，未取得合法持枪证件而持有、携带枪支、弹药，或者虽有证件但将枪支、弹药携带至法律不容许的场所；所谓非法私藏，是指违反枪支、弹药管理规定，私自隐藏枪支、弹药，拒不交出的行为。所谓拒不交出，是指私藏的枪支、弹药已被发觉，令其交出仍拒绝交出；或私藏行为未被发觉，明知应当交出而不交出。本罪是行为犯，只要具有非法持有、私藏行为，则成立犯罪既遂。

（3）主体包括自然人和单位，即除了任何年满16周岁、具备刑事责任能力的自然人可成为本罪主体外，单位也可成为本罪主体。

（4）主观方面表现为直接故意，即行为人明知枪支、弹药是国家明令禁止个人持有、私藏而故意隐藏不交。换言之，行为人如果确实不知自己的收藏物中有枪支、弹药，因而没有交出的，不构成犯罪。

（三）认定

1. 罪与非罪的界限

非法持有、私藏枪支、弹药且拒不交出，足以危及公共安全的则构成本罪。如果情节轻微，则不构成本罪。例如，行为人合法持有枪支但未携带持枪证件外出的行为，枪支合法持有者持枪进入法律禁止的场所之行为等，如果没有造成严重后果，应由公安机关予以治安等处罚，但不能以本罪论处。

2. 一罪与数罪的界限

本罪属于选择性罪名，即具备持有、私藏行为之一或者全部的，均构成本罪一罪，而非数罪；如果非法持有、藏匿的枪支、弹药是自己非法制造、买卖或者盗窃、抢夺的，则构成吸收犯，按照重行为吸收轻行为的原则，应以非法制造、买卖枪支、弹药罪或者盗窃、抢夺枪支、弹药罪一罪论处，而不应加处私藏枪支、弹药罪而实行二罪并罚；如果行为人以私藏的枪支、弹药实施抢劫、杀人等犯罪活动，则应数罪并罚。

3. 本罪与盗窃、抢夺枪支、弹药、爆炸物罪的界限

主要区别有二：

（1）犯罪对象范围不同。本罪的犯罪对象是枪支、弹药，但不含爆炸物；而后罪的犯罪对象包括枪支、弹药、爆炸物。

（2）客观方面不同。本罪表现为非法持有、私藏枪支、弹药且拒不交出的行为；而后罪表现为盗窃、抢夺枪支、弹药、爆炸物的行为。

（四）处罚

根据《刑法》第 128 条第 1 款的规定，犯本罪的，处 3 年以下有期徒刑、拘役或者管制；情节严重的[①]，处 3 年以上 7 年以下有期徒刑。

【法律链接】

《中华人民共和国刑法》（1997）第 128 条。

十一、非法出租、出借枪支罪

（一）概念

非法出租、出借枪支罪，是指依法配备公务用枪的人员和单位，违反枪支管理规定，非法出租、出借枪支，或者依法配置枪支的人员或单位，违反枪支管理规定，非法出租、出借枪支并造成严重后果的行为。

（二）犯罪构成

（1）客体是社会公共安全和国家对枪支的管理制度。

（2）客观方面表现为行为人实施了非法出租、出借枪支的行为。所谓非法出租枪支，是指违反国家有关枪支的管理规定，将公务用枪或民用枪支在一段时间内有偿租给他人或单位暂时使用的行为。所谓非法出借枪支，是指违反国家有关枪支的管理规定，擅自将公务用枪或民用枪支在一段时间内无偿借给他人或单位暂时使用的行为。

---

① 所谓情节严重，在这里是指具有如下情形之一者：出于犯罪目的而非法持有、私藏枪支、弹药；非法持有、私藏公务用枪、弹药；使用暴力或威胁抗拒收缴非法持有、私藏的枪支、弹药；非法持有、私藏民用枪支、弹药，数量较大。

对于民用枪支，本罪在客观方面的构成需要同时具备以下两个要件：①实施了违反国家枪支管理规定，非法出租、出借枪支的行为；②非法出租、出借行为造成了严重后果。

（3）主体为特殊主体，即依法配备公务用枪、依法配置民用枪支的单位或自然人。

（4）主观方面表现为故意，即行为人明知依法配备的公务用枪、依法配置的民用枪支是禁止出租、出借的，仍然故意出租、出借给他人。

（三）认定

1. 罪与非罪的界限

关键在于非法出租、出借行为是否危及公共安全。具体分为两种情况：

（1）非法出租、出借公务用枪。对于依法配备的公务用枪，国家管理极为严格。只要实施了非法出租、出借公务用枪的行为，不论时间多长，出租、出借给何人，也不论结果如何，一般均成立本罪，不存在非罪的问题。

（2）非法出租、出借民用枪支。对该种情形，本罪的构成在客观方面必须同时具备“非法出租、出借行为”和“造成严重后果”两个要件。缺乏其中任何一个要件，均不以犯罪论处。

2. 一罪与数罪的界限

如果行为人明知他人借用、租用枪支是用于犯罪活动而仍然出租、出借的，应将行为人以有关犯罪的共犯论处，而不以本罪定罪量刑，也不实行数罪并罚。

3. 此罪与彼罪的界限

如果行为人将公务用枪出租、出借给他人使用，但确实不知他人将租来、借来之枪用于犯罪活动，则不能将行为人以有关犯罪的共犯论处，而应以本罪一罪定罪量刑。

（四）处罚

根据《刑法》第128条第2款、第3款、第4款的规定，自然人犯本罪的，处3年以下有期徒刑、拘役或者管制；情节严重的，处3年以上7年以下有期徒刑。单位犯本罪的，对单位判处罚金，并对其直接负责的主管人员和其他直接责任人员依照前述关于自然人犯本罪的规定处罚。

【法律链接】

《中华人民共和国刑法》（1997）第128条*。

十二、非法携带枪支、弹药、管制刀具、危险物品危及公共安全罪

（一）概念

非法携带枪支、弹药、管制刀具、危险物品危及公共安全罪，是指非法携带枪支、弹药、管制刀具或者危险物品，进入公共场所或者公共交通工具，危害公共安全的行为。

（二）犯罪构成

（1）客体是社会公共安全。

（2）客观方面表现为行为人非法携带枪支、弹药、管制刀具、危险物品进入公共场所或者公共交通工具，情节严重的行为。具体包括三个方面：①行为人实施了非法携带枪支、弹药、管制刀具、危险物品的行为。所谓枪支、弹药，是指足以致人伤亡

或丧失知觉的各种枪支及其子弹，既包括具有很大杀伤力的各种军用枪支、射击运动枪支、狩猎用枪及其所用子弹，也包括杀伤力较小的麻醉用枪、气枪、防暴枪及其所用子弹，还包括催泪弹等。所谓管制刀具，是指匕首、三棱刀、弹簧刀、单刀、双刃刀等。所谓危险物品，是指具有爆炸性、易燃性、放射性、毒害性、腐蚀性的物品。所谓非法携带，是指违反有关法律规定而随身佩带、夹带或者手持等。②行为人携带上述物品进入公共场所或者公共交通工具。所谓公共场所，是指供公众娱乐、学习、休息的场所，如公园、街道、码头、商店、广场、车站、学校、医院、图书馆等。所谓公共交通工具，是指大型承载交通运输工具，如列车、轮船、公共汽车、民用航空器等。③情节严重。这也是本罪在客观方面的重要特点。所谓情节严重，在这里是指携带的数量较大，或者被发现后拒不交出，从而危及公共安全的情形。

（3）犯罪主体为一般主体，即任何年满 16 周岁、具有刑事责任能力的自然人均可构成本罪主体。

（4）主观方面表现为直接故意，即行为人明知是法律禁止携带的枪支、弹药、管制刀具而有意携带。其犯罪目的与动机则可以多种多样，但都不影响本罪的成立。

（三）认定

1. 罪与非罪的界限

只有在情节严重，即足以危及公共安全，但不要求危害后果出现的情况下，才能构成本罪。对于情节轻微，认识态度较好且未造成严重后果的，不以犯罪论处。不是行为人本人故意，而是为他人利用，确实不知情而非法携带的，不构成犯罪。

2. 本罪与失火罪、过失爆炸罪的界限

二者的主要区别在于：

（1）犯罪的主观方面不同。本罪是出于故意，是故意犯罪；而后罪是基于过失，是过失犯罪。

（2）犯罪的客观方面不同。本罪表现为行为人非法携带枪支、弹药、管制刀具或者爆炸性、易燃性、放射性、毒害性、腐蚀性物品进入公共场所或者公共交通工具，危及公共安全；而后罪表现为行为人的过失行为导致火灾或爆炸事故发生，危害公共安全。另外，犯罪的地点要求不同。本罪要求必须发生在公共场所或公共交通工具上；后罪则没有地点限制。

（3）犯罪既遂的条件不同。本罪是危险犯，只要情节严重到危及公共安全，即可成立既遂；而后罪都是结果犯，必须出现严重后果才构成犯罪。如果行为人非法携带上述物品进入公共场所或公共交通工具，并发生失火、爆炸等重大事故，造成严重后果的，则属于想象竞合犯，应从一重罪处断即以失火罪或过失爆炸罪论处。

3. 本罪与非法持有、私藏枪支、弹药罪的界限

二者的主要区别在于：

（1）犯罪对象范围不同。本罪的犯罪对象包括枪支、弹药、管制刀具以及其他各种危险物品；而后罪的犯罪对象仅限于枪支、弹药。

（2）客观方面的行为表现不同。本罪表现为非法携带枪支、弹药、管制刀具或者其他危险性物品进入公共场所或者公共交通工具，情节严重，危及公共安全的行为；后罪表现为违反国家有关枪支、弹药的管理规定，非法持有、私藏枪支、弹药的行为。

（3）犯罪既遂的条件不同。本罪是危险犯，只要出现危及公共安全的危险即构成

本罪的既遂；而后罪是行为犯，行为人只要实施非法持有、私藏枪支、弹药的实行行为即构成既遂。

（四）处罚

根据《刑法》第130条的规定，犯本罪的，处3年以下有期徒刑、拘役或者管制。

【法律链接】

《中华人民共和国刑法》（1997）第130条。

十三、交通肇事罪

（一）概念

交通肇事罪，是指行为人违反交通运输管理法规，因而发生重大事故，致人重伤、死亡或者使公私财产遭受重大损失的行为。

（二）犯罪构成

（1）客体是交通运输安全。

（2）客观方面表现为行为人实施了违反交通运输管理法规，因而发生重大事故，致人重伤、死亡或者使公私财产遭受重大损失的行为。具体说来，该犯罪行为必须具备以下特点或条件：

①违规行为。即行为人必须实施了违反交通运输安全管理法律、法规的行为。具体说来，是指行为违反了公路、水路、城市道路（不含航空、铁路）的交通运输管理法规，如《道路交通条例》、《公路交通管理条例》、《城市交通管理条例》，以及2004年5月实施的《道路交通安全法》等。这是前提条件。

②行为人的行为必须造成了重大事故，即致人重伤、死亡或者使公私财产遭受重大损失。只要具备上述三者之一者，即符合本罪的结果要求。根据最高人民法院于2000年11月10日通过的《关于审理交通肇事刑事案件具体应用法律若干问题的解释》第2条的规定，"致人重伤、死亡或者使公私财产遭受重大损失"的基本内涵如下：首先，重伤。意指具备下列两种情况之一：重伤3人以上并负事故全部或者主要责任的；重伤1人以上并负事故全部或者主要责任且具有以下六种情形之一的：第一，酒后、吸食毒品后驾驶机动车辆的；第二，无驾驶资格驾驶机动车辆的；第三，明知是安全装置不全或者安全机件失灵的机动车辆而驾驶的；第四，明知是无牌证或者已报废的机动车辆而驾驶的；第五，严重超载驾驶的；第六，为逃避法律追究逃离事故现场的。其次，死亡。意指具备以下两种情况之一：死亡1人，负事故全部或者主要责任的；死亡3人以上，负事故同等责任的。再次，造成重大财产损失。意指以下情形：造成公共财产或者他人财产直接损失，负事故全部或者主要责任，无能力赔偿数额在30万元以上的。

③上述严重后果必须发生在交通运输过程中，并且是由行为人违反交通运输管理法规的行为直接引起的。如果后果是在交通运输管理法规之外的，则不能以本罪论处。例如，在住宅小区，行为人倒车时不小心将一老人撞死，则应以过失致人死亡罪论处。

（3）主体为一般主体，即任何年满16周岁且具有刑事责任能力的自然人，均可成为本罪主体。本罪主体既可以是除航空、铁路人员以外的从事交通运输工作的人员，也可以是其他人。在这里需要强调的是，所谓其他人，可以是违反交通规则的自行车骑车人，甚至是行人，也可以是强迫驾驶者违章违规的人，还可以是事故发生后指使肇事者逃逸的人（造成受害者得不到及时的救助）等。

（4）主观方面表现为过失。即行为人对自己违反交通运输管理法规行为可能导致人员重大伤亡或者公私财产重大损失的后果应当预见，由于疏忽大意而未预见；或者虽然已经预见，但轻信能够避免。需要指出的是，这种过失是指行为人对所造成的严重后果的心理态度（即明确反对后果的出现），对违反交通运输管理法规行为本身，则可能是过失，也可能是故意。

（三）认定

1. 罪与非罪的界限

主要在于如下两个方面：

（1）行为人是否违反交通运输管理法规。缺乏违反交通运输管理法规的前提，即使造成了严重后果，也不构成犯罪，而是意外事件或不可抗力或者其他非罪行为。

（2）违反交通运输管理法规的行为是否造成严重后果。虽然违反交通运输管理法规，但没有造成严重后果的，也不能构成犯罪，只属于一般违反交通运输管理法规的行为。

2. 本罪与利用交通工具实施故意犯罪的界限

主要在于主观心理的差别。本罪只能出于过失心理，是典型的过失犯罪，而后者是故意犯罪。例如，行为人驾驶交通工具故意撞死或者撞伤特定个人的，以故意杀人罪或者故意伤害罪论处；如果行为人驾驶交通工具故意冲撞人群，则按以危险方法危害公共安全罪定罪处罚。

3. 本罪与过失损坏交通工具罪的界限

二者极易混淆。主要区别在于：

（1）犯罪对象不同。本罪中的交通工具是指除了航空器、火车等航空和铁路运输工具以外的各种大小交通工具，而后罪的交通工具仅仅指火车、汽车、电车、船只、航空器这五种大型现代化的交通工具。

（2）犯罪的客观表现不同。本罪必须有违反交通运输管理法规的行为，这是犯罪的前提；而后罪只要求实施了损坏行为即可。

4. 一罪与数罪的界限

交通肇事中如果出现了前述三种严重后果中的一种及以上的，或者出现严重后果后逃逸而导致后果加重者，均以本罪一罪从重处罚，而不以数罪论处；如果行为人在交通肇事后故意将受害人杀死或者压死，或者趁受害人昏迷实施强奸、盗窃（盗窃价值较大）的，则除本罪外，另定故意杀人罪、强奸罪、盗窃罪，实行数罪并罚。

（四）处罚

根据《刑法》第133条的规定，犯本罪的，处3年以下有期徒刑或者拘役；交通运输肇事后逃逸或者有其他特别恶劣情节的，处3年以上7年以下有期徒刑；因逃逸致人死亡的，处7年以上有期徒刑。

【法律链接】

1.《中华人民共和国刑法》（2011）第133条*。

2. 最高人民法院《关于审理交通肇事刑事案件具体应用法律若干问题的解释》

（2000 年 11 月 15 日，法释〔2000〕33 号）。

十四、危险驾驶罪（第 133 条之一；修正案八；修正案九）

（一）概念

危险驾驶罪，是指在道路上驾驶机动车追逐竞驶，情节恶劣，或者在道路上醉酒驾驶机动车以及法定的其他危险驾驶行为。这是《刑法修正案（八）》第 22 条新增加的罪名。《刑法修正案（九）》第 8 条又对此罪名进行了大幅修订。

（二）犯罪构成

（1）客体为交通运输安全。

（2）客观方面表现为行为人实施了恶劣的追逐竞驶行为或者醉酒驾驶行为或者法定其他危险驾驶行为。

①恶劣的追逐竞驶行为。所谓追逐竞驶，是指 2 人以上分别驾车在道路上（含一般道路与公共交通道路）任意追逐、竞相前进。它以高速行驶为常见表现但不以超速为必要条件。所谓情节恶劣，是指追逐竞驶的动机恶劣或者次数较多且屡教不改或者实施于特别的时间地点，而且严重危及公共安全。

②醉酒驾驶[①]行为。所谓醉酒驾驶，是指行为人血液中酒精含量在等于或大于 80 毫克/100 毫升的情况下驾驶机动车的行为。根据 2011 年 9 月实施的公安部《关于公安机关办理醉酒驾驶机动车犯罪案件的指导意见》的规定，醉驾一律立案侦查。

③其他法定危险驾驶行为。《刑法修正案（九）》新增两种行为：从事校车业务或旅客运输，严重超载或者严重超速的驾驶行为；违反危险化学品安全管理规定运输危险化学品，危及公共安全的行为。

（3）主体为一般主体，即年满 16 周岁，具有刑事责任能力的自然人。

（4）主观方面为故意，即行为人明知自己的行为会危及公共安全，并且希望或者放任这种现象发生。

（三）认定

1. 罪与非罪的界限

对于追逐竞驶行为，须有追逐竞驶与情节恶劣两个条件同时成立才构成本罪；对于醉酒驾驶，只要行为人血液中酒精含量达到 80 毫克/100 毫升或以上标准，即构成本罪，无须其他条件。对于校车、旅客运输等载人驾驶，只要严重超载或超速，有一项成立，即可构成本罪；运输危险化学品的只要违规运输（不需危害结果），即可构成本罪。

2. 本罪既遂与未遂的界限

本罪为危险犯，即只要对公共安全的威胁成立，即为犯罪既遂。

3. 此罪与彼罪的界限

（1）此罪与交通肇事罪的界限。①客观方面：此罪是危险犯，彼罪是结果犯；②主观方面：此罪是故意，彼罪是过失；③处罚：此罪处拘役并处罚金，彼罪为 3 年

---

① 国家质量监督检验检疫总局2004 年5 月31 日发布的《车辆驾驶人员血液、呼气酒精含量阈值与检验》国家标准（GB19522—2004）规定：驾驶人血液中的酒精含量大于（等于）20 毫克/100 毫升、小于 80 毫克/100 毫升的行为属于饮酒驾车，含量大于（等于）80 毫克/100 毫升的行为属于醉酒驾车。

以下有期徒刑或者拘役、3 至 7 年有期徒刑、7 年以上有期徒刑。

（2）本罪与以危险方法危害公共安全罪的界限。①客观方面：危害方法与危害程度不同。此罪是抽象的危险犯，即尚未造成实质性的危害后果；彼罪为具体的危险犯，即使用与放火、爆炸等危险程度相当的手段，具有更大的危害性，常常直接导致或足以导致严重的危害后果。②主观方面：主观恶性程度不同。此罪一般对危险出现的态度是故意且多为间接故意，对危害结果的出现往往是过失；彼罪对危险、对危害结果出现的态度都是故意且多为直接故意。③处罚：轻重差异大。此罪仅为拘役加罚金；彼罪最低为 3 年以上有期徒刑，最高为死刑。

（四）处罚

根据《刑法修正案（八）》第 22 条、《刑法》第 133 条之一的规定，构成本罪者，处拘役，并处罚金。有前两款行为，同时构成其他犯罪的，依照处罚较重的规定定罪处罚，不实行数罪并罚。机动车所有人、管理人对前款第 3 项、第 4 项行为负有直接责任的，依照前款的规定处罚。

【法律链接】

1.《中华人民共和国刑法》（2011）第 133 条之一＊。

2.《中华人民共和国刑法修正案（八）》第 22 条。

3. 公安部《关于公安机关办理醉酒驾驶机动车犯罪案件的指导意见》（2011 年 9 月 15 日，公交管〔2011〕190 号）。

4.《中华人民共和国刑法修正案（九）》第 8 条。

十五、强令违章冒险作业罪

（一）概念

强令违章冒险作业罪，是指企业、工厂、矿山等单位的领导者、指挥者、调度者等在明知确实存在危险或者已经违章，工人的人身安全和国家、企业的财产安全没有保证，继续生产会发生严重后果的情况下，仍然不顾相关法律的规定，以解雇、减薪以及其他威胁，强行命令或者胁迫下属进行作业，造成重大伤亡事故或者严重财产损失或者其他严重后果情形的行为。

（二）犯罪构成

（1）客体是公共安全。

（2）客观方面表现为行为人实施了强令违章冒险作业，因而发生重大伤亡事故或者严重财产损失或造成其他严重后果的行为。所谓强令，是指明知违章并存在着很大的危险却仍然强迫下属进行作业。所谓重大伤亡事故[①]，是指强令违章冒险作业导致死亡 1 人以上，或者重伤 3 人以上。所谓严重财产损失，是指强令违章冒险作业导致直接经济损失 50 万元以上，或者发生矿山生产安全事故造成直接经济损失 100 万元以上。所谓其他严重后果情形，是指排除伤亡、财产损失的第三种严重情形。

（3）主体是特殊主体，即具有强令资格的人，通常情况下是作业的领导者、指挥

① 见最高人民检察院、公安部关于印发最高人民检察院、公安部《关于公安机关管辖的刑事案件立案追诉标准的规定（一）》的通知（公通字〔2008〕36 号）第 9 条。

者、调度者。

（4）主观方面是过失。所谓过失，是指行为人对后果的发生持反对态度（但强令违章冒险作业则是故意）。

（三）认定

1. 罪与非罪的界限

关键在于主观上是否故意强令他人违章冒险作业，客观上其强令行为是否造成严重后果。前述两个条件缺一个均不成立本罪。

2. 此罪与彼罪的界限

应注意故意毁坏财物罪与本罪在严重财产损失情形下的区别。其区别主要有两个方面：一是客体不同。前罪是指特定对象的财产安全；本罪是不特定重大财产安全。二是主观方面不同。前罪是直接故意；本罪往往是过于自信的过失。

（四）处罚

根据《刑法修正案（六）》第1条第2款的规定，犯本罪的，处5年以下有期徒刑或者拘役；情节特别恶劣的，处5年以上有期徒刑。

【法律链接】

1.《中华人民共和国刑法》（2011）第134条第2款*。

2.《中华人民共和国刑法修正案（六）》第1条第2款。

3. 最高人民法院、最高人民检察院《关于办理危害矿山生产安全刑事案件具体应用法律若干问题的解释》（2007年2月28日）第4条。

4. 最高人民检察院、公安部《关于公安机关管辖的刑事案件立案追诉标准的规定（一）》（公通字〔2008〕36号）第9条。

十六、重大责任事故罪

（一）概念

重大责任事故罪，是指在生产、作业中违反有关安全管理规定，因而发生重大伤亡事故或者造成其他严重后果的行为。

（二）犯罪构成

（1）客体是生产安全。即在生产、作业过程中，行为人的行为侵犯了不特定多数人的生命、健康或重大公私财产的安全。

（2）客观方面表现为行为人在生产、作业过程中实施了违反有关安全管理规定，因而发生重大伤亡事故或造成其他严重后果的行为。具体来说，该行为具有以下特点（或成立条件）：

①前提条件。行为人必须违反有关安全管理规定。所谓违反安全管理规定，是指从事生产、作业活动的直接操作者违反国家颁布的安全管理法律法规、部门行业制定的规章条例以及本部门本单位制定的具体操作规程、操作习惯。只要违反了这三种情形中的一种或者一种以上的，均可成立违规。这是构成本罪行为的前提。

②时间条件。行为人违反安全管理法规制度的行为只能发生在生产、作业过程中，并且与生产、作业有直接关系。如果严重后果的发生与生产、作业没有关系，则不能构成本罪。

③后果条件。行为人的行为必须造成了重大伤亡事故或者其他严重后果。所谓重

大伤亡，是指死亡1人以上或者重伤3人以上。所谓其他严重后果，是指导致直接经济损失50万元以上（矿山生产事故直接经济损失为100万元以上），或者其他严重后果的情形[①]。以上三个条件，必须同时成立。

（3）主体为特殊主体。即与生产、作业相关的人员，包括管理者、实际控制者、投资者等，以及直接从事生产、作业的人员。也就是说，一般情况下，与生产、作业活动无关的行政、后勤人员，党团妇工组织人员不构成本罪主体。与《刑法修正案（六）》修改之前的"工厂、矿山、林场、建筑企业或者其他企业、事业单位的职工"相比，修改后的本罪主体范围扩大了，基本涵盖了任何性质的生产、科研以及其他作业单位。

（4）主观方面表现为过失。包括疏忽大意的过失和过于自信的过失。虽然行为人对其违反安全管理法规制度的行为本身，可能是故意的，但是对严重后果的态度显然是排斥的、反对的，因而在主观上是过失的。

（三）认定

1. 罪与非罪的界限

这种界限应注意从客观严重后果与主观过失两个方面的结合来把握。只有二者同时具备，才构成本罪。如果有严重后果，但后果的造成是由于不可抗力或者没有掌握的技术、不能认识的物质性质的因素，没有主观罪过，则只能是自然事故、技术事故或者科学实验失败，不构成犯罪。如果造成事故，行为人也有责任，但事故损失较少，也只能属于一般责任事故，同样不构成犯罪。

2. 本罪与强令他人违章作业罪的界限

后罪是《刑法修正案（六）》从重大责任事故罪中分离出来的新罪名。二者的主要区别在于：

（1）客观方面表现不同。本罪主要表现为不服管理、违反规章制度作业；后罪表现为强令他人违章冒险作业。

（2）犯罪主体不同。本罪是指直接从事生产、作业的人员以及有组织、指挥或者管理职责的人员等；后罪是负有组织、指挥或者管理职责并强行命令他人违章作业的人员。

（3）处罚不同。本罪较轻（见下面的处罚）；后罪处5年以下有期徒刑或者拘役，情节特别恶劣的处5年以上有期徒刑。

3. 本罪与工程重大安全事故罪的界限

二者的主要区别在于：

（1）犯罪主体不同。本罪的主体是单位的一般职工或者领导者，是自然人主体；后罪则属于单位主体，具体是指建设单位、设计单位、施工单位、工程监理单位。

（2）犯罪行为表现方式不同。本罪是职工在生产、作业中违反安全管理规定，从而造成严重后果；后罪是有关单位违反国家质量标准规定，擅自降低标准，偷工减料等，造成重大工程质量事故。如果施工中是个人不按规定操作而造成重大事故，则以

① 见2007年2月28日最高人民法院、最高人民检察院《关于办理危害矿山生产安全刑事案件具体应用法律若干问题的解释》第4条，最高人民检察院、公安部《关于公安机关管辖的刑事案件立案追诉标准的规定（一）》第8条、第9条。

重大责任事故罪论处。

4. 本罪与危险物品肇事罪的界限

二者的主要区别在于：

（1）犯罪主体不同。本罪为特殊主体，即生产、作业活动中的直接操作者或直接指挥者；而危险物品肇事罪的主体则属于一般主体，既可以是任何从事生产、储存、运输、使用危险物品工作的职工，也可以是其他普通公民。

（2）犯罪行为的表现方式不同。本罪的行为表现为行为人在生产、作业过程中，违反有关安全管理法规制度，因而造成严重后果；而危险物品肇事罪的行为表现为行为人在生产、储存、运输、使用危险物品过程中，违反危险物品管理规定，因而造成严重后果。

5. 本罪与失火罪、过失爆炸罪、过失投放危险物质罪的界限

前述四罪都是过失犯罪，都造成严重后果，但有以下明显区别：

（1）事故发生的时空限制不同。本罪一定要发生在生产、作业的过程中，在正式的工作场所；而后罪则没有这种限制性规定。

（2）造成严重后果的原因性质不同。本罪属于不按规定履行上班工作职责，因而是责任事故；后罪属于没有履行日常关注义务，和在岗履行工作职责与否没有直接关系。

（四）处罚

根据《刑法》第134条、《刑法修正案（六）》第1条的规定，犯重大责任事故罪的，处3年以下有期徒刑或者拘役；情节特别恶劣的，处3年以上7年以下有期徒刑。

【法律链接】

1.《中华人民共和国刑法》（2011）第134条*。

2.《中华人民共和国刑法修正案（六）》第1条。

3. 最高人民法院、最高人民检察院《关于办理危害矿山生产安全刑事案件具体应用法律若干问题的解释》（2007年2月28日）第4条。

4. 最高人民检察院、公安部《关于公安机关管辖的刑事案件立案追诉标准的规定（一）》（公通字〔2008〕36号）第8条、第9条。

十七、重大劳动安全事故罪

（一）概念

重大劳动安全事故罪，是指安全生产设施或者安全生产条件不符合国家规定，因而发生了重大伤亡事故或者造成其他严重后果的行为。这也是一个经《刑法修正案（六）》第2条作了重大修正的罪名。

（二）犯罪构成

（1）客体是生产、科研、经营单位的劳动安全，即生产、科研、经营单位不特定多数人的生命、健康或重大公私财产的安全。

（2）客观方面表现为生产、科研、经营单位中的安全生产设施或者安全生产条件不符合国家规定，因而发生重大伤亡事故或其他严重后果。具体说来，本罪在客观方面必须同时具备以下特点或者条件：

①前提条件。单位的劳动安全设施或者安全生产条件没有达到国家规定标准。

②行为条件。单位有关责任人员没有按照有关国家标准履行改造现有劳动安全设施或安全生产条件的义务。本罪是典型的不作为犯。有关责任人员负有该项改善义务，而且有能力履行这项义务，但实际上没有履行这项义务或者没有按照国家标准履行好这项义务。

③结果条件。必须是不作为行为发生了重大伤亡事故或者造成其他严重后果。所谓其他严重后果，是指导致公私财产或者社会公益的重大损失等情况。这是罪与非罪的重要界限。没有严重后果，则不构成犯罪。

（3）主体是特殊主体。即生产、科研、经营单位中对劳动安全设施或安全生产条件直接负责的主管人员或其他直接责任人员。也就是说，本罪的实质是单位犯罪，其犯罪行为是一种单位行为，一般自然人不能构成本罪主体。

（4）主观方面表现为过失或者复合罪过。具体有两种情形：

①疏忽大意的过失。即行为人应当知道安全生产设施或者安全生产条件不符合国家规定，可能会导致严重后果，但是由于疏忽大意而没有预见。

②复合罪过。行为人明知安全劳动设施或者安全生产条件不符合国家规定，而且已经预见自己不去消除安全隐患的不作为行为可能会导致严重后果，但是依然没有去履行法定义务。这种情况下的心理可能是过于自信的过失，也可能是放任结果发生的间接故意，即复合罪过。

（三）认定

1. 罪与非罪的界限

（1）本罪与一般劳动事故的界限。其主要区别是后果的严重与否。如果不严重，则属一般劳动事故。

（2）本罪与自然事故的界限。其主要区别在于造成严重后果的原因。本罪的后果是由于行为人没有履行职责，从而没有去消除安全劳动设施或者安全生产条件的隐患而造成的，后者是由于不可预见、不可抗拒的自然力量而引发的。

2. 本罪与重大责任事故罪的界限

二者都是责任事故罪，即都发生了重大事故，行为人对重大事故的发生都是一种过失的心理态度。二者的主要区别在于：

（1）犯罪主体不同。本罪主体是指任何生产、科研、经营单位中对劳动安全设施或安全生产条件直接负责的主管人员或其他直接责任人员；后罪的主体是直接从事生产、作业的人员。

（2）犯罪客观方面的行为方式不同。本罪的行为方式表现为行为人对有关劳动设施或安全生产中的事故隐患不采取措施，是一种典型的不作为犯罪；而后罪的行为方式表现为单位职工违反安全规章制度操作，是作为形式的犯罪。

3. 本罪与玩忽职守罪的界限

二者的主要区别在于：

（1）犯罪客体不同。本罪的犯罪客体是单位的劳动安全，即劳动者的生命、健康和重大公私财产的安全，属于危害公共安全的犯罪；后罪的犯罪客体是国家机关的正常管理活动，属于渎职犯罪。

（2）犯罪主体不同。本罪的犯罪主体是单位中负责劳动安全设施或者安全生产条件的直接责任人员；后罪的犯罪主体是国家机关工作人员。

（3）犯罪场合不同。本罪发生在生产、作业过程中；后罪发生在国家机关工作职责的公务活动中。

（四）处罚

根据《刑法》第135条与《刑法修正案（六）》第2条的规定，犯重大劳动安全事故罪的，处3年以下有期徒刑或者拘役；情节特别恶劣的，处3年以上7年以下有期徒刑。（本罪属于单罚制的单位犯罪，即只追究直接负责人与相关直接责任人的刑事责任，而不对单位判处罚金。）

【法律链接】

1. 《中华人民共和国刑法》（2011）第135条第1款*。

2. 《中华人民共和国刑法修正案（六）》第2条。

3. 最高人民法院、最高人民检察院《关于办理危害矿山生产安全刑事案件具体应用法律若干问题的解释》（2007年2月28日）第5条。

4. 最高人民检察院、公安部《关于公安机关管辖的刑事案件立案追诉标准的规定（一）》（公通字〔2008〕36号）第10条。

十八、重大群众性活动安全事故罪

（一）概念

重大群众性活动安全事故罪，是指行为人在举办大型群众性活动中违反安全管理规定，因而发生重大伤亡事故或者造成其他严重后果的行为。该罪是《刑法修正案（六）》新增加的安全事故罪。

（二）犯罪构成

（1）客体是公众活动场所的公共安全。即犯罪行为侵犯了公园、娱乐场、运动场、展览馆或者其他社会公众活动的场所中不特定多数人的生命、健康或重大公私财产的安全。如果行为侵犯的是非公共场所的公共安全，或者是公共场所但不是公众活动场所，均不构成本罪。

（2）客观方面表现为行为人在举办大型的群众性活动中，违反在公共场所举办群众性活动的相关安全管理规定，没能履行应有的关注义务，从而造成重大伤亡事故或其他严重后果。具体表现为以下特点（或成立条件）：

①行为方式表现为不作为。即行为人负有义务采取措施排除在公共场所发生的法益侵害或法益侵害的危险性，且有能力履行该义务，但拒不履行。根据针对大型群众性活动的各类规范性文件，活动的举办者、安全责任人员等负有以下义务：向公安、消防、交通等主管部门申请、接受安全检查；制定安全防卫工作方案及应急预案；保证场所设施符合安全标准；合理控制参加活动的人数；配足安全保卫人员及相关辅助人员等。

②已经发生重大伤亡事故或其他严重后果。所谓重大伤亡事故，是指死亡1人以上或者重伤3人以上的情况；所谓其他严重后果，是指导致公私财产、社会公共利益遭受重大损失等情况。

③事故与行为存在直接因果关系。即重大伤亡事故或其他严重后果是由于行为人

违反有关安全管理法规规定，不履行法定作为义务造成的。如果事故是由于不可预测的自然灾害、战争或其他事件造成的，则属于意外事件，行为人不用承担相关刑事责任。以上三个条件必须同时具备，才能成立本罪。

（3）主体为特殊主体。即本罪的犯罪主体只能由大型群众性活动的举办者或者举办单位直接负责的主管人员，以及对该活动的安全保卫等工作负有直接责任的人员构成。所谓主管人员，一般是指活动主办、承办单位的主要组织者或者负责人；所谓直接责任人员，是指对重大伤亡后果或其他严重后果的造成起着主要、支配性作用的人员。需要指出的是，本罪的犯罪主体可以是非国家机关工作人员，也可以是国家机关工作人员。如果活动由政府或者政府部门主办或者部分主办，那么，政府相关部门的主管人员、直接责任人员等国家机关工作人员和其他相关责任人员一起构成本罪的犯罪主体。相反，如果活动仅仅以政府名义举办或者与政府完全无关，则由相关非国家机关工作人员构成犯罪主体。

（4）主观方面表现为过失。包括疏忽大意的过失与过于自信的过失两种情况。也就是说，行为人应当预见自己的违反相关安全管理法规的行为可能造成重大伤亡事故或其他严重后果，但由于疏忽大意没有预见；或者已经预见但轻信能够避免，从而导致重大伤亡事故或其他严重后果的出现。

（三）认定

1. 罪与非罪的界限

（1）本罪与一般群众性活动安全事故的界限。其主要区别在于后果的严重程度问题。如果造成 1 人以上死亡或者 3 人以上重伤，或其他严重后果的，构成本罪；否则，按照一般事故处理，违反行政法规的，予以行政处罚或处分。

（2）本罪与公众活动场所意外事故的界限。主要区别在于严重事故或后果事前是否可以预见，行为人是否具有法定的注意义务和履行义务的能力。如果属于不可能预见，或者属于已经预见但无法控制，那么主观上缺乏罪过心理，不构成犯罪，而是意外事件或者不可抗力事件。

2. 本罪与重大责任事故罪的界限

（1）犯罪客体不同。本罪是公众活动场所的公共安全；后罪是生产作业安全。

（2）发生的地域范围不同。本罪是在公众活动场所；后罪是在生产作业领域。

（3）行为表现形式不同。本罪未履行法定关注义务，是典型的不作为；后罪一般属于违章作业或者强令违章作业，属于作为的方式。

（4）犯罪主体不同。本罪主体是活动的举办者与相关主管人员、直接责任人员；后罪主体是生产、作业单位的一般从业人员以及生产、作业过程中的直接领导、指挥人员。

3. 本罪与消防责任事故罪的界限

消防责任事故罪，是指行为人违反消防管理法规，经消防监督机构通知其采取改正措施而拒绝执行，造成严重后果的行为。二者的主要区别在于：

（1）犯罪行为的表现方式不同。本罪表现为行为人在举办大型活动中违反有关安全管理法规，未履行法定义务而造成重大伤亡事故或其他严重后果；后罪是行为人违反消防管理法规，拒绝采纳消防机构的改进措施，从而导致严重后果。

（2）犯罪主体不同。本罪主体是特殊主体，主要是活动的举办者与相关主管人员、直接责任人员；后罪主体是一般犯罪主体，包括一般公民、单位负责人、负有防火责任的管理者以及其他直接责任人员。需要指出的是，必须注意二者之间的联系。消防管理法规属于安全管理法规的一部分，如果行为人在举办大型群众性活动中违反消防管理法规，导致重大火灾事故，则构成特别法与普通法的法条竞合。依据特别法优先于普通法的适用原则，应以本罪论处。

4. 本罪与玩忽职守罪的界限

玩忽职守罪，是指国家机关工作人员严重不负责任，不履行或者不正确履行自己的工作职责，致使公共财产、国家与人民利益遭受重大损失的行为。二者的主要区别在于：

（1）犯罪客体不同。本罪的犯罪客体是公共活动场所的公共安全；后罪的犯罪客体是国家机关的正常管理活动。

（2）犯罪行为的表现方式不同。本罪主要表现为行为人违反有关安全管理法规，未履行法定注意义务；后罪则表现为行为人严重不负责任，不履行或者不正确履行自己的工作职责。

（四）处罚

根据《刑法修正案（六）》第3条的规定，犯本罪的，对直接负责的主管人员和其他直接责任人员，处3年以下有期徒刑或者拘役；情节特别恶劣的，处3年以上7年以下有期徒刑。

【法律链接】

1.《中华人民共和国刑法》（2011）第135条第2款*。

2.《中华人民共和国刑法修正案（六）》第3条。

3. 最高人民法院、最高人民检察院《关于办理危害矿山生产安全刑事案件具体应用法律若干问题的解释》（2007年2月28日）第5条。

4. 最高人民检察院、公安部《关于公安机关管辖的刑事案件立案追诉标准的规定（一）》（公通字〔2008〕36号）第10条。

十九、瞒报、谎报安全事故罪

（一）概念

瞒报、谎报安全事故罪，是指在安全事故发生后，负有报告职责的人员不报或者谎报事故情况，贻误事故抢救，情节严重的行为。这是《刑法修正案（六）》新增加的安全事故罪。

（二）犯罪构成

（1）客体是公共安全。即有关生产经营企业、事业单位不特定多数人的生命、健康或者重大公私财产的安全。

（2）客观方面表现为安全事故发生后，负有报告事故责任的人员实施了不报或者谎报事故情况，情节严重的行为。该行为具体表现为以下特点：

①安全事故范围广泛。既包括重大责任事故，也包括一般责任事故；既包括技术、职责问题造成的人为事故，也包括各种自然力引发的自然事故。

②有关责任人员不履行职责。即有关人员负有事故报告的法定义务且能够履行报

告义务，但没有如实报告。所谓能够履行报告义务，是指事故发生时或者发生后，有关报告人员具有及时报告的能力。如果因报告人员伤、亡，或者事故造成本人不能排除的交通、通讯技术问题而造成不能报告或不能及时报告的，则不构成犯罪。所谓没有如实报告，是指不报或者谎报。所谓不报，是指故意隐瞒事故已经发生的事实。所谓谎报，是指虽然报告了发生的安全事故，但故意隐瞒或者歪曲事故的关键性事实，如缩小损失规模，减少伤亡人数，或者忽略、篡改事故的原因等。

③情节严重。即不报、谎报行为贻误了抢救，影响了事态的及时控制，或者人为扩大了危害后果。主要表现为：造成更多人员的伤亡、被困，造成更大的经济损失。如果行为人未能及时上报的原因恰恰是本人为了减少伤亡与损失而急于现场指挥与抢救，那么其行为不构成本罪。

（3）主体是特殊主体。即只能由依据法律对安全事故负有报告责任的人员构成本罪主体。这些人员包括非国家机关工作人员和国家机关工作人员。前者包括生产经营单位的负责人、实际控制人、负责生产经营管理的投资人，以及其他负有报告职责的人员如事故现场的直接主管人员和其他直接责任人员；后者主要是指国家安全生产监督管理部门的主要负责人、地方各级政府的主要领导人等。

（4）主观方面表现为复合罪过。即包括过失与故意两种情况。

①过失的情形。包括疏忽大意的过失与过于自信的过失。即行为人应当预见自己的不报、谎报行为会带来贻误抢救等严重后果，但是因为疏忽大意没有预见，或者已经有所预见但自信能够避免，最后造成严重后果。在该种情况下，行为人对后果的发生持否定、反对态度。

②故意的情形。即间接故意，主要是对于那些重大、特大责任事故，行为人明知自己的不报、谎报行为会带来严重后果，但基于对安全事故带来的行政责任、刑事责任的恐惧，而放任危害结果的发生。在现实生活中，过于自信的过失、间接故意是本罪较常见的主观心态。

（三）认定

1. 罪与非罪的界限

（1）本罪与漏报、错报安全事故行为的界限。本罪是报告行为人已经掌握安全事故的真实情况，但故意隐瞒、歪曲真相，企图蒙骗、阻碍上级有关部门掌握真实情况的行为；漏报、错报安全事故行为主要是指报告人并不掌握事故的真实情况，或者掌握真实情况，但由于信息传输、统计技术错误而导致贻误和更大损失。因此，本罪是主观因素造成的，漏报、错报安全事故行为是客观原因所致。

（2）本罪与不报、谎报安全事故行政违法行为的界限。二者的主要区别在于不报、谎报行为导致的后果不同，即后者并没有导致贻误抢救，或者虽然有贻误，但情节不严重。

2. 本罪与重大责任事故罪的界限

（1）犯罪客体的范围不同。后罪的客体仅仅限于生产、作业方面的公共安全；而本罪的范围则包括人为的、自然的各个方面的公共安全。

（2）犯罪行为的表现方式不同。后罪表现为生产、作业过程中违反有关安全规定的违章操作行为或者强令他人违章冒险操作从而导致重大事故的行为；本罪是负责报告的人员在事故发生后对已经发生的事故所采取的不报、谎报行为。

（3）犯罪主体的范围不同。后罪的主体只能是非国家机关工作人员；本罪主体包括国家机关工作人员与非国家机关工作人员。

3. 本罪与玩忽职守罪的界限

（1）犯罪客体的性质不同。本罪是各类公共安全；后罪是国家机关正常管理活动。

（2）犯罪主体不同。本罪主体包括国家机关工作人员与非国家机关工作人员；后罪主体只能是国家机关工作人员。

（3）犯罪行为的表现方式不同。本罪表现为事故发生后，负有报告职责者不报或者谎报安全事故，贻误抢救且情节严重的行为；后罪表现为行为人不履行或者不正确履行自己的岗位职责，情节严重，致使国家、人民利益及社会公益遭受重大损失的行为。

4. 一罪与数罪的界限

（1）国家机关工作人员犯本罪，同时又触犯玩忽职守罪的，构成想象竞合犯，从一重罪处断。由于两罪法定刑相同，因此以本罪从重处罚。

（2）行为人先触犯重大责任事故罪等安全事故罪，后犯本罪者，由于后罪没有侵犯新的社会关系，因此，应以前罪从重处罚，而不以数罪并罚。

（3）负有报告职责的国家机关工作人员，在事故发生后，因索贿或受贿而不报、谎报的，同时触犯本罪与受贿罪，构成刑法理论上的牵连犯，应择一重罪从重处罚，不进行数罪并罚。从重处罚即依据受贿的程度数量确定受贿罪的处罚档次，再比较本罪的处罚，择一重罪重罚。

（四）处罚

根据《刑法》第139条以及《刑法修正案（六）》第4条，犯瞒报、谎报安全事故罪，情节严重的①，处3年以下有期徒刑或者拘役；情节特别严重的②，处3年以上7年以下有期徒刑。

【法律链接】

1.《中华人民共和国刑法》(2011) 第139条*。

2.《中华人民共和国刑法修正案（六）》第4条。

3. 最高人民法院、最高人民检察院《关于办理危害矿山生产安全刑事案件具体应用法律若干问题的解释》(2007年2月28日) 第6条。

4. 最高人民检察院、公安部《关于公安机关管辖的刑事案件立案追诉标准的规定（一）》(公通字〔2008〕36号) 第11条。

【实务操练】

一、示范引导训练

案例：见前面的【引例1】。

基本步骤：

1. 学生集体阅读案例。

---

① 最高人民法院、最高人民检察院《关于办理危害矿山生产安全刑事案件具体应用法律若干问题的解释》(2007年2月28日) 第6条（一）、（二）。

② 最高人民法院、最高人民检察院《关于办理危害矿山生产安全刑事案件具体应用法律若干问题的解释》(2007年2月28日) 第6条（三）。

2. 教师提出问题。

问题（1）：王某的行为是否符合故意毁坏财物罪的犯罪构成？为什么？

问题（2）：检察机关的公诉罪名有没有问题？为什么？

问题（3）：王某应当如何处罚？为什么？

3. 教师引导分析。

问题（1）：查阅条文，思考故意毁坏财物罪的犯罪构成。

问题（2）：比较故意毁坏财物罪、放火罪条文的关系。两罪是法条竞合还是想象竞合？

问题（3）：考虑两罪相关处罚规定与不同竞合情形下的适用原则。

4. 教师总结。

具体见本单元后面的【引例评析】。

二、学生互动训练

基本步骤：

1. 按问题需要对学生进行分组；
2. 以组为单位让学生自行开展讨论；
3. 各组学生内部选出代表拟订应答方案；
4. 各组代表应答，阐述观点及其理由；
5. 学生自我评价实训效果；
6. 教师简要点评与总结。

案例1：被告人李某，2005年6月11日受单位派遣，携带5公斤亚硝酸钠为某省府部门办公楼的空调加雪种。到达目的地后，被朋友临时叫走。李某明知亚硝酸钠是有毒物品，却随便将装有5公斤亚硝酸钠的袋子往办公楼下墙角一放，随朋友走了。李某半小时后回来，发现袋子不见了，由于担心被单位炒鱿鱼，就隐瞒不报。三天后，该省府部门的门卫刘某将捡到的袋子给了食堂（刘某以为袋子里装的是食盐），食堂当作食用盐使用，导致当天发生数人死亡、一百余人中毒受伤的特大食物中毒事件。问：法院对李某应如何定罪量刑？

案例2：被告人吴某，38岁，曾是某运输公司的货车司机，因多次盗窃被判刑6年。出狱后，吴某决定对曾揭发其犯罪行为的同事朱某进行报复。某一天，吴某进入朱某的货车内将车的刹车进行破坏再伪装，企图让朱某车毁人亡。第二天，朱某在行车途中较早发现车有问题，加上技术好以及车少路宽，未造成事故。朱某检查车时才发现刹车被人为破坏，于是立即报警。不久，吴某被依法逮捕。问：吴某的行为构成何罪？是既遂还是未遂？为什么？

案例3：被告人刘某，1998年11月10日（因盗窃罪被判刑3年）刑满释放。刘某为了扒乘火车回家而偷偷来到某市火车站的编组场。在编组场，刘某看到铁路工人用专制“铁鞋”作业叫停火车，便决定自己也如法炮制。刘某在场内找到一只生锈的“铁鞋”，趁无人之际把“铁鞋”置于津浦线某段的左股钢轨面上，等待火车到来。5分钟后，从北京开往上海的13次特快列车以80公里/小时的时速通过该站。由于司机瞭望认真，及时发现“铁鞋”而采取紧急制动，但因为惯性巨大，列车还是撞上“铁鞋”，导致13次特快列车意外停车13分钟，其他列车被迫缓行。经过技术部门鉴定，如果司机没有提前发现问题并采取得当措施，火车将产生倾覆的严重后果。问：刘某的行为构成何罪？犯罪形态如何？应如何处罚？

案例 4：被告人谢某，42 岁，在一次旅行途中结识国外恐怖组织成员 A，谢某十分向往该组织。在 A 的引荐下，谢某加入该组织。其后，谢某按照该组织的指令在我国大陆某城市建立了该组织的分部机构，从事恐怖活动。2002 年 5 月，庞某等 3 人被谢某等挟持加入了组织。2002 年 10 月，谢某、庞某等人在一群众娱乐场所准备搞爆炸活动时，被公安人员抓获。此时，谢某的组织共计从事绑架 1 起、爆炸 2 起，导致 1 人死亡、3 人重伤。问：庞某等 3 人是否构成组织、领导、参加恐怖组织罪？法院对谢某应如何定罪量刑？为什么？

案例 5：被告人冯某，1999 年 10 月从盗窃枪支团伙中购得军用手枪 1 支、子弹 10 发。一个月后，冯某持枪进入某小区，将受害人肖某打成重伤，抢走现金 5 000 元。12 月 8 日，冯某持枪闯到某加油站，因子弹卡壳，拔出随身带的匕首将值班员李某刺成重伤（后不治身亡），抢走现金 1 000 元。问：法院对刘某应如何定罪量刑？为什么？

案例 6：被告人席某某日在商店购物后坐公交车回家。买票时席某对售票员说在 A 站下车，当时售票员回答说，A 站在修路，依据有关交通管理规定不能停车，只能提前一站在 B 站下。席某不听。到 B 站时，售票员提示下车但席某不下车。到 A 站时，席某要求驾驶员停车，遭到驾驶员拒绝。席某大怒，一拳打在驾驶员的脖子上。驾驶员突然被击打，方向盘顺势向右急偏，公交车撞上马路右边骑自行车的李某。事后查明，驾驶员的脖子轻微损伤，但李某当场被压身亡，车内多人轻伤。问：法院对席某的行为如何定罪？为什么？

案例 7：被告人戴某是某鞭炮厂的中层管理人员，具体负责兑药房等几个部门的生产与安全工作。2002 年 5 月，兑药房的兑药师因为家里有事请假 20 天。于是戴某安排自己的亲戚常某暂时顶替兑药师的工作。戴某知道常某没有经过任何培训，更没有兑药师的上岗证，但此岗位待遇高，于是戴某对常某做了简单交代就让常某上班了。5 月 14 日上午，常某居然用严禁使用的不锈钢筛子筛药（常某不懂是严禁的），引起爆炸，常某本人以及同药房的况某被炸身亡。检察机关以重大责任事故罪对戴某提起公诉。问：检察机关的公诉是否恰当？为什么？

项目二　次重点罪名

基本任务：理解 18 个次重点罪名的主要特征及其处罚规定。

【引例 2】被告人李某，某市个体运输司机。2006 年 11 月 15 日，李某大量饮酒后，驾驶面包车由南向北行驶，从后面将骑自行车的被害人李某某及其儿子陈某撞倒，两人均受伤。撞人后，李某没有停车，继续开车前行，撞坏治安亭后又掉头由北往南快速行驶，途中车轮被卡，此时吴某及其他村民上前救助伤者并劝阻李某，李某不但不熄火反而加大油门驾车冲出，碾过李某某后撞倒吴某，致李某某与吴某当场死亡。十分钟后李某被治安队员及民警抓获。经检验，李某案发时血液中检出乙醇含量为 369.9 毫克/100 毫升。李某在医院被约束至酒醒后，对作案具体过程无记忆，当得知自己撞死 2 人、撞伤 1 人时，十分懊悔。虽然其家庭生活困难，但仍多次表示要积极赔偿被害人亲属的经济损失，后来李某及其亲属倾其所有，筹集16万元赔付给受害方。问：对李某的行为，法院应当如何判决？

一、以危险方法危害公共安全罪（第114条）

（1）概念。以危险方法危害公共安全罪，是指使用与放火、决水、爆炸、投放危险物质等危险性相当的，能够同时造成不特定的多数人死伤或者使公私财产遭到广泛破坏的其他危险方法，危害公共安全的行为。

（2）犯罪构成特点。客观方面表现为行为人以危险方法危害公共安全的行为，如非法架设电网，散发放射性物质，散播病毒，制、输坏血，驾驶机动车向人群冲撞等。应注意本罪与放火罪、决水罪、爆炸罪、投放危险物质罪在客观方面的区别。本罪是危险犯。本罪在主观方面表现为故意，包括直接故意和间接故意。

（3）处罚。根据《刑法》第114条与第115条的规定，犯以危险方法危害公共安全罪，尚未造成严重后果的，处3年以上10年以下有期徒刑；致人重伤、死亡或者使公私财产遭受重大损失的，处10年以上有期徒刑、无期徒刑或者死刑。

二、决水罪（第114条）

（1）概念。决水罪，是指故意破坏水利设施，制造水患，危害公共安全的行为。

（2）犯罪构成特点。客观方面表现为行为人实施了危害公共安全的决水行为。所谓决水，是指足以使水流横溢、泛滥成灾的行为。决水行为可以表现为积极的作为，如炸毁堤坝、破坏水闸、破坏防水设备等；也可以表现为消极的不作为，如洪水来临时，有关管理人员不及时开关泄洪闸、防洪闸等。犯罪的主观方面表现为故意，包括直接故意和间接故意。

（3）处罚。根据《刑法》第114条、第115条的规定，犯决水罪，尚未造成严重后果的，处3年以上10年以下有期徒刑；致人重伤、死亡或者使公私财产遭受重大损失的，处10年以上有期徒刑、无期徒刑或者死刑。

三、过失投放危险物质罪（第115条）

（1）概念。过失投放危险物质罪，是指由于行为人的过失，投放了毒害性、放射性、传染病病原体等危险物质，危害公共安全，致人重伤、死亡或者使公私财产遭受重大损失的行为。

（2）犯罪构成特点。客观方面主要表现为行为人在使用或处置毒害性、放射性、传染病病原体等危险物质过程中，未履行有关公共安全的注意义务，以致危害公共安全，引起中毒事故，致人重伤、死亡或者使公私财产遭受重大损失。本罪客体是公共安全，即不特定多数人的生命健康或者重大公私财物的安全，这也是本罪与过失致人死亡罪、过失伤害罪、过失损坏财物罪的重要区别。本罪在主观方面表现为过失。

（3）处罚。根据《刑法》第115条第2款的规定，犯过失投放危险物质罪的，处3年以上7年以下有期徒刑；情节较轻的，处3年以下有期徒刑或者拘役。

四、劫持船只、汽车罪（第122条）

（1）概念。劫持船只、汽车罪，是指以暴力、胁迫或者其他方法劫持船只、汽车的行为。

（2）犯罪构成特点。客观方面表现为行为人实施了以暴力、胁迫或者其他方法劫持船只、汽车的行为。所谓暴力，是指对船只、汽车上的乘务人员实施捆绑、殴打、伤害等；所谓胁迫，是对乘务人员施以精神恐吓和强制；其他方法是指除上述暴力、胁迫方法以外的任何其他劫持方法，如麻醉方法等。行为人通过上述方法，使驾驶、乘务人员处于不能反抗、不敢反抗、不知反抗的状态，从而达到劫持船只、汽车的目的。所谓劫持，是指犯罪分子以上述手段按照自己的意志强行控制船只、汽车的行为。本罪属于行为犯。犯罪对象是指他人（或单位）正在使用中的大型机动船只和汽车。本罪在主观方面表现为直接故意，并具有特定目的。其目的就是暂时控制、利用他人（或单位）的船只、汽车，并非意图将其非法占为己有，这是与抢劫罪的明显不同之处。本罪客体是船只、汽车的交通运输安全以及不特定多数旅客的生命、健康及财产安全。

（3）处罚。根据《刑法》第122条的规定，犯本罪的，处5年以上10年以下有期徒刑；造成严重后果的，处10年以上有期徒刑或者无期徒刑。

五、帮助恐怖活动罪（第120条之一；修正案九）

（1）概念。资助恐怖活动罪，是指以金钱或者其他物质资助恐怖活动组织或者实施恐怖活动的个人的行为。这是《刑法修正案（三）》第4条新增加的、《刑法修正案（九）》大幅修订的罪名。

（2）犯罪构成特点。客观方面表现为行为人实施了以金钱或者其他物质资助恐怖活动组织或者实施恐怖活动的个人的行为。所谓恐怖活动组织，是指以实施杀人、爆炸、绑架等恐怖活动为目的的犯罪组织。本罪在主观方面表现为故意。

（3）处罚。根据《刑法》第120条以及《刑法修正案（三）》第4条、《刑法修正案（九）》第6条的规定，自然人犯本罪的，处5年以下有期徒刑、拘役、管制或者剥夺政治权利，并处罚金；情节严重的，处5年以上有期徒刑，并处罚金或者没收财产；为恐怖活动组织、实施恐怖活动或者恐怖活动培训招募、运送人员的，依照前款的规定处罚。单位犯本罪的，对单位判处罚金，并对其直接负责的主管人员和其他直接责任人员，按照前述针对自然人犯罪的规定予以处罚。

六、暴力危及飞行安全罪（第123条）

（1）概念。暴力危及飞行安全罪，是指行为人对飞行中的航空器上的人员使用暴力，危害飞行安全的行为。

（2）犯罪构成特点。客观方面表现为行为人对飞行中的航空器上的人员使用暴力，危害飞行安全的行为。本罪的犯罪对象只限于正在飞行中的航空器上的人员，主要是指机组人员，也包括乘客。注意本罪与劫持航空器罪的区别：在犯罪方法上，本罪是暴力，后罪包括暴力、胁迫或其他办法；在犯罪主观方面，本罪包括直接故意与间接故意，后罪只能是直接故意且行为人有改变航空器飞行方向和着陆地点的特有目的；在量刑上，后罪明显重于本罪。本罪客体是航空器的飞行安全。

（3）处罚。根据《刑法》第123条的规定，犯本罪，尚未造成严重后果的，处5年以下有期徒刑或拘役；造成严重后果的，处5年以上有期徒刑。

七、重大飞行事故罪（第131条）

（1）概念。重大飞行事故罪，是指航空人员违反规章制度，导致重大飞行事故，造成严重后果的行为。

（2）犯罪构成特点。客观方面表现为行为人实施了违反规章制度，导致重大飞行事故，造成严重后果的行为。违规和严重后果是本罪在客观方面必须同时具备的要件。本罪客体是飞行安全以及与飞行有关的国家安全制度。本罪主体是特殊主体，即只能由航空人员组成。本罪在主观方面表现为过失，包括疏忽大意的过失与过于自信的过失。

（3）处罚。根据《刑法》第131条的规定，犯本罪的，处3年以下有期徒刑或拘役；造成飞机毁坏或者人员死亡的，处3年以上7年以下有期徒刑。

八、非法制造、买卖、运输、储存危险物质罪（第125条）

（1）概念。非法制造、买卖、运输、储存危险物质罪，是指未经国家有关部门批准，非法制造、买卖、运输、储存毒害性、放射性、传染病病原体物质，危害公共安全的行为。

（2）犯罪构成特点。客观方面表现为行为人实施了上述非法行为。所谓非法，是指除了国家批准和指定的科研、教学、生产、运输、储存等单位外，任何单位和个人从事与这些物质相关的上述行为。本罪的犯罪对象是具有毒害性或者放射性或者传染性（传染病病原体）的各类危险物质。本罪客体是公共安全以及国家关于毒害性、放射性、传染病病原体物质的管理制度。本罪在主观方面表现为直接故意，即明知是具有严重社会危害性的毒害性、放射性、传染病病原体物质还积极追求这种非法制造、买卖、运输、储存。

（3）处罚。根据《刑法》第125条以及《刑法修正案（三）》第5条的规定，犯非法制造、买卖、运输、储存危险物质罪的，处3年以上10年以下有期徒刑；情节严重的，处10年以上有期徒刑、无期徒刑或者死刑。单位犯本罪的，对单位判处罚金，并对其直接主管人员和其他直接责任人员，依照前述规定处罚。

九、违规制造、销售枪支罪（第126条）

（1）概念。违规制造、销售枪支罪，是指依法被指定、确定的枪支制造企业、销售企业，违反枪支管理规定，制造或销售枪支的行为。

（2）犯罪构成特点。客观方面表现为行为人实施了违规制造、销售枪支的行为。具体表现为以下四个方面：①以非法销售为目的，超过主管部门的限额制造、销售枪支；②以非法销售为目的，不按照主管部门规定的品种制造、销售枪支；③以非法销售为目的，制造无号、重号、假号的枪支；④在境内销售为出口制造的枪支。行为人实施了上述行为之一者，即可构成本罪；同时实施了上述两种以上行为者，也只构成一罪，不实行数罪并罚。本罪客体是社会公共安全与国家对枪支制造、销售的管理制度。本罪主体是特殊主体，即依法被指定、确定的枪支制造、销售企业（包括相关直接责任人员）。本罪在主观方面表现为直接故意。

（3）处罚。根据《刑法》第126条的规定，犯本罪的，对单位判处罚金，并对直接主管人员和其他直接责任人员，处5年以下有期徒刑；情节严重的，处5年以上10

年以下有期徒刑；情节特别严重的，处 10 年以上有期徒刑或无期徒刑。

十、盗窃、抢夺枪支、弹药、爆炸物、危险物质罪（第 127 条）

（1）概念。盗窃、抢夺枪支、弹药、爆炸物、危险物质罪，是指盗窃、抢夺枪支、弹药、爆炸物以及其他危险物质，危害公共安全的行为。

（2）犯罪构成特点。客观方面表现为行为人实施了盗窃、抢夺枪支、弹药、爆炸物、危险物质，危害公共安全的行为。所谓盗窃，是指行为人以自认为秘密的方式将上述物品据为己有的行为；所谓抢夺，是指行为人乘人不备，公然将上述物品夺取并据为己有的行为。只要实施了盗窃、抢夺行为之一的，即可构成本罪。本罪客体是社会公共安全以及国家对枪支、弹药、爆炸物及危险物质的管理制度。本罪主体是一般主体，且只能是自然人。本罪在主观方面只能是直接故意。盗窃罪、抢夺罪与本罪的关系属于一般与特殊的关系。

（3）处罚。根据《刑法》第 127 条第 1 款及《刑法修正案（三）》第 6 条第 1 款的规定，犯本罪的，处 3 年以上 10 年以下有期徒刑；情节严重的（如盗窃、抢夺国家机关、军警人员、民兵的枪支、弹药、爆炸物），处 10 年以上有期徒刑、无期徒刑或死刑。

十一、抢劫枪支、弹药、爆炸物、危险物质罪（第 127 条）

（1）概念。抢劫枪支、弹药、爆炸物、危险物质罪，是指行为人以暴力、胁迫或其他方法，强行劫取枪支、弹药、爆炸物、危险物质，危害公共安全的行为。

（2）犯罪构成特点。客观方面表现为行为人实施了抢劫枪支、弹药、爆炸物、危险物质，危害公共安全的行为。所谓抢劫，是指行为人以暴力（即捆绑、殴打等身体强制方法）、胁迫（即精神强制方法），或者其他方法（即除暴力、胁迫以外的方法），使被抢人不敢反抗或不能反抗或不知反抗，从而将上述物品劫为己有的行为。本罪客体是社会公共安全以及国家对枪支、弹药、爆炸物、危险物质的管理制度。主体为一般主体。主观方面只能是直接故意。抢劫罪与本罪是一般与特殊的关系。

（3）处罚。根据《刑法》第 127 条第 2 款及《刑法修正案（三）》第 6 条第 2 款的规定，犯本罪的，处 10 年以上有期徒刑、无期徒刑或死刑。

十二、危险物品肇事罪（第 136 条）

（1）概念。危险物品肇事罪，是指行为人违反爆炸性、易燃性、放火性、毒害性、腐蚀性物品的管理规定，在生产、储存、运输、使用中发生重大事故，造成严重后果的行为。

（2）犯罪构成特点。客观方面表现为行为人实施了违反国家对爆炸性、易燃性、放火性、毒害性、腐蚀性物品的管理规定，在生产、储存、运输、使用中发生重大事故，造成严重后果的行为。该行为必须同时具备以下三个条件：①违反国家对爆炸性、易燃性、放火性、毒害性、腐蚀性物品的管理规定（前提条件）；②违规行为发生在生产、储存、运输、使用中（时间条件）；③发生重大事故，造成严重后果（结果条件）。主体为一般主体，在实践中多为从事危险物品生产、储存、运输以及使用的职工。主观方面表现为过失，包括疏忽大意的过失和过于自信的过失。

（3）处罚。根据《刑法》第 136 条的规定，犯本罪的，处 3 年以下有期徒刑或拘役；造成特别严重后果的，处 3 年以上 7 年以下有期徒刑。

十三、工程重大安全事故罪（第 137 条）

（1）概念。工程重大安全事故罪，是指建设单位、设计单位、施工单位、工程监理单位违反国家规定，降低工程质量标准，造成重大安全事故的行为。

（2）犯罪构成特点。客观方面表现为行为人实施了违反国家规定，降低工程质量标准，造成重大安全事故的行为。该行为必须同时具备以下三个条件：①违反国家关于工程质量方面的管理法规（前提条件）；②行为人擅自降低工程质量标准（实质条件）；③造成重大安全事故（结果条件，即出现人员重伤或死亡，或者房屋坍塌、工程报废等结果）。主体是特殊主体，且只能是单位主体，即建设单位、设计单位、施工单位、工程监理单位，具体是指前述单位中负责工程质量的直接责任人员。主观方面表现为过失，包括疏忽大意的过失与过于自信的过失。

（3）处罚。根据《刑法》第 137 条的规定，犯本罪的，对直接责任人员，处 5 年以下有期徒刑或拘役，并处罚金；后果特别严重的，对直接责任人员处 5 年以上 10 年以下有期徒刑，并处罚金。

十四、教育设施重大安全事故罪（第 138 条）

（1）概念。教育设施重大安全事故罪，是指行为人明知校舍或者教育教学设施有危险，而不采取措施或者不及时报告，致使发生重大伤亡事故的行为。

（2）犯罪构成特点。客观方面表现为行为人明知校舍或者教育教学设施有危险，而不采取措施或者不及时报告，致使发生重大伤亡事故的行为。该行为必须同时具备以下三个条件：①行为人必须知道校舍或教育教学设施有危险（前提条件）；②行为人对已经意识到的危险情况不采取措施或者不及时报告（实质条件）；③发生重大伤亡事故，即出现致人重伤或者死亡的严重后果（结果条件）。本罪客体是社会公共安全，主要是指在校师生的生命、健康安全。本罪的犯罪主体是特殊主体，且为单位主体，具体是指教学单位中负责校舍或者教育教学设施安全的直接责任人员。本罪在主观方面表现为过失，具体包括疏忽大意的过失与过于自信的过失。

（3）处罚。根据《刑法》第 138 条的规定，犯本罪的，对直接责任人员，处 3 年以下有期徒刑或拘役；后果特别严重的，处 3 年以上 7 年以下有期徒刑。

十五、消防责任事故罪（第 139 条）

（1）概念。消防责任事故罪，是指行为人违反消防管理法规，经消防监督机构通知采取改正措施而拒绝执行，造成严重后果的行为。

（2）犯罪构成特点。客观方面表现为行为人违反消防管理法规，经消防监督机构通知采取改正措施而拒绝执行，造成严重后果的行为。该行为必须同时具备以下三个条件：①行为人违反国家消防管理法规（前提条件）；②消防监督机构已经通知采取改正措施但行为人拒绝执行（实质条件）；③造成严重后果，即导致他人死亡或者重伤，或者造成重大公私财产损失（结果条件）。本罪是纯粹不作为犯。本罪主体是特殊主体，且为单位主体，具体是指单位负责消防安全工作的直接责任人员。本罪在主观方面是过失，包括疏忽大意的过失与过于自信的过失。行为人对改进措施的拒绝执行行为是故意的，但对结果的发生持反对态度，因而只能是过失。

（3）处罚。根据《刑法》第139条的规定，犯本罪的，对直接责任人员，处3年以下有期徒刑或拘役；后果特别严重的，对直接责任人员，处3年以上7年以下有期徒刑。

十六、破坏电力设备罪（第118条）

（1）概念。破坏电力设备罪，是指故意破坏电力设备，危害公共安全的行为。

（2）犯罪构成特点。客体是有关电力设备的公共安全。客观方面表现为行为人实施了破坏电力设备，危害公共安全的行为。行为的破坏对象是处于使用过程中的发电、变电、输电等各种机械、仪表、线路等设备。大多以作为的形式出现。破坏行为足以危害公共安全。本罪主体是一般主体。主观方面表现为故意，包括直接故意和间接故意。

（3）处罚。根据我国《刑法》第118条的规定，犯破坏电力设备罪，尚未造成严重后果的，处3年以上10年以下有期徒刑；根据我国《刑法》第119条的规定，犯破坏电力设备罪，造成严重后果的，处10年以上有期徒刑、无期徒刑或者死刑。

十七、破坏易燃易爆设备罪（第118条）

（1）概念。破坏易燃易爆设备罪，是指行为人故意破坏燃气或者其他易燃易爆设备，足以危害公共安全的行为。

（2）犯罪构成特点。客体是有关燃气或其他易燃易爆设备的公共安全。客观方面表现为行为人实施了破坏正在使用中的燃气设备或其他易燃易爆设备，足以危害公共安全的行为。本罪主体是一般主体。主观方面表现为故意，包括直接故意和间接故意。

（3）处罚。根据《刑法》第118条的规定，犯破坏易燃易爆设备罪，尚未造成严重后果的，处3年以上10年以下有期徒刑；根据《刑法》第119条的规定，犯破坏易燃易爆设备罪，已经造成严重后果的，处10年以上有期徒刑、无期徒刑或者死刑。

十八、丢失枪支不报罪（第129条）

（1）概念。丢失枪支不报罪，是指依法配备公务用枪的人员违反枪支管理规定，丢失枪支不及时报告，造成严重后果的行为。

（2）犯罪构成特点。客体是社会公共安全与国家对枪支的管理制度。客观方面表现为行为人实施了丢失了枪支（依法配备的公务用枪）后不及时报告，造成严重后果的行为。本罪主体是特殊主体，即依法配备公务用枪的人员。依法配备公务用枪的单位与依法配置民用枪支的个人均不能成为本罪主体。主观方面表现为复合罪过。复合罪过的基本内容包括以下两个方面：①行为人对于枪支的丢失行为，一般是出于过失。该过失既可以是疏忽大意的过失，也可以是过于自信的过失。如果是故意弃枪，不能构成本罪。②丢失枪支后的不报告或者不及时报告，一般是出于故意。

（3）处罚。根据《刑法》第129条的规定，犯本罪的，处3年以下有期徒刑或者拘役。

项目三　本单元涉及的其他罪名

在本单元涉及的47个罪名中，除了项目一和项目二论述的罪名以外，限于篇幅，还有如下15个罪名未展开论述：失火罪（《刑法》第115条第2款）；过失决水罪（《刑法》第115条第2款）；过失爆炸罪（《刑法》第115条第2款）；过失以危险方法危害公共安全罪（《刑法》第115条第2款）；过失损坏交通工具罪（《刑法》第119条第2款）；过失损坏交通设施罪（《刑法》第119条第2款）；过失损坏电力设备罪（《刑法》第119条第2款）；过失损坏易燃易爆设备罪（《刑法》第119条第2款）；过失损坏广播电视设施、公用电信设施罪（《刑法》第124条第2款）；铁路运营安全事故罪（《刑法》第132条）；准备实施恐怖活动罪（《刑法》第120条之二，《刑法修正案（九）》第7条）；宣扬恐怖主义、极端主义、煽动实施恐怖活动罪（《刑法》第120条之三，《刑法修正案（九）》第7条）；利用极端主义破坏法律实施罪（《刑法》第120条之四，《刑法修正案（九）》第7条）；强制穿戴宣扬恐怖主义、极端主义服饰、标志罪（《刑法》第120条之五，《刑法修正案（九）》第7条）；非法持有宣扬恐怖主义、极端主义物品罪（《刑法》第120条之六，《刑法修正案（九）》第7条）。

【引例评析】

引例1评析：

解答问题（1）：王某的行为符合《刑法》第275条关于故意毁坏财物罪的犯罪构成。

解答问题（2）：检察机关的公诉罪名存在不妥。王某的行为同时也符合《刑法》第114条放火罪的犯罪构成。一个行为触犯的两个条文之间属于并列关系的想象竞合。依据想象竞合犯的适用原则，应从一重罪处罚。显然，本案中放火罪的量刑重于故意毁坏财物罪的量刑，因此检察机关应当对王某以放火罪提起公诉。

解答问题（3）：以放火罪从轻处罚。王某的行为并没有造成人员伤亡，财产损失也非十分重大，而且王某也是选择在对象家没人的时候点火，主观恶性不是特别大。所以，依据《刑法》第114条的规定，宜从轻判处王某3年以上10年以下有期徒刑。

引例2评析：法院对李某应按照以危险方法危害公共安全罪定罪量刑。作为成年人，李某醉酒驾车，已经违反交通管理法规，其醉酒是生理性而非病理性的，必须承担责任。李某在已经撞伤前面自行车上的人的情况下，不但不停车，反而继续疯狂前行，撞物杀人、伤人，其行为已经由交通肇事转变为以危险方法危害公共安全，性质恶劣，影响极坏，应当严惩。但考虑到李某当时处于严重醉酒状态下，刑事责任能力明显减弱，在酒醒之后悔恨自己行为，并且其后已经尽自己最大可能给予受害人经济补偿等情节，可以考虑适当从轻处罚。如处以无期徒刑较为合适。

【课后作业】

1. 名词解释

公共安全　放火罪　投放危险物质罪　破坏交通工具罪　危险驾驶罪　强令违章冒

险作业罪　交通肇事罪　非法制造、买卖、运输、邮寄、储存枪支、弹药、爆炸物罪

2. 思考题

（1）重大责任事故罪与工程重大安全事故罪有何区别？

（2）劫持航空器罪与暴力危及飞行安全罪有何区别？

【自测案例】

被告人钟某，男，37 岁。2005 年 6 月 8 日晚上 9 点左右，钟某酒后骑着自行车途经一座高架桥时，不慎被桥上一块石头绊了一个踉跄。钟某大怒，也没管桥下公路的情况，借着酒精的作用，搬起石头狠狠朝桥下甩下去，钟某当时听到一声巨响，但是也不去理会，直接骑车回家了。事后钟某得知，当时扔下去的石头正好击中公路上一辆行驶的轿车，车上的司机当场死亡。问：钟某的行为是否构成犯罪？为什么？

【拓展阅读】

1. 熊选国，任卫华．刑法罪名适用指南：危害公共安全罪．北京：中国人民公安大学出版社，2007.

2. 鲍遂献，雷东生．危害公共安全罪．北京：中国人民公安大学出版社，2003.

3. 有关刑事法律、政策的最新规定以及理论、实践的最新成果。

单元四

破坏社会主义市场经济秩序罪

【知识目标】

理解破坏社会主义市场经济秩序罪的概念与特征；掌握生产、销售伪劣产品罪等32个重点罪名的犯罪构成、认定及其处罚规定；理解生产、销售不符合标准的医用器材罪等22个次重点罪名的主要特征与处罚规定；了解生产、销售劣药罪等其他55个罪名的名称与条文。

【能力目标】

能在司法实践中正确认定破坏社会主义市场经济秩序行为的罪与非罪，区分此罪与彼罪以及重罪与轻罪。

【内容结构表】

<table>
<tr><td rowspan="4">破坏社会主义市场经济秩序罪</td><td>概　述</td><td>概念</td><td>行为人违反国家经济管理法规，破坏市场经济管理秩序，严重危害国家经济发展的行为</td><td>特征</td><td>客体为市场经济秩序；客观方面表现为一定的破坏市场经济秩序的行为；主观上多为故意，少数为过失；主体为自然人和单位</td><td>范围</td><td>《刑法》第140条至第231条，共计109个罪名</td></tr>
<tr><td>重点罪名（32）</td><td colspan="6">生产、销售伪劣产品罪，生产、销售假药罪（修正案八），生产、销售不符合安全标准食品罪（修正案八），生产、销售有毒、有害食品罪（修正案八），走私普通货物、物品罪（修正案八），虚报注册资本罪，隐匿、故意销毁会计凭证、会计账簿、财务会计报告罪，公司企业人员受贿罪，公司企业人员行贿罪，非法经营同类营业罪，伪造货币罪，非法吸收公众存款罪，伪造、变造金融票证罪，妨害信用卡管理罪，窃取、收买、非法提供信用卡信息资料罪，洗钱罪，集资诈骗罪，贷款诈骗罪，信用卡诈骗罪，保险诈骗罪等共32个罪名</td></tr>
<tr><td>次重点罪名（22）</td><td colspan="6">生产、销售不符合标准的医用器材罪，走私武器、弹药罪，走私文物罪（修正案八），走私贵重金属罪（修正案八），走私淫秽物品罪，签订、履行合同失职被骗罪，金融票据诈骗罪（修正案八）等共22个罪名</td></tr>
<tr><td>其他罪名（55）</td><td colspan="6">生产、销售劣药罪，生产、销售不符合安全标准的产品罪，生产、销售伪劣农药、兽药、化肥、种子罪，生产、销售不符合卫生标准的化妆品罪，走私核材料罪等共55个罪名</td></tr>
</table>

项目一 重点罪名

基本任务：理解、记忆32个重点罪名的犯罪构成及其处罚规定，并能在实践中熟练掌握其定罪与量刑。

【引例1】被告人张某（30岁），于2011年上半年从安徽省阜阳市医药市场上大量购买医用限制性剧药①“氯化琥珀胆碱注射液”，去除药名和商标，贴上假药名和假商标，伪造成“硫酸小诺霉素注射液”和“硫酸卡那霉素注射液”，并伪造〔201108〕批号，出售给无证经营的个体药贩并从中非法牟利。这些药先后流入全国各地的私人小诊所，导致注射该药品的多人出现死伤后果。问：张某的行为应如何定罪量刑？

【原理精读】

一、生产、销售伪劣产品罪

（一）概念

生产、销售伪劣产品罪，是指生产者、销售者违反国家产品质量法规，在产品中掺杂、掺假、以假充真，以次充好或者以不合格产品冒充合格产品，销售金额在5万元以上的行为。

（二）犯罪构成

（1）客体是国家的产品质量监督管理制度和市场管理制度以及消费者的合法权益。犯罪对象为伪劣产品。

（2）客观方面表现为生产者、销售者违反国家产品质量法规，在产品中掺杂、掺假、以假充真，以次充好或者以不合格产品冒充合格产品，销售金额在5万元以上的行为。根据最高人民法院和最高人民检察院于2001年4月10日实施的《关于办理生产、销售伪劣商品刑事案件具体应用法律若干问题的解释》（下称《解释》）的规定，所谓在产品中掺杂、掺假，是指在产品中掺入杂质或者异物，致使产品质量不符合国家法律、法规或者产品明示质量标准规定的质量要求，降低、失去应有使用性能的行为；所谓以假充真，是指以不具有某种使用性能的产品冒充具有该种使用性能的产品的行为；所谓以次充好，是指以低等级、低档次产品冒充高等级、高档次产品，或者以残次、废旧零配件组合、拼装后冒充正品或者新产品的行为；所谓不合格产品，是指不符合《中华人民共和国产品质量法》第26条第2款规定的质量要求的产品；所谓销售金额，是指生产者、销售者出售伪劣产品后所得和应得的全部违法收入。对本条规定的上述行为难以确定的，应当委托法律、行政法规规定的产品质量检验机构进行鉴定。行为人在生产、销售过程中，有上述行为之一的，并且实际销售金额在5万元以上的，即符合本罪的客观方面的构成。

（3）主体是生产者和销售者，属于一般主体，既包括自然人，也包括单位。对单

① 剧药：作用强烈的药物。其毒性轻于毒药，但作用剧烈，副作用大。在管理上比一般药物严格。

位犯罪而言，国有单位、集体单位不要求具备法人资格；但对私营企业，根据司法解释，必须具备法人资格，才能构成单位犯罪，否则，按照自然人犯罪处理。

（4）主观方面表现为故意，而且必须是直接故意。

（三）认定

1. 罪与非罪

应从行为人的主观态度和客观结果来综合考虑。首先，主观上是否出于故意。本罪要求明知是伪劣产品而予以生产、销售。其次，客观上是否达到法定数量。当行为人故意生产、销售伪劣产品，销售金额达到法律规定的5万元以上，或者销售金额不满5万元但未售货值达到15万元以上（或者已售与未售之和达到15万元以上），则构成本罪。故意生产、销售伪劣产品未达到法定数量的行为属一般违法行为，可由工商行政管理部门依法给予行政处罚。

2. 此罪与彼罪的界限

本罪与《刑法》第141条至第148条所规定的生产、销售特定种类的伪劣产品罪。根据《刑法》第140条、第149条的规定，生产、销售伪劣产品罪与生产、销售伪劣药品、食品、医疗器材等特定种类的伪劣产品罪，存在法条竞合关系。前者为一般法，后者为特别法。根据法条竞合的适用原则，特别法优先于一般法。如果行为人实施生产、销售特定种类的伪劣产品的犯罪行为，符合《刑法》第141条至第148条规定的犯罪构成的，则以生产、销售特定种类的伪劣产品罪论处。反之，即使行为人实施了生产、销售特定种类伪劣产品的行为，但尚未造成严重后果，不符合该条规定的犯罪构成的，则不能以生产、销售特定种类的伪劣产品罪论处。然而，如果实际销售金额在5万元以上，符合《刑法》第140条之规定的，则应按生产、销售伪劣产品罪论处。生产、销售特定种类的伪劣产品的犯罪行为，符合《刑法》第141条至第148条规定的犯罪构成，同时又符合第140条规定的犯罪构成的，依照处刑较重的规定处罚。

3. 本罪的犯罪形态

《解释》对本罪的未遂、共犯和罪数问题作了明确规定。

（1）伪劣产品尚未销售，货值金额达到《刑法》第140条规定的销售金额3倍以上的，以生产、销售伪劣产品罪（未遂）定罪处罚。货值金额以违法生产、销售的伪劣产品的标价计算；没有标价的，按照同类合格产品的市场中间价格计算。货值金额难以确定的，委托指定的估价机构确定。

（2）知道或者应当知道他人实施生产、销售伪劣产品犯罪，而为其提供贷款、资金、账号、发票、证明、许可证件，或者提供经营场所或者运输、仓储、保管、邮寄等便利条件，或者提供制假生产技术的，以生产、销售伪劣产品罪的共犯论处。

（3）实施生产、销售伪劣产品犯罪，又以暴力、威胁方法抗拒查处，构成其他犯罪的，依照数罪并罚的规定处罚。

（四）处罚

犯本罪的，销售金额5万元以上不满20万元的，处2年以下有期徒刑或者拘役，并处或者单处销售金额50%以上2倍以下罚金；销售金额20万元以上不满50万元的，处2年以上7年以下有期徒刑，并处销售金额50%以上2倍以下罚金；销售金额50万元以上不满200万元的，处7年以上有期徒刑，并处销售金额50%以上2倍以下罚金；销售金额200万元以上的，处15年有期徒刑或者无期徒刑，并处销售金额50%以上2

倍以下罚金或者没收财产。单位犯《刑法》第 140 条至第 148 条规定的罪的，对单位判处罚金，并对其直接负责的主管人员和其他直接责任人员依照上述规定处罚。

【引例 1 评析】

本案被告人张某的行为已构成生产、销售假药罪。被告人张某的行为符合本罪的客体要件，侵犯了国家药品的生产、销售管理秩序，又侵犯了不特定多数公民的生命权、健康权。犯罪对象是假药。具体表现为张某将其购买的医用限制性剧药“氯化琥珀胆碱注射液”，去除药名和商标，贴上假药名和假商标。张某的行为也符合本罪的客观要件，他实施了生产、销售假药的行为并造成多人伤亡的严重后果。本罪主体为一般主体，张某已达法定责任年龄且具备刑事责任能力。本罪主观方面是故意，张某对自己生产、销售的是假药，在主观上是明知的。综上所述，张某的行为构成生产、销售假药罪。由于其销售假药的行为导致多人死亡，根据《刑法修正案（八）》第 23 条的规定，法院对张某的处刑应为 10 年以上有期徒刑、无期徒刑或者死刑，并处罚金或者没收财产。

【法律链接】

1.《中华人民共和国刑法》(1997) 第 140 条、第 150 条 *。

2. 最高人民法院、最高人民检察院《关于办理生产、销售伪劣商品刑事案件具体应用法律若干问题的解释》(2001) 第 1 条、第 2 条。

二、生产、销售假药罪（修正案八）

（一）概念

生产、销售假药罪①，是指违反国家药品管理法规，非法生产、销售假药的行为。

（二）犯罪构成

（1）客体是复杂客体，既侵犯了药品的生产、销售管理秩序，又侵犯了不特定多数公民的生命权、健康权。犯罪对象是假药。

（2）客观方面表现为生产、销售假药的行为。

（3）主体为一般主体，包括自然人和单位。医疗机构可以构成本罪的单位主体。

（4）主观方面是故意。

（三）认定

1. 罪与非罪的界限

区分的关键有二：第一，客观方面行为人实施了违反国家药品管理法规，非法生产、销售假药的行为之一的。第二，主观方面必须表现为故意。

2. 本罪的犯罪形态

本罪基本犯是行为犯，生产、销售假药的行为具有过程性，该行为不是一步就能完成的，因此本罪基本犯存在既遂和未遂两种形态。行为人着手实施生产、销售假药行为，生产、销售行为的完成和终了为本罪的既遂。反之，在生产、销售假药的过程中，因为行为人意志以外的原因而未能完成该实行行为的，则为未遂。就本罪的结果

---

① 本条所称假药，是指依照《中华人民共和国药品管理法》的规定属于假药和按假药处理的药品、非药品。

加重犯而言，在直接故意的主观心态下，以对人体健康造成严重危害后果、死亡结果为既遂，反之为未遂；若在间接故意的主观心态下，则不存在未遂的形态。就本罪的情节加重犯而言，在直接故意的主观心态下，以严重情节、特别严重情节的实现为既遂。

（四）处罚

生产、销售假药的①，处3年以下有期徒刑或者拘役，并处罚金；对人体健康造成严重危害或者有其他严重情节的②，处3年以上10年以下有期徒刑，并处罚金；致人死亡或者有其他特别严重情节的③，处10年以上有期徒刑、无期徒刑或者死刑，并处罚金或者没收财产。

【法律链接】

1.《中华人民共和国刑法》(1997) 第141条第1款、第2款*。

2.《中华人民共和国刑法修正案（八）》第23条。

3.《中华人民共和国药品管理法》第48条。

三、生产、销售不符合安全标准食品罪（修正案八）

（一）概念

生产、销售不符合安全标准食品罪，是指违反国家食品安全管理法规，生产、销售不符合食品安全标准的食品，足以造成严重食物中毒事故或者其他严重食源性疾患④的行为。此罪是《刑法修正案（八）》将“生产、销售不符合卫生标准食品罪”修改而成的新罪名。

（二）犯罪构成

（1）客体是复杂客体，即国家食品安全监管秩序和不特定多数人的生命权、健康权。犯罪对象是不符合安全标准的食品。根据《食品安全法》第28条禁止生产经营的食品范围的规定，不符合食品安全标准的食品是指下列情形：第一，用非食品原料生产的食品或者添加食品添加剂以外的化学物质和其他可能危害人体健康物质的食品，或者用回收食品作为原料生产的食品；第二，致病性微生物、农药残留、兽药残留、重金属、污染物质以及其他危害人体健康的物质含量超过食品安全标准限量的食品；第三，营养成分不符合食品安全标准的专供婴幼儿和其他特定人群食用的主辅食品；第四，腐败变质、油脂酸败、霉变生虫、污秽不洁、混有异物、掺假掺杂或者感官性状异常的食品；第五，病死、毒死或者死因不明的禽、畜、兽、水产动物肉类及其制品；第六，未经动物卫生监督机构检疫或者检疫不合格的肉类，或者未经检验或者检验不合格的肉类制品；第七，被包装材料、容器、运输工具等污染的食品；第八，超过保质期的食品；第九，无标签的预包装食品；第十，国家为防病等特殊需要明令禁止生产经营的食品；第十一，其他不符合食品安全标准或者要求的食品。

---

① 《中华人民共和国刑法修正案（八）》修正前的条文中，该部分内容为“生产、销售假药，足以危害人体健康的，处三年以下有期徒刑或者拘役，并处或者单处销售金额百分之五十以上二倍以下罚金。”

② “或者有其他严重情节的”，为《中华人民共和国刑法修正案（八）》第23条增加的内容。

③ “或者有其他特别严重情节的”，为《中华人民共和国刑法修正案（八）》第23条增加的内容。

④ 通过摄入食品使病原体进入人体，导致人体患感染性、中毒性疾病，统称为食源性疾患。

（2）客观方面表现为行为人违反国家食品安全管理法规，生产、销售不符合食品安全标准的食品，足以造成严重食物中毒事故或者其他严重食源性疾患的行为：

①违反国家食品安全管理法规。

②足以造成严重食物中毒事故或者其他严重食源性疾患。根据2001年4月最高人民法院、最高人民检察院《关于办理生产、销售伪劣商品刑事案件具体应用法律若干问题的解释》第4条，经省级以上卫生行政部门确定的机构鉴定，食品中含有可能导致严重食物中毒事故或者其他严重食源性疾患的超标准的有害细菌或者其他污染物的，应认定为《刑法》第143条规定的“足以造成严重食物中毒事故或者其他严重食源性疾患”。

③关于加重犯罪构成中的“对人体健康造成严重危害”“后果特别严重”“其他严重情节”的理解，根据上述《解释》第4条规定，生产、销售的不符合卫生标准的食品被食用后，造成轻伤、重伤或者其他严重后果的，应认定为“对人体健康造成严重危害”。生产、销售的不符合卫生标准的食品被食用后，致人死亡、严重残疾、3人以上重伤、10人以上轻伤或者造成其他特别严重后果的，应认定为“后果特别严重”。“其他严重情节”是指生产、销售的货值数额在5万元以上或者犯罪所得在3万元以上的；生产、销售两种以上不符合食品安全标准的食品，货值数额在3万元以上或者犯罪所得在数额2万元以上的；在同一时间内连续多次实施生产、销售不符合食品安全标准食品的行为的；在省、自治区、直辖市范围内产生影响的。

（3）主体为一般主体，包括自然人和单位。

（4）主观方面只能是间接故意。过失不构成本罪。

（三）认定

1. 罪与非罪的界限

本罪是危险犯。行为人生产、销售不符合食品安全标准的食品，只要“足以造成严重食物中毒事故或者其他严重食源性疾患”的就构成本罪，反之则不构成本罪。本罪是选择性罪名，只要有生产、销售行为中的一种，即可构成本罪。

2. 此罪与彼罪的界限

本罪与生产、销售伪劣产品罪的界限。第一，犯罪对象不同。本罪的犯罪对象是不符合食品安全标准的食品；后罪的犯罪对象是伪劣产品。第二，犯罪客体不同。本罪的犯罪客体是国家食品安全监管秩序和不特定多数人的生命权、健康权；后罪的犯罪客体是国家产品质量制度与市场管理制度和消费者的权益。第三，构成犯罪的标准不同。本罪是危险犯，必须达到足以造成严重食物中毒事故或者其他严重食源性疾患，才构成犯罪；后罪是数额犯，销售金额必须达到5万元，才构成犯罪。

3. 一罪与数罪的界限

在司法实践中，行为人为牟取高额利润，通常假冒名牌产品的注册商标，以顺利地出售不符合食品安全标准的食品，其手段行为构成假冒注册商标罪，其目的行为构成销售不符合食品安全标准的食品罪，这属于牵连犯中的行为人为达到某一目的，其犯罪方法行为又触犯了其他罪名的情形，应当按“择一重罪处罚”的原则处理，不实行数罪并罚。

（四）处罚

生产、销售不符合食品安全标准的食品，足以造成严重食物中毒事故或者其他严重食源性疾患的，处 3 年以下有期徒刑或者拘役，并处罚金；对人体健康造成严重危害或者有其他严重情节的，处 3 年以上 7 年以下有期徒刑，并处罚金；后果特别严重的，处 7 年以上有期徒刑或者无期徒刑，并处罚金或者没收财产。

【法律链接】

1. 《中华人民共和国刑法》(1997) 第 143 条 * 。

2. 《中华人民共和国刑法修正案（八）》第 24 条。

3. 《中华人民共和国食品管理法》(2009) 第 28 条。

4. 最高人民法院、最高人民检察院《关于办理生产、销售伪劣商品刑事案件具体应用法律若干问题的解释》(2001) 第 4 条。

四、生产、销售有毒、有害食品罪（修正案八）

（一）概念

生产、销售有毒、有害食品罪，是指违反国家食品安全管理法规的相关规定，在生产、销售的食品中，掺入有毒、有害的非食品原料，或者销售明知掺有有毒、有害的非食品原料的食品的行为。

（二）犯罪构成

（1）客体是国家食品安全监管秩序和不特定多数人的生命权、健康权。犯罪对象是掺入有毒、有害的非食品原料的食品。

（2）客观方面表现为行为人违反国家食品安全管理法规的相关规定，在生产、销售的食品中，掺入有毒、有害的非食品原料，或者销售明知掺有有毒、有害的非食品原料的食品行为。本罪是行为犯。关于加重犯罪构成中的“对人体健康造成严重危害”的理解，根据最高人民法院、最高人民检察院《关于办理生产、销售伪劣商品刑事案件具体应用法律若干问题的解释》第 5 条，生产、销售的有毒、有害食品被食用后，造成轻伤、重伤或者其他严重后果的，应认定为《刑法》第 144 条规定的“对人体健康造成严重危害”。生产、销售的有毒、有害食品被食用后，致人严重残疾、3 人以上重伤、10 人以上轻伤或者造成其他特别严重后果的，应认定为“对人体健康造成特别严重危害”。“其他严重情节”的理解同生产、销售不符合安全标准的食品罪的相同。“其他特别严重情节”是指生产、销售的货值数额在 10 万元以上或者犯罪所得在 8 万元以上；在全国范围内产生重大影响。

（3）主体为一般主体，包括自然人和单位。

（4）主观方面是故意，盈利与否不是本罪的必备要件。

（三）认定

1. 罪与非罪的界限

本罪是行为犯。行为人在生产、销售的食品中掺入有毒、有害的非食品原料，或者销售明知掺有有毒、有害的非食品原料的食品就构成本罪，而不必考虑行为人的上述行为是否有造成危害后果的危险或实际造成一定的危害后果。

2. 此罪与彼罪的界限

本罪与生产、销售不符合安全标准的食品罪的界限。第一，本罪是行为犯，无须特定的危险状态的出现或者危害结果的发生；而后罪是危险犯，需要足以造成特定危险状态的出现，才构成犯罪。第二，本罪是在食品中掺入有毒、有害的非食品性原料；后罪食品中的毒害性并非人为掺入，而是由于腐败、变质、污染造成的。第三，犯罪对象不同。本罪是掺入有毒、有害非食品原料的食品；后罪是不符合安全标准的食品。第四，主观方面不完全相同。本罪是故意，后罪只能是间接故意。

（四）处罚

在生产、销售的食品中掺入有毒、有害的非食品原料的，或者销售明知掺有有毒、有害的非食品原料的食品的，处5年以下有期徒刑，并处罚金；对人体健康造成严重危害或者有其他严重情节的，处5年以上10年以下有期徒刑，并处罚金；致人死亡或者有其他特别严重情节的，依照《刑法》第141条的规定处罚。

【法律链接】

1.《中华人民共和国刑法》（1997）第144条*。

2.《中华人民共和国刑法修正案（八）》第25条。

3.《中华人民共和国食品管理法》（2009）第46条。

4. 最高人民法院、最高人民检察院《关于办理生产、销售伪劣商品刑事案件具体应用法律若干问题的解释》（2001）第5条。

五、走私普通货物、物品罪（修正案八）

【引例2】1996年12月至1997年12月间，被告人伍某、唐某、沈某为了降低进口羊毛等纺织原料的成本，使被告单位嘉兴市纺织工业原料公司（下称嘉纺公司）获利，在明知所支付的费用不足以缴纳关税、进口环节税的情况下，与厦门特贸有限公司（下称厦门特贸，另案处理）及其下属的厦门巨发保税贸易有限公司（下称巨发公司，另案处理）商定以包税方式委托代理进口。厦门特贸伙同他人共16次使用三资企业进料加工等保税手册通关，为嘉纺公司走私进口澳大利亚羊毛等货物1 258.913吨，偷逃应缴税额共计2 660.89万元。问：本案应如何处理？

（一）概念

走私普通货物、物品罪，是指违反海关法规，逃避海关监管，走私武器、弹药、核材料等《刑法》第151条、第152条、第347条规定以外的其他货物、物品，进出国（边）境，偷逃应缴关税，数额较大的行为。

（二）犯罪构成

（1）客体是国家对外贸易管制，具体为对普通货物物品进出国（边）境的监管和征收关税的制度。

（2）客观方面表现为行为人违反海关法规，逃避海关监管，走私武器、弹药等违禁品以外的其他货物、物品进出境，情节严重的行为。根据走私普通货物、物品罪行为方式的具体不同，走私普通货物、物品罪可以区分为以下几种情况：

①非法运输、携带或邮寄武器、弹药等违禁品以外的其他货物、物品进出境。只有非法运输、携带或邮寄武器、弹药、核材料、伪币、珍贵动物及其制品、贵重金属、珍稀植物、淫秽物品等违禁品之外的其他货物、物品的，才构成走私普通货物、物品罪。普通货物、物品主要是指应纳税的、国家允许进出口的货物、物品。对于这类物

品，国家并不禁止或限制进出口，但根据国民经济发展和社会发展的需要，又必须通过征收关税对其需求进行适当的调节。一般来说，只要对我国国计民生不发生重大影响，对我国国内经济发展不发生重大影响的货物、物品，如我国的服装、土特产品，国外的玻璃制品、化妆品等都可以自由进出口，但是必须依法缴纳关税。

②擅自出售保税货物、特定减免税货物、捐赠进口货物和物品，以及假借捐赠名义进口货物、物品。第一，未经海关许可并且未补缴关税，擅自将批准进口的来料加工、来件装配、补偿贸易的原料、零件、制成品、设备等保税货物在境内销售牟利。保税货物是指经海关批准，未办理纳税手续进境，在境内储存、加工、装配后应予复运出境的货物。第二，未经海关许可并且未补缴关税，擅自将捐赠进口货物、物品或者其他特定减免税货物、物品在境内销售牟利。根据我国法律规定，特定减免税货物、物品，只能用于特定地区、特定企业或按特定用途使用。

③间接走私普通货物、物品的行为。根据《刑法》第155条的规定，直接向走私人非法收购走私进口的一般货物、物品，数额较大的，或者在内海、领海运输、收购、贩卖国家限制进出口的货物、物品等以外的其他违禁品，数额较大，没有合法证明的，以及伪造、买卖海关单证及进出口许可证用于走私一般货物、物品的，应以走私普通货物、物品罪论处。这种间接走私行为又可称之为准走私行为或者牵连走私行为，上述行为中，所谓直接向走私人非法收购，是指明知对方是走私分子，并且直接向其收购走私货物、物品。所谓没有合法证明，是指不符合我国的进出口许可证制度。根据我国法律规定，进出口商品一般必须从国家指定机关领取进出口许可证。经国家批准有权经营进出口业务的单位，在其批准的经营范围内，可以凭进出口单证进出境，而既无许可证又无单证的，即属没有合法证明，行为人的行为构成走私。所谓海关单证是指进出口货物、物品时向海关进行申报的专用单证，如报税单等；所谓进出口许可证，是指国家外贸管理机关签发的允许货物、物品进口或出口的凭证。上述走私行为还需要达到“偷逃应缴税额数额达到较大或者一年内曾因走私被给予二次行政处罚后又走私的”的标准才构成犯罪。走私一般货物、物品的，应缴税额达到5万元以上即视为数额较大。除此之外，武装掩护走私，以暴力、威胁方法抗拒缉私的，则可直接视为情节严重而认定其构成走私普通货物、物品罪。

（3）主体为一般主体，既包括自然人，也包括单位。

（4）主观方面表现为故意，并且行为人具有牟利的目的。过失不构成本罪。

（三）认定

1. 罪与非罪的界限

主要看行为人走私普通货物、物品的行为偷逃的应缴税额是否在5万元以上或者1年内曾因走私被给予2次行政处罚后又走私的。偷逃应缴税额不满5万元的，则是属于一般的违法行为。

2. 本罪与其他走私犯罪的界限

主要区别有以下两点：

（1）走私的对象不同。本罪的犯罪对象是普通货物、物品，后罪是法律作了明确规定的特定物品。

（2）从犯罪构成的标准看，走私特定违禁品的行为具有极其严重的社会危害性，因此，在客观上并未另外规定必须达到情节严重才构成犯罪，而本罪是结果犯，其社会危害性表现在偷逃应缴税额的大小上，只有在偷逃应缴税额达到一定的标准时，才构成犯罪。所以，刑法规定偷逃应缴税额在5万元以上，才构成走私普通货物、物品罪。

（四）处罚

根据《刑法修正案（八）》第27条的规定，走私《刑法》第151条、第152条、第347条规定以外的货物、物品的，根据情节轻重，分别依照下列规定处罚：

①走私货物、物品偷逃应缴税额较大或者一年内曾因走私被给予二次行政处罚后又走私的，处三年以下有期徒刑或者拘役，并处偷逃应缴税额一倍以上五倍以下罚金。

②走私货物、物品偷逃应缴税额巨大或者有其他严重情节的，处三年以上十年以下有期徒刑[①]，并处偷逃应缴税额一倍以上五倍以下罚金。

③走私货物、物品偷逃应缴税额特别巨大或者有其他特别严重情节的，处十年以上有期徒刑或者无期徒刑，并处偷逃应缴税额一倍以上五倍以下罚金或者没收财产。”

根据《刑法》第153条第2款、第3款的规定：对多次走私未经处理的，按照累计走私货物、物品的偷逃应缴税额处罚。在累计应缴税额时，应根据各次走私的货物、物品的完税价格和走私行为发生时的税率分别计算然后相加。单位犯本罪的，判处罚金，并对直接负责的主管人员和其他直接责任人员，处3年以下有期徒刑或者拘役；情节严重的，处3年以上10年以下有期徒刑；情节特别严重的，处10年以上有期徒刑。武装掩护走私的，依照本法第151条第1款的规定从重处罚。以暴力、威胁方法抗拒缉私的，以走私罪和本法第277条规定的妨害公务罪，实行数罪并罚。

【引例2评析】

本案被告单位嘉兴市纺织工业原料公司为了逃避海关监管，偷逃税款，以支付明显低于应缴税额的费用委托他人报关进口货物，偷逃应缴税额2 660.89万元，其行为已构成走私普通货物罪；被告人伍某、唐某系被告单位直接负责的主管人员，被告人沈某系被告单位的直接责任人员，均构成走私普通货物罪，且情节特别严重，均应依法惩处。伍某、唐某在走私普通货物中起组织、策划作用，系主犯；沈某在走私犯罪中地位、作用较为次要，系从犯，根据其在本案中的具体情节，可予以减轻处罚。

【法律链接】

1. 《中华人民共和国刑法》（1997）第153条、第154条、第157条*、第277条。
2. 《中华人民共和国刑法修正案（八）》第27条。
3. 最高人民法院《关于审理走私刑事案件具体应用法律若干问题的解释》（2000）第6条、第7条、第8条。

六、虚报注册资本罪

（一）概念

虚报注册资本罪，是指行为人申请公司登记使用虚假证明文件或者采用其他欺诈

① 《中华人民共和国刑法修正案（八）》废除了本罪的死刑。

手段，虚报注册资本，欺骗公司登记主管部门取得公司登记，虚报注册资本数额巨大、后果严重或者有其他严重情节的行为。

（二）犯罪构成

（1）客体是国家对公司的登记管理制度。

（2）客观方面表现为行为人申请公司登记使用虚假证明文件或者采用其他欺诈手段，虚报注册资本，欺骗公司登记主管部门取得公司登记，虚报注册资本数额巨大、后果严重或者有其他严重情节的行为。"虚报注册资本数额巨大"的标准，根据2001年最高人民检察院、公安部发布的《关于经济犯罪案件追诉标准的规定》（下称《追诉标准》）第2条的规定，是指实缴注册资本不足法定注册资本最低限额，有限责任公司虚报数额占法定最低限额的60%以上，股份有限公司虚报数额占法定最低限额的30%以上的；实缴注册资本达到法定最低限额，但仍虚报注册资本，有限责任公司虚报数额在100万元以上，股份有限公司虚报数额在1 000万元以上的。所谓后果严重，是指虚报注册资本给投资者或者其他债权人造成的直接经济损失累计数额在10万元以上的。所谓其他严重情节，是指虽未达到上述数额标准，但因虚报注册资本，受过行政处罚2次以上，又虚报注册资本的；向公司登记主管人员行贿或者注册后进行违法活动的。所谓虚报注册资本，是指公司股东的实际出资额低于申请公司登记的法定最低出资额而谎称已经达到了法定出资额的情形。所谓虚假证明文件，是指申请公司登记时提供内容失实或者有虚假内容的证明文件。所谓其他欺诈手段，是指除虚假证明文件之外的其他骗取公司登记的方法。

（3）主体是特殊主体，即公司登记的申请人，既包括自然人，也包括单位。

（4）主观方面表现为故意，行为人的目的是骗取公司登记。过失不构成本罪。

（三）认定

罪与非罪的界限。罪与非罪的界限应从以下几点来区分：

（1）行为人主观上必须出于故意，过失不构成本罪。即行为人明知进行公司登记不能虚报注册资本而有意为之。反之，则不构成本罪。行为人主观上是否故意，关键要看行为人是否存在诈骗行为，即是否使用虚假证明文件或者其他欺诈手段，并且欺诈手段必须与虚报注册资本有关。

（2）行为人必须实施了欺诈行为，即使用虚假证明文件或者其他欺诈手段。如果行为人虚报注册资本并取得公司登记，但并没有采取欺诈手段而是通过行贿达到目的，则不能以本罪追究其刑事责任。

（3）行为人欺诈的对象必须是公司登记机关。

（4）行为人必须实施虚报注册资本的行为。虚报注册资本是本罪的实行行为，欺诈手段只是虚报注册资本行为的方法行为，如果行为人存在欺诈行为，但并未实施虚报注册资本行为，则不构成本罪。

（5）行为人必须取得公司登记。这是虚报注册资本罪成立的必要条件。

（四）处罚

犯本罪的，处3年以下有期徒刑或者拘役，并处或者单处虚报注册资本金额1%以上5%以下罚金。单位犯本罪的，对单位判处罚金，并对其直接负责的主管人员和其他直接责任人员，处3年以下有期徒刑或者拘役。

【法律链接】

1. 《中华人民共和国刑法》（1997）第158条＊。
2. 最高人民检察院、公安部《关于经济犯罪案件追诉标准的规定》（2001）第2条。
3. 《中华人民共和国公司法》（2006）第26条、第81条。

七、隐匿、故意销毁会计凭证、会计账簿、财务会计报告罪

（一）概念

隐匿、故意销毁会计凭证、会计账簿、财务会计报告罪，是指违反会计管理法规，隐匿或故意销毁依法应当保存的会计凭证、会计账簿、财务会计报告，情节严重的行为。本罪为选择性罪名，不论具体行为涉及一个对象还是涉及两个以上的对象，构成犯罪的，都只构成本罪一罪，而不实行数罪并罚。

（二）犯罪构成

（1）客体是公司、企业的清算制度，犯罪对象只能是依法应当保存的会计凭证、会计账簿、财务会计报告。至于会计凭证、会计账簿、财务会计报告是本单位的还是其他单位的，并不影响本罪的成立。

（2）客观方面表现为违反会计管理法规，隐匿或故意销毁依法应当保存的会计凭证、会计账簿、财务会计报告，情节严重的行为。本罪在客观方面的表现可以从四个层次来理解：第一，必须具有隐匿、销毁的行为。所谓隐匿，是指将会计凭证、会计账簿、财务会计报告隐藏或转移到不为人知的秘密地点等。隐匿的行为主要是针对税务机关、审计机关、破产清算小组等单位及工作人员实施的。所谓销毁，是指采取纵火焚烧、水浸、撕毁、丢弃等手段将会计凭证、会计账簿、财务会计报告等财务资料加以毁坏，使其不能发挥应有功效的行为。第二，隐匿或销毁的必须是会计凭证、会计账簿、财务会计报告等三种财会资料。第三，隐匿或故意销毁的必须是依法应当保存的会计凭证、会计账簿、财务会计报告。第四，隐匿或销毁的会计凭证、会计账簿、财务会计报告的行为必须达到情节严重，才构成本罪。根据最高人民检察院、公安部2001年4月18日发布的《关于经济犯罪案件追诉标准的规定》第7条的规定，涉嫌下列情形之一的，应予追诉：①隐匿、销毁的会计资料涉及金额在50万元以上的；②为逃避依法查处而隐匿、销毁或者拒不交出会计资料的。

（3）主体是所有依法办理会计事务的国家机关、社会团体、公司、企业、事业单位等组织和个人。

（4）主观方面表现为故意，即行为人明知是依法应当保存的会计凭证、会计账簿、财务会计报告而故意隐匿或销毁。

（三）认定

一罪与数罪的界限

（1）行为人实施贪污，挪用公款，受贿，私分国有资产，欺诈发行股票、公司、企业债券，非法吸收公众存款，集资诈骗，为亲友非法牟利，徇私舞弊低价折股、出售国有资产等犯罪行为后，为掩盖其罪行而隐匿、销毁有关的会计凭证、会计账簿、财务会计报告的，为吸收犯，对其应择一重罪处罚，而不实行数罪并罚。如果行为人实施隐匿、销毁会计凭证、会计账簿、财务会计报告的行为与所犯贪污、挪用公款、

受贿、私分国有资产等犯罪无关的，而其隐匿或销毁行为又达到情节严重的，则应实行数罪并罚。

（2）行为人为了包庇他人的犯罪行为而隐匿、销毁有关会计凭证、会计账簿、财务会计报告，又触犯其他罪名的，如包庇罪，帮助毁灭、伪造证据罪，辩护人、诉讼代理人毁灭、伪造证据罪等，此为想象竞合犯，也应择一重罪处罚，而不实行数罪并罚。

（四）处罚

犯本罪的，处5年以下有期徒刑或者拘役，并处或者单处2万元以上20万元以下罚金。单位犯本罪的，对单位判处罚金，并对直接负责的主管人员和其他直接责任人员，依照上述规定处罚。

【法律链接】

1. 《中华人民共和国刑法修正案（一）》（1999）第1条*。
2. 最高人民检察院、公安部《关于经济犯罪案件追诉标准的规定》（2001）第2条。
3. 《中华人民共和国会计法》（2000）第20条、第26条。

八、公司企业人员受贿罪

（一）概念

公司企业人员受贿罪，是指公司、企业或者其他单位的工作人员利用职务上的便利，索取他人财物或者非法收受他人的财物，为他人牟取利益，或者在经济往来中，违反国家规定收受各种名义的回扣、手续费归个人所有，数额较大的行为。

（二）犯罪构成

（1）客体是复杂客体，即行为人的行为侵犯了公司、企业、单位的管理秩序和职务行为的廉洁性。

（2）客观方面表现为行为人利用职务上的便利，索取或者收受贿赂的行为，或在经济往来中，违反国家规定收受各种名义的回扣、手续费，为他人牟取利益，数额较大的行为。

①索取或收受贿赂。所谓贿赂，是指金钱、物品或其他诸如房地产使用权、计划供应票证等财产性利益。所谓索取贿赂，是指行为人利用职务上的便利，在他人求其牟取利益或解决困难等时，采取刁难、拖延、要挟等手段，主动向对方索要贿赂的行为。至于索贿的形式，则多种多样，既可以采取口头形式，也可以采取书面形式；既可以当面索取，也可以通过第三者转告索要；既可以是公开索要，又可以暗示请托人给予等。所谓收受贿赂，是指行为人利用职务上的便利，以是否执行其本身职务所要求的行为为条件，收受他人主动送予的财物的行为。在索取贿赂中，犯罪人是主动的，送取贿赂的人则是被动的。但在收受贿赂中，送取贿赂的人却是主动的，而犯罪人则是被动的。收受贿赂，就形式而言，一般是直接收取，但也可以是间接收取；可以是事前收受，也可以是事后收受。不管采取何种形式，都不影响本罪成立。索取贿赂或收受贿赂是本罪行为的两种不同的表现方式。无论何种行为方式，只要有其中之一的，就可构成本罪。如果同时具有两种方式也不能数罪并罚，应以一罪论处。

②索取贿赂或收受贿赂的行为人利用了职务上的便利，否则，虽有索取或收受他

人财物或财产性利益的行为，但没有利用职务上的便利，也不能构成本罪。行为人利用职务上的便利是构成本罪的一个必不可少的前提条件。

③收受他人财物的目的意在为他人牟取利益，否则，即使收受了他人的财物，亦不能构成本罪。

④构成本罪，索取或收受的贿赂必须数额较大，否则亦不能构成本罪。所谓数额较大，根据2001年4月18日最高人民检察院、公安部发布的《关于经济犯罪案件追诉标准的规定》第8条的规定，是指索取或收受贿赂5 000元以上。不满5 000元的，一般不构成公司企业人员受贿罪。此外，根据《刑法》第163条第2款的规定，公司、企业或者其他单位的工作人员在经济往来中，违反国家规定，收受各种名义的回扣、手续费归个人所有的，应以本罪论处。收取了各种名义的回扣、手续费，如果交给单位的，则不构成本罪。

（3）主体是特殊主体，即公司、企业、其他单位的工作人员。这里所说的公司、企业的工作人员，包括公司、企业的董事、监事、经理、会计及其他行政人员、业务人员和一般工作人员。

（4）主观方面必须为故意，过失不能构成本罪。

（三）认定

1. 罪与非罪的界限

首先，要区分本罪与合法行为之间的界限。凡是在政策、法律允许的范围内，通过自己的劳动换取合理报酬的，或者是亲友之间的礼节性馈赠的，都属合法行为，不构成犯罪。区分时应从双方当事人的主观意图，行为人是否利用职务上的便利为对方牟利等情节综合认定。其次，要区分本罪与违反单位内部纪律的违纪行为。关键看行为人索取或者收受贿赂是否达到数额较大的标准，如果未达到标准，则不构成犯罪。

2. 本罪与职务侵占罪的界限

在实践中，两罪难以区分的情形是在经济往来中，公司、企业、单位人员收取回扣或手续费。区分二者的关键是看对方给予的这笔钱是给公司、企业、单位，还是给予工作人员本人。如果是给予公司、企业、单位的，而工作人员收取后不上交，则是职务侵占。如果给予工作人员本人的，则是受贿。

3. 本罪与敲诈勒索罪的界限

在司法实践中，两罪都可能存在行为人索取钱财和被害人不情愿地交付钱财的情形。区分两罪的关键是看行为人索取财物的原因：如果利用职务之便而为他人牟取利益，那就是索取贿赂；如果以暴力威胁，揭发他人隐私而不是为他人牟取利益，则是敲诈勒索。行为人在收受贿赂时，嫌请托人给的钱财少而以其所知道的请托人的某个隐私为据，暗示请托人多给财物。这种情况应实行数罪并罚，因为行为人先前的收受贿赂行为已构成公司企业人员受贿罪，而行为人后来的敲诈勒索行为和因敲诈而取得财物的行为在法律上是同一个行为，即敲诈勒索罪的实行行为，因此，构成敲诈勒索罪。

4. 不同身份主体在共同受贿犯罪中的认定问题

对公司企业人员受贿罪中不同身份主体共同犯罪的定性，关键看其实施受贿行为时利用的是谁的职务便利。如果共同犯罪人利用其国家工作人员或“准国家工作人员”的职务便利的，则应定为受贿罪；反之，则应定公司企业人员受贿罪。如果共同犯罪人既利用国家工作人员或“准国家工作人员”的职务便利的，又利用非“准国家工作人员”的单位工作人员的职务便利的，则应分别定罪处罚。即对利用自己职务便利的国家工作人员或“准国家工作人员”的，应以受贿罪定罪处罚；对利用自己职务便利的非“准国家工作人员”的单位工作人员，以公司企业人员受贿罪定罪处罚；对没有利用自己职务便利的人员，而是既利用了国家工作人员（或“准国家工作人员”）的职务便利，又利用非“准国家工作人员”职务便利的，由于其行为既符合受贿罪的共犯特征，又符合公司企业人员受贿罪的共犯特征，所以择重罪即受贿罪定罪处罚，但因其实施的是辅助行为，故以公司企业从犯论处，可从轻、减轻处罚或免除处罚。

（四）处罚

犯本罪的，处5年以下有期徒刑或者拘役；数额巨大的[①]，处5年以上有期徒刑，可以并处没收财产。

【法律链接】

1.《中华人民共和国刑法》（1997）第163条第1款、第2款*。

2.《中华人民共和国刑法修正案（六）》（2006）第7条第1款、第2款、第3款。

3. 最高人民检察院、公安部《关于经济犯罪案件追诉标准的规定》（2001）第8条。

4. 最高人民法院《关于办理违反公司法受贿、侵占、挪用等刑事案件适用法律若干问题的解释》（1995）第1条第2款。

九、公司企业人员行贿罪（修正案九）

（一）概念

公司企业人员行贿罪，是指为牟取不正当利益，给予公司、企业或者其他单位的工作人员以财物，数额较大的行为。

（二）犯罪构成

（1）客体是复杂客体，即国家对公司、企业和单位的正常管理秩序和市场竞争秩序。

（2）客观方面表现为行为人为牟取不正当利益，给予公司、企业或者其他单位的工作人员以财物，数额较大的行为。支付回扣、手续费是本罪客观方面的主要表现形式。回扣是商品买卖或劳务服务活动中，卖方从其卖得的价款中按比例或不按比例返还给买方的一部分款项，返还方式、比例由双方商定。回扣专指买方所得的由卖方返还的价款。手续费指佣金以及买卖双方当事人、居间人所得的佣金、回扣性质以外的报酬佣金、回扣性质以外的报酬。这里的佣金专指买卖双方以外的第三人居间介绍买卖所得的，由买方或卖方单独给付或双方共同给付的款项。回扣、手续费在实践中名目繁多，花样翻新，是具有两面性的事物，有加速商品流通、促进经济发展的一面，也有阻碍、破坏商品经济的一面。原则上，只要买卖双方和中间人本着诚实信用、公平交易的原则，在不违反国家政策法律的情况下支付收受，对经济发展是有利的，法

① 参照1995年12月25日最高人民法院发布的《关于办理违反公司法受贿、侵占、挪用等刑事案件适用法律若干问题的解释》的规定，所谓数额巨大，一般指索贿或者受贿数额在10万元以上。

律上也应予以承认和保护。但是某些情况下，回扣、手续费的支付与收受会危害市场经济公平的竞争机制，破坏市场经济秩序，严重的则可能构成本罪。给予的财物还必须达到数额较大。根据《追诉标准》第 9 条的规定，个人行贿数额在 1 万元以上的，单位行贿数额在 20 万元以上的，应予追诉。

（3）主体是经营者，即从事商品经营、营利性服务等经济活动的法人、其他经济组织或者个人，机关或其所属部门也可能成为主体要件。

（4）主观方面表现为故意，其目的是牟取不正当利益。此处的牟利，不同于经济活动中依法经营获取的正当利益，而是牟取暴利、追求不正当的高额经济利润。就行贿方而言，旨在通过对公司、企业或者其他单位人员行贿牟取高于其提供的商品、劳务服务所应得的公平利润，其动机还可能是垄断市场、排除竞争对手，最终进行垄断经营，牟取暴利。

（三）认定

1. 本罪与行贿罪的界限

二者最为明显的区别是行为对象不同。行贿罪的对象是国家工作人员，而公司企业人员行贿罪的对象是公司、企业、其他单位中《刑法》第 93 条规定之外的工作人员。

2. 公司企业人员介绍贿赂行为的定性问题

对于向国家工作人员介绍贿赂的，刑法规定有介绍贿赂罪。对于向公司、企业、其他单位中非从事公务的工作人员介绍贿赂的，因为刑法还没有规定公司企业人员介绍贿赂罪，所以，根据罪刑法定的原则，这种情况不能按照犯罪处理。

（四）处罚

自然人犯本罪，给予公司、企业或者其他单位的工作人员以财物，数额较大的，处 3 年以下有期徒刑或者拘役，并处罚金；数额巨大的，处 3 年以上 10 年以下有期徒刑，并处罚金。单位犯本罪的，对单位判处罚金，并对其直接负责的主管人员和其他直接责任人员，依照上述规定处罚。行贿人在行贿行为未被追诉前，主动交代其行贿行为的，即在行贿行为未被追诉前有行贿自首行为的，可以减轻或免除处罚。

【法律链接】

1. 《中华人民共和国刑法》（1997）第 164 条第 1 款、第 2 款、第 3 款*。
2. 《中华人民共和国刑法修正案（六）》（2006）第 8 条。
3. 最高人民检察院、公安部《关于经济犯罪案件追诉标准的规定》（2001）第 9 条。
4. 《中华人民共和国刑法修正案（九）》第 10 条。

十、非法经营同类营业罪

（一）概念

非法经营同类营业罪，是指国有公司、企业的董事、经理利用职务便利，自己经营或者为他人经营与其所任职公司、企业同类的营业，牟取非法利益，数额巨大的行为。

（二）犯罪构成

（1）客体是国有公司、企业的财产权益以及国家对公司的管理制度。

（2）客观方面表现为行为人利用职务便利，自己经营或者为他人经营与其所任职公司、企业同类的营业，牟取非法利益，数额巨大的行为。其可从以下四个层次来理解：

①自己经营或为他人经营业务。既可以是为自己经营，也可以是为他人经营，还可以是既为自己经营又为他人经营，具备其中之一的，即可构成本罪。

②自己经营或为他人经营的营业与自己所任职的公司、企业的营业属于同一种类。

③为自己经营或为他人经营与自己所任职公司、企业同类的营业的过程中利用了职务便利，如果没有利用职务之便，即使有为自己经营或为他人经营同类营业的行为，亦不能构成本罪。所谓利用职务便利，是指利用自己经营管理的职权或者与职务有关的便利条件。它既包括利用自己直接掌管的经营材料、物质、市场、计划、销售等职权而为自己经营或为他人经营的公司、企业牟取非法利益，也包括利用自己职务及有关的便利条件如人事权力、地位等指挥、控制他人，利用职权为自己经营或为他人经营的公司、企业牟取非法利益。

④自己经营或者为他人经营与其所任职公司、企业同类的营业，获取了非法利益，并且达到了数额巨大的标准，才可构成本罪。否则，亦不能构成本罪。根据《追诉标准》第10条的规定，获取非法利益，数额在10万元以上的，属数额巨大。

（3）主体是特殊主体，即国有公司、企业的董事、经理。所谓国有公司、企业是指国有资本占主体的公司、企业。所谓董事，是由股东选举产生的，对内执行公司业务，对外代表公司的常设性执行机构的成员。所谓经理，是公司董事会聘任的主持日常管理工作的高级职员。

（4）主观方面必须出于故意，并且具有获取非法利益的目的。即明知自己经营或为他人所经营的业务与自己所任职公司、企业经营的业务属于同类，出于非法牟取利益的目的，仍决意进行经营。过失不能构成本罪。

（三）认定

（1）罪与非罪的界限。

两罪主要区别有以下几个方面：

①从主体来看，行为人必须是国有公司、企业的董事，经理，才构成本罪；反之，则不构成本罪。

②从客观方面来看：第一，国有公司、企业的董事、经理，必须违背竞业禁止义务，经营同类营业，损害国有公司、企业利益，才构成本罪。第二，国有公司、企业的董事、经理，经营同类营业，必须是利用了职务便利，才构成本罪。第三，行为人为自己或他人经营同类营业必须获取巨大非法利益，才构成本罪。否则，只是一般违法行为。

（2）将本公司生产的产品交由自营公司出售，而非法获取差价行为的定性。在司法实践中，有些国有公司的董事、经理将本公司生产的产品交由自营公司出售而非法获取差价，如利用职务便利让国有公司、企业与自营公司签订经济合同，通过压低价格等方式非法让利给自己经营的公司或企业，此种情况应以贪污罪论处。

（3）国有公司的董事、经理利用职务上的便利，为他人经营与其所任职公司、企业同类的营业，从中收取对方给付的“报酬”“辛苦费”行为的定性。如果行为人通过为他人经营而实现牟取利益的，行为人在此过程中付出了劳动，获取非法利益达到数额巨大的，应以非法经营同类营业罪论处；如果行为人事实上并没有为他人进行经营活动，也没有付出劳动，而其获取的所谓“报酬”“辛苦费”，仅仅是掩盖收受贿赂的手段，那么其实质是受贿行为，应以受贿罪论处。

（四）处罚

根据《刑法》第165条的规定，犯本罪的，处3年以下有期徒刑或者拘役，并处或者单处罚金；数额特别巨大的，处3年以上7年以下有期徒刑，并处罚金。

【法律链接】

1. 《中华人民共和国刑法》（1997）第165条*。
2. 最高人民检察院、公安部《关于经济犯罪案件追诉标准的规定》（2001）第10条。

十一、伪造货币罪（修正案九）

（一）概念

伪造货币罪，是指仿照真币的面额、图案、色彩、质地、式样、规格等，使用各种方法，非法制造假货币，冒充真货币的行为。

（二）犯罪构成

（1）客体是国家货币管理制度。本罪的对象是货币，不仅包括我国的货币人民币，也包括外国货币及我国港澳台地区的货币。对于伪造这些货币的行为，均应以伪造货币罪定罪处罚。

（2）客观方面表现为行为人违反国家货币管理法规，伪造货币的行为。所谓伪造货币，是指没有货币制造权的人，仿照人民币或者外币的面额、图案、色彩、质地、式样、规格等，使用多种方法，非法制造假货币，冒充真货币的行为。对于伪造的货币应当注意必须是仿照真人民币或外币制造的，与真币相似的假币。根据《追诉标准》第16条的规定，伪造货币，总面额在2 000元以上或者币量200张（枚）以上的，应予追诉。

（3）主体为一般主体。

（4）主观方面表现为直接故意。间接故意和过失不构成本罪。行为人只要是出于故意伪造货币的，一般就可以认为构成本罪。

（三）认定

1. 罪与非罪的界限

（1）行为人主观上是否具有使伪造的货币进入流通领域的目的。如果行为人不具有上述主观目的，则不能以犯罪论处。

（2）行为人伪造货币的行为是否达到一定的社会危害程度。认定的具体标准应当依据《追诉标准》第16条“伪造总面额2 000元以上或者币量200张（枚）以上，未达到该标准的，应当构成一般违法行为，不以犯罪论处”。

2. 本罪与变造货币罪的界限

变造货币罪，是指违反国家货币管理法规，在真货币的基础上，或者以真货币为基本材料，采用剪贴、挖补、揭层、拼凑、涂改等方法，改变货币面值或数量，数额较大的行为。两罪主要区别在于客观方面：伪造是仿造真币进行制作，将非货币的一些物质进行加工，变成货币；变造是在真货币的基础上，或者以真货币为基本材料，采用剪贴、挖补、揭层、拼凑、涂改等方法，改变货币面值或数量的行为。

3. 本罪与出售、购买、运输假币罪和持有、使用假币罪的界限

出售、购买、运输假币罪，是指明知是伪造的货币而进行出售、购买、运输，数额较大的行为。持有、使用假币罪，是指明知是伪造的货币而持有、使用，数额较大的行为。它们的区别有以下三点：

（1）行为人伪造货币又出售或运输其伪造的货币的，伪造是目的，而出售或运输其伪造的货币则属于伪造的后续行为，被伪造行为所吸收，在处理上应以伪造货币罪从重论处。如果行为人在伪造货币的行为之外又将他人伪造的货币加以出售或运输的，则分别构成伪造货币罪和出售、运输假币罪两罪，应数罪并罚。

（2）伪造行为与持有行为二者是吸收犯的关系，针对同一宗假币，行为人既实施伪造货币的行为又实施持有伪造的货币的行为，只以伪造货币罪定罪。如果行为人针对不同宗假币分别实施伪造行为与持有行为，则构成伪造货币罪和持有假币罪，应实行数罪并罚。

（3）对于行为人伪造货币后又予以使用，从而获取利益的，其使用的行为应当看作是伪造行为的后续，属于事后不可罚的行为，以伪造货币罪一罪论处。

（四）处罚

根据《刑法》第170条的规定，犯本罪的，处3年以上10年以下有期徒刑，并处罚金；情节特别严重的[①]，处10年以上有期徒刑、无期徒刑[②]，并处罚金或者没收财产。

【法律链接】

1. 《中华人民共和国刑法》（1997）第170条*。

2. 最高人民检察院、公安部《关于经济犯罪案件追诉标准的规定》（2001）第16条。

3. 《中华人民共和国刑法修正案（九）》第11条。

十二、非法吸收公众存款罪

【引例3】被告人王某、李某夫妇以所经营的工贸有限公司需要资金周转为由，许诺支付2%或2.5%的月息，先后向23人借款200多万元，用于经营汽车生意及代理销售名牌白酒生意。案发前，已支付利息50余万元。案发后，除用现金及物资抵款归还120余万元外，尚有11人90余万元无法偿还。问：被告人的行为构成什么罪？

---

① 所谓情节特别严重，根据《中华人民共和国刑法》第170条的规定，是指具有下列情形之一者：a. 伪造货币集团的首要分子。b. 伪造货币数额特别巨大的。伪造人民币，总面值在3万元以上的，即可认定为数额特别巨大。c. 有其他特别严重情节的。这里的其他特别严重情节，是指伪造货币集团的首要分子、伪造货币数额特别巨大以外的其他所有特别严重情节的情形。

② 《中华人民共和国刑法修正案（九）》取消本罪死刑。

（一）概念

非法吸收公众存款罪，是指非法吸收公众存款或者变相吸收公众存款，扰乱金融秩序的行为。

（二）犯罪构成

（1）客体是国家金融管理制度。本罪的犯罪对象是公众存款。所谓公众存款，是指存款人是不特定的群体。如果存款人只是少数个人或者是特定的，则不能认为是公众存款。

（2）客观方面表现为行为人实施了非法吸收公众存款或变相吸收公众存款，扰乱金融秩序的行为。所谓非法吸收公众存款，是指不具有吸收存款主体资格者，面向社会吸收公众存款。所谓变相吸收公众存款，是指违反法律、法规的规定，以存款以外的名义面向社会吸收公众资金。本罪的行为方式主要表现为以下三大类：

①以不法提高存款利率的方式吸收存款，扰乱金融秩序。其主要表现方式为：吸收存款人径直在当场交付存款人或储户的存单上开出高于央行法定利率的利率数来。此种方式又可简称为“账面上有反映”方式。

②以变相提高利率的方式吸收存款、扰乱金融秩序。所谓变相提高存款利率，是指吸收存款人虽未在开付出去的存单上直接提高存款利率，但通过在存款之际先行扣付或允诺事后一次性地给付或者许以其他物质、经济利益好处的方式来招揽存款，以使存款方在事实上获得相当于提高存款利率的“实惠”后，欣然“乐于存款”于该吸收人所在银行或其他金融机构。

③依法无资格从事吸收公众存款业务的单位非法吸收公众存款，扰乱金融秩序。对此类行为，无论其是否提高了国家规定的存款利率，也不问其是否采取了其他变相提高存款利率的手法来吸收存款，只要其从事了“吸收公众存款的行为”即属“非法”行为，一概构成本罪。本罪是行为犯，行为人只要实施了非法吸收公众存款或者变相吸收公众存款，扰乱金融秩序的行为，即构成本罪既遂。

根据《追诉标准》第24条的规定，非法吸收公众存款或者变相吸收公众存款，扰乱金融秩序，涉嫌下列情形之一的，应予追诉：①个人非法吸收或者变相吸收公众存款，数额在20万元以上的，单位非法吸收或者变相吸收公众存款，数额在100万元以上的；②个人非法吸收或者变相吸收公众存款30户以上的，单位非法吸收或者变相吸收公众存款150户以上的；③个人非法吸收或者变相吸收公众存款，给存款人造成直接经济损失数额在10万元以上的，单位非法吸收或者变相吸收公众存款，给存款人造成直接经济损失数额在50万元以上的。

（3）主体为一般主体，既包括自然人，也包括单位。

（4）主观方面表现为故意，即行为人必须明知自己非法吸收公众存款的行为会造成扰乱金融秩序的危害结果，而希望或者放任这种结果发生。过失不构成本罪。

（三）认定

1. 本罪与集资诈骗罪的界限

两罪由于在犯罪对象和主体上基本相同，因此容易混淆。两罪的主要区别有以下四点：

（1）主观目的不同。本罪不以特定的目的为构成条件，行为人只是将筹集来的资金转贷给他人或用于生产经营，以牟取利益，日后是要还本付息的；后罪必须具有非法占有所集资金的目的。

（2）客观行为不尽相同。本罪在客观上体现为非法吸收或变相吸收的方式，不采取诈骗的手段；后罪则以诈骗方法集资，即采取捏造事实、隐瞒真相的欺诈手段实施犯罪。

（3）侵犯的客体不同。本罪侵犯的客体是国家的金融管理秩序；后罪既侵犯了国家的金融管理秩序，又侵犯了公私财产的所有权。

（4）犯罪行为的刑事追诉标准不同。本罪符合犯罪数额、涉及面、造成的经济损失数额三者之中的任一标准，就可以追究刑事责任；而后罪的诈骗数额是刑事追诉的唯一标准。

2. 本罪与擅自设立金融机构罪的界限

擅自设立金融机构罪，是指未经国家有关主管部门批准，擅自设立商业银行、证券交易所、证券公司、期货经纪公司、保险公司或者其他金融机构的行为。在司法实践中经常出现行为人在实施了擅自设立金融机构的行为后又实施了非法吸收公众存款的行为，在这种情况下，行为人是以非法吸收公众存款为目的的，所以构成刑法中的牵连犯，即目的行为与手段行为的牵连，应从一重罪处断。但行为人实施完毕擅自设立金融机构的行为，尚未实施非法吸收公众存款的犯罪或虽已实施但情节轻微，尚未达到刑事追诉标准的，则应以擅自设立金融机构罪论处，否则，应以非法吸收公众存款罪论处。

（四）处罚

犯本罪的，处3年以下有期徒刑或者拘役，并处或者单处2万元以上20万元以下罚金。数额巨大①或者有其他严重情节②的，处3年以上10年以下有期徒刑，并处5万元以上50万元以下罚金。单位犯本罪的，对单位判处罚金，并对直接负责的主管人员和其他直接责任人员，依照上述规定处罚。

【引例3评析】

引例中被告人王某、李某夫妇在不具有吸收存款主体资格的情况下，擅自以提高存款利率的方式吸收存款，扰乱金融秩序的行为，完全符合非法吸收公众存款罪的构成要件，应当以非法吸收公众存款罪定罪处罚。

【法律链接】

1.《中华人民共和国刑法》（1997）第176条＊。

2. 最高人民检察院、公安部《关于经济犯罪案件追诉标准的规定》（2001）第24条。

① 数额巨大的标准：个人非法吸收或者变相吸收公众存款，数额在100万元以上；单位非法吸收或者变相吸收公众存款500万元以上（具体标准，各地可根据经济发展情况而定）。

② 严重情节的标准：a. 个人非法吸收或者变相吸收公众存款150户以上，单位非法吸收或者变相吸收公众存款500户以上；b. 个人非法吸收或者变相吸收公众存款，给存款人造成直接经济损失数额在50万元以上，单位非法吸收或者变相吸收公众存款，给存款人造成直接经济损失数额在100万元以上；c. 因非法吸收或者变相吸收公众存款，给存款人造成损失，引起人身伤亡；d. 因非法吸收或者变相吸收公众存款，造成当地治安混乱，影响社会稳定。

十三、伪造、变造金融票证罪

（一）概念

伪造、变造金融票证罪，是指伪造、变造汇票、本票、支票、委托收款凭证、汇款凭证、银行存单、信用证或者附随的单据、文件，以及伪造信用卡等金融票证的行为。

（二）犯罪构成

（1）客体是国家的金融票证管理制度。所谓金融票证，是指一切与银行业务有关的票据、银行结算单据及其附随的单据和银行发行的其他代表一定财产价值的书面凭证，包括汇票、本票、支票、委托收款凭证、汇款凭证、银行存单、信用证、信用卡等。

（2）客观方面表现为行为人伪造、变造各种金融票证的行为。所谓伪造金融票证，是指无权制作金融票证的行为人，假冒他人或虚构他人的名义擅自制作金融票证的行为。所谓变造金融票证，是擅自对他人的有效金融票证上所载内容进行变更的行为。伪造和变造金融票证的结果都是产生假金融票证，但伪造是一种完全的造假行为，变造则以真实的金融票证为前提，变造后的金融票证并未完全否定原来的有效成分。因此，相对来说，伪造金融票证的危害性要大于变造金融票证，前者可能给被害人造成更大的损失。本罪在客观上包括伪造、变造汇票、本票、支票的行为；伪造、变造委托收款凭证、汇款凭证、银行存单等其他银行结算凭证的行为；伪造、变造信用证或者附随的单据、文件的行为；伪造信用卡的行为。

（3）主体是一般主体，既包括自然人，也包括单位。

（4）主观方面表现为故意，并且一般具有牟取非法利益的目的。

（三）认定

1. 罪与非罪的界限

《刑法》第117条虽然没有将数额或者情节作为本罪的构成要件，但并非表明只要实施了上述行为即构成犯罪。罪与非罪的区别主要有以下两个方面：

（1）主观上是否具有使伪造、变造的金融票证进入流通领域的目的。如果行为人不具有上述目的，不构成本罪。

（2）是否达到需要追究刑事责任的数额标准。根据《追诉标准》第25条的规定，伪造、变造金融票证，面额在1万元以上的，或者数量在10张以上的，即予以追诉。因此，如果行为人伪造、变造金融票证面额较小或者数量较少的，就不宜以犯罪论处。

2. 一罪与数罪的界限

（1）行为人自己伪造金融票证并予以使用的行为，构成一罪还是数罪？如果行为人隐瞒真相，与对方订立货物买卖合同，收到对方开立的信用证后，伪造各种金融票据骗取对方货款；以根本不存在的公司、企业的名义签发提单；故意供给与提单所载内容不符的货物；或者伪造并使用伪造的信用证、信用卡诈骗的，在构成本罪的同时，又触犯合同诈骗罪、票据诈骗罪、金融凭证诈骗罪、信用证诈骗罪、信用卡诈骗罪，由于存在手段行为与目的行为的牵连关系，属于牵连犯，应从一重罪论处，不实行数罪并罚。

（2）行为人既实施了伪造金融票证的行为又实施了变造金融票证的行为，构成一罪还是数罪?《刑法》第117条对本罪的规定，在同一条文中规定了两种不同的行为，即伪造行为和变造行为，由于这两种行为具有相同的罪质，只是在行为的表现方式上有区别，应当作为一个性质的行为看待；根据《刑法》的规定，行为人实施这两种行为的，适用一个犯罪构成认定，适用一个法条。所以，应当以一罪论处。因此，实施伪造金融票证的行为的，以伪造金融票证罪论处；实施了伪造、变造金融票证行为的，则以伪造、变造金融票证罪一罪论处，不实行数罪并罚。

（四）处罚

犯本罪的，处5年以下有期徒刑或者拘役，并处或者单处2万元以上20万元以下罚金；情节严重的，处5年以上10年以下有期徒刑，并处5万元以上50万元以下罚金；情节特别严重的，处10年以上有期徒刑或者无期徒刑，并处5万元以上50万元以下罚金或者没收财产；单位犯本罪的，对单位判处罚金，并对直接负责的主管人员和其他直接责任人员依照上述规定处罚。

【法律链接】

《中华人民共和国刑法》(1997) 第177条*。

十四、妨害信用卡管理罪

（一）概念

妨害信用卡管理罪，是指违反国家对信用卡的管理制度，明知是伪造的信用卡而持有、运输的，或者明知是伪造的空白信用卡而持有、运输且数量较大的，或者非法持有他人信用卡且数量较大的，或者使用虚假的身份证明骗领信用卡的，或者出售、购买、为他人提供伪造的信用卡的行为。本罪是《刑法修正案（五)》新增加的一个罪名。

（二）犯罪构成

(1) 客体是国家对信用卡的管理制度。本罪的犯罪对象是信用卡。所谓信用卡，是指由商业银行或者其他金融机构发行的具有消费支付、信用贷款、转账结算、存取现金等全部功能或者部分功能的电子支付卡。根据这一规定，信用卡包括借记卡、贷记卡等多种形式的电子支付卡。

(2) 客观方面表现为行为人妨害信用卡管理的行为，具体有以下四种表现形式：

①持有、运输伪造的信用卡。“持有”，是指对伪造的信用卡、伪造的空白信用卡的实际控制和支配。持有既可以是行为人将伪造的信用卡携带在身、藏匿家中或存放于特定地点，也可以是将伪造的信用卡委托他人保管，处于自己支配的范围之内。“持”和“有”不可分割，行为人仅是为他人保管信用卡而无直接支配权的，则仅为“持”；因无法满足“有”的条件，不能构成本罪，可视情况构成窝藏赃物的犯罪。运输，是指行为人对行为对象所进行的空间位置移动。运输既包括将伪造的信用卡从国（境）外运入国（境）内，也包括在国（境）内所进行的移动。持有、运输的行为对象是他人已经完成伪造的信用卡或者将用于他人实施伪造信用卡犯罪的空白信用卡，持有、运输伪造的空白信用卡是数量犯，以“数量较大”为追诉标准。

②非法持有他人信用卡，数量较大。按照信用卡的管理规定，信用卡限本人使用。行为人违反国家对信用卡的管理制度，没有持卡权而持有他人信用卡。持有他人的信

用卡以达到“数量较大”为追诉标准。

③使用虚假的身份证明骗领信用卡。即行为人弄虚作假，骗取银行或者其他金融机构的信任而获得信用卡。

④出售、购买、为他人提供伪造的信用卡或者以虚假的身份证明骗领信用卡。即以有偿方式向他人出卖或者向他人购买或者无偿将伪造的信用卡或骗领的信用卡转让给他人的行为。本罪是一个选择性的罪名，即行为人实施持有、运输、骗领、出售、购买、提供中的任何一种行为，就构成犯罪。行为人也可以实施两种以上的行为，但不实行数罪并罚。

（3）主体是一般主体。

（4）主观方面表现为故意，本罪的六种具体行为方式均以故意为必须，过失不构成本罪。

（三）认定

1. 罪与非罪的界限

罪与非罪根本的区别在于主观和客观两个方面。本罪在主观方面表现为故意。即行为人明知是伪造的信用卡或者伪造的空白信用卡而持有、运输、出售、购买、提供给他人的，才构成犯罪。否则，不构成犯罪。在客观方面，本罪中有些情形虽然没有数量或情节上的要求，如明知是伪造的信用卡而持有、运输的，使用虚假的身份证明骗领信用卡的，出售、购买、为他人提供伪造的信用卡或者以虚假的身份证明骗领信用卡的，属于行为犯，但如果行为人实施了该行为但数量不大或者情节显著轻微，危害不大的，可不作为犯罪处理。

2. 本罪与伪造、变造金融票证罪的界限

伪造信用卡是伪造、变造金融票证罪的表现方式之一。两罪的区分关键在于行为方式不同。本罪的行为方式包括持有、运输、出售、购买、为他人提供伪造的信用卡等，行为人本人并没有实施伪造信用卡的行为。在伪造、变造金融票证罪中，伪造信用卡的行为是由行为人本人实施的。如果行为人既实施伪造信用卡的行为，又持有、运输、出售、购买、为他人提供自己伪造的信用卡的，应以伪造、变造金融票证罪定罪处罚，不实行数罪并罚。如果行为人既实施伪造信用卡的行为，又持有、运输、出售、购买、为他人提供其他人伪造的信用卡的，则分别构成伪造、变造金融票证罪和妨害信用卡管理罪，实行数罪并罚。如果行为人事先与伪造信用卡的犯罪分子通谋，为后者提供运输、出售等帮助行为的，应按伪造、变造金融票证罪的共犯论处。

3. 本罪与信用卡诈骗罪的界限

在司法实践中，行为人持有、购买伪造的信用卡或骗领信用卡，一般情况下是为了使用它进行诈骗活动，这样行为人的行为既构成妨害信用卡管理罪，又构成信用卡诈骗罪。此种情形属于刑法理论上的牵连犯，即手段行为与目的行为的牵连，应从一重罪处断，不实行数并罚。

（四）处罚

犯本罪的，处 3 年以下有期徒刑或者拘役，并处或者单处 1 万元以上 10 万元以下罚金；数量巨大或者有其他严重情节的，处 3 年以上 10 年以下有期徒刑，并处 2 万元以上 20 万元以下罚金。

【法律链接】

1.《中华人民共和国刑法》(1997) 第177条*。

2.《中华人民共和国刑法修正案（五)》第1条。

十五、窃取、收买、非法提供信用卡信息资料罪

（一）概念

窃取、收买、非法提供信用卡信息资料罪，是指明知是他人的信用卡信息资料，而窃取、收买或者非法提供他人的信用卡信息资料的行为。本罪是《刑法修正案（五)》新增加的一个罪名。

（二）犯罪构成

（1）客体是国家关于信用卡的管理制度和信用卡信息资料所有人的合法权益。犯罪对象是他人的信用卡信息资料，如信用卡卡主的姓名、身份证号码、银行账号、密码等信息资料。信用卡的核心是存储在信用卡磁条或者IC卡芯片中的信用卡账户等信息，信用卡卡片本身的价值微不足道，其本质是用户的商业信用。所以，窃取、收买、非法提供能够使信用卡发挥功能的信息资料，不仅违反了国家关于信用卡的管理制度，而且还会损害信用卡信息资料所有人的合法权益，应以犯罪论处。

（2）客观方面表现为行为人窃取、收买或者非法提供他人的信用卡信息资料的行为。所谓窃取，是指盗取、秘密复制他人的信用卡信息资料或者利用计算机，窃听、窃照等器械秘密获取他人的信用卡信息资料的行为。所谓收买，是指利用金钱、物质或者其他利益换取他人的信用卡信息资料的行为。所谓非法提供，是指违反国家关于信用卡管理的法律、法规的规定，将他人的信用卡信息资料直接或者间接提供给第三人的行为。本罪是选择性罪名，上述三种行为，行为人既可以实施其中的一种，也可以是两种及以上，但只要具备其中的一种行为，就可以构成本罪；如果行为人同时实施上述两种以上的行为，应以一罪从重处罚，而不实行数罪并罚。

（3）主体是一般主体，通常是银行或者其他金融机构的工作人员，但并不仅限于此类人员，其他人也可以成为本罪主体。

（4）主观方面表现为故意。即明知是他人的信用卡信息资料，而窃取、收买或者非法提供给他人。至于行为人出于何种动机、目的，均不影响本罪的成立。

（三）认定

本罪是行为犯，只要实施了窃取、收买、非法提供他人的信用卡信息资料的行为，无论是否造成严重后果，一般情况下都可构成本罪。但是，如果行为人窃取、收买或者非法提供他人的信用卡信息资料数量较少，尚未造成严重后果的，就不应作为犯罪处理。本罪属于故意犯罪，如果是因为过失或无意中泄露了他人的信用卡信息资料的，不构成本罪。

如果行为人利用计算机窃取他人的信用卡信息资料，其行为同时又构成非法侵入计算机信息系统罪或破坏计算机系统罪的，属于牵连犯，应当从一重罪处断。如果行为人窃取、收买他人的信用卡信息资料后，又实施伪造信用卡或用其进行诈骗活动，其行为同时又构成伪造、变造金融票证罪或者信用卡诈骗罪的，属于牵连犯，应当从一重罪处断，不实行数罪并罚。

（四）处罚

根据《刑法》第177条之一第2款、第3款，《刑法修正案（五）》第1条的规定，犯本罪的，处3年以下有期徒刑或者拘役，并处或者单处1万元以上10万元以下罚金；数量巨大或者有其他严重情节的，处3年以上10年以下有期徒刑，并处2万元以上20万元以下罚金。银行或者其他金融机构的工作人员利用职务上的便利，犯本罪的，从重处罚。

【法律链接】

1.《中华人民共和国刑法》（1997）第177条之一第2款、第3款*。

2.《中华人民共和国刑法修正案（五）》第1条。

十六、洗钱罪

【引例4】参加毒品犯罪、黑社会性质组织犯罪的贾某（另案处理）突然找到被告人游某说："老兄，这一阵子风声很紧，你也知道。以前我制造、贩卖那玩意儿弄了几个钱，生怕有点闪失，枉费了几年的心血，以后也没有了依靠。所以，我想让你帮我个忙，给我那几个钱找个保险的方法，也免了我的后顾之忧，即使事发坐牢，也没有什么可怕的了。"游某由于跟贾某素来以兄弟相称，碍于情面，于是便帮他在银行立了10万元的账户。不久后案发，贾某供述了自己的犯罪所得金钱的去向。问：游某的行为构成什么罪？

（一）概念

洗钱罪，是指行为人明知是毒品犯罪、黑社会性质的组织犯罪、恐怖活动犯罪、走私犯罪、贪污贿赂犯罪、破坏金融管理秩序犯罪和金融诈骗犯罪的所得及其产生的收益，掩饰、隐瞒其来源和性质的行为。

（二）犯罪构成

（1）客体是复杂客体，即国家的金融管理秩序和社会主义市场经济秩序。本罪的对象是毒品犯罪、黑社会性质的组织犯罪、恐怖活动犯罪、走私犯罪、贪污贿赂犯罪、破坏金融管理秩序犯罪和金融诈骗犯罪等七类特定的犯罪违法所得及其产生的收益。贪污贿赂犯罪、破坏金融管理秩序犯罪和金融诈骗犯罪的违法所得及其产生的收益为该罪的对象。本罪是《刑法修正案（六）》第16条增设的三类犯罪。

（2）客观方面表现为行为人采用各种方法掩饰、隐瞒毒品犯罪、黑社会性质的组织犯罪、恐怖活动犯罪、走私犯罪、贪污贿赂犯罪、破坏金融管理秩序犯罪和金融诈骗犯罪的所得及其产生的收益，掩饰、隐瞒其来源和性质的行为。根据《刑法》第191条的规定，洗钱犯罪客观方面的行为具体表现为以下五种行为方式：

①提供资金账户。包括两种情况：一是行为人将自己现有的银行资金账户提供给"上游犯罪"（本罪中所指的"上游犯罪"是指毒品犯罪、黑社会性质的组织犯罪、恐怖活动犯罪、走私犯罪、贪污贿赂犯罪、破坏金融管理秩序犯罪和金融诈骗犯罪）的犯罪分子使用；二是行为人为"上游犯罪"的犯罪分子开设新的账户，供其洗钱使用。

②协助将财产转换为现金或金融票据。即行为人协助"上游犯罪"的犯罪分子将犯罪所得或者收益转换成现金或金融票据，隐瞒这些资产的真实来源。

③通过转账或者其他结算方法协助资金转移。即行为人通过银行等金融机构的转账、委托付款等结算业务，协助“上游犯罪”的犯罪分子将违法所得及其收益从一个账户转移至另一个账户，使犯罪所得混入合法收入中。转账结算方式是一种非现金结算方式，它主要通过票据来结算，结算划拨速度快，在短时间内可将资金倒几道手，使犯罪所得不易被发现。

④协助将资金汇往境外。即行为人协助“上游犯罪”的犯罪分子躲避国内有关机构对犯罪收入的监管，通过国内银行或金融机构所开设的账号，将赃款汇入境外。

⑤以其他方法掩饰、隐瞒犯罪的违法所得及其收益的性质和来源。所谓其他方法，主要是指将上述犯罪的违法所得及其收益进行再投资，包括将违法所得及收益投资于服务业或房地产业等大量使用现金的地方，使巨额收益披上合法化的外衣。

（3）主体是一般主体，包括自然人和单位。但本罪主体不包括“上游犯罪”的行为人。如果“上游犯罪”的行为人既实施“上游犯罪”，又实施洗钱行为，则是属于刑法上“不可罚的事后行为”。因此，洗钱罪的主体应是“上游犯罪”以外的自然人或者单位。

（4）主观方面表现为故意。行为人明知是特定犯罪所得和收益而故意为其掩饰和隐瞒。明知的内容必须是确定的，行为人明知的必须是自己的行为是在掩饰 7 种特定的“上游犯罪”的违法所得及其所产生的收益的来源和性质。如果行为人仅仅是明知其为犯罪所得，但不知其为特定犯罪的所得，则不能构成本罪。同时，我们还应当注意，“明知”应包括“确知”和“可能知道”两种情况。只要行为人知道财产可能是7种特定的“上游犯罪”的所得而为其掩饰和隐瞒，就成立本罪的故意。

（三）认定

1. 接受“上游犯罪”分子赠送的赃款赃物的行为定性问题

毒品犯罪、黑社会性质的组织犯罪、恐怖活动犯罪、走私犯罪、贪污贿赂犯罪、破坏金融管理秩序犯罪、金融诈骗犯罪等七种犯罪的犯罪分子将犯罪所得赠送给他人，无论基于何种目的，犯罪所得的性质和来源在一定程度上得到掩饰、隐瞒，但洗钱犯罪制裁的是单纯实施“清洗”黑钱的行为，这种清洗行为并未改变清洗对象的所有权；而对于接受赠与的行为人来说，将获得财产的所有权。因此，该行为不符合洗钱罪的特征，不构成洗钱罪。在司法实践中，对赠与的财产应当直接作为犯罪所得予以没收、追缴，因为赠与关系不构成善意取得，司法机关有权依法进行追缴。

2. 本罪与窝藏、包庇罪的界限

两罪的主要区别有以下三点：

（1）侵犯的主要客体有所不同。本罪侵犯的主要是国家的金融管理秩序；后罪侵犯的是司法机关惩治犯罪的正常活动。

（2）在客观方面的表现不同。本罪是通过金融机构中转、投资等方式，掩盖特定犯罪的犯罪所得及其收益的行为；后罪则表现为为犯罪分子提供隐藏处所、财物，帮助其藏匿或者作假证明的行为。

（3）犯罪的对象不同。本罪的犯罪对象是犯罪的非法所得及其收益；后罪的犯罪对象是犯罪分子本人。

3. 本罪与掩饰、隐瞒犯罪所得罪的界限

从广义上讲，洗钱行为与掩饰、隐瞒犯罪所得罪存在交叉，刑法对明知是毒品犯罪、黑社会性质的组织犯罪、恐怖活动犯罪、走私犯罪、贪污贿赂犯罪、破坏金融管理秩序犯罪、金融诈骗犯罪所得及其产生的收益的性质和来源加以掩饰、隐瞒的行为予以专门规定，以洗钱罪予以定罪量刑。因此，尽管这种行为也会构成掩饰、隐瞒犯罪所得罪，但不再以该罪认定，应当构成洗钱罪。然而，洗钱犯罪的行为并不能为掩饰、隐瞒犯罪所得罪完全包括，洗钱犯罪的客观行为往往比掩饰、隐瞒犯罪所得罪行为更为复杂、隐蔽，更多地依靠金融机构等中介机构来完成，具有更明显的智能性。

4. 本罪与巨额财产来源不明罪的界限

两罪在主观方面都出于故意，犯罪对象都是非法所得，客观方面又都表现为针对非法财产及其收益。其主要区别有以下三点：

（1）犯罪主体不同。本罪犯罪主体为一般主体；后罪犯罪主体为国家工作人员。

（2）所针对的资金、财物的性质不同。本罪针对的必须是毒品犯罪、黑社会性质的组织犯罪、恐怖活动犯罪、走私犯罪、贪污贿赂犯罪、破坏金融管理秩序犯罪、金融诈骗犯罪所得及收益；后罪中财产的性质是不特定的，无论何种来源，只要本人不能说明合法来源，就可定罪处罚，不必查明真实来源。

（3）客观行为表现不同。本罪的行为表现为行为人积极进行掩饰、隐瞒；后罪中的行为表现为行为人拒不说明财产的合法来源。

5. 本罪与包庇毒品犯罪分子罪的界限

两罪的共同点是都可以表现为针对毒品、走私的犯罪，在客观行为上都是为犯罪作掩饰。但两罪最主要的区别有以下两点：

（1）两罪侵犯的客体不同。本罪所侵犯的是国家金融管理秩序；后罪侵犯的是国家对毒品的管理制度和司法机关同毒品犯罪进行斗争的正常活动。

（2）从客观方面看，本罪是通过金融机构中转或者投资的方式，掩盖毒品犯罪等7种犯罪所得及其产生的收益的性质和来源的行为；后罪是为毒品犯罪分子提供隐蔽处所、钱财资助或交通工具以帮助其藏匿、逃跑的行为，或向司法机关作假证明以掩盖毒品犯罪分子的罪行，或帮助其湮灭罪迹、隐匿罪证的行为。如果行为人既实施了洗钱行为，又实施了包庇毒品犯罪分子的行为，则两罪都成立，应数罪并罚。

（四）处罚

犯本罪的，除没收实施毒品犯罪、黑社会性质的组织犯罪、恐怖活动犯罪、走私犯罪、贪污贿赂犯罪、破坏金融管理秩序犯罪和金融诈骗犯罪的所得及其产生的收益外，处5年以下有期徒刑或者拘役，并处或单处洗钱数额的5%以上20%以下的罚金；情节严重的，处5年以上10年以下有期徒刑，并处洗钱数额的5%以上20%以下的罚金。单位犯本罪的，对单位处罚金，对直接负责的主管人员和其他直接责任人员，处5年以下有期徒刑或者拘役。

【引例4评析】

引例4中，游某明知贾某的财产是通过毒品犯罪、黑社会组织的犯罪所得，而故意为其提供资金账户，扰乱了金融管理的正常秩序，其行为完全符合洗钱罪的构成要件，因而对被告人应依《刑法》第191条规定的洗钱罪定罪量刑。

【法律链接】

1.《中华人民共和国刑法》（1997）第191条*。

2.《中华人民共和国刑法修正案（六）》第16条。

十七、集资诈骗罪

（一）概念

集资诈骗罪，是指以非法占有为目的，违反金融管理法规，使用诈骗的方法进行非法集资，数额较大的行为。

（二）犯罪构成

（1）客体是复杂客体，既侵犯了公私财产所有权，又侵犯了国家金融管理制度。集资诈骗行为不仅造成投资者的经济损失，同时更干扰了金融机构储蓄、贷款等业务的正常进行，破坏国家的金融管理秩序。

（2）客观方面表现为行为人必须实施了使用诈骗方法非法集资，数额较大的行为。所谓非法集资，是指违反法律、法规，通过不正当的渠道，向社会公众或者集体募集资金的行为。根据最高人民法院《关于审理诈骗案件具体应用法律的若干问题的解释》的规定，行为人具有下列情形之一的，应认定其行为属于使用诈骗方法非法集资：第一，携带集资款逃跑的；第二，挥霍集资款，致使集资款无法返还的；第三，使用集资款进行违法犯罪活动，致使集资款无法返还的；第四，具有其他欺诈行为，拒不返还集资款，或者致使集资款无法返还的。

（3）主体是一般主体，单位也可以成为本罪主体。

（4）主观上由故意构成，且以非法占有为目的，即行为人在主观上具有将非法聚集的资金据为己有的目的。

（三）认定

1. 罪与非罪的界限

（1）集资诈骗罪必须是通过使用诈骗方法实施的。所谓使用诈骗方法，是指行为人以非法占有为目的，编造谎言，捏造或者隐瞒事实真相，骗取他人的资金的行为。如果行为人并没有使用上述方法，而是由于其他原因导致无力及时按约定归还集资款或返还红利，因而发生集资借贷纠纷，不能以该罪论处。

（2）看行为人主观上是否具有非法占有的目的。非法集资罪在主观方面必须具有非法占有的目的，如果行为人在集资时为了募集到更多资金，有过夸大事实的行为，导致无力及时按约定归还集资款或返还红利，而没有非法占有的目的，应属于集资借贷纠纷，不能以集资诈骗罪论处。

（3）使用诈骗方法非法集资必须达到数额较大①，才构成犯罪。

2. 此罪与彼罪的界限

（1）本罪与非法吸收公众存款罪的界限。非法吸收公众存款严格地说也是非法集资的行为，但两罪仍然有重大区别：①犯罪目的不同。本罪的目的是非法占有集资款；后罪的目的是通过非法吸收公众存款而进行营利活动，行为人不具有非法占有的目的。②客观方面表现不同。本罪的行为人必须使用虚构事实、隐瞒真相的方法；后罪在行

① 关于数额较大的标准，根据最高人民检察院、公安部2010年5月7日发布的《关于公安机关管辖的刑事案件立案追诉标准的规定（二）》第49条的规定，数额较大是指个人集资诈骗，数额在10万元以上；单位集资诈骗，数额在50万元以上。

为方式上没有特殊要求。③侵犯的客体不同。本罪侵犯的是双重客体，即不仅侵犯了公私财产的所有权，而且还侵犯了国家的金融管理秩序；后罪侵犯的客体主要是国家的金融管理秩序。

（2）本罪与诈骗罪的界限。集资诈骗罪实际上是一种特殊的诈骗罪，它与诈骗罪之间是一种被包容性的法条竞合关系，因此，在构成上它既有一般诈骗罪所具有的共性，也具有一般诈骗罪所不具有的特殊性。二者的区别主要是：①犯罪的对象不同。本罪的对象是不特定多数人的用以集资获利的资金，包括金钱与财物；但后罪即诈骗罪的对象则是特定的，即行为人是针对某一特定的人或单位去实施诈骗行为并获取其钱财的。②客观行为的表现形式不同。诈骗罪在客观方面表现为用虚构事实或隐瞒真相的方法直接使被骗人交付财物，而本罪表现为诱骗被骗人为了投资营利交付财物。

（四）处罚

犯本罪的，处5年以下有期徒刑或者拘役，并处2万元以上20万元以下罚金；数额巨大或者有其他严重情节的，处5年以上10年以下有期徒刑，并处5万元以上50万元以下罚金；数额特别巨大或者有其他特别严重情节的，处10年以上有期徒刑或者无期徒刑，并处5万元以上50万元以下罚金或者没收财产。①

根据《刑法》第200条的规定，单位犯集资诈骗罪的，对单位判处罚金，并对其直接负责的主管人员和其他直接责任人员，处5年以下有期徒刑或者拘役，可以并处罚金；数额巨大或者有其他严重情节的②，处5年以上10年以下有期徒刑，并处罚金；数额特别巨大或者有其他特别严重情节的，处10年以上有期徒刑或者无期徒刑，并处罚金。

【法律链接】

1.《中华人民共和国刑法》(1997) 第192条＊。

2. 最高人民检察院、公安部《关于公安机关管辖的刑事案件立案追诉标准的规定(二)》(2010年5月18日) 第49条。

十八、贷款诈骗罪

（一）概念

贷款诈骗罪，是指以非法占有为目的，用虚构事实或者隐瞒真相的方法，诈骗银行或者其他金融机构的贷款，数额较大的行为。

（二）犯罪构成

（1）客体是复杂客体，既侵犯了银行或者其他金融机构对贷款的所有权，还侵犯国家金融管理制度。

（2）客观方面表现为行为人采用虚构事实、隐瞒真相的方法诈骗银行或者其他金融机构的贷款，数额较大的行为。所谓虚构事实，是指编造客观上不存在的事实，以

---

① 《中华人民共和国刑法修正案（九）》取消《中华人民共和国刑法》第199条，取消了本罪死刑。

② 最高人民法院1996年12月16日发布的《关于审理诈骗案件具体应用法律若干问题的解释》规定，个人集资诈骗在20万元以上，单位在50万元以上的，便可认定为数额巨大；个人诈骗在100万元以上，单位在250万元以上的，则可认定属于数额特别巨大。

骗取银行或者其他金融机构的信任。所谓隐瞒真相，是指有意掩盖客观存在的某些事实，使银行或者其他金融机构产生错觉。通常来讲，行为人诈骗贷款所使用的方法主要有以下几种表现形式：编造引进资金、项目等虚假理由骗取银行或者其他金融机构的贷款；使用虚假的经济合同诈骗银行或者其他金融机构的贷款；使用虚假的证明文件诈骗银行或其他金融机构的贷款；使用虚假的产权证明作担保或超出抵押物价值重复担保，骗取银行或其他金融机构的贷款；以伪造的单位公章、印鉴骗取贷款等。

（3）主体是一般主体。单位不能成为本罪的主体。银行或其他金融机构的工作人员与诈骗贷款的犯罪分子串通并为之提供诈骗贷款帮助的，应以贷款诈骗罪的共犯论处。

（4）主观上由故意构成，且以非法占有为目的。如果行为人不具有非法占有的目的，虽然其在申请贷款时使用了欺骗手段，也不能以本罪处理。

（三）认定

1. 罪与非罪的界限

（1）行为人是否具有非法占有的目的，是认定罪与非罪的关键。非法占有的目的一般表现为贷款后携带贷款潜逃的；未将贷款按用途使用而是挥霍致使贷款无法偿还的；使用贷款进行违法犯罪活动，致使贷款无法偿还的；改变贷款用途将贷款用于高风险的经济活动，造成重大经济损失，致使贷款无法偿还的；为牟取不正当利益，改变贷款用途，造成重大经济损失致使贷款无法偿还的；提供虚假的担保申请贷款，造成重大经济损失致使贷款无法偿还的等情形。通过这些客观上的表现，便不难判定行为人是否具有非法占有的目的。

（2）要严格区分贷款诈骗与贷款纠纷的界限。对于合法取得贷款后，没有按规定的用途使用贷款，到期没有归还贷款的，不能以贷款诈骗罪定罪处罚；对于确有证据证明行为人不具有非法占有的目的，因不具备贷款的条件而采取了欺骗手段获取贷款，案发时有能力履行还贷义务，或者案发时不能归还贷款是因为意志以外的原因，如因经营不善、被骗、市场风险等的，不应以贷款诈骗罪定罪处罚。

（3）从诈骗数额来把握罪与非罪。根据最高人民检察院、公安部2010年5月7日发布的《关于公安机关管辖的刑事案件立案追诉标准的规定（二）》（下称《追诉标准（二）》）第50条的规定，诈骗银行或者其他金融机构的贷款，数额在2万元以上的，应予立案追诉。

2. 此罪与彼罪的界限

（1）本罪与诈骗罪的界限。本罪与诈骗罪间是一种被包容性的法条竞合关系，因此，在构成上它既有一般诈骗罪所具有的共性，也具有一般诈骗罪所不具有的特殊性：①犯罪对象不同。本罪的对象仅是指银行等金融机构的贷款，受害人是银行或其他金融机构；而诈骗罪的对象既包括货币，亦包括财物，对象不仅指银行或其他金融机构的贷款，也包括一切公私财产，其范围比贷款诈骗罪广泛得多。②发生的领域不同。本罪发生在金融领域进行贷款的过程中；而诈骗罪的领域范围则极为广泛，可以涉及任何领域，当然也包括金融领域在内。③侵害的客体不同。本罪不仅会对国家、公众贷款的所有权造成侵害，同时亦侵害了国家有关金融信贷的管理制度，属于复杂客体；而诈骗罪的客体则是公私财物的所有权。④客观行为的表现方式不完全相同。二者行为的本质特征虽然都是虚构事实或隐瞒真相，但本罪所使用的方法却是围绕骗取贷款进行的，所使用的具体方法都是与贷款所需的文件有关，如虚构引进资金、项目，使用虚假的经济合同等；而诈骗罪的行为方式更多样化，包括一切虚构事实、隐瞒真相的方法。⑤犯罪的数额标准不同。本罪与一般诈骗罪均以数额较大为成立条件，但认定为犯罪的数额起点不同。诈骗银行或者其他金融机构的贷款，数额在2万元以上的，应予立案追诉；而诈骗罪的起点数额一般是在3 000元左右。

（2）本罪与合同诈骗罪的界限。两罪的区别主要在于犯罪主体方面的不同。贷款诈骗罪的犯罪主体仅限于自然人，而不包括单位；合同诈骗罪的犯罪主体既包括自然人，也包括单位。在司法实践中，单位实施贷款诈骗行为，不能构成贷款诈骗罪，但是可以构成合同诈骗罪，因为这种贷款诈骗一般都会借助合同形式来实施。所以，对于单位实施贷款诈骗行为的，不能以贷款诈骗罪定罪量刑，也不能以诈骗罪定罪量刑，而应当以合同诈骗罪追究刑事责任。

3. 一罪与数罪的界限

实施贷款诈骗罪的行为人在贷款诈骗罪过程中分别又触犯其他罪名的，应分不同情况作出处理。如行为人采用伪造公文、证件、印章诈骗贷款，其行为又触犯了伪造公文、证件、印章罪的，应按牵连犯的处罚原则，从一重罪论处，定为贷款诈骗罪。如果行为人在诈骗贷款的过程中，采用收买、行贿等手段骗取贷款，其行为又构成行贿罪的，应对诈骗贷款行为和行贿行为分别定罪，按数罪并罚原则处理。

（四）处罚

犯本罪的，处5年以下有期徒刑或者拘役，并处2万元以上20万元以下罚金；数额巨大或者有其他严重情节的，处5年以上10年以下有期徒刑，并处5万元以上50万元以下罚金；数额特别巨大或者有其他严重情节的，处10年以上有期徒刑或者无期徒刑，并处5万元以上50万元以下罚金或者没收财产。所谓情节严重，是指数额巨大或者有其他严重情节的情况。其中数额巨大，根据有关司法解释的规定，是指贷款诈骗数额在1万元以上的。其他严重情节，则是指下列情节之一者：①为骗取贷款，向银行或者金融机构的工作人员行贿，数额较大的；②挥霍贷款，或者用贷款进行违法活动，致使贷款到期无法偿还的；③隐匿贷款去向，贷款期限届满后，拒不偿还的；④提供虚假的担保申请贷款，贷款期限届满后，拒不偿还的；⑤假冒他人名义申请贷款，贷款期限届满后，拒不偿还的。所谓情节特别严重，是指诈骗贷款数额特别巨大或者有其他特别严重的情节。参照最高人民法院《关于审理诈骗案件具体应用法律的若干问题的解释》（1996）第四条，前者即数额特别巨大，是指贷款诈骗数额在20万元以上。后者即其他特别严重情节，是指下列情节之一者：①为骗取贷款，向银行或者金融机构的工作人员行贿，数额巨大的；②携带贷款逃跑的；③使用贷款进行犯罪活动的。

【法律链接】

1.《中华人民共和国刑法》（1997）第193条*。

2. 最高人民检察院、公安部《关于公安机关管辖的刑事案件立案追诉标准的规定（二）》（2010年5月18日）第50条。

十九、信用卡诈骗罪

（一）概念

信用卡诈骗罪，是指以非法占有为目的，利用信用卡，虚构事实、隐瞒真相，骗取公私财物数额较大的行为。

（二）犯罪构成

（1）客体是复杂客体，即信用卡的管理秩序和公私财物的所有权。

（2）客观方面表现为利用信用卡，虚构事实、隐瞒真相，骗取公私财物数额较大的行为。《刑法修正案（五）》第2条对本罪进行了修改和补充。本罪具体表现为四种形式：①使用伪造的信用卡。伪造信用卡主要有两种行为表现：一是完全模仿真实信用卡的质地、模式、版块、图样以及磁条密码等非法制造信用卡；二是在真实信用卡的基础上进行伪造，如在空白信用卡上输入其他用户的真实信息进行复制，或者在空白卡上输入虚假信息等。所谓使用，是指利用信用卡的法定功能进行支付、消费、结算等。②使用作废的信用卡。作废的信用卡是指因法定原因而失去效用的信用卡。③冒用他人的信用卡。所谓冒用他人的信用卡，是指非持卡人未经持卡人同意或者授权，擅自以持卡人的名义使用信用卡，进行信用卡业务内的购物、消费、提取现金等诈骗行为。冒用他人的信用卡，行为人必须有非法占有的目的，这就将与借用亲属、朋友的信用卡等形式上的冒用行为区别开来。④恶意透支。所谓透支，是指持卡人在发卡行账户上已经没有资金或者资金不足的情况下，根据发卡协议或者经银行批准，允许其超过现有资金额度支取现金或者持卡消费的行为。透支实质上是银行为客户提供的短期信贷，透支功能也是信用卡区别于其他金融凭证的最明显特征。恶意透支，是指持卡人以非法占有为目的，超过规定限额或者规定期限透支，并且经发卡银行催收后仍拒不归还的行为。

（3）主体为一般主体。单位不能成为本罪的犯罪主体。

（4）主观方面表现为故意，并具有非法占有他人财物的目的。

（三）认定

1. 罪与非罪的界限

（1）从数额上区分：构成本罪必须达到诈骗数额较大的标准。对信用卡诈骗的数额，根据最高人民检察院、公安部2010年5月7日发布的《追诉标准（二）》第54条的规定，使用伪造的信用卡，或者使用以虚假的身份证明骗领的信用卡，或者使用作废的信用卡，或者冒用他人信用卡，进行诈骗活动，数额在5 000元以上的，恶意透支，数额在1万元以上的，应予立案追诉。但恶意透支，数额在1万元以上不满10万元的，在公安机关立案前已偿还全部透支款息，情节显著轻微的，可以依法不追究刑事责任。

（2）从主观方面来区分。本罪为故意犯罪，且以非法占有为目的。如果行为人基于过失或不知情实施了使用作废的信用卡，使用他人信用卡或者透支等行为，都不构成犯罪。

（3）从主体来区分。刑法没有把信用卡诈骗罪规定为单位犯罪，因此，单位实施该诈骗行为不构成本罪。信用卡有个人卡和单位卡之分，因此，利用信用卡诈骗，尤其是利用信用卡恶意透支，不仅自然人会实施，也不能排除单位实施信用卡诈骗行为的可能性。依照最高人民法院《关于审理诈骗犯罪案件具体应用法律的若干问题的解释》第1条的规定，单位直接负责的主管人员和其他直接责任人员以单位名义实施诈骗行为，诈骗所得归单位所有，构成犯罪的，依照诈骗罪追究上述人员的刑事责任，而不能追究单位信用卡诈骗罪的刑事责任，因为刑法并没有把单位规定为本罪的犯罪主体。

2. 此罪与彼罪的界限

信用卡恶意透支的诈骗行为与侵占罪有许多相同点：两罪主观上都以非法占有为目的；客观上都以拒不归还或拒不返还和数额较大为犯罪构成要件，恶意透支行为在形式上也具有一定的侵占性质。两罪的主要区别在以下三个方面：

（1）犯罪客体不同。本罪侵犯的客体是信用卡管理秩序和公私财产所有权；后罪的犯罪客体仅是公私财产所有权。

（2）行为由合法转为非法过程的具体表现不同。侵占罪中，行为人持有代为他人保管的财物的行为是合法的，但行为人擅自处分财物时，则由合法转为非法，当所有权人要求返还，行为人拒不返还，且所有权人告诉时，才转入刑事法律程序；而信用卡诈骗罪，行为人超过规定限额和规定期限透支并不必然意味着是恶意透支，只有行为人具有非法占有的目的，超过规定限额或规定期限透支并且经发卡银行两次催收后超过3个月仍不归还的（即成立本罪的恶意透支），行为才具有刑事违法性。

（3）“以非法占有为目的”存在的时间不同。本罪中恶意透支的信用卡诈骗犯罪中，非法占有的目的是在实施恶意透支行为时已经存在的，而在侵占罪中，非法占有的目的是在行为人事先的合法占有代为保管他人财物行为之后才产生的。

3. 一罪与数罪的界限

在司法实践中，利用信用卡进行诈骗往往涉及伪造信用卡的问题。如果行为人在伪造、变造信用卡后又使用的，则属于刑法理论上的“牵连犯”，其方法行为又触犯了《刑法》第177条规定的伪造、变造金融票证罪，应按照一罪择一重罪处罚，又由于两罪法定刑相同，以信用卡诈骗罪来定罪处罚更符合立法精神。此外，根据《刑法》第196条第3款的规定，盗窃信用卡并使用的，按盗窃罪定罪处罚，而不能按照本罪定罪处罚。

（四）处罚

犯本罪的，处5年以下有期徒刑或者拘役，并处2万元以上20万元以下罚金；数额巨大或者有其他严重情节的[①]，处4年以上10年以下有期徒刑，并处5万元以上50万元以下罚金；数额特别巨大或者有其他特别严重情节的[②]，处10年以上有期徒刑或者无期徒刑，并处5万元以上50万元以下罚金或者没收财产。

---

① 这里的数额巨大，根据有关司法解释的规定，是指诈骗5万元以上。至于其他严重情节，主要是指利用先进的技术手段伪造后又使用的；使用信用卡进行诈骗的犯罪集团的首要分子；多次使用信用卡进行诈骗，屡教不改的；因其诈骗行为造成他人公私财物的巨大损失的；因其行为造成恶劣影响的等等行为。

② 数额特别巨大的起点标准，根据有关司法解释的规定，是50万元。至于其他特别严重情节，主要是指以利用信用卡进行诈骗犯罪为常业的；属于累犯、惯犯或多次作案的；具有多个情节严重的情形的；因其诈骗行为造成他人特别严重的经济损失或其他特别严重后果的；利用诈骗财物进行其他严重刑事犯罪的，因其行为造成特别恶劣影响的等等行为。

【法律链接】

1.《中华人民共和国刑法》(1997) 第 196 条*。

2. 最高人民检察院、公安部《关于公安机关管辖的刑事案件立案追诉标准的规定(二)》(2010 年 5 月 18 日) 第 54 条。

3. 最高人民法院《关于审理诈骗犯罪案件具体应用法律的若干问题的解释》第 1 条。

二十、保险诈骗罪

(一) 概念

保险诈骗罪,是指投保人、被保险人或受益人,以非法占有为目的,违反保险法规,采用虚构保险标的、保险事故或者制造保险事故等方法,向保险公司骗取保险金,数额较大的行为。

(二) 犯罪构成

(1) 客体是复杂客体,既侵犯了保险公司的财产所有权,又侵犯了国家的保险制度,本罪的对象是保险金。

(2) 客观方面表现为违反保险法规,采用虚构保险标的、保险事故或者制造保险事故等方法,向保险公司骗取保险金,数额较大的行为。具体表现为以下五种情形:

①投保人故意虚构保险标的,骗取保险金。所谓虚构保险标的是指投保人为骗取保险金,与保险人签订以实际并不存在的物或者人为保险对象的合同。

②投保人、被保险人或受益人对发生的保险事故编造虚假的原因或者夸大损失的程度,骗取保险金。所谓编造虚假的保险事故原因,是指行为人在发生事故后,对造成事故的原因作虚假陈述,隐瞒事实真相,使保险公司误以为所发生的事故是属于保险合同约定的保险责任范围从而承担本不应该承担的责任。所谓夸大损失的程度,是指在业已造成保险事故的情况下,投保人、被保险人或受益人故意对保险标的损失的程度加以夸大以骗取更多保险赔偿金。

③投保人、被保险人或者受益人编造未曾发生的保险事故,骗取保险金。保险事故,是投保人、被保险人或受益人能向保险人提出索赔以及保险人依合同约定的责任进行赔偿的前提条件。《中华人民共和国保险法》第 27 条第 1 款规定:"被保险人或者受益人在没有发生保险事故的情况下,谎称发生了保险事故,向保险人提出索赔或者给予保险金请求的,保险人有权解除保险合同,并不退还保险费,即要行为人承担实施此项欺诈行为尚未骗得保险金的民事上的法律责任。"如果利用此种谎称保险事故发生的欺诈行为实际取得了数额较大的保险金,则属本罪客观之行为,即构成本项所规定的此项保险诈骗犯罪。

④投保人、被保险人故意造成财产损失的保险事故,骗取保险金的。

⑤投保人、受益人故意造成被保险人死亡、伤残或者疾病,骗取保险金的。所谓故意造成被保险人死亡、伤残或者疾病,骗取保险金,是指投保人、受益人采取杀害、伤害、虐待、遗弃、爆炸、放火、投毒以及其他方法故意制造人身保险事故,致使被保险人死亡、伤害或疾病,骗取保险金的行为。对于过失致人死亡、伤害或疾病的行为,如过失引起爆炸、水灾、失火、交通肇事、重大责任事故,过失致被保险人死亡、

伤残或疾病的，即使骗取保险金的，不以本罪论处。此外，本罪在客观方面还要求诈骗数额较大才能构成，未达到数额较大的标准的，以一般违法行为论处。

（3）主体是特殊主体，即投保人、被保险人或受益人。自然人和单位都可以成为本罪主体。保险事故的鉴定人、证明人、财产评估人故意提供虚假的证明文件，为他人诈骗提供条件的，以保险诈骗的共犯论处。

（4）主观方面表现为故意，并且具有非法占有保险金的目的。

（三）认定

1. 罪与非罪的界限

（1）从行为人主观上是否具有骗取保险金的目的来区分。由于本罪的主观方面表现为故意，且必须具有非法占有保险金的目的才能构成，所以，在司法实践中，认定该罪的成立必须查明行为人是否具有骗取保险金的目的，如果行为人有明显的骗取保险金的故意，则构成本罪，反之，则不以本罪论处。

（2）以骗取保险金的数额是否达到数额较大的标准来区分。数额较大是本罪的构成要件之一，否则，即使行为人有骗保的行为，但未达到数额较大的标准的，也只能是以一般违法行为论处。对保险诈骗罪的数额，根据最高人民检察院、公安部2010年5月7日发布的《追诉标准（二）》第56条的规定，个人进行保险诈骗数额在1万元以上的，单位进行保险诈骗数额在5万元以上的，应予追究刑事责任。

2. 一罪与数罪的界限

行为人在实施本罪上述客观行为时同时构成他罪的，按《刑法》第198条第2款的规定，不以牵连犯处断原则择一重罪处罚，而是将行为手段构成的犯罪与结果犯进行数罪并罚。《刑法》第198条第4款规定，保险公司工作人员利用职务之便，故意编造未曾发生的保险事故进行虚假理赔，骗取保险金的，应分别以贪污罪和职务侵占罪定罪处罚。

（四）处罚

根据《刑法》第198条的规定，自然人犯本罪的，处5年以下有期徒刑或者拘役，并处1万元以上10万元以下罚金；数额巨大或者有其他严重情节的，处5年以上10年以下有期徒刑，并处2万元以上20万元以下罚金；数额特别巨大或者有其他特别严重情节的，处10年以上有期徒刑，并处2万元以上20万元以下罚金或者没收财产。单位犯本罪的，对单位判处罚金，并对其直接负责的主管人员和其他直接责任人员，处5年以下有期徒刑或者拘役；数额巨大或者有其他严重情节的，处5年以上10年以下有期徒刑；数额特别巨大或者有其他特别严重情节的，处10年以上有期徒刑。所谓的数额巨大、数额特别巨大，根据最高人民法院《关于审理诈骗案件具体应用法律的若干问题的解释》的规定，个人进行保险诈骗数额在5万元以上的，单位进行保险诈骗数额在25万元以上的，都属于数额巨大；个人进行保险诈骗数额在20万元以上的，单位进行保险诈骗数额在100万元以上的，则属于数额特别巨大。

【法律链接】

1. 《中华人民共和国刑法》（1997）第198条*。

2. 最高人民检察院、公安部《关于公安机关管辖的刑事案件立案追诉标准的规定（二）》（2010年5月18日）第56条。

二十一、逃税罪（修正案七）

（一）概念

逃税罪，是指纳税人采取欺骗、隐瞒手段进行虚假纳税申报或者不申报，逃避缴纳税款数额较大，并且占应纳税额10%以上的，以及扣缴义务人采取欺骗、隐瞒手段，不缴或者少缴已扣、已收税款，数额较大的行为。

（二）犯罪构成

（1）客体是国家的税收征管制度。逃税行为破坏了国家正常的税收征管秩序，使国家遭受税收方面的损失。

（2）客观方面表现为纳税人采取欺骗、隐瞒手段进行虚假纳税申报或者不申报，逃避缴纳税款数额较大并占应纳税额10%以上的行为；或者扣缴义务人采取欺骗、隐瞒手段，不缴或者少缴已扣、已收税款，数额较大的行为。所谓欺骗、隐瞒手段进行虚假纳税申报，包括设立虚假的账簿、记账凭证；对账簿、记账凭证进行涂改；未经税务主管机关批准而擅自将正在使用中或尚未过期的账簿、记账凭证销毁处理；在账簿上多列支出，不列、少列收入等。这里的不申报，是指不向税务机关进行纳税申报的行为。这也是纳税人逃避纳税义务的一种常用手法，主要表现为已经领取工商营业执照的法人实体不到税务机关办理纳税登记，或者已经办理纳税登记的法人实体有经营活动，不向税务机关申报或者经税务机关通知申报而拒不申报的行为等。根据《刑法》第201条第4款的规定，实施逃税行为，但在税务机关依法下达追缴通知后，补缴应纳税款，缴纳滞纳金，已受行政处罚的，只要不是在5年内因逃避缴纳税款受过刑事处罚，或者被税务机关给予2次以上行政处罚的，不予追究刑事责任。也就是说，行为人实施了逃税行为，但经税务机关依法下达追缴通知后，补缴应纳税款，缴纳滞纳金，已受行政处罚的，一般不予追究刑事责任。行为人在5年内因逃避缴纳税款受过刑事处罚，或者被税务机关给予2次以上行政处罚的，说明其人身危险性大，则不能免除其刑事责任。

（3）主体是纳税人和扣缴义务人。纳税人又称纳税义务人，是指税收法律、法规规定的负有纳税义务的单位和个人。扣缴义务人，是指税收法律、法规规定的负有代扣代缴、代收代缴义务的单位和个人。不负有纳税义务和扣缴义务的单位和个人，不能独立构成本罪主体，但可成为本罪的共犯。

（4）主观方面必须是出于故意，且具有逃避缴纳税款目的。

（三）认定

1. 罪与非罪的界限

（1）从犯罪数额和逃避缴纳应纳税总额的比例来区分。根据最高人民检察院、公安部2010年5月7日发布的《追诉标准（二）》第57条的规定，纳税人逃避缴纳税款，数额在5万元以上并且占各税种应纳税总额10%以上的；扣缴义务人采取欺骗、隐瞒手段，不缴或者少缴已扣、已收税款，数额在5万元以上的，应当追诉。纳税人在公安机关立案后再补缴应纳税款、缴纳滞纳金或者接受行政处罚的，不影响刑事责任的追究。根据这一规定，纳税人构成该罪的数额和比例标准是5万元以上并且占各税种应纳税总额10%以上的，扣缴义务人不缴或者少缴已扣、已收税款数额在5万元以上的，才以犯罪论处。没有达到这一标准的将不以犯罪追究刑事责任。

（2）从逃税后的行为和行为人此前因逃税的违法犯罪记录来区分。并非一切达到追诉的数额和比例标准的逃税行为一律以犯罪论处，根据《追诉标准（二）》的规定，只有纳税人在经税务机关依法下达追缴通知后，不补缴应纳税款、不缴纳滞纳金或者不接受行政处罚的，或者纳税人是在5年内因逃避缴纳税款受过刑事处罚或者被税务机关给予2次以上行政处罚，又逃避缴纳税款的，才以逃税罪追究刑事责任。行为人实施了逃税行为，但经税务机关依法下达追缴通知后，补缴应纳税款，缴纳滞纳金，已受行政处罚的，一般不予追究刑事责任。

2. 此罪与彼罪的界限

（1）本罪与逃避追缴欠税罪的界限。逃避追缴欠税罪是指纳税人故意违反税收管理法规，欠缴应纳税款，采取转移或者隐匿财产的手段，致使税务机关无法追缴欠缴税款，数额较大的行为。两罪的主要区别有以下三个方面：①构成犯罪的前提条件不同。在后罪中，必须存在欠缴税的事实条件，这是构成该罪的前提；而在本罪中，不存在这样的前提条件。②客观方面的行为表现形式不同。本罪的客观行为是针对账簿、记账凭证、申报材料等文书实施的，主要表现为掩饰应缴税项和应缴税额的行为；而后罪的客观行为是针对纳税人所有的财产实施转移或者隐匿，使国家税务机关无法强制执行追缴欠税。③主体不同。本罪主体为一般纳税人或者是扣缴义务人；后罪的主体只能是欠税人。

（2）本罪与走私罪的界限。由于逃税罪中的逃避应纳税款的行为与走私罪中的偷逃关税的行为都是逃税行为，因此，二者在某些情况下容易混淆。两罪的主要区别在于：①直接客体不同。逃税罪侵犯的直接客体是国家税收管理制度，而走私罪所侵犯的直接客体则是国家对外贸易管理制度。②前提条件不同。逃税罪违反的是税收法规，而走私罪违反的则是海关法规。③犯罪主体不同。逃税罪的主体是纳税人，包括负有纳税义务的公民个人、负有纳税义务的企业、事业单位以及企业、事业单位中对纳税负有直接责任的主管人员和其他直接责任人员。而走私罪的主体则是一般主体，凡是达到刑事责任年龄、具有刑事责任能力、实施走私犯罪行为的自然人以及单位都可以构成。

3. 一罪与数罪的界限

在司法实践中经常发生行为人为了逃税而行贿的情况。对这种行为如何处罚存在争议：一种意见认为应数罪并罚。理由是行为人为逃税而行贿显然具备了行贿的行为特征，应以行贿罪论处；如果行贿、逃税均已成立并构成犯罪的，按数罪并罚处断。另一种意见认为构成牵连犯，应从一重罪处断。我们赞成后一种意见。因为行为人为了偷税而行贿，是一种方法与目的的牵连，应从一重罪即行贿罪处断。

（四）处罚

《刑法》第201条规定，纳税人采取欺骗、隐瞒手段进行虚假纳税申报或者不申报，逃避缴纳税款数额较大并且占应纳税额10%以上的，处3年以下有期徒刑或者拘役，并处罚金；数额巨大并且占应纳税额30%以上的，处3年以上7年以下有期徒刑，并处罚金。扣缴义务人采取同样手段，不缴或者少缴已扣、已收税款，数额较大的，依照该量刑标准处罚。对于多次实施前两款行为，未经处理的，按照累计数额计算。纳税人和扣缴义务人有上述逃税行为，经税务机关依法下达追缴通知后，补缴应纳税款，缴纳滞纳金，已受行政处罚的，不予追究刑事责任；但是，5年内因逃避缴纳税款受过刑事处罚或者被税务机关给予2次以上行政处罚的除外。

【法律链接】

1. 《中华人民共和国刑法》(1997) 第201条*。

2. 《中华人民共和国刑法修正案(七)》第3条。

3. 最高人民检察院、公安部《关于公安机关管辖的刑事案件立案追诉标准的规定(二)》(2010年5月18日) 第57条。

二十二、抗税罪

(一) 概念

抗税罪,是指负有纳税义务或者代扣代缴、代收代缴义务的个人或者企业事业单位的直接责任人员,故意违反税收法规,以暴力、威胁方法拒不缴纳税款的行为。

(二) 犯罪构成

(1) 客体是复杂客体,既侵犯了国家的税收管理制度,又同时侵犯执行征税职务活动的税务人员的人身权利。其犯罪对象是依法征税的税务人员,包括国家税务机关和地方税务机关的工作人员。

(2) 客观方面表现为违反税收法规,以暴力、威胁方法不缴纳税款的行为。所谓暴力,是指犯罪分子对他人身体进行殴打、伤害、捆绑、禁闭等危及他人人身安全的行为。所谓胁迫,是指犯罪分子对依法征税的税务人员进行威胁、恫吓,达到精神上的强制,使税务人员不能履行依法征税的职务,如手持凶器威吓、扬言行凶报复、揭发隐私、毁坏名誉、加害亲属等。只要行为人实施了以暴力、威胁方法拒不缴纳税款的行为,就可以构成抗税罪,而不需要达到给税务人员造成什么程度的身体伤害或具有什么严重情节的标准才能构成。

(3) 主体是特殊主体。构成该罪的必须是依法负有纳税义务和扣缴税款义务的人。①

(4) 主观方面出于直接故意,即行为人明知负有纳税义务而故意抗拒缴纳税款,并且通过使用暴力、威胁方法而拒不缴纳税款,从而非法获利。如果行为人不具有这种主观故意和非法获利的目的,则不构成抗税罪。

---

① 关于抗税罪的主体范围的问题,《中华人民共和国刑法》第202条没有明确规定,相关的立法和司法解释也没有明确,学界关于抗税罪的主体仍存在有较大争论。争论的焦点一是在于扣缴税款义务人能否成为该罪的主体,二是在于单位应否成为抗税罪的主体。对于扣缴税款义务人能否成为抗税罪的主体的问题,否定说认为,抗税罪的主体仅指纳税人,只有纳税人才是抗税罪的犯罪主体,扣缴义务人不能单独构成抗税罪主体。非纳税人如果以暴力、威胁的方法阻碍税务执法人员执行公务的,应以妨害公务罪追究刑事责任[张子信,韩道健,蔡国荣.偷、抗税罪的行为及其处罚.乡镇企业研究,2003(2)]。关于单位应否成为抗税罪的主体的问题,肯定说认为,单位能够成为逃税罪的主体,也应该成为抗税罪的主体(何秉松.税收与税收犯罪.北京:中信出版社,2004:537)。对于上述理论尚存在争议的问题,我们认为,扣缴义务人是国家通过法律设定的代扣代缴义务人,实际上承担着纳税人的角色,他必须根据法律的规定履行代扣代缴义务。扣缴义务人以暴力、威胁方法拒不缴纳税款,逃避纳税义务的,应认定为抗税罪。因此,扣缴税款义务人应当是抗税罪的主体。至于单位应否成为抗税罪的主体的问题,我们认为,抗税罪属于暴力犯罪,我国刑法历来不承认单位能够构成暴力犯罪的主体。从客观方面看,暴力、威胁是单位自身不可能具有的能力。对于司法实践中,有些单位为了自身利益,为了达到不缴或者少缴税款的目的,组织本单位职工抗税,造成严重后果的,对抗税的发动者、组织者、主要参加者,应以抗税罪论处。

（三）认定

1. 罪与非罪的界限

关键是看在客观上抗税人是否使用了暴力或以暴力相威胁，但在司法实践中也并非绝对，并不意味着一切轻微的暴力和威胁都可以以抗税罪来追究。根据最高人民检察院、公安部发布的《追诉标准（二）》第58条的规定，只有为抗拒缴纳税款而对税务工作人员造成轻微伤以上的，给税务工作人员及其亲友的生命、健康、财产等造成损害的，聚众抗拒缴纳税款的，以及以其他暴力、威胁方法拒不缴纳税款的才予以立案追诉。

2. 此罪与彼罪的界限

（1）本罪与逃税罪的界限。两罪的主要区别有以下三点：①客观表现不同。本罪在客观上须使用了暴力或以暴力相威胁；后罪在客观上无此要求。②成立犯罪的标准不同。本罪所抗税款的数额对构成本罪无影响，同时成立本罪也不要求达到情节严重的标准，只要使用了暴力或以暴力相威胁的手段来抗拒缴纳税款就可以构成；后罪要求逃税要达到数额较大，并且应纳税额10%以上，或者纳税人是在5年内因逃避缴纳税款受过刑事处罚或者被税务机关给予2次以上行政处罚，又逃避缴纳税款的，才以逃税罪追究刑事责任。③主体不同。本罪只能由自然人构成；后罪既可以是自然人，也可以是单位。

（2）本罪与妨害公务罪的界限。妨害公务罪与抗税罪在客观方面都表现为以暴力、威胁为手段，主观上都出于故意，实践中易于混淆。其不同之处在于：①主体要件不同。妨害公务罪的主体要件是一般主体，凡达到刑事责任年龄且具有刑事责任能力的自然人都可以构成；抗税罪的主体要件是特殊主体，只有负有纳税义务或者代扣代缴、代收代缴税款义务的个人或单位的直接责任人员才可以构成。②主观目的不同。妨害公务罪的目的在于使国家工作人员不能依法执行职务，抗税罪目的在于逃避缴纳税款而非法获利。③犯罪对象的范围不同。抗税罪侵害的对象是执行税收征管任务的税务人员；而妨害公务罪侵害的对象则是执行职务的国家工作人员。后者范围较广，前者属于后者的一种。④侵犯的客体不同。妨害公务罪侵犯的是国家机关的公务活动；抗税罪侵犯的是国家的税收管理制度。在实践中，纳税人以暴力、威胁方法阻碍税务人员依法征税的，都应以抗税罪论处。

3. 一罪与数罪的界限

为了抗拒缴纳税款而故意杀害、伤害国家税务人员的行为应如何定罪，是定抗税罪还是定故意伤害罪、故意杀人罪，还是定抗税罪和故意伤害罪、故意杀人罪，进行数罪并罚，对此，刑法学界有较大争议。第一种观点认为是结果加重犯，第二种观点认为是想象竞合犯，第三种观点认为属于牵连犯。我们同意第二种观点，即抗税人致人重伤、死亡的情况属于想象竞合犯，应从一重罪处断。最高人民法院《关于审理偷税抗税刑事案件具体应用法律若干问题的解释》第6条规定：“实施抗税行为致人重伤、死亡，构成故意伤害罪、故意杀人罪的，分别依照《刑法》第234条第2款、第232条的规定定罪处罚。”

（四）处罚

《刑法》第202条规定，以暴力、威胁方法拒不缴纳税款的，处3年以下有期徒刑或者拘役，并处拒缴税款1倍以上5倍以下罚金；情节严重的，处3年以上7年以下有期徒刑，并处拒缴税款1倍以上5倍以下罚金。所谓情节严重，是指聚众抗税的首要分子，抗税数额在10万元以上的，多次抗税的，故意伤害致人轻伤的以及其他严重情节。实施抗税行为致人重伤、死亡，构成故意伤害罪、故意杀人罪的，分别依照《刑法》第234条第2款、第232条的规定定罪处罚。

【法律链接】

1. 《中华人民共和国刑法》（1997）第202条*。

2. 最高人民检察院、公安部《关于公安机关管辖的刑事案件立案追诉标准的规定（二）》（2010年5月18日）第58条。

二十三、虚开增值税发票、用于骗取出口退税、抵扣税款发票罪（修正案八）

（一）概念

虚开增值税发票、用于骗取出口退税、抵扣税款发票罪，是指违反增值税专用发票管理法规，实施为他人虚开、为自己虚开、让他人为自己虚开、介绍他人虚开增值税发票或者可以用于骗取出口退税、抵扣税款的其他发票的行为。

（二）犯罪构成

（1）客体是国家的税收管理制度和国家对发票的监管制度。犯罪对象是增值税专用发票和可用于骗取出口退税、抵扣税款的其他发票。增值税专用发票是指国家税务部门根据增值税征收管理的需要，兼记价款及货物或劳务所负担的增值税税额而设定的一种专用发票，其特点是主发票上可以直接说明增值税税金和不含增值税的价格，因而购货一方可以用以作为抵扣税款的一种凭证；可用于骗取出口退税、抵扣税款的其他发票是指除增值税专用发票外，其他可用于出口退税、抵扣税款的农产品收购发票、废旧物质回收发票、运输发票等。

（2）客观方面表现为行为人虚开增值税专用发票或者虚开可用于骗取出口退税、抵扣税款的其他发票的行为。根据《刑法》第205条第3款的规定，虚开增值税专用发票或者虚开可用于骗取出口退税、抵扣税款的其他发票，是指有为他人虚开、为自己虚开、让他人为自己虚开、介绍他人虚开增值税专用发票或者可用于骗取出口退税、抵扣税款发票的行为中的任何一种，均可以构成本罪。在实践中虚开这些专用发票主要包括两种情况：一种是根本不存在商品交易，无中生有，虚构商品交易内容和税额开具发票；另一种是虽然存在真实的商品交易，但是在填开发票时随意改变货名，虚增数量、价款和销售税额。根据《刑法》第205条第4款的规定，虚开增值税专用发票或者虚开可用于骗取出口退税、抵扣税款的其他发票，是指有为他人虚开、为自己虚开、让他人为自己虚开、介绍他人虚开等行为。

（3）主体是一般主体，既包括自然人，也包括单位。

（4）主观方面表现为故意破坏社会主义市场经济秩序，一般都具有牟取非法经济利益的目的。

（三）认定

1. 罪与非罪的界限

根据《刑法》第205条的规定，虚开增值税发票、用于骗取出口退税、抵扣税款发票的行为原则上都构成犯罪，但在司法实践中，对于情节显著轻微，危害不大的行为，一般不认定为是犯罪。根据最高人民检察院、公安部发布的《追诉标准（二）》第61条的规定，虚开增值税专用发票或者虚开可用于骗取出口退税、抵扣税款的其他发票，虚开的税款数额在1万元以上或者致使国家税款被骗数额在5 000元以上的，应予立案追诉。虚开数额较小，尚未造成骗取出口退税等其他后果的，一般不以犯罪论处。

2. 一罪与数罪的界限

（1）用虚开的增值税发票和其他用于骗取出口退税、抵扣税款发票来抵扣应缴税款，逃避缴税义务时，对行为人应定逃税罪，还是定虚开增值税发票、用于骗取出口退税、抵扣税款发票罪？在这种情况下，虚开只不过是逃税的手段之一，它们之间呈牵连犯关系，按照从一重罪处罚的原则，以虚开增值税专用发票、用于骗取出口退税、抵扣税款罪定罪量刑。

（2）行为人伪造或非法购买伪造的增值税专用发票、用于骗取出口退税、抵扣税款的其他发票后又虚开的情况，因为行为人的前一行为与后一行为存在着手段和目的的牵连关系，因此，行为人应视为牵连犯，以其中的一个重罪论处，即应以虚开增值税专用发票、用于骗取出口退税、抵扣税款罪论处。对于伪造或购买的行为，可作为一个从重处罚的情节，对行为人从重处罚。

（3）对于为虚开而盗窃增值税专用发票的行为，根据《刑法》第210条的规定，盗窃增值税专用发票的，按照盗窃罪定罪处罚。如果为虚开而盗窃增值税专用发票的，则构成盗窃罪和虚开增值税专用发票罪的牵连犯，应从一重罪处断，即按照虚开增值税专用发票罪处理。如果行为人在盗窃之后产生虚开意图的，则不应认定手段行为与目的行为之间有牵连关系（认定牵连关系应采取主客观统一的原则），应数罪并罚。

（四）处罚

犯本罪的，处3年以下有期徒刑或者拘役，并处2万元以上20万元以下罚金；虚开的税款数额较大或者有其他严重情节的，处3年以上10年以下有期徒刑，并处5万元以上50万元以下罚金；虚开的税款数额巨大或者有其他特别严重情节的，处10年以上有期徒刑或者无期徒刑[①]，并处5万元以上50万元以下罚金或者没收财产。单位犯本罪的，对单位判处罚金，并对其直接负责的主管人员和其他直接责任人员，处3年以下有期徒刑或者拘役；虚开的税款数额较大或者有其他严重情节的，处3年以上10年以下有期徒刑；虚开的税款数额巨大或者有其他特别严重情节的，处10年以上有期徒刑或者无期徒刑。

【法律链接】

1.《中华人民共和国刑法》（1997）第205条*。

2. 最高人民检察院、公安部《关于公安机关管辖的刑事案件立案追诉标准的规定（二）》（2010年5月18日）第61条。

3.《中华人民共和国刑法修正案（八）》第32条。

---

① 《中华人民共和国刑法修正案（八）》废除了本罪的死刑。

二十四、虚开发票罪（修正案八）

（一）概念

虚开发票罪，是指虚开增值税发票、用于骗取出口退税、抵扣税款发票以外的其他发票，情节严重的行为。这是《刑法修正案（八）》新增加的罪名。

（二）犯罪构成

（1）客体是我国对发票的管理制度。

（2）客观方面表现为行为人实施了虚开发票，情节严重的行为。虚开行为包括三种情况：为他人或为自己开具与实际经营业务情况不符的发票；让他人为自己开具与实际经营业务情况不符的发票；介绍他人开具与实际经营业务情况不符的发票。

（3）主体是一般主体，既可以由达到刑事责任年龄、具备刑事责任能力的自然人构成，也可以由单位构成。

（4）主观方面由故意构成，即行为人故意违反规定，开具内容与实际情况不符的发票。如果行为人是由于不明真相、上当受骗而虚开的，则不构成虚开发票罪。

（三）认定

1. 罪与非罪的界限

并非行为人一切虚开发票的行为都构成本罪，这其中还有一个情节轻重的问题。构成本罪必须是情节严重的虚开普通发票的行为，情节是否严重是虚开发票行为的罪与非罪的界限。什么是“情节严重”有待于最高司法机关作出司法解释。在司法实践中，“情节严重”可以从以下几个方面来分析认定：虚开普通发票数额或者数量；虚开普通发票的次数；虚开普通发票造成的后果；是否因虚开普通发票的行为受到过行政处罚或者刑事处罚；有无其他恶劣情节等。

2. 此罪与彼罪的界限

（1）虚开发票罪与虚开增值税发票用于骗取出口退税、抵扣税款发票罪的界限。这两种犯罪的区别在于所虚开的发票不同，虚开增值税专用发票、用于骗取出口退税、抵扣税款发票罪虚开的是法律特别规定的特种发票，虚开发票罪虚开的是除增值税发票和能够用于骗取出口退税、抵扣税款发票之外的普通发票。

（2）虚开发票罪与诈骗罪的界限。实践中虚开发票的行为往往与诈骗公私财产的行为相联系，当行为人虚开发票用于骗取公私财产时，究竟应当定诈骗罪还是虚开发票罪？诈骗罪是以非法占有为目的，用虚构事实或隐瞒真相的方法，骗取数额较大的公私财物的行为。当行为人用虚开发票的方法来骗取公私财产时，其非法行为与目的行为之间便存在牵连关系，应择一重罪处罚，定诈骗罪，而不以虚开发票罪与诈骗罪数罪并罚。

（四）处罚

依照《刑法修正案（八）》第33条对《刑法》第205条之一的修正，犯虚开普通发票罪的，处2年以下有期徒刑、拘役或者管制，并处罚金；情节特别严重的，处2年以上7年以下有期徒刑，并处罚金。单位犯本罪的，对单位判处罚金，并对其直接负责的主管人员和其他直接责任人员，依照前述规定处罚。

【法律链接】

1.《中华人民共和国刑法》（1997）第205条*。

2.《中华人民共和国刑法修正案（八）》第33条。

3. 最高人民检察院、公安部《关于公安机关管辖的刑事案件立案追诉标准的规定（二）》（2010年5月18日）第61条。

二十五、假冒注册商标罪

（一）概念

假冒注册商标罪，是指违反国家商标管理法规，未经注册商标所有人的许可，在同一种商品上使用与其注册商标相同的商标，情节严重的行为。

（二）犯罪构成

（1）客体是国家对商标的管理制度和他人的注册商标专用权。本罪的犯罪对象是他人的注册商标。所谓商标，是指自然人、法人或者其他组织对其生产、制造、加工、拣选或者经销的商品或者对其提供的服务项目上采用的，由文字、图形、字母、数字、三维标志和颜色或者其组合构成的，能够将其商品或者提供的服务与他人的商品或者提供的服务区别开来的，具有显著特征的可视性标志。根据2001年10月修订的《商标法》的规定，本罪的犯罪对象不仅包括商品商标，也包括服务商标。

（2）客观方面表现为行为人未经注册商标所有人的许可，在同一种商品上使用与其注册商标相同的商标，情节严重的行为。根据最高人民法院2004年12月22日实施的《关于办理侵犯知识产权刑事案件具体应用法律若干问题的解释》第8条的规定，所谓相同的商标，是指与被假冒的注册商标完全相同，或者与被假冒的注册商标在视觉上基本无差别、足以对公众产生误导的商标。所谓使用，是指将注册商标或者假冒的注册商标用于商品、商品包装或者容器以及产品说明书、商品交易文书，或者将注册商标或者假冒的注册商标用于广告宣传、展览以及其他商业活动等行为。所谓同种商品，是指根据《商品和服务国际分类尼斯协定及商品和服务分类表》，处于同一“种”的商品。假冒注册商标的行为必须达到情节严重才构成犯罪。

（3）主体是一般主体，既包括自然人，也包括单位。

（4）主观方面是故意，即行为人明知是他人已经注册的商标而故意在同一种商品上使用。行为人通常具有营利或者牟取非法利益的目的。

（三）认定

1. 罪与非罪的界限

二者最主要的区别有两点：①是否符合刑法规定的“情节严重”标准。根据有关司法解释，所谓情节严重，是指具有下列情形之一：行为人假冒他人注册商标，非法经营数额在10万元以上的；单位假冒他人注册商标，非法经营数额在50万元以上的；假冒他人驰名商标或者人用药品商标的；未达到上述数额标准，但因假冒他人注册商标受过行政处罚2次以上，又假冒他人注册商标的；造成恶劣影响的。②行为人是否在同一种商品上使用与他人注册商标相同的商标。行为人须同时具备两方面的条件，否则，不构成本罪。

2. 本罪与销售假冒注册商标的商品罪的界限

根据最高人民法院、最高人民检察院《关于办理侵犯知识产权刑事案件具体应用法律若干问题的解释》第13条的规定，实施假冒注册商标犯罪，又销售该假冒注册商标的商品，构成犯罪的，应当以假冒注册商标罪定罪处罚。实施假冒注册商标犯罪，又销售明知是他人的假冒注册商标的商品，构成犯罪的，应当实行数罪并罚。二者的区别主要在于客观方面的具体表现不同。本罪是未经注册商标合法所有人的许可在同一种商品上使用与他人注册商标相同的商标的行为；后罪是明知是他人假冒注册商标的商品而予以销售的行为。

3. 本罪与生产销售伪劣商品罪的界限

一般情况下两罪较容易区分，但对于行为人为销售自己的伪劣产品而使用他人的注册商标的定性，学术界存在争议。通说认为，假冒他人注册商标的行为，是行为人为获取非法利利益而使用的方法或手段，对此，应按牵连犯从一重罪处断。两罪主要有以下区别：①犯罪客体不同。本罪侵犯的是国家商标管理制度和注册商标所有权人对其注册商标的专用权；后罪侵犯的是国家的产品质量监督管理制度及市场管理制度和消费者的合法权益。②在后罪中，行为人所生产、销售的产品一定是不合格产品；本罪的行为人假冒他人注册商标所销售的产品往往是合格产品。

（四）处罚

犯本罪的，具有下列情形之一的，属于情节严重，应当判处 3 年以下有期徒刑或者拘役，并处或者单处罚金：①非法经营数额在 5 万元以上或者违法所得数额在 3 万元以上的；②假冒 2 种以上注册商标，非法经营数额在 3 万元以上或者违法所得数额在 2 万元以上的；③其他情节严重的情形。

具有下列情形之一的，属于情节特别严重，应当判处 3 以上 7 年以下有期徒刑，并处罚金：①非法经营数额在25 万元以上或者违法所得数额在15 万元以上的；②假冒两种以上注册商标，非法经营数额在 15 万元以上或者违法所得数额在 10 万元以上的；③其他情节特别严重的情形。

非法经营数额，是指行为人在实施侵犯知识产权行为过程中，制造、储存、运输、销售侵权产品的价值。已销售的侵权产品的价值，按照实际销售的价格计算。制造、储存、运输和未销售的侵权产品的价值，按照标价或者已经查清的侵权产品的实际销售平均价格计算。侵权产品没有标价或者无法查清其实际销售价格的，按照被侵权产品的市场中间价格计算。多次实施侵犯知识产权行为，未经行政处理或者刑事处罚的，非法经营数额、违法所得数额或者销售金额累计计算。

单位犯本罪的，按照上述规定的相应个人犯罪的定罪量刑标准的 3 倍定罪量刑，对单位判处罚金，并对其直接负责的主管人员和其他直接责任人员，依照上述规定处罚。

【法律链接】

1. 《中华人民共和国刑法》（1997）第 213 条、第 220 条 *。

2. 最高人民法院、最高人民检察院《关于办理侵犯知识产权刑事案件具体应用法律若干问题的解释》（2004）第 1 条、第 8 条、第 12 条、第 13 条、第 15 条。

3. 《中华人民共和国商标法》（2001）第 4 条、第 52 条第 1 款、第 54 条。

二十六、侵犯著作权罪

（一）概念

侵犯著作权罪，是指以营利为目的，违反著作权法规定，未经著作权人许可复制发行其文字、音像、计算机软件等作品，出版他人享有专有出版权的图书，未经制作者许可复制发行其制作的音像制品，制作、出售假冒他人署名的美术作品，违法所得数额较大或者有其他严重情节的行为。

（二）犯罪构成

（1）客体是复杂客体，是著作权人对其作品享有的著作权和国家对文化市场的管理秩序。本罪的犯罪对象是他人的文字作品、计算机软件、录音、录像制品和假冒他人署名的美术作品。

（2）客观方面表现为行为人侵犯著作权和与著作权有关权益，情节严重的行为。我国《著作权法》第15条、第16条规定了15种侵犯著作权和与著作权有关权益的行为，但是根据本条规定，只有下列四种侵权行为可以构成本罪：

①未经著作权人许可，复制发行其文字作品、音乐、电影、电视、录像作品、计算机软件及其他作品的行为。未经著作权人许可，即指未经过著作权人授权或者伪造、涂改著作权人授权许可文件或者超出授权许可范围的情形。根据《著作权法实施条例》的规定，复制是指以印刷、复印、临摹、拓印、录音、录像、翻录、翻拍等方式将作品制作一份或多份的行为；发行是指为满足公众合理需求，通过出售、出租等方式向公众提供一定数量的作品复印件。根据本条规定，复制与发行是紧密联系在一起的整体行为，应同时具备才构成本罪，如果仅仅具备其中一个方面的则不符合本罪行为特征。当然，不同行为人事先通谋而分别实施复制、发行的，属于共同犯罪，仍然可以构成本罪。

②出版他人享有专有出版权的图书的行为。出版，是指把作品编辑加工后，经过复制向公众发行的行为。专有出版权，是指出版者对著作权人交付的作品在合同规定的时间、地点以原版、修订版方式制作成图书并予以发行的独占权利。它是一种与著作权有关的重要权益，同样具有排他性，他人不得行使，否则构成侵权。

③未经录音录像制作者许可，复制发行其制作的录音录像的行为。这是一种侵犯录音录像制作者著作邻接权的行为。录音录像制作者即制作录音录像制品的人，由于他们不仅投入了一定的人力、物力和财力，更付出了相当的独创性劳动，对其制作的音像制品也依法享有许可他人复制发行并获得报酬的权利，他人未经许可复制发行其音像制品的，当然是对其权利的侵犯。

④制作、出售假冒他人署名的美术作品的行为。这是一种借他人之名非法牟利的行为。它不仅侵犯了他人的人身权（主要是署名权），而且必然会影响他人美术作品的销售，从而间接侵犯他人的财产权。

根据本条规定，上述四种情形，还必须是违法所得的数额较大或者有其他严重情节的才构成本罪。根据最高人民法院、最高人民检察院《关于办理侵犯知识产权刑事案件具体应用法律若干问题的解释》第5条的规定，个人违法所得数额在3万元以上，单位违法所得数额在9万元以上的，属于违法所得数额较大；具有下列情形之一的，属于有其他严重情节：个人非法经营数额在5万元以上，单位非法经营数额在15万元以上的；未经著作权人许可，复制发行其文字作品、音乐、电影、电视、录像作品、计算机软件及其作品，个人复制品数量合计在1 000张（份）以上，单位复制品数量合计在3 000张（份）以上的；其他严重情形的。

（3）主体为一般主体，既包括自然人，也包括经国家批准和未经国家批准从事出版、发行活动的单位。

(4) 主观方面表现为故意，并且具有营利的目的。

(三) 认定

1. 罪与非罪的界限

二者的主要区别有两点：①行为人的侵权行为是否是《刑法》第217条规定的四种行为之一。②行为人行为的违法所得是否符合数额较大的标准，或者是否属于其他严重情节。同时满足上述两方面的条件就以本罪论处，否则只构成民事侵权行为。

2. 本罪与销售侵权复制品罪的界限

销售侵权复制品罪是指以营利为目的，销售明知是侵犯他人著作权、邻接权的复制品，违法所得数额巨大的行为。根据最高人民法院、最高人民检察院《关于办理侵犯知识产权刑事案件具体应用法律若干问题的解释》第14条的规定，行为人实施了侵犯著作权犯罪，又销售该侵权复制品，构成犯罪的，应当以侵犯著作权罪定罪处罚。行为人实施了侵犯著作权犯罪，又销售明知是他人的侵权复制品，构成犯罪的，应当实行数罪并罚。两罪的主要区别有以下三点：

(1) 客观表现不同。后罪仅仅表现为销售明知是侵犯他人著作权或著作邻接权的复制品，它仅有一种销售行为；本罪不仅包括复制发行、出版、制作的行为，而且包括复制发行、出版、制作并销售的行为。

(2) 对象不同。本罪的对象是各种作品、制品；后罪的对象是各种作品、制品的复制品。

(3) 适用刑罚的标准不完全相同。后罪只有在销售数额上达到法律规定的违法所得数额巨大的情形才能追究刑事责任；而本罪除了违法所得数额较大之外，有其他严重情节的也可构成本罪。

(四) 处罚

犯侵犯著作权罪，违法所得数额在3万元以上的，属于违法所得数额较大。具有下列情形之一的，属于有其他严重情节，应当判处3年以下有期徒刑或者拘役，并处或者单处罚金：①非法经营数额在5万元以上的；②未经著作权人许可，复制发行其文字作品、音乐、电影、电视、录像作品、计算机软件及其他作品，复制品数量合计在1 000张（份）以上的；③其他严重情节的情形。

违法所得数额在15万元以上的，属于违法所得数额巨大。具有下列情形之一的，属于有其他特别严重情节，应当判处3年以上7年以下有期徒刑，并处罚金：①非法经营数额在25万元以上的；②未经著作权人许可，复制发行其文字作品、音乐、电影、电视、录像作品、计算机软件及其他作品，复制品数量合计在5 000张（份）以上的；③其他特别严重情节的情形。非法经营数额，是指行为人在实施侵犯知识产权行为过程中，制造、储存、运输、销售侵权产品的价值。已销售的侵权产品的价值，按照实际销售的价格计算。制造、储存、运输和未销售的侵权产品的价值，按照标价或者已经查清的侵权产品的实际销售平均价格计算。侵权产品没有标价或者无法查清其实际销售价格的，按照被侵权产品的市场中间价格计算。多次实施侵犯知识产权行为，未经行政处理或者刑事处罚的，非法经营数额、违法所得数额或者销售金额累计计算。单位犯本罪的，对单位判处罚金，对其直接负责的主管人员和其他直接责任人员，依本条规定追究刑事责任。

【法律链接】

1.《中华人民共和国刑法》（1997）第217条、第220条*。

2. 最高人民法院、最高人民检察院《关于办理侵犯知识产权刑事案件具体应用法律若干问题的解释》（2004）第5条、第14条。

3.《中华人民共和国著作权法》（2010）第3条、第15条、第16条。

二十七、销售侵权复制品罪

（一）概念

销售侵权复制品罪，是指以营利为目的，违反著作权管理法规，明知是侵权复制品而故意销售，违法所得数额巨大的行为。

（二）犯罪构成

（1）客体是复杂客体，既包括国家对文化市场的管理秩序，又包括著作权人对其作品依法享有的著作权，还包括邻接权人对其出版作品享有的权利。本罪的对象是侵权复制品。所谓侵权复制品，包括侵权复制的文字作品、音乐、电影、电视、录像作品、计算机软件及其他作品，他人享有专有出版权的图书、录音录像制品、美术作品等。

（2）客观方面表现为行为人违反著作权管理法规，明知是侵权复制品而故意销售，违法所得数额巨大的行为。销售，是指以营利为目的将侵权复制品以批发、零售的方式卖给他人的行为。不转移侵权复制品的所有权的出租行为，不构成本罪。根据最高人民法院、最高人民检察院《关于办理侵犯知识产权刑事案件具体应用法律若干问题的解释》第6条的规定，个人违法所得数额在10万元以上的，单位违法所得数额在30万元以上的，属于违法所得数额巨大。

（3）主体是一般主体，既包括自然人，也包括单位。

（4）主观方面表现为故意，并且具有营利的目的。

（三）认定

罪与非罪的界限。应从主、客观两方面进行分析。构成本罪，主观方面必须是出于故意，并且具有牟利的目的，不具备这一主观要件不构成本罪。在客观方面行为人为牟取非法利益而实施了销售行为；如果知道是侵权复制品但自己使用，或者用于出租、出借或赠与他人的，不构成犯罪。明知是侵权复制品而进行销售，但违法所得数额不大的，不构成犯罪，只能作为一般的侵权行为处理。明知侵权复制品是伪劣产品而予以销售的，如果同时构成本罪与销售伪劣产品罪的，属于想象竞合犯，应从一重罪论处。

（四）处罚

犯本罪的，处3年以下有期徒刑或者拘役，并处或者单处罚金；单位犯本罪的，实行双罚制，即对单位判处罚金，并对其直接负责的主管人员和其他直接责任人员，按照上述规定处罚。

【法律链接】

1.《中华人民共和国刑法》（1997）第218条、第220条。

2. 最高人民法院、最高人民检察院《关于办理侵犯知识产权刑事案件具体应用法律若干问题的解释》(2004) 第6条、第14条。

3.《中华人民共和国著作权法》(2010) 第48条、第53条。

二十八、侵犯商业秘密罪

【引例5】被告人姜某大学毕业后，受雇于某市一大型超市连锁店，任资讯部副课长。2011年8月，姜某在明知公司对资讯部有“不准泄露公司内部任何商业机密信息，不准私自使用FTP上传或下载信息”规定的情况下，擅自使用FTP程序，将公司的供货商名称地址、商品购销价格、公司经营业绩及会员客户通讯录等资料，从公司电脑中心服务器上下载到自己使用的终端机，秘密复制软盘，到其他商业机构兜售。M有限公司与姜某洽商并查看部分资料打印样本后，于2011年8月13日以3万元现金交易成功。姜某的兜售行为持续到同年10月13日，后案发。据某资产评估事务所评估证明：姜某所在某大型超市连锁店自2011年9月初业绩开始下跌，月销售收入较8月份下跌15.63%，达669万元。问：姜某的行为构成什么罪?

（一）概念

侵犯商业秘密罪，是指以盗窃、利诱、胁迫或者其他不正当手段获取权利人的商业秘密，或者非法披露、使用或者允许他人使用其所掌握的或获取的商业秘密，给商业秘密的权利人造成重大损失的行为。

（二）犯罪构成

（1）客体为复杂客体，即商业秘密权利人对商业秘密所拥有的合法权益和受国家保护的正常有序的市场经济秩序。本罪侵犯的对象是商业秘密。所谓商业秘密，根据《反不正当竞争法》和本条第3款的规定，是指不为公众所知悉、能为权利人带来经济利益、具有实用性并经权利人采取保密措施的技术信息和经营信息。

（2）客观方面表现为行为人违反国家反不正当竞争法律法规规定，侵犯商业秘密，给商业秘密的权利人造成重大损失的行为。

（3）主体为一般主体，既包括自然人，也包括单位。

（4）主观方面主要表现为故意，即行为人有意识地通过多种手段获取商业秘密。在间接侵犯商业秘密的犯罪行为中，可以由过失构成犯罪。

（三）认定

罪与非罪的界限。关键看客观方面。该罪客观方面具体表现为以下三种形式：

（1）以盗窃、利诱、胁迫或者其他不正当手段获取权利人的商业秘密。其中，盗窃，是指以自认为不被商业秘密的所有人、使用人、保管人等发现的方法秘密窃取其商业秘密的行为。所盗窃的既可以是原件，也可以是复制件，还可以是自己以秘密的方式加以复制如偷拍、偷录等。利诱，是指以高薪、金钱、物质、工作条件、帮助解决户口、调动工作、就业、学习、留学等物质或物质性利益甚或女色等为诱饵使了解商业秘密的合营者、保管者、知情人等向其泄露商业秘密。胁迫，是指以杀害生命、伤害身体、加害亲属、毁坏财产、揭露隐私、损害名誉、解除职务、克扣工资、开除工作等相要挟、恐吓，致使商业秘密的知情者向其泄露商业秘密。至于其他不正当手段，则是指除上述盗窃、利诱、胁迫以外的诸如抢劫、窃取、骗取等不正当手段。

（2）披露、使用或者允许他人使用不正当手段以获取权利人的商业秘密。所谓披露，是指通过各种方式向他人泄露商业秘密。有的采取口头告知如当面告诉、电话告知等；有的采取书面方式，如提供商业秘密的原件、复制件、用信件告知其内容等；有的采取让其阅读、抄录、复制商业秘密等。只要通过其行为能让他人了解、获知商业秘密，不管其方式如何，都应以披露论处。所谓使用，则是指将获知的商业秘密用于生产、经营活动。披露、使用或者允许他人使用权利人的商业秘密必须是以盗窃、利诱、胁迫或者其他不正当的手段获取的。如果不是通过不正当的手段获取的，即使有披露或者使用行为，也不能以本行为论处。

（3）违反约定或者违反权利人有关保守商业秘密的要求，披露、使用或者允许他人使用其所掌握的商业秘密。除通过不正当手段而获取了商业秘密以外的其他人，如果违反约定或者违反了权利人有关保守商业秘密的要求，而向他人泄露或自己使用或允许他人使用商业秘密的，即构成本行为。违反约定或违反权利人有关保守商业秘密的要求是本行为的前提，如果没有违反约定，也没有违反权利人有关保守商业秘密的规定，而是按权利人的保守约定、要求的范围披露、使用或者允许他人使用其所掌握的秘密的，则不能以本行为论处。

（4）根据《刑法》第219条第2款的规定，明知或者应当知道属于上述三种行为，获取、使用或者披露他人的商业秘密的，亦应以侵犯商业秘密论。如明知他人是通过不正当手段获取的商业秘密，在他人告知后又使用、披露该商业秘密的，就应属于第二种情况而按第二种行为处理。不能归于上述行为之中，如掌握商业秘密的人，违反约定或者权利人保守商业秘密的要求，而允许他人使用该商业秘密。其中，他人如果明知或者应当知道掌握秘密的人违反了约定或权利人有关保守商业秘密的要求，而仍决意使用，则应对其以此种行为论处。还应指出，实施该行为，还应以其明知或者应知商业秘密是由上述三种行为方式所得，否则，也不能以本行为论并按本罪处罚。侵犯商业秘密的行为必须是给商业秘密的权利人造成重大损失的，才构成犯罪。未给商业秘密的权利人造成损失或者虽然造成了损失，但不是重大损失的，不构成本罪。所谓重大损失，根据最高人民法院、最高人民检察院《关于办理侵犯知识产权刑事案件具体应用法律若干问题的解释》第7条的规定，给商业秘密的权利人造成损失数额在50万元以上的，属于给商业秘密的权利人造成重大损失。

（四）处罚

给商业秘密的权利人造成损失数额在50万元以上的，属于给商业秘密的权利人造成重大损失，应当判处3年以下有期徒刑或者拘役，并处或者单处罚金。给商业秘密的权利人造成损失数额在250万元以上的，属于造成特别严重后果，应当判处3年以上7年以下有期徒刑，并处罚金。单位犯本罪的，按照上述规定的相应个人犯罪的定罪量刑标准的3倍定罪量刑，对单位判处罚金，并对其直接负责的主管人员和其他直接责任人员，依照上述规定处罚。

【引例5评析】

根据我国《刑法》第219条的规定，本案姜某的行为已经构成侵犯商业秘密罪。姜某盗卖该超市联络的供货厂商、供应品种、供货价格、供应数量及商场的销售价格、营业利润、经营业绩和商场所联系的相对固定的常年顾客等资料，且这些资料在公司内部有保密规定并已采取了保密措施（如设置 FTP 程序），不为外人所知悉。因此，姜某所盗卖的商业信息，属于商业秘密。我国法律规定，侵犯商业秘密的行为主要有四种（参照本教材侵犯商业秘密罪客观要件部分的内容）。本案中，姜某身为电脑资讯部的副课长，明知公司规定不得私自拷贝、复制商业秘密，为了获取非法利益，仍然秘密窃取了所在超市的商业秘密，并出售给该超市的同行业竞争者 M 有限公司。根据刑法规定，侵犯商业秘密罪与非罪的界限，在于所采取的不正当手段侵犯商业秘密，是否给权利人造成重大损失。这里所指的损失并不单指经济损失，而且还指竞争优势的丧失或者弱化及其他严重不良后果。根据法律的相关规定，本案超市的商业秘密是权利人花费巨大资金，投入许多人力、物力，在较长时间里逐步开发和建立起来的。姜某的盗卖行为使该超市经营业绩大幅下降，导致竞争优势丧失或弱化。由于现行法律法规尚未就如何评估侵犯商业秘密所造成的损失作出规定，本案中介绍的这种评估方式是否科学、合理有待进一步探讨，但至少可以证明姜某的行为具有很大的社会危害性，应受刑法处罚。

综上所述，姜某的行为符合刑法关于侵犯商业秘密罪的构成要件。其行为构成侵犯商业秘密罪。

【法律链接】

1. 《中华人民共和国刑法》（1997）第 219 条、第 220 条＊。

2. 最高人民法院、最高人民检察院《关于办理侵犯知识产权刑事案件具体应用法律若干问题的解释》（2004）第 7 条。

3. 《中华人民共和国反不正当竞争法》（1993）第 10 条。

二十九、合同诈骗罪

【引例 6】2008 年 1 月 10 日，被告人彭某分别与受害人彭某某、彭某枫以经营铲车的名义签订了承包固定分红合同，由彭某某、彭某枫各出资 51 000 元，每月固定分红2 600元；以经营铲车的名义向受害人彭某祥出具借条，取得彭某祥资金 51 000 元，约定每月分红 1 500 元；2008 年 1 月 20 日，彭某与彭某某、彭某枫签订了一份合伙购买泰昌水泥厂废铁的协议，由彭某某、彭某枫各出资 55 000 元，约定彭某在 2008 年 5 月 20 日一次性付清两人本金及分红利润 130 000 元；2008 年 3 月 14 日，彭某以经营粉磨站的名义向彭某祥出具借条，取得彭某祥的资金 150 000 元，且约定每月分红 4 500 元；彭某取得上述资金共计 413 000 元。彭某并未按协议要求使用，而是全部用于还债、赌博等。三位受害人得到一两个月的分红款后多次找彭某催讨分红款等，在得知所有款项已被其挥霍后，于 2008 年 6 月 21 日将彭某扭送公安机关。问：本案彭某的行为是否构成合同诈骗罪？

（一）概念

合同诈骗罪，是指以非法占有为目的，在签订、履行合同过程中，骗取对方当事人财物，数额较大的行为。

（二）犯罪构成

（1）客体为复杂客体，既侵犯了国家对合同的管理秩序，也侵犯了他人的财产所有权。

（2）客观方面表现为行为人在签订、履行合同过程中，虚构事实、隐瞒真相，骗取对方当事人财物，且数额较大的行为。骗取财物无论出现在签订阶段，还是出现在履行过程中均属合同诈骗行为。根据《刑法》第224条和《刑法修正案（七）》第4条的规定，这类行为通常包括以下几种情形：

①虚构合同主体，即以虚构的单位或者冒用他人名义签订合同。即行为人采用根本不存在的单位或者在未经委托授权的情况下冒用他人名义签订合同。

②虚假担保，即以伪造、变造、作废的票据或者其他虚假的产权证明作担保。即采用无效的汇票、本票、支票等金融票据或虚假的动产、不动产的权属证明文件来提供所谓的担保，骗取对方当事人的信任，从而得以签订经济合同并骗取财物。

③虚假履行，即没有实际履行能力，以先履行小额合同或者部分履行合同的方法，诱骗对方当事人继续签订和履行合同。即行为人根本不具备履行合同的实际能力，犯罪分子为了达到骗取对方巨额财物的目的，对小额合同或部分合同先予以履行的手段骗取对方信任，诱使对方进一步按合同交付财物，采取放长线、钓大鱼的欺诈手段骗钱骗物。

④收受对方当事人给付的货物、货款、预付款或者担保财产后逃匿。

⑤以其他方法骗取对方当事人财物，主要包括：收受对方当事人给付的货物、货款、预付款或者担保财产后，无正当理由拒不履行合同又不退还，或者没有用作履行合同而无法返还；利用合同骗取财物用于抵偿债务，而没有实际履约；用于进行违法活动；用于挥霍致使无法返还等。按照法律规定，利用合同骗取财物的行为必须达到数额较大的程度才构成犯罪。所谓数额较大，根据《追诉标准》第69条的规定，个人诈骗公私财物，数额在5 000元至2万元以上的；单位直接负责的主管人员和其他直接责任人员以单位名义实施诈骗，诈骗所得归单位所有的，数额在5万元至20万元以上的应予追诉。

（3）主体是一般主体，既包括自然人，也包括单位。

（4）主观方面表现为故意，并且具有非法占有公私财物的目的。

（三）认定

对本罪进行认定时，主要是区分合同诈骗罪与合同纠纷的界限。合同诈骗罪是理论上的目的犯，即以一定的犯罪目的作为犯罪构成必备要件的犯罪。就本罪而言，行为人主观上是否具有非法占有的目的是认定合同诈骗罪的关键。在司法实践中主要从以下七个方面来综合判断：

（1）看行为人是否具有签订、履行合同的条件，是否创设了虚假的条件。

（2）看行为人在签订合同时有无履约能力。行为人的履约能力分为完全履约能力、部分履约能力和无履约能力三种情形，应分不同情况加以认定：①有完全履约能力，但行为人自始至终无任何履约行为，却采用欺骗手段让对方当事人单方履行合同，占有对方财物，应认定其具有非法占有的目的；②有完全履约能力，但行为人只履行一部分约定，诱使对方当事人继续履行合同并达到非法占有其财物的目的；③有部分履约能力，但行为人自始至终无任何履约行为，却采用欺骗手段让对方当事人单方履行合同，占有对方财物，应认定其具有非法占有的目的；④有部分履约能力，行为人也有部分履约行为，其部分履约意在诱使对方当事人继续履行合同，进而达到非法占有其财物的目的；⑤签订合同时无履约能力，签订合同后也仍无履约能力，而行为人采用欺骗的手法占有对方当事人的财物，应认定其具有非法占有的目的。

（3）看行为人在签订和履行合同过程中有无诈骗的行为。即虚构事实或隐瞒真相。

（4）看行为人在签订合同后有无履行合同的实际行为。如果在签订合同后根本不履行合同或虚假履行合同，应以合同诈骗罪定性。

（5）看行为人对取得财物的处置情况。行为人将取得财物用于为自己还债或挥霍、携款潜逃，并隐瞒财物的真实去向，应认定行为人具有非法占有之目的的，则不应以合同诈骗罪论处；如果行为人将取得财物全部或大部分用于履行合同，但合同未能全部履行，一般情况下不宜定合同诈骗罪。

（6）看行为人在违约后有无承担责任的表现。

（7）看行为人未履行合同的原因。如果是发生了客观上行为人无法预料的原因，导致合同无法全面履行，行为人并非主观上具有非法占有的目的，即反之，行为人有履约能力却不履约，表明主观上具有非法占有的目的，应以合同诈骗罪论处。

（四）处罚

自然人犯本罪的，处3年以下有期徒刑或者拘役，并处或者单处罚金；数额巨大或者有其他严重情节的，处3年以上10年以下有期徒刑，并处罚金；数额特别巨大或者有其他特别严重情节的，处10年以上有期徒刑或者无期徒刑，并处罚金或者没收财产。单位犯本罪的，对单位判处罚金，对其直接负责的主管人员和其他直接责任人员，依上述规定处罚。参照最高人民法院《关于审理诈骗案件具体应用法律的若干问题的解释》的规定，个人诈骗公私财物3万元以上的，属于数额巨大；个人诈骗公私财物20万元以上的，属于诈骗数额特别巨大。

【引例6评析】

在判断彭某的行为是否构成合同诈骗罪时，关键是看行为人的主观目的，即行为人是通过签订经济合同，正确履行合同来获取一定的经济利益，还是以非法占有为目的，骗取对方财物。判断行为人的主观目的，主要从七个方面进行（参见本教材合同诈骗罪的认定部分）。本案中被告人彭某在签订合同时不具有履行合同的实际能力，且在签订合同后，被告人也未积极努力地创造条件履行合同，被告人取得受害人的合伙资金后，将该款用于还债及赌博等挥霍，致使合同实际无法履行，足以认定客观上被告人用虚构事实的方式骗取受害人签订、履行合同，主观上具有非法占有受害人合伙款的故意。本案是一起典型的利用合同进行诈骗，实施犯罪的案例。

【法律链接】

1.《中华人民共和国刑法》（1997）第224条、第231条*。

2. 最高人民检察院、公安部《关于经济犯罪案件追诉标准的规定》（2001）第69条。

3. 最高人民法院《关于审理诈骗案件具体应用法律的若干问题的解释》（1996）第1条、第2条。

三十、组织、领导传销活动罪（修正案七）

（一）概念

组织、领导传销罪，是指以推销商品、提供服务等经营活动为名，要求参加者以缴纳费用或者购买商品、服务等方式获得加入资格，并按照一定顺序组成层级，直接或者间接以发展人员的数量作为计酬或者返利依据，引诱、胁迫参加者继续发展他人参加，骗取财物，扰乱经济社会秩序的传销活动行为。

（二）犯罪构成

（1）客体为复杂客体，既侵犯了公民的财产所有权，又侵犯了市场经济秩序和社会管理秩序。本罪的犯罪对象是公民个人财产，通常是货币。

（2）客观方面表现为行为人违反国家规定，组织、从事传销活动，扰乱市场秩序，情节严重的行为。情节严重的认定应结合传销涉案金额、传销发展人员数量、传销中使用的手段、传销造成的影响等多方面因素综合衡量。

（3）主体是一般主体。本罪追究的主要是传销的组织策划者，多次介绍、诱骗、胁迫他人加入传销组织的积极参与者。对一般参加者，则不予追究。对专门从事传销行为的公司，依照司法解释的规定，不以单位犯罪论处，而对其组织者和主要参与人以自然人犯罪定罪处罚。

（4）主观方面表现为直接故意，具有非法牟利的目的。

（三）认定

罪与非罪的界限。应区分拉人头传销与直销活动中的多层次计酬。虽然二者都采用多层次计酬的方式，但是仍有很大的不同：

（1）从是否缴纳入门费上看，多层次计酬的销售人员在获取从业资格证时没有被要求缴纳高额入门费；而拉人头传销需要缴纳高额入门费，或者购买与高额入门费等价的“道具商品”，否则不能得到入门资格。

（2）从经营对象上看，多层次计酬是以销售产品为导向，商品定价基本合理，而且还有退货保障；而拉人头传销根本没有销售，或者只是以价格与价值严重背离的“道具商品”为幌子，且不许退货，主要是以发展“下线”人数为主要目的。

（3）从人员的收入来源上看，多层次计酬主要根据从业人员的销售业绩和奖金；而拉人头传销主要取决于发展的“下线”人数多少和新成员的高额入门费。

（4）从组织存在和维系的条件看，多层次计酬直销公司的生存与发展取决于产品的销售业绩和利润；而拉人头传销组织则直接取决于是否有新会员以一定倍率不断加入。

根据《追诉标准（二）》第78条的规定，犯本罪，涉嫌组织、领导的传销活动人员在30人以上且层级在三级以上的，对组织者、领导者，应予立案追诉。

（四）处罚

犯本罪的，处5年以下有期徒刑或者拘役，并处罚金；情节严重的，处5年以上有期徒刑，并处罚金。

【法律链接】

1.《中华人民共和国刑法修正案（七）》（2009）第4条＊。

2. 最高人民检察院、公安部《关于公安机关管辖的刑事案件立案追诉标准的规定（二）》（2010）第78条。

三十一、非法经营罪（修正案七）

（一）概念

非法经营罪，是指违反国家规定，从事非法经营活动，扰乱市场秩序，情节严重的行为。

（二）犯罪构成

（1）客体是国家市场管理秩序。

（2）客观方面表现为行为人违反国家规定，从事非法经营活动，扰乱市场秩序，情节严重的行为。第一，违反国家关于专营、专卖物品或者其他限制买卖的物品法律、行政法规规定。第二，从事非法经营活动，扰乱市场秩序。主要有以下几种行为方式：

①未经许可经营法律、行政法规规定的专营、专卖物品或者其他限制买卖的物品。为了保证市场正常秩序，我国对一些有关国计民生、人民生命健康安全以及公共利益的物资实行限制经营买卖。只有经过批准，获取经营许可证后才能对之从事诸如收购、储存、运输、加工、批发、销售等经营活动。没有经过批准而擅自予以经营的，就属非法经营。所谓限制买卖物品，是指依规定不允许在市场上自由买卖的物品，如国家不允许自由买卖的重要生产资料和紧俏消费品、国家指定专门单位经营的物品，如烟草专卖品、外汇、金银及其制品、金银工艺品、珠宝及贵重药材等。哪些物品限制买卖，由国家法律、行政法规规定。此外，是否为限制物品，并非一成不变，国家根据实际需要，可以加以变化调整。

②买卖进出口许可证、进出口原产地证明以及其他法律法规规定的经营许可证或者批准证件。经营许可证或者有关批准文件，是持有人进行该项经济活动合法性的有效凭证。无之则属于非法经营。所谓进出口许可证，是指由国务院对外经济贸易管理部门及其授权机构签发，不仅是对外贸易经营者合法进行对外贸易活动的合法证明，也是国家对进出口货物、技术进行管理的一种重要凭证，如海关对进出口货物、技术查验放行时必须以此为依据。所谓进出口原产地证明，是指用来证明进出口货物、技术原产地属于某国或某地区的有效凭证。所谓其他法律、行政法规规定的经营许可证或者批准文件，一般是指对限制买卖物品的经营许可证件或批准文件。如烟草专卖许可证，它包括烟草专卖生产许可证、烟草专卖经营许可证。

③未经国家有关主管部门批准，非法经营证券、期货或者保险业务或者非法从事资金支付结算业务。本罪属情节犯，非法经营行为必须“情节严重”才能构成犯罪，如果只有非法经营行为，情节并不严重则不构成犯罪。

（3）主体是一般主体，既包括自然人，也包括单位。

（4）主观方面表现为故意，并且具有牟取非法利润的目的。

（三）认定

罪与非罪的界限。二者的主要区别有以下两点：①构成本罪的前提必须是违反国家法律、行政法规的有关规定。②构成本罪必须达到情节严重。其判断标准主要根据非法经营的数额或者违法所得的数额并结合其他情节综合加以判定。如果只是偶尔进行非法经营活动，经营的数额不大，或者违法所得的数额较小，情节轻微都不构成本罪。参照《追诉标准》的规定，个人非法经营数额在 5 万元以上，或者违法所得数额在 1 万元以上的；单位非法经营数额在 50 万元以上，或者违法所得数额在 10 万元以上的，可以认定为数额较大。根据司法实践经验，数额不够较大，但具有下列情形之一的，也视为情节严重：第一，多次实施非法经营活动的；第二，组织犯罪集团进行非法经营活动的；第三，抗拒检查，冲击市场管理机关或围攻、殴打管理人员的；第四，销毁或伪造证据，嫁祸于人的；第五，对检举人、揭发人进行报复陷害的；第六，利用职权进行非法经营活动，影响极坏的；第七，造成他人人身伤害的等。

（四）处罚

自然人犯本罪的，处5年以下有期徒刑或者拘役，并处或者单处违法所得1倍以上5倍以下罚金；情节特别严重的，处5年以上有期徒刑，并处违法所得1倍以上5倍以下罚金或者没收财产。单位犯本罪的，对单位判处罚金，对其直接负责的主管人员和其他直接责任人员，依本条规定追究刑事责任。情节特别严重，一般来说，应当以违法所得数额特别巨大作为情节特别严重的基本情节，同时还要结合其他情节来考虑。所谓其他情节，主要是指多次实施非法经营行为、经行政处罚仍不悔改的；利用职权从事非法经营活动，影响很坏的；垄断货源、哄抬物价，严重扰乱市场，对国民经济和社会安定造成严重影响的；进行非法经营活动造成严重后果的等。

【法律链接】

1. 《中华人民共和国刑法》（1997）第225条、第231条*。

2. 《中华人民共和国刑法修正案（七）》（2009）第5条。

3. 最高人民检察院、公安部《关于经济犯罪案件追诉标准的规定》（2001）第70条。

三十二、强迫交易罪（修正案八）

（一）概念

强迫交易罪，是指以暴力、威胁的手段强买强卖的，强迫他人提供或者接受服务的，强迫他人参与或者退出投标、拍卖的，强迫他人转让或者收购公司、企业的股份、债券或者其他资产的，强迫他人参与或者退出特定的经营活动的，情节严重的行为。

（二）犯罪构成

（1）客体是复杂客体，即公平自由竞争的市场秩序和交易相对方的合法权益。

（2）客观方面表现为行为人以暴力、威胁的手段强买强卖的，强迫他人提供或者接受服务的，强迫他人参与或者退出投标、拍卖的，强迫他人转让或者收购公司、企业的股份、债券或者其他资产的，强迫他人参与或者退出特定的经营活动的，情节严重的行为。具体有以下五种表现形式：

①采用暴力、威胁的方式强买强卖商品。暴力，是指以殴打、捆绑、限制其人身自由的行为，但程度较轻微。威胁，是指以实施暴力侵害相威胁或者以辱骂及其他方式控制其精神的行为。强买强卖商品，既包括强迫他人出卖其商品或者购买行为人的商品，也包括强迫他人购买第三人的商品。

②强迫他人提供或者接受服务。即在提供方不同意提供服务性消费或在消费者不愿意接受消费性服务的情况下，以暴力、威胁手段强迫其提供或接受服务。强迫交易行为必须达到情节严重的程度，才构成犯罪。关于情节严重，最高人民检察院、公安部《关于公安机关管辖的刑事案件立案追诉标准的规定（一）》第28条规定："以暴

力、威胁手段强买强卖商品、强迫他人提供服务或者强迫他人接受服务，涉嫌下列情形之一的，应予立案追诉：第一，造成被害人轻微伤或者其他严重后果的；第二，造成直接经济损失二千元以上的；第三，强迫交易三次以上或者强迫三人以上交易的；第四，强迫交易数额一万元以上，或者违法所得数额二千元以上的；第五，强迫他人购买伪劣商品数额五千元以上，或者违法所得数额一千元以上的；第六，其他情节严重的情形。”

③强迫他人参与或者退出投标、拍卖。通常指招标人、拍卖人为了高价招标、拍出标的，强行要求他人参与投标、拍卖活动；或者是行为人为了低价中标、取得拍卖标的，强行要求竞标人、竞买人退出投标、拍卖活动。

④强迫他人转让或者收购公司、企业的股份、债券或者其他资产。通常指强行高价转让或者低价收购公司、企业的股份、债券或者其他资产，也包括以合理的价格强迫他人转让其不愿意转让的或者以合理的价格强迫他人收购其不愿购买的公司、企业的股份、债券或者其他资产。

⑤强迫他人参与或者退出特定的经营活动。

（3）主体是一般主体，既包括自然人，也包括单位。

（4）主观方面表现为故意，即行为人故意破坏市场秩序，采用强迫的方式进行买卖或者服务。

（三）认定

1. 罪与非罪的界限

本罪必须以暴力、威胁手段实施，并且情节严重才能构成。如果行为人没有实施暴力或者威胁，或者情节显著轻微，危害不大的，不构成犯罪。

2. 本罪与抢劫罪的界限

在审判实践中，本罪与抢劫罪容易混淆，不易认定。可从以下四个方面区分两罪：①犯罪主体不同：本罪的主体是自然人和单位，后罪是自然人；本罪主体必须年满16周岁，后罪须年满14周岁。②客体不同：本罪的客体是公平自由竞争的市场秩序和交易相对方的合法权益，而后罪的客体是公私财产所有权和他人的人身权利。③手段行为不同：本罪中的暴力不包括故意杀人和故意伤害而后罪包括；本罪的威胁不仅包括暴力威胁，还包括非暴力威胁，如揭发隐私等，而后罪的威胁主要是对人身实施暴力威胁以及使被害人不能或者不敢反抗的手段。④主观方面不同：本罪以存在交易为前提，行为人的目的一般在于进行不公平的交易，进而牟取非法经济利益；后罪行为人与受害人之间一般不存在交易。

3. 本罪与敲诈勒索罪的界限

主要区别有两点：

（1）本罪与敲诈勒索罪明显的区别在于本罪行为人在交易过程中虽采用了暴力、威胁行为，但根本上还是一种交易，主观上也存在交易目的；而后罪行为人却表现为无偿占有。但在司法实践中有的行为人假借交易之名，采取威胁、要挟的手段，在对价悬殊的情况下进行“交易”，如用2元购买价值200元的商品，则该行为根本就不是交易，不能以本罪处理。应视情况认定为敲诈勒索罪较合理。

（2）不提供服务而收取服务费用，或者提供的“服务”是非法的或不具有交易价值的，不构成本罪，应视情况认定为敲诈勒索罪较合理。

（四）处罚

以暴力、威胁手段，实施下列行为之一：①强买强卖商品的；②强迫他人提供或者接受服务的；③强迫他人参与或者退出投标、拍卖的；④强迫他人转让或者收购公司、企业的股份、债券或者其他资产的；⑤强迫他人参与或者退出特定的经营活动的，情节严重的，处3年以下有期徒刑或者拘役，并处或者单处罚金；情节特别严重的，处3年以上7年以下有期徒刑，并处罚金。单位犯本罪的，对单位处罚金，并对其直接负责任的主管人员和其他直接责任人处3年以下有期徒刑或者拘役。

【法律链接】

1.《中华人民共和国刑法》(1997) 第226条、第231条*。

2. 最高人民检察院、公安部《关于公安机关管辖的刑事案件立案追诉标准的规定(一)》(2008) 第28条。

3.《中华人民共和国刑法修正案（八)》第36条。

【实务操练】

一、示范引导训练

案例：卢某以开办某某股份有限公司为名，以每股400元，返回600元的高额回报率、赠送礼品和代理费为诱饵，欺骗孙某、王某、许某等370余人入股，共计入股9 674人，合计人民币386.96万元。在此期间，卢某返还给被害人245.155 9万元，非法占有141.8041万元，案发后追回83.9978万元，尚有57.8063万元没有追回。问：卢某的行为构成何罪?

基本步骤：

1. 学生集体阅读案例。

2. 教师提出问题。

问题（1)：卢某以什么罪名定罪？为什么?

问题（2)：卢某应当如何处罚？为什么?

3. 教师引导分析。

问题（1)：考虑犯罪的基本特征、犯罪构成。

问题（2)：考虑该罪相关处罚规定。

4. 教师总结。

二、学生互动训练

基本步骤：

1. 按问题需要对学生进行分组；

2. 以组为单位让学生自行开展讨论；

3. 各组学生内部选出代表拟订应答方案；

4. 各组代表应答，阐述观点及其理由；

5. 学生自我评价实训效果；

6. 教师简要点评与总结。

案例1：胡某、刘某系重庆永荣长河煤电有限公司（国有企业）的合同制工人，2006年3月至10月，两人在公司质检中心担任化验员期间，分别收受煤炭供应商的现金 15 450 元和 11 300 元。问：胡某、刘某的行为应如何定性?

案例 2：张某经营一家咖啡屋，由于生意不景气，就与他人招募多名女性“酒托”上网站与男网友聊天，并将其带到该咖啡屋进行消费。张某事先告诉“酒托”不要让客人看到酒水价目单，而由“酒托”自己要“绿薄荷酒”，此种酒水系该咖啡屋用可乐、雪碧和二锅头勾兑出的假洋酒，并以每杯 360 元的价格出售。被害人结账时才发现消费的是“天价”酒。当提出质疑或拒不结账时，张某等人就逼迫被害人写欠条、押手机或身份证等，或安排人跟着被害人去取钱；若被害人要报警，张某等人就会对被害人实施拳打脚踢或以暴力相威胁。问：

（1）张某的行为是否构成抢劫罪？为什么？

（2）张某的行为是否构成敲诈勒索罪？为什么？

（3）张某的行为是否构成强迫交易罪？为什么？

案例 3：被告人路某驾驶从朋友处借来的小轿车，伪装成出租车，载刚下火车的孙某去天桥。途中，路某要求孙某按已做过手脚的计价器显示的 69 元，先把钱交了，孙某嫌多不答应，路某便将车停下，再次命令孙某交钱但被拒绝，于是，路某朝孙某胸部打了一拳，又给了他一个耳光，无奈，孙某交给了路某 40 元。此后，路某又用同样手段作案多起。问：路某的行为是否构成犯罪？若是，构成何罪？

案例 4：罗某拾得陈某遗失的工商银行发行的牡丹卡一张，余额 30 余元。事后罗某携卡到苏某家，将情况告诉苏某并询问能否使用，苏某说若有身份证就可以用。经过商议，两人决定利用此卡到广东进行诈骗。两人一同前往广东。在东莞市，两人用苏某的相片，雇人伪造失主陈某的身份证一张。同月 21 日至 28 日，两人先后在东莞市、广州市的酒店、商场等处，以陈某的牡丹卡及伪造的身份证，刷卡消费共计 46 643. 52元，造成陈某向银行偿付透支本息 47 814. 90 元的严重后果。在作案后，两位被告人将牡丹卡和伪造的身份证烧毁。问：罗某、苏某的行为如何定罪?

项目二　次重点罪名

基本任务：理解与了解 22 个次重点罪名的主要特征与处罚规定。

一、生产、销售不符合标准的医用器材罪（第 145 条）

（1）概念。生产、销售不符合标准的医用器材罪，是指违反国家产品质量管理法规，生产不符合保障人体健康的国家标准、行业标准的医疗器械、医用卫生材料，或者销售明知是不符合国家标准、行业标准的医疗器械、医用卫生材料，对人体健康造成严重危害的行为。

（2）犯罪构成特点。客观方面表现为行为人违反国家产品质量管理法规，生产不符合国家标准、行业标准的医疗器械、医用卫生材料，或者销售明知是不符合国家标准、行业标准的医疗器械、医用卫生材料，对人体健康造成危害的行为；主体为一般主体，既包括自然人，也包括单位；主观方面表现为故意。

（3）处罚。根据《刑法修正案（四）》第 1 条的规定，犯本罪，足以严重危害人体健康的，处 3 年以下有期徒刑或者拘役，并处销售金额 50% 以上 2 倍以下罚金；对人体健康造成严重危害的，处3年以上10年以下有期徒刑，并处销售金额50%以上2倍以下罚金；后果特别严重的，处10年以上有期徒刑或者无期徒刑，并处销售金额50%以上2倍以下罚金或者没收财产。

二、走私武器、弹药罪（第151条；修正案九）

（1）概念。走私武器、弹药罪，是指违反海关法规，逃避海关监管，非法运输、携带、邮寄武器、弹药进出国（边）境的行为。

（2）犯罪构成特点。客体是国家对外贸易管制制度。其犯罪对象是武器、弹药。客观方面表现为行为人违反海关法规，逃避海关监管，以伪装、藏匿、冒充、欺骗、蒙混或者其他方法非法运输、携带、邮寄武器、弹药进出国（边）境的行为；直接向走私人非法收购其走私的武器、弹药；在内海、领海、界河、界湖运输、收购、贩卖国家禁止进出口的武器、弹药。主体是一般主体，既包括自然人，也包括单位。主观方面只能是故意。

（3）处罚。《刑法修正案（八）》第26条第1款、第4款以及《刑法修正案（九）》第9条规定："走私武器、弹药的，处7年以上有期徒刑，并处罚金或者没收财产；情节特别严重的，处无期徒刑①，并处没收财产；情节较轻的，处3年以上7年以下有期徒刑，并处罚金。单位犯本罪的，对单位判处罚金，并对其直接负责的主管人员和其他直接责任人员，依照本条上述规定处罚。"根据《刑法》第157条第1款、第2款的规定，武装掩护走私的，依照本法第151条第1款、第4款的规定从重处罚。以暴力、威胁方法抗拒缉私的，以走私罪和《刑法》第277条妨害公务罪，实行数罪并罚。

三、走私文物罪（第151条；修正案八）

（1）概念。走私文物罪，是指违反海关法规，逃避海关监管，非法携带、运输、邮寄国家禁止出口的文物出境的行为。

（2）犯罪构成特点。客观方面表现为行为人违反海关法规，逃避海关监管，非法携带、运输、邮寄国家禁止出口的文物出境的行为；主体为一般主体，既包括自然人，也包括单位；主观方面表现为故意。区分本罪与非罪的主要界限在于文物是否属于国家禁止出境的文物。按最高人民法院、最高人民检察院1987年11月27日发布的《关于办理盗窃、盗掘、非法经营和走私文物的案件具体应用法律的若干问题的解释》，一、二、三级文物属于国家禁止出境的文物，构成走私文物罪；如果不是国家禁止出境的文物，则属于一般走私文物的行为，不构成走私文物罪。如走私文物进境，数量较大的，则以走私普通货物、物品罪论处。2005年12月29日全国人大常委会通过《关于〈中华人民共和国刑法〉有关文物的规定适用于具有科学价值的古脊椎动物化石、古人类化石的解释》指出："刑法有关文物的规定，适用于具有科学价值的古脊椎动物化石、古人类化石。"

（3）处罚。根据《刑法修正案（八）》第26条第2款、第4款的规定，犯本罪的，处5年以上10年以下有期徒刑，并处罚金；情节特别严重的，处10年以上有期徒刑或

① 《中华人民共和国刑法修正案（九）》第9条废除走私武器、弹药罪，走私核材料罪，走私假币罪的死刑。

者无期徒刑[①]，并处没收财产；情节较轻的，处 5 年以下有期徒刑，并处罚金。单位犯本条规定之罪的，对单位判处罚金，并对其直接负责的主管人员和其他直接责任人员，依照《刑法》第 151 条第 2 款的规定处罚。武装掩护走私的，依照《刑法》第 151 条第 1 款、第 4 款的规定从重处罚。以暴力、威胁方法抗拒缉私的，以走私罪和《刑法》第 277 条规定的妨害公务罪，实行数罪并罚。

四、走私贵重金属罪（第 151 条；修正案八）

（1）概念。走私贵重金属罪，是指违反海关法规，逃避海关监管，非法携带、运输、邮寄黄金、白银和其他贵重金属出境的行为。

（2）犯罪构成特点。客观方面表现为行为人违反海关法规，逃避海关监管，非法携带、运输、邮寄黄金、白银和其他贵重金属出境的行为，包括直接走私、间接走私以及以走私共犯论处的行为。本罪为行为犯，不以情节严重或数额较大为构成要件。但根据《刑法》第 13 条“但书”的规定，对走私贵重金属的数量较小的，不宜按照犯罪论处。根据最高人民检察院、公安部1987 年6 月28 日发布的《关于严厉打击倒卖走私黄金犯罪活动的通知》的规定，走私黄金累计 50 克以上，可视为数额较大，才予以刑事处罚。客体是国家禁止黄金、白银和其他贵重金属出境的监管制度。

（3）处罚。根据《刑法》第 151 条第 2 款、第 4 款以及《刑法修正案（八）》第 26 条的规定，走私国家禁止出口的文物、黄金、白银和其他贵重金属的，处 5 年以上有期徒刑，并处罚金；情节较轻的，处 5 年以下有期徒刑，并处罚金；情节特别严重的，处 10 年以上有期徒刑或者无期徒刑[②]，并处没收财产。单位犯本条规定之罪的，对单位判处罚金，并对其直接负责的主管人员和其他直接责任人员，依照本条各款的规定处罚。

五、走私淫秽物品罪（第 152 条）

（1）概念。走私淫秽物品罪，是指以牟利或者传播为目的，违反海关法规，逃避海关监管，非法运输、携带、邮寄淫秽物品进出国（边）境的行为。

（2）犯罪构成特点。本罪客体是国家对外贸易管制制度和对文化市场的管理制度。犯罪对象是淫秽物品。《刑法》第 367 条规定：“本法所称淫秽物品，是指具体描绘性行为或者露骨宣扬色情的淫秽性的书刊、影片、影碟、录像带、录音带、图片、淫秽用具、用品及其他淫秽物制品。有关人体生理、医学知识的科学著作不是淫秽物品。包含色情内容的有艺术价值的文学、艺术作品不视为淫秽物品。”其他淫秽物品，是指除淫秽影片、书刊、录像带、录音带、图片外的，通过文字、声音、图像等形式表现淫秽内容的影碟、音碟、电子出版物等物品。客观方面表现为行为人违反海关法规，逃避海关监管，非法运输、携带、邮寄淫秽物品进出国（边）境的行为。主体是一般主体，既包括自然人，也包括单位。主观方面表现为故意，同时还必须具有牟利或者

① 《中华人民共和国刑法修正案（八）》废除本罪死刑。

② 《中华人民共和国刑法修正案（八）》废除本罪死刑。

传播的目的①。

（3）处罚。根据《刑法》第152条的规定，犯本罪的，处3年以上10年以下有期徒刑，并处罚金；情节严重的，处10年以上有期徒刑或者无期徒刑，并处罚金或者没收财产；情节较轻的，处3年以下有期徒刑、拘役或者管制，并处罚金；单位犯本罪的，对单位判处罚金，并对直接负责的主管人员和其他直接责任人依上述三个标准处罚。

六、签订、履行合同失职被骗罪（第167条）

（1）概念。签订、履行合同失职被骗罪是指国有公司、企业、事业单位直接负责的主管人员在签订、履行合同过程中，因严重不负责任被诈骗，或者金融机构和从事对外贸易经营活动的公司、企业的工作人员严重不负责任，造成大量外汇被骗购或者逃汇，致使国家利益遭受重大损失的行为。

（2）犯罪构成特点。客体是国有公司、企业、事业单位的管理制度、国有资产利益和国家外汇管理制度。客观方面的表现可为行为人在签订、履行合同过程中，因严重不负责任被诈骗或者造成大量外汇被骗购，又或者逃汇致使国家利益遭受重大损失的行为。主体为特殊主体，即国有公司、企业、事业单位直接负责的主管人员或者金融机构和从事对外贸易经营活动的公司、企业的工作人员。主观方面表现为过失，常为疏忽大意的过失。

（3）处罚。根据《刑法》第167条的规定，犯本罪的，处3年以下有期徒刑或者拘役；致使国家利益遭受特别重大损失的，处3年以上7年以下有期徒刑。

七、国有公司、企业、事业单位人员失职罪（第168条）

（1）概念。国有公司、企业、事业单位人员失职罪是指国有公司、企业、事业单位的工作人员由于严重不负责任，造成国有公司、企业单位破产或者严重损失，致使国家利益遭受重大损失的行为。

（2）犯罪构成特点。客观方面表现为行为人严重不负责任，造成国有公司、企业单位破产或者严重损失，致使国家利益遭受重大损失的行为。本罪在客观方面的表现可从两个层次来理解：第一，要有严重不负责任的失职即玩忽职守的行为。第二，行为人的失职必须造成国有公司、企业单位破产或者严重损失，致使国家利益遭受重大损失②，才能构成本罪主体。主体为特殊主体，必须是国有公司、企业、事业单位的工

---

① 根据最高人民法院2000年9月26日实施的《关于审理走私刑事案件具体应用法律若干问题的解释》的规定，行为人走私淫秽物品达到下列数量的可以视为“以牟利或者传播为目的”，即：a. 走私淫秽录像带、影碟50盘（张）以上至100盘（张）的；b. 走私淫秽录音带、音碟100盘（张）以上至200盘（张）的；c. 走私淫秽扑克、书刊、画册100副（册）以上至200副（册）的；d. 走私淫秽照片、画片500张以上至1 000张的；e. 走私其他淫秽物品相当于上述数量的。

② 国有公司、企业单位破产，是指因经营管理不善，造成严重亏损或者全部资产不能清偿到期债务而宣告破产。所谓严重损失，根据《追诉标准》第13条的规定，国有公司、企业、事业单位的工作人员，严重不负责任，涉嫌下列情形之一的，应予追诉：a. 造成国家直接经济损失数额在50万元以上的；b. 致使国有公司、企业停产或者破产的；c. 造成恶劣影响的。根据2003年5月13日最高人民法院、最高人民检察院《关于办理妨害预防、控制突发传染病疫情等灾害的刑事案件具体应用法律若干问题的解释》第4条的规定，国有公司、企业、事业单位的工作人员，在预防、控制突发传染病疫情等灾害的工作中，由于严重不负责任，造成国有公司、企业破产或者严重损失，致使国家利益遭受重大损失的，依照本罪定罪处罚。

作人员才能构成本罪。主观方面表现为过失。

（3）处罚。根据《刑法修正案（一）》第2条的规定，使国家利益遭受重大损失的，处3年以下有期徒刑或拘役；致使国家利益遭受特别重大损失的，处3年以上7年以下有期徒刑。因徇私舞弊犯本罪的，从重处罚。

八、国有公司、企业、事业单位人员滥用职权罪（第168条）

（1）概念。国有公司、企业、事业单位人员滥用职权罪，是指国有公司、企业、事业单位工作人员滥用职权，造成公司、企业破产或者致使国家利益遭受重大损失的行为。

（2）犯罪构成特点。客观方面表现为行为人滥用职权，造成国有公司、企业破产或者致使国家利益遭受重大损失的行为。所谓滥用职权，是指行为人越权行使职权或不正当行使职权。主体是特殊主体，即公司、企业、事业单位的负有责任的工作人员。主观方面表现为过失，即行为人已经预见到自己的行为可能产生的后果或者因疏忽大意没有预见而构成本罪。

（3）处罚。根据《刑法修正案（一）》第2条的规定，使国家利益遭受重大损失的，处3年以下有期徒刑或者拘役，造成特别重大损失的，处3年以上7年以下有期徒刑。国有公司、企业、事业单位的工作人员，徇私舞弊、故意滥用职权造成公司、企业破产，致使国家利益遭受重大损失或者特别重大损失的，从重处罚。

九、金融票据诈骗罪（第194条；修正案八）

（1）概念。金融票据诈骗罪，是指以非法占有为目的，利用金融票据进行诈骗活动，骗取财物数额较大的行为。

（2）犯罪构成特点。客体是复杂客体，既侵犯了他人的财产所有权，又侵犯了国家的金融管理制度。客观方面表现为行为人利用金融票据进行诈骗活动，骗取财物数额较大的行为。一般表现为：明知是伪造、变造的汇票、本票、支票而使用的；明知是作废的汇票、本票、支票而使用的；冒用他人的汇票、本票、支票的；签发空头支票或者与其预留印鉴不符的支票，骗取财物的；汇票、本票的出票人签发无资金保证的汇票、本票或者在出票时作虚假记载，骗取财物的等行为。主体是一般主体，自然人与单位均可构成本罪主体。

（3）处罚。根据《刑法》第194条、第200条以及《刑法修正案（八）》第31条的规定，犯本罪的，处5年以下有期徒刑或者拘役，并处2万元以上20万元以下罚金；数额巨大或者有其他严重情节的，处5年以上10年以下有期徒刑，并处5万元以上50万元以下罚金；数额特别巨大或者有其他特别严重情节的，处10年以上有期徒刑或者无期徒刑①，并处5万元以上50万元以下罚金或者没收财产。单位犯本罪的，对单位判处罚金，并对其直接负责的主管人员和其他直接责任人员，处5年以下有期徒刑或者拘役，可以并处罚金；数额巨大或者有其他严重情节的，处5年以上10年以下有期徒刑，并处罚金；数额特别巨大或者有其他特别严重情节的，处10年以上有期徒刑或者无期徒刑，并处罚金。

---

① 《中华人民共和国刑法修正案（八）》废除本罪死刑。

十、金融凭证诈骗罪（第194条；修正案八）

（1）概念。金融凭证诈骗罪，是指使用伪造、变造的委托收款凭证、汇款凭证、银行存单等其他银行结算凭证，骗取他人财物，数额较大的行为。

（2）犯罪构成特点。客体是复杂客体，既侵犯了国家有关金融凭证的管理制度，同时又侵犯了公私财产的所有权。本罪的犯罪对象是指委托收款凭证、汇款凭证及银行存单等，而不包括汇票、本票、支票。如果行为人使用伪造、变造的汇票、本票、支票进行诈骗，则构成金融票据诈骗罪。本罪在客观方面表现为行为人使用伪造、变造的委托收款凭证、汇款凭证、银行存单等其他银行结算凭证，进行诈骗活动，数额较大的行为。[1] 本罪的主体为一般主体，既包括个人，也包括单位。银行或其他金融机构的工作人员与金融凭证诈骗的犯罪分子串通，即在实施金融凭证诈骗的前后过程中，相互暗中勾结、共同策划、商量对策、充当内应，为诈骗犯罪分子提供诈骗帮助的，应以金融凭证诈骗共犯论处。本罪在主观方面必须出于故意，过失不能构成本罪。

（3）处罚。根据《刑法》第194条的规定，使用伪造、变造的委托收款凭证、汇款凭证、银行存单等其他银行结算凭证的，依照金融票据诈骗罪的法定刑处罚。根据《刑法》第200条的规定，单位犯本罪的，对单位判处罚金，并对其直接负责的主管人员和其他直接责任人员，处5年以下有期徒刑或者拘役，可以并处罚金；数额巨大或者有其他严重情节的，处5年以上10年以下有期徒刑，并处罚金；数额特别巨大或者有其他特别严重情节的，处10年以上有期徒刑或者无期徒刑，并处罚金；数额特别巨大或者有其他特别严重情节的，处10年以上有期徒刑或者无期徒刑，并处罚金。

十一、信用证[2]诈骗罪（第195条；修正案八）

（1）概念。信用证诈骗罪，是指以非法占有为目的，利用信用证进行诈骗活动，数额较大的行为。

（2）犯罪构成特点。客体是复杂客体，即国家的信用证管理制度和公私财产所有权。信用证诈骗行为会使银行、公司、企业蒙受巨额财产损失，同时造成国家贸易秩序紊乱，破坏国家金融秩序。客观方面表现为行为人使用伪造、变造的信用证或者附随的单据、文件；使用作废的信用证；骗取信用证以及以其他方法进行信用证诈骗的活动。主体是一般主体，包括单位和自然人，在司法实践中以单位犯罪居多。主观方

---

① 根据最高人民检察院、公安部2010年5月7日发布的《刑事案件立案追诉标准的规定（二）》第51条的规定，个人进行金融凭证诈骗，数额在1万元以上的；单位进行金融凭证诈骗，数额在10万元以上的应进行追诉。

② 信用证是一种银行的付款保证，是开证银行根据作为进口商的开证申请人的请求，开给受益人（通常情况下为出口商）的一种在其具备了约定的条约以后，即可得到由开证银行或支付银行支付约定金额货币的保证付款凭证。

面表现为直接故意，而且以非法占有为目的①。

（3）处罚。根据《刑法》第195条、《刑法修正案（八）》第31条的规定，构成本罪的，处5年以下有期徒刑或者拘役，并处2万元以上20万元以下罚金；数额巨大或者有其他严重情节的，处5年以上10年以下有期徒刑，并处5万元以上50万元以下罚金；数额特别巨大或者有其他特别严重情节的，处10年以上有期徒刑或者无期徒刑②，并处5万元以上50万元以下罚金或者没收财产。

十二、有价证券诈骗罪（第197条）

（1）概念。有价证券诈骗罪，是指使用伪造、变造的国库券或者国家发行的其他有价证券，进行诈骗活动，数额较大③的行为。

（2）犯罪构成特点。客体是复杂客体，包括国家对有价证券的正常管理活动和公私财产的所有权。犯罪对象仅限于国家证券，而不包括金融证券和公司、企业证券。客观方面表现为行为人使用伪造、变造的国库券或者国家发行的其他有价证券进行诈骗活动的行为。所谓伪造，是指仿照国家发行的有价证券的票面、颜色、形状，采用各种方法冒充制作的行为；所谓变造，是指在真实的有价证券上，采用挖补、剪贴、涂改等方法，增大票面面额的行为。主体是一般主体，即年满16周岁，具备刑事责任能力的自然人，单位不能构成本罪主体。本罪的主观方面是故意，并具有非法占有公私财物之目的。

（3）处罚。根据《刑法》第197条的规定，使用伪造、变造的国库券或者国家发行的其他有价证券，进行诈骗活动，数额较大的，处5年以下有期徒刑或者拘役，并处2万元以上20万元以下罚金；数额巨大或者有其他严重情节的，处5年以上10年以下有期徒刑，并处5万元以上50万元以下罚金；数额特别巨大或者有其他特别严重情节的，处10年以上有期徒刑或者无期徒刑，并处5万元以上50万元以下罚金或者没收财产。

十三、逃避追缴欠税罪（第203条）

（1）概念。逃避追缴欠税罪，是指纳税义务人欠缴应纳税款，采取转移或者隐匿

---

① 《中华人民共和国刑法》第195条对信用证诈骗罪未明文规定“以非法占有为目的”的主观要件，这是否意味着该罪之构成不需要以非法占有为目的？对此，刑法学界有不同的观点，一种观点为肯定说，认为虽然《中华人民共和国刑法》第195条关于信用证诈骗罪中没有明文规定必须以非法占有为目的，但非法占有目的却是题中应有之义。不以非法占有为目的的信用证欺诈行为以信用证诈骗罪论处，是违背罪刑法定原则的［赵秉志，周加海．论“以非法占有为目的”是信用证诈骗罪的必备要件．人民检察，2001（3）］。另一种观点是否定说，认为《中华人民共和国刑法》第195条并没有明确要求本罪的构成需“以非法占有为目的”。相反，在临近的第192条所规定的集资诈骗罪和第193条所规定的贷款诈骗罪中，却明文规定了“以非法占有为目的”，这不是立法的疏漏，实际上，这就表明立法者的本意就是要否定非法占有目的是本罪的构成要件［罗欣．关于金融诈骗罪的两个问题．法律研究，2000（9）］。我们赞同肯定说，因为诈骗罪都是“以非法占有为目的”的犯罪，对此，不论刑法理论还是司法实践部门都没有任何异议，信用证诈骗罪与一般诈骗罪之间也是一种被包容性的法条竞合关系。因此，在构成上也同样具有一般诈骗罪所具有的共性，非法占有目的是所有诈骗的应有之义，离开了非法占有目的的行为，将不能称其为诈骗行为。

② 《中华人民共和国刑法修正案（八）》废除本罪死刑。

③ 根据最高人民检察院、公安部2010年5月7日发布的《最高人民检察院、公安部关于公安机关管辖的刑事案件立案追诉标准的规定（二）》第55条的规定，使用伪造、变造的国库券或者国家发行的其他有价证券进行诈骗活动，数额在1万元以上的，应予立案追诉。

财产的手段，致使税务机关无法追缴欠缴的税款，数额较大的行为。

（2）犯罪构成特点。客体是国家的税收制度和国家的财产所有权。客观方面表现为行为人违反国家税收法律法规，采取隐瞒或者转移财产的手段，致使国家税务机关无法追缴所欠税款，数额较大的行为。关于数额较大的标准，根据最高人民检察院、公安部发布的《追诉标准（二）》第59条的规定，逃避追缴欠税数额在1万元以上的，应予立案追诉。主体是具有纳税义务的个体工商户、个体承包户、租赁经营户、个人合伙企业等特殊主体，不具备纳税义务人资格的不构成本罪主体。主观方面表现为故意。

（3）处罚。根据《刑法》第203条的规定，纳税人采取转移或者隐匿财产的手段，致使税务机关无法追缴欠缴的税款，数额在1万元以上不满10万元的，处3年以下有期徒刑或者拘役，并处或者单处欠缴税款1倍以上5倍以下罚金；数额在10万元以上的，处3年以上7年以下有期徒刑，并处欠缴税款1倍以上5倍以下罚金。

十四、骗取出口退税罪（第204条）

（1）概念。骗取出口退税罪，是指故意违反税收法规，采取以假报出口等欺骗手段，骗取国家出口退税款，数额较大的行为。

（2）犯罪构成特点。客体是国家出口退税管理制度和国家财产权。客观方面表现为行为人采取以假报出口等欺骗手段，骗取国家出口退税款，数额较大的行为。主体为一般主体，凡达到刑事责任年龄且具备刑事责任能力的自然人均能构成骗取出口退税罪主体，根据《刑法》第211条的规定，单位可以成为骗取出口退税罪的主体。主观方面该罪为直接故意，并且具有骗取出口退税的目的。

（3）处罚。自然人犯本罪的，处5年以下有期徒刑或者拘役，并处骗取税款1倍以上5倍以下罚金；数额巨大或者有其他严重情节的，处5年以上10年以下有期徒刑，并处骗取税款1倍以上5倍以下罚金；数额特别巨大或者有其他特别严重情节的，处10年以上有期徒刑或者无期徒刑，并处骗取税款1倍以上5倍以下罚金或者没收财产。单位犯本罪的，依《刑法》第211条的规定，对单位判处罚金，对其直接负责的主管人员和其他直接责任人员依本条规定处罚。

十五、伪造、出售伪造的增值税专用发票罪（第206条；修正案八）

（1）概念。伪造、出售伪造的增值税专用发票罪，是指非法印制、复制或者使用其他方法伪造增值税专用发票或者非法销售、倒卖伪造的增值税发票的行为。

（2）犯罪构成特点。客体是国家增值税专用发票管理制度。客观方面表现为行为人伪造增值税专用发票和出售伪造的增值税专用发票两种行为方式。所谓伪造，是指行为人仿照增值税专用发票的图案、色彩、形状、式样等，非法制造假增值税专用发票的行为。所谓出售伪造的增值税专用发票，是指以营利为目的，以各种方法通过各种途径将伪造的增值税专用发票以一定价格卖出的行为。主体是一般主体，即达到刑事责任年龄且具有刑事责任能力的自然人均可构成，单位也可以构成伪造、出售伪造的增值税专用发票罪的主体。主观方面是直接故意。即明知自己伪造、出售伪造的增值税专用发票的行为违反发票管理法规，会造成危害社会的结果，而希望和追求这种结果的发生。

（3）处罚。根据《刑法》第206条、《刑法修正案（八）》第32条的规定，犯本罪的，处3年以下有期徒刑、拘役或者管制，并处2万元以上20万元以下罚金；数量较大或者有其他严重情节的，处3年以上10年以下有期徒刑，并处5万元以上50万元以下罚金；数量巨大或者有其他特别严重情节的，处10年以上有期徒刑或者无期徒刑，并处5万元以上50万元以下罚金或者没收财产。单位犯本罪的，对单位判处罚金，并对其直接负责的主管人员和其他直接责任人员，处3年以下有期徒刑、拘役或者管制；数量较大或者有其他严重情节的，处3年以上10年以下有期徒刑；数量巨大或者有其他特别严重情节的，处10年以上有期徒刑或者无期徒刑①。

十六、非法出售增值税专用发票罪（第207条）

（1）概念。非法出售增值税专用发票罪，是指违反国家有关发票管理法规，故意非法出售增值税专用发票的行为。

（2）犯罪构成特点。客体是国家对增值税专用发票的管理制度。客观方面表现为行为人违反有关发票管理法规，非法出售增值税专用发票的行为。主体为一般主体。凡达到刑事责任年龄且具有刑事责任能力的自然人均可构成。根据《刑法》第211条的规定，单位也可构成本罪主体。主观方面是直接故意。

（3）处罚。根据《刑法》第207条的规定，犯本罪的，处3年以下有期徒刑、拘役或者管制，并处2万元以上20万元以下罚金；数量较大的，处3年以上10年以下有期徒刑，并处5万元以上50万元以下罚金；数量巨大的，处10年以上有期徒刑或者无期徒刑，并处5万元以上50万元以下罚金或者没收财产。

十七、非法购买增值税专用发票、购买伪造的增值税专用发票罪（第208条）

（1）概念。非法购买增值税专用发票、购买伪造的增值税专用发票罪，是指违反国家发票管理法规，非法购买增值税专用发票，或者购买伪造的增值税专用发票的行为。

（2）犯罪构成特点。客体是国家对增值税专用发票的管理制度。客观方面表现为行为人违反国家发票管理法规，非法购买增值税专用发票或者购买伪造的增值税专用发票的行为。主体为一般主体。根据《刑法》第211条的规定，单位也可构成本罪主体。主观方面是直接故意，即行为人明知是增值税专用发票或伪造的增值税专用发票并且购买。

（3）处罚。根据《刑法》第208条的规定，犯本罪的，处5年以下有期徒刑或者拘役，并处或者单处2万元以上20万元以下罚金。非法购买增值税专用发票或者购买伪造的增值税专用发票又虚开或者出售的，分别依照本法第205条、第206条、第207条的规定，以虚开增值税发票罪，伪造、出售伪造的增值税专用发票罪，非法出售增值税专用发票罪定罪处罚。

① 《中华人民共和国刑法修正案（八）》废除本罪死刑。

十八、非法制造、出售非法制造的用于骗取出口退税、抵扣税款发票罪（第209条）

（1）概念。非法制造、出售非法制造的用于骗取出口退税、抵扣税款发票罪，是指违反国家发票管理法规，擅自非法制造或出售非法制造的可以用于骗取出口退税、抵扣税款发票的行为。

（2）犯罪构成特点。客体是国家对可以用于出口退税、抵扣税款专用发票的管理制度。客观方面表现为行为人伪造、擅自制造、出售可以用于骗取出口退税、抵押税款的其他发票的行为。主体为一般主体。根据《刑法》第211条的规定，单位也可构成本罪主体。主观方面是直接故意。

（3）处罚。根据《刑法》第209条的规定，犯本罪的，处3年以下有期徒刑、拘役或者管制，并处2万元以上20万元以下罚金；数量巨大的，处3年以上7年以下有期徒刑，并处5万元以上50万元以下罚金；数量特别巨大的，处7年以上有期徒刑，并处5万元以上50万元以下罚金或者没收财产。另据《刑法》第211条的规定，单位犯本罪的，对单位判处罚金，并对其直接负责的主管人员和其他直接责任人员，依照第211条的规定处罚。

十九、非法制造、出售非法制造的发票罪（第209条）

（1）概念。非法制造、出售非法制造的发票罪，是指违反国家发票管理法规，伪造、擅自制造或者出售伪造、擅自制造除了可以用于出口退税、抵扣税款的发票之外的其他发票的行为。

（2）犯罪构成特点。客体为复杂客体，既侵犯国家的发票管理秩序，又侵犯国家的税收秩序。客观方面表现为行为人违反国家有关发票管理法规，实施了非法制造、出售非法制造的发票的行为。主体是一般主体。根据《刑法》第211条的规定，单位也可构成本罪主体。主观方面表现为直接故意，一般以营利为目的。

（3）处罚。自然人犯本罪的，处2年以下有期徒刑、拘役或者管制，并处或者单处1万元以上5万元以下罚金；情节严重的，处2年以上7年以下有期徒刑，并处5万元以上50万元以下罚金。单位犯本罪的，对单位判处罚金，并对其直接负责的主管人员和其他直接责任人员，依照自然人犯本罪的规定处罚。

二十、非法出售用于骗取出口退税、抵扣税款发票罪（第209条）

（1）概念。非法出售用于骗取出口退税、抵扣税款发票罪，是指违反国家税收管理法规，非法出售可以用于骗取出口退税、抵扣税款的发票的行为。

（2）犯罪构成特点。客体是国家对专用发票的管理制度。客观方面表现为行为人违反国家税收管理法规，非法出售可以用于骗取出口退税、抵扣税款发票的行为。主体是一般主体。根据《刑法》第211条的规定，单位也可构成本罪主体。主观方面表现为直接故意。

（3）处罚。根据《刑法》第209条第3款的规定，非法出售可以用于骗取出口退税、抵扣税款的其他发票的，依照非法制造、出售非法制造的用于骗取出口退税、抵扣税款发票罪的法定刑处罚。

二十一、非法出售发票罪（第209条）

（1）概念。非法出售发票罪，是指违反发票管理规定，非法出售能够用于出口退税、抵扣税款的发票以外的其他发票的行为。

（2）犯罪构成特点。客体是国家对专用发票的管理制度。客观方面表现为行为人非法出售各种不能用于出口退税、抵扣税款的发票的行为。主体是一般主体。另据《刑法》第211条的规定，单位也可构成本罪主体。主观方面是故意犯罪，只能由直接故意构成，并且一般以营利为目的。

（3）处罚。根据《刑法》第209条第4款的规定，犯本罪的，按照非法制造、出售非法制造的发票罪的法定刑处罚。

二十二、持有非法制造的发票罪（第210条之一；修正案八）

（1）概念。持有非法制造的发票罪，是指明知是伪造的发票而持有，数量较大的行为。

（2）犯罪构成特点。客体是国家对发票的管理制度。客观方面表现为行为人非法持有数量较大的伪造的发票的行为。主体是一般主体，单位也可构成本罪。主观方面是故意，明知是伪造的发票而非法持有。

（3）处罚。根据《刑法》第210条之一的规定，明知是伪造的发票而持有，数量较大的，处2年以下有期徒刑、拘役或者管制，并处罚金；数量巨大的，处2年以上7年以下有期徒刑，并处罚金。单位犯该罪的，对单位判处罚金，并对其直接负责的主管人员和其他直接责任人员，依照自然人犯本罪的规定处罚。

项目三　本单元涉及的其他罪名

在本单元涉及的109个罪名中，除了项目一和项目二论述的罪名以外，限于篇幅，还有如下40个罪名未展开论述：生产、销售劣药罪（《刑法》第141条）；生产、销售不符合安全标准的产品罪（《刑法》第146条）；生产、销售伪劣农药、兽药、化肥、种子罪（《刑法》第147条）；生产、销售不符合卫生标准的化妆品罪（《刑法》第148条）；走私核材料罪（《刑法》第151条第1款，《刑法修正案（九）》第9条）；走私假币罪（《刑法》第151条第1款，《刑法修正案（九）》第9条）；走私珍贵动物、珍贵动物制品罪（《刑法》第151条第2款）；走私珍稀植物、珍稀植物制品罪（《刑法》第151条第3款）；虚假出资、抽逃出资罪（《刑法》第159条）；欺诈发行股票、债券罪（《刑法》第160条）；违反信息披露义务罪（《刑法》第161条）；妨害清算罪（《刑法》第162条）；虚假破产罪（《刑法》第162条之二）；为亲友非法牟利罪（《刑法》第166条）；徇私舞弊低价折股、出售国有资产罪（《刑法》第169条）；操纵不正当关联交易损害上市公司利益罪（《刑法》第169条之一）；出售、购买、运输假币罪（《刑法》第171条第1款）；金融工作人员购买假币、以假币换取货币罪（《刑法》第171条第2款）；持有、使用假币罪（《刑法》第172条）；变造货币罪（《刑法》第173条）；高利转贷罪（《刑法》第175条）；骗取贷款、票据承兑、信用证、保函罪

（《刑法》第 175 条之一）；伪造、变造国家有价证券罪（《刑法》第 178 条第 1 款）；伪造、变造股票、公司、企业债券罪（《刑法》第 178 条第 2 款）；擅自发行股票、公司、企业债券罪（《刑法》第 179 条）；擅自运用客户资金、委托信托财产罪（《刑法》第 185 条之一第 1 款）；违法运用资金罪（《刑法》185 条之一第 2 款）；违法发放贷款罪（《刑法》第 186 条第 2 款）；吸收客户资金不入账罪（《刑法》第 187 条）；非法出具金融票证罪（《刑法》第 188 条）；对违法票据承兑、付款、保证罪（《刑法》第 189 条）；销售假冒注册商标的商品罪（《刑法》第 214 条）；非法制造、销售非法制造的注册商标标识罪（《刑法》第 215 条）；假冒专利罪（《刑法》第 216 条）；损害商业信誉、商品声誉罪（《刑法》第 221 条）；虚假广告罪（《刑法》第 222 条）；串通投标罪（《刑法》第 223 条）；伪造、倒卖伪造的有价证券罪（《刑法》第 227 条第 1 款）；倒卖车票、船票罪（《刑法》第 227 条第 2 款）；逃避商检罪（《刑法》第 230 条）。

【课后作业】

1. 名词解释

信用卡诈骗罪　公司企业人员受贿罪　伪造货币罪　抗税罪　侵犯商业秘密罪

2. 思考题

（1）生产、销售伪劣产品罪的构成特征是什么？

（2）什么是走私普通货物、物品罪？其构成特征是什么？

（3）洗钱罪的客观方面表现是什么？

（4）保险诈骗罪的概念和特征是什么？

【自测案例】

被告人尹某虚构其做生意、归还欠款和为贷款请客送礼需要资金等事由，以借款为名，采取与受害人单线联系的方式，并告诉受害人："我这人特别要面子，我只是跟你借了，别跟别人说。"尹某先后骗取王某、徐某、李某等 41 人的现金和财物，共计人民币 1 090.125 万元，拒不归还。其中，尹某欺骗李某向其实际控制的北京市胜利升华商贸有限公司投资 40.5 万元，并签有投资协议；其他受害人均证实尹某是以种种理由借款，他们也将钱款借给尹某。41 名受害人均与尹某认识，其中包括尹某的亲戚、同学。2001 年 3 月至 2002 年 1 月，被告人尹某以签发空头支票换取现金的方式，先后骗取王某、张某等 5 人现金共计人民币 52.5 万元，拒不归还。问：被告人尹某的行为构成何罪？

【拓展阅读】

1. 李晓明．经济犯罪学．北京：中国人民公安大学出版社，2001.
2. 甘功仁．经济刑法教程．北京：中国财政经济出版社，1997.
3. 陈兴良．经济犯罪学．北京：中国社会科学出版社，1990.
4. 胡学相，薛云华．经济犯罪的定罪与量刑．广州：广东人民出版社，2001.
5. 孙国祥，魏昌东．经济刑法研究．北京：法律出版社，2005.
6. 有关刑事法律、政策的最新规定以及理论、实践的最新成果。

单元五

侵犯公民人身权利、民主权利罪

【知识目标】

理解侵犯公民人身权利、民主权利罪的概念与特征；掌握故意杀人罪等21个重点罪名的犯罪构成、认定及其处罚规定；理解过失致人重伤罪等13个次重点罪名的主要特征及处罚规定；了解聚众阻碍解放被收买的妇女、儿童罪等其他9个罪名的名称与条文。

【能力目标】

能在司法实践中正确认定侵犯公民人身权利、民主权利行为的罪与非罪，区分此罪与彼罪以及重罪与轻罪。

【内容结构表】

<table>
<tr><td rowspan="4">侵犯公民人身权利、民主权利罪</td><td>概　述</td><td>概念</td><td>行为人故意或者过失实施侵犯他人人身权利、民主权利的行为</td><td>特征</td><td>客体为公民的人身权利和民主权利；客观方面表现为实施了侵犯公民人身权利、民主权利的行为；主观方面表现为故意或过失；主体多为一般主体</td><td>范围</td><td>《刑法》第232条至第262条，共计43个罪名</td></tr>
<tr><td>重点罪名
(21)</td><td colspan="6">故意杀人罪，过失致人死亡罪，故意伤害罪，强奸罪，强制猥亵、侮辱妇女罪，非法拘禁罪，绑架罪，拐卖妇女、儿童罪，强迫劳动罪（修正案八），出售、非法提供公民个人信息罪（修正案七），诬告陷害罪，刑讯逼供罪，暴力取证罪，虐待被监管人罪，破坏选举罪，侮辱罪，诽谤罪，暴力干涉婚姻自由罪，重婚罪，虐待罪，遗弃罪</td></tr>
<tr><td>次重点罪名
(13)</td><td colspan="6">过失致人重伤罪，非法获取公民个人信息罪（修正案七），组织他人出卖人体器官罪（修正案八），组织未成年人进行违反治安管理活动罪（修正案七），拐骗儿童罪，猥亵儿童罪，收买被拐卖妇女、儿童罪，雇用童工从事危重劳动罪，协助强迫他人劳动罪（修正案八），报复陷害罪，侵犯通信自由罪，私自开拆、隐匿、毁弃邮件、电报罪，破坏军婚罪</td></tr>
<tr><td>其他罪名
(9)</td><td colspan="6">聚众阻碍解救被收买的妇女、儿童罪，组织残疾人、儿童乞讨罪，非法搜查罪，非法侵入住宅罪，煽动民族仇恨、民族歧视罪，出版歧视、侮辱少数民族作品罪，非法剥夺宗教信仰自由罪，侵犯少数民族风俗习惯罪，打击报复会计、统计人员罪</td></tr>
</table>

项目一 重点罪名

基本任务：理解、记忆21个重点罪名的犯罪构成及其处罚规定，并能在实践中熟练掌握其定罪与量刑。

【引例1】被告人李某在某工厂做临时工时曾被该厂辞退，遂对厂长刘某不满，产生报复杀人的恶念。李某随后在宿舍内用七管炸药制成三个炸药包，于某日下午3点左右，窜至厂长刘某家，从窗外窥视到刘某正在睡觉，便点燃用四管炸药制成的炸药包，砸碎窗户玻璃，将炸药包扔进刘家房内。刘某惊醒后，迅速从前厅跑进另一间卧室，叫醒正在熟睡的儿子，一起躲进里屋。李某见没有炸着刘某，又点燃用两管炸药制成的炸药包，从前厅窗户扔进房内，结果仍未炸着刘某。两次爆炸，使刘某家的家具等物品遭到损坏，造成经济损失3 100余元。李某作案后，携带一管炸药制成的炸药包逃离现场。问：对本案被告人李某实施的爆炸行为，应定何罪？

【引例2】甲某带其子（5岁）在公园游乐场玩耍时，其子因与同龄儿童乙某争抢座位从旋转电马上摔下，头部磕起一个大包。甲某生气，将乙某拉过来打了一个耳光。乙某母亲见状质问甲某。乙某乘机咬了甲某手腕一口。甲某恼怒中顺手将乙某推了一把，乙某踉跄了几步摔倒，头部恰好撞上石阶的破口锐角上，致使头破血流，因神经受压而死亡。问：甲某的行为应如何定性？

【引例3】2011年11月某日，刘某在地铁搭讪认识了陌生女子何某，并应邀去吃夜宵喝酒。吃夜宵时，刘某曾劝说何某别再喝了，但何某为了和刘某斗酒仍然继续喝。两人渐渐有了醉意。其间，他们相扶着去上了一趟洗手间，上完洗手间出来，刘某看见何某还在洗手间外面，就抱着何某到洗手间对面的杂物间吻了何某。两人一直饮酒作乐到了次日凌晨3时许。此时两人都已醉了。刘某结了账，提出送何某回去，何某同意，他们打的回到何某的住处。何某脱掉外衣，只穿着内衣内裤上床休息，并叫刘某回去，随后何某便昏睡过去了。次日早上9时许，何某感觉到有人趴在她身上实施性侵犯，但何某还在昏迷状态，用手推开时被紧紧压着，无法推开，后来太累又睡着了。在睡觉过程中，刘某也一直在何某身上乱摸。9时40分，当刘某准备再次实施性侵犯时，何某惊醒了。当何某意识到发生了什么后，随即打电话报警说被强奸。审讯中，刘某承认，他在发生性行为前没有征求何某的意见，但他认为当时何某是知道他和她发生性关系的。他认为自己的行为“只是酒后乱性失德，不是强奸”。问：刘某的行为是酒后乱性还是强奸？

【原理精读】

一、故意杀人罪

（一）概念

故意杀人罪，是指故意非法剥夺他人生命的行为。

（二）犯罪构成

（1）客体是他人的生命安全。

（2）客观方面表现为实施了非法剥夺他人生命的行为，即直接或间接作用于他人的身体、使其生命非自然死亡的行为。至于是否发生死亡结果，则不影响故意杀人罪的成立。如果非法剥夺他人生命的行为导致他人死亡的，就构成了故意杀人罪的既遂；如果没有发生死亡的结果，仍构成故意杀人罪，只是要根据不同的情况，分别对行为人按故意杀人罪的未遂、中止或预备论处。

（3）主体为一般主体。结合我国《刑法》第17条第2款的规定，凡年满14周岁以上的自然人，均可构成本罪主体。

（4）主观方面表现为故意。即要求行为人构成此罪必须具有非法剥夺他人生命的故意，包括直接故意和间接故意。直接故意是指行为人认识到死亡结果必然或可能发生，并且希望这种结果发生的心理状态；间接故意是指行为人认识到死亡结果可能发生，并且放任这种结果发生的心理状态。如果没有故意的心理状态，则不能构成故意杀人罪。

（三）认定

1. 罪与非罪的界限

关键在于是否具有非法剥夺他人生命的故意以及实施非法剥夺他人生命的行为。注意区分以下几种杀人行为的罪与非罪：

（1）自杀。自杀是自己剥夺自己生命的行为。从本质上来讲，自杀是自杀者的一种自由意志的体现。由于故意杀人罪指的是非法剥夺他人生命的行为，是针对杀人者以外的一切有生命的自然人，因此，尽管自杀行为在伦理上不可取，但刑法不能定其为犯罪行为。

（2）帮助他人自杀。帮助自杀行为是指在自杀者的要求下，协助自杀者实现自杀的行为。帮助自杀的认定，应同时考虑以下几个要素：第一，自杀是自杀者的真实意愿；第二，自杀者已向帮助者明确表示自杀的意愿；第三，自杀者要求帮助者对其自杀提供帮助；第四，帮助者明知自杀者有自杀的真实意思而有意实施了帮助行为，如给自杀者提供上吊用的绳索、服用的毒药等。帮助自杀不符合我国道德标准，更为我国法律所不容。因此，对于帮助他人自杀的人，以故意杀人罪论处。

（3）“安乐死”。“安乐死”是指应患者或其亲属的委托或要求，帮助患者实现无痛苦死亡，以便患有不治之症、濒临死亡的病人解除难以忍受的痛苦。“安乐死”是帮助他人自杀的一种特殊形式，对该行为各国法律规定不一。目前，世界上一些国家先后承认“安乐死”的合法性。但在我国，“安乐死”属于非法，如果实施“安乐死”，以故意杀人罪论处。

2. 此罪与彼罪的界限

（1）本罪与危害公共安全罪的界限。本罪与后罪区分的关键在于二者的客体不同，本罪的客体是特定的人的生命安全，而后罪的客体是公共安全。因此，凡针对特定人的生命实施的犯罪，即使采用投放危险物质、放火等方法，只要未危及公共安全，就以本罪论处。当针对不特定多数人或重大公私财产实施放火、爆炸、投放危险物质，或者针对特定的人实施上述危险方法的行为而结果危及公共安全，从而导致一个行为触犯数个罪名时，按想象竞合犯从一重罪处罚。

（2）本罪与过失致人死亡罪的界限（详述见过失致人死亡罪）。

3. 一罪与数罪的界限

刑法中的许多故意犯罪，特别是暴力性故意犯罪，常常会发生侵害他人生命的行为或结果，对此要结合刑法的相关规定，作出不同处理：

（1）按有关犯罪的结果加重犯定罪处罚。如行为人在拐卖妇女、儿童过程中或在强奸、抢劫、绑架等犯罪过程中暴力致人死亡的，或在以放火、爆炸、决水、投放危险物质或其他危险方法危害公共安全时致人死亡的，或在破坏交通工具、交通设施、劫持航空器时致人死亡的，或组织、运送他人偷越国（边）境造成被组织人死亡的，或暴力干涉婚姻自由致人死亡的，按有关犯罪加重处罚，不以故意杀人罪处罚。

（2）按吸收犯从一重罪定罪处罚。行为人在下列犯罪过程中，如伴随有杀害被害人行为的，以故意杀人罪定罪处罚：刑讯逼供罪、暴力取证罪、虐待被监管人罪、聚众斗殴罪、非法拘禁罪以及实施抗税行为致人死亡的。

（3）按想象竞合犯从一重罪处罚。行为人在犯妨害公务罪、寻衅滋事罪、危害公共安全罪的过程中，故意杀害被害人的，可视为想象竞合犯，从一重罪即故意杀人罪定罪处罚。

（4）数罪并罚。如果行为人在实施强奸、抢劫等犯罪行为后，又为灭口、报复等另生犯意，杀害被害人的；或者在走私犯罪、组织他人偷越国（边）境罪中使用暴力手段抗拒缉查致人死亡的；或者在组织恐怖活动组织罪、组织黑社会性质的组织罪中又实施了故意杀人行为的，均按故意杀人罪与之前的犯罪数罪并罚。

（四）处罚

依据《刑法》第232条的规定，故意杀人的，处死刑、无期徒刑或者10年以上有期徒刑；情节较轻的，处3年以上10年以下有期徒刑。

【法律链接】

1.《中华人民共和国刑法》（1997）第232条*、第238条、第247条、第248条、第289条。

2.《中华人民共和国刑法》第17条第2款。

3. 最高人民法院《关于审理交通肇事刑事案件具体应用法律若干问题的解释》（2000年11月15日，法释〔2000〕33号）。

4. 最高人民法院《关于抢劫过程中故意杀人案件如何定罪问题的批复》（2001年5月26日）。

5. 最高人民法院《关于审理偷税抗税刑事案件具体运用法律若干问题的解释》（2002年11月4日）第6条。

二、过失致人死亡罪

（一）概念

过失致人死亡罪，是指由于过失而导致他人死亡的行为。

（二）犯罪构成

（1）客体是他人的生命安全。

（2）客观方面通常表现为行为人在日常生活中缺乏必要的谨慎，如不注意后果地玩耍、嬉戏、摆弄危险物品等，从而导致他人死亡的行为。该行为的成立必须满足他人死亡结果的发生这一条件，而且要求死亡结果与过失行为之间有因果关系。如果没有死亡结果的发生，则不构成本罪。

（3）主体是一般主体。

（4）主观方面表现为过失，包括疏忽大意的过失和过于自信的过失。这里的过失是针对死亡结果而言的，是指行为人对死亡结果的发生应当预见而没有预见，或者虽已预见而轻信能够避免，最终导致死亡结果的发生。此外，这里的过失指普通过失，即日常生活中的过失，不是指业务上的过失，如果行为人在业务上存在过失，即行为人在履行职务、职责过程中，如在交通运输、医疗过程中存在过失，致他人死亡的，按相关犯罪论处。只有在日常生活中存在过失致他人死亡，才构成过失致人死亡罪。

（三）认定

1. 罪与非罪的界限

关键看两点：一是行为人是否具有非法剥夺他人生命的故意。虽然行为人实施了致使他人死亡的行为，但在主观方面表现为过失的，则构成过失致人死亡罪而非故意杀人罪。二是他人是否出现死亡结果。如果没有死亡结果的发生，则不构成本罪。

2. 此罪与彼罪

（1）本罪与因意外事件致人死亡的界限。意外事件是指当事人无法预料的偶发事件。因意外事件致人死亡的行为，与本罪存在着一些共同点：主观上对死亡结果的发生都没有预见；客观上都引起了他人死亡的危害结果。但不能将二者混为一谈，要区别对待：本罪的行为人在主观上存在应当预见而没有预见，或者已经预见相信能够避免的情形，而因意外事件致人死亡的行为人在主观上不可能预见行为后果。因此，过失致人死亡的行为人在主观上有罪过，应当负刑事责任，而意外事件致人死亡的行为人主观上没有罪过，不应当承担刑事责任。

（2）本罪与故意杀人罪的界限。区分本罪与故意杀人罪要注意以下几点：

①过于自信的过失致人死亡与间接故意杀人的界限。过于自信的过失致人死亡与间接故意杀人的行为人在主观上对他人的死亡结果的发生都可以预见，并且在客观上都实施了致使他人死亡的行为。但二者是不同的：在主观上，本罪是过失，而后罪是故意；在主观方面，本罪的行为人对死亡结果的发生持反对态度，或者说是不希望发生死亡结果，而后罪的行为人却是放任死亡结果的发生；在客观方面，本罪的行为人存在避免死亡结果发生的客观依据，即想防止死亡结果的发生，只是未能防止，而后罪的行为人不存在避免死亡结果发生的客观依据。

②本罪同“误杀”的故意杀人行为的界限。本罪的认定必须存在着行为人对其行为造成被害人死亡结果有过失的心理态度，而“误杀”的故意杀人是指行为人在故意杀人过程中，误以为其针对的对象是其追求的杀害对象，实际上不是。该行为在主观上仍是故意的，即存在故意杀人的故意，只是产生了“对象认识错误”。对此，仍应认定为故意杀人罪。因此，在司法实践中，不应将行为人在故意杀人行为中因“误杀”而导致的行为人追杀对象以外的人死亡认定为本罪。

③本罪与其他因过失引起他人死亡的行为的界限。在犯罪行为中，除了本罪外，还存在着其他因过失引起犯罪并致人死亡的行为，如医疗事故致人死亡、交通肇事致人死亡、失火致人死亡、过失爆炸致人死亡、过失投放危险物质致人死亡、重大责任

事故致人死亡、玩忽职守致人死亡等。要注意区分。

值得说明的是，有一些故意犯罪的结果加重犯，也存在着过失致人死亡的情况，如强奸，抢劫，非法行医，生产、销售假药、劣药、有毒有害食品，造成过失致人死亡。对此，应直接依法按照有关故意犯罪的结果加重犯定罪处罚。

（四）处罚

根据《刑法》第233条的规定，过失致人死亡的，处3年以上7年以下有期徒刑；情节较轻的，处3年以下有期徒刑，本法另有规定的，依照规定。

【法律链接】

1.《中华人民共和国刑法》（1997）第233条*。

2. 最高人民法院《关于审理交通肇事刑事案件具体应用法律若干问题的解释》（2000年11月15日，法释〔2000〕33号）。

三、故意伤害罪

（一）概念

故意伤害罪是指故意非法损害他人身体健康的行为。

（二）犯罪构成

（1）客体是他人的身体健康权利，即令他人的生理健康遭受实质的损害。对他人身体健康的侵犯基本包括两个方面：一是损害他人人体组织的完整性，如砍掉手指、割掉耳朵等；二是虽没有破坏人体组织的完整性，但使人体器官的正常功能遭到破坏，如视力下降、双耳失聪、肢体瘫痪等。

（2）客观方面表现为行为人实施了非法损害他人身体健康的行为。在客观方面对本罪进行认定时必须注意：

①行为人必须针对他人实施非法损害身体健康的行为。故意伤害自己身体的，一般不构成犯罪。只有军人在战时为逃避执行军事义务而自伤身体的，按战时自伤罪论处。

②行为人的非法行为一定对他人的身体健康造成了伤害，至于如何认定伤害行为，一般以刑法的相关条款和最高人民法院、最高人民检察院、公安部、司法部联合制定、颁布的《人体轻伤鉴定标准》和《人体重伤鉴定标准》为依据。身体健康的损害结果一般分为轻微伤、轻伤、重伤和死亡四种。只有身体健康的伤害结果达到轻伤以上程度的，才追究行为人的刑事责任。当造成重伤、死亡结果时，是结果加重犯，只影响伤害罪的轻重，不影响犯罪的性质和个数。

③如果伤害行为不是非法伤害，而是实施正当防卫、紧急避险、治疗、拳击等属于正当行为的、正当业务行为的或竞技活动中的伤害，均不构成本罪。

（3）主体是一般主体。

（4）主观方面表现为故意，包括直接故意和间接故意。这种故意的心理状态并不要求行为人对伤害的程度事先有明确的认识，只要明知自己的行为会发生损害他人健康的结果，并希望或放任其结果的发生即可。

（三）认定

1. 罪与非罪的界限

关键在于三点：一是主观方面是否表现为故意伤害而非剥夺他人生命；二是是否

使他人的生理健康遭受实质的损害；三是伤害结果是否达到轻伤以上程度。三者缺一不可。

2. 此罪与彼罪的界限

（1）本罪与故意杀人罪的界限。本罪与故意杀人罪在客观上都可能表现为通过暴力对人身进行攻击；都可能发生死亡结果或均不发生死亡结果，如故意杀人既遂与伤害致人死亡，或故意杀人未遂与故意伤害仅造成伤害结果而没有死亡。而在都发生死亡结果或均未发生死亡结果的情况下，往往难以区分。这时，区分的关键就要查明行为人主观罪过的内容，看行为人在主观上是否具有杀人的故意。如果行为人有明确的杀人故意的，即使对他人未造成伤害，甚至行为人事后产生懊悔心理，仍应定为故意杀人罪，按未遂处理。如果行为人只是意图伤害他人，而结果造成他人死亡的，这种死亡结果也不是行为人所希望、所愿意看到的，仍然是故意伤害罪。至于如何判断行为人故意的内容，一般需要根据行为人犯罪的起因、在犯罪过程中的表现以及事后表现等客观事实来进行分析判断。而如果行为人主观内容是不确定、模糊不清、难以区分的，如甲、乙两人本不认识，在街上相遇时因互相看了一眼就发生争执，乙上前朝甲连扎数刀，导致甲当场死亡，此时对于乙主观上是杀人故意还是伤害故意是很难判断的。在这种情况下，司法实践一般采取以下做法：如果行为人常携带凶器，动辄对人行凶且不计后果的，就以结果论：行为人的行为发生了死亡结果的，认定为间接故意杀人罪；发生了伤害结果的，就认定为本罪。其他导致间接故意杀人与故意伤害致死难以区分的，应定为本罪。

（2）故意伤害罪（致人死亡）与过失致人死亡罪的界限。故意伤害罪（致人死亡）与过失致人死亡罪在客观上都发生了死亡结果，而且在主观上行为人对死亡结果的发生都是过失的。但二者有明显的不同：从造成死亡结果的行为性质来看，本罪的行为本身具有伤害性质，而后罪的行为本身不具有伤害性质。因此，如果行为人具有伤害的故意并实施了相应的伤害行为，从而导致死亡结果的，应认定为本罪；如果行为人的行为本身没有伤害性质，只是由于日常生活或工作中的粗心大意而不慎造成他人死亡的，认定为后罪。

3. 一罪与数罪的界限

（1）结果加重犯。某些犯罪行为，也会具有故意伤害致人重伤或死亡的性质，但根据某些刑法条文的规定，“致人重伤”或“致人死亡”只作为某种犯罪加重法定刑的结果，而不按本罪论处。具体为：在拐卖妇女、儿童的过程中，或在绑架、强奸、抢劫的过程中暴力致人死亡的；以放火、爆炸、投毒、决水、投放危险物质或以其他危险方法危害公共安全时致人重伤、死亡的；因破坏交通工具、破坏交通设施致人重伤、死亡的等等。

（2）故意伤害罪的法条竞合与转化犯。在刑法中，某些法律条文包含伤害的内容，形成法条竞合现象。如非法拘禁罪、刑讯逼供罪、暴力取证罪、虐待被监管人罪、聚众斗殴罪、寻衅滋事罪、打击报复证人罪、破坏监管秩序罪，以及最高人民法院 2002 年 11 月 4 日发布的《关于审理偷税、抗税刑事案件具体应用法律若干问题的解释》第 6 条抗税罪的规定等，都包含致人受到伤害的内容。对此，如果伤害他人致轻伤的，仍直接按有关犯罪定罪处罚，不定为本罪；如果伤害致他人重伤的，依照刑法规定或在司法实践中认定为罪质转化的，按本罪定罪处罚。

（四）处罚

根据《刑法》第234条的规定，故意伤害他人身体的，处3年以下有期徒刑、拘役或者管制。犯前款罪，致人重伤①的，处3年以上10年以下有期徒刑；致人死亡或以特别残忍手段致人重伤造成严重残疾的，处10年以上有期徒刑、无期徒刑或死刑。本法另有规定的，依照规定。

对故意伤害罪的处罚，应严格把握：首先，要根据刑法有关规定以及最高人民法院、最高人民检察院、公安部、司法部联合制定、颁布的《人体轻伤鉴定标准》和《人体重伤鉴定标准》区分伤害程度来量刑。其次，对于死刑的适用，要考虑法定情形。按照《刑法》第234条的规定，只有故意伤害致人死亡或以特别残忍手段致人重伤造成严重残疾这两种情形，才可能适用死刑，即要考虑到本罪与故意杀人罪的主观恶性不同，本罪适用死刑只是一种例外。

【法律链接】

1.《中华人民共和国刑法》（1997）第234条*。

2.《中华人民共和国刑法》（1997）第238条、第247条、第248条、第289条、第292条、第333条。

3. 最高人民法院、最高人民检察院、公安部、司法部联合制定、颁布的《人体轻伤鉴定标准》和《人体重伤鉴定标准》。

4. 最高人民法院《关于对故意伤害、盗窃等严重破坏社会秩序的犯罪分子能否附加剥夺政治权利问题的批复》（1999年12月31日，法释〔1997〕11号〕）。

5. 最高人民法院、最高人民检察院《关于办理组织和利用邪教组织犯罪案件具体应用法律若干问题的解释》（1997年10月20日，法释〔1999〕18号）。

四、强奸罪

（一）概念

强奸罪，是指以暴力、胁迫或者其他手段，违背妇女意志，强行与之发生性交，或者以各种手段奸淫幼女的行为。

（二）犯罪构成

（1）客体是女性的性的不可侵犯的权利。女性的性的不可侵犯的权利是其人身权利的重要组成部分，因此，强行与女性发生性交，则严重侵犯了女性的人身权利，更损害了她们的身心健康。这种行为对社会的危害性极大，是为刑法所不容的。

（2）客观方面表现为行为人违背女性意志，强行与之发生非法的性关系。这是本罪的本质特征。如果女性同意行为人与之发生性关系，不管这种性关系是否合法，都不构成本罪。而如果不是与女性发生性交，而是性交以外的其他性行为，如抠摸生殖器、鸡奸等，也不构成本罪。违背女性意志是指违背14周岁以上的女性自愿性交的真实意思，对于不满14周岁的幼女而言，则不论是否违背其意思，也不论采用何种手段，只要与之发生性关系，就构成本罪。强行是本罪的手段特征，具体表现手段为暴

① 《中华人民共和国刑法》第95条规定，本法所称重伤，是指有下列情形之一的伤害：a. 使人肢体残废或者毁人容貌的；b. 使人丧失听觉、视觉或者其他器官机能的；c. 其他对于人身健康有重大伤害的。

力、胁迫或者其他方法。其中，暴力是指犯罪分子直接对被害妇女采用殴打、捆绑、卡脖子、按倒等危害人身安全或人身自由，使妇女不能抗拒的手段。胁迫是指对被害妇女威胁、恫吓，达到精神上强制的手段，如利用迷信进行恐吓、欺骗，造成或利用妇女处于孤立无援的状态进行挟制、迫害，扬言行凶报复、揭发隐私等。其他方法是指暴力、胁迫以外的方法，具体表现为：使用药物麻醉或用酒灌醉；假冒妇女之夫；假借治疗；利用妇女熟睡或患重病之机；组织和利用会道门、邪教组织或利用迷信；等等。另外，明知或者应当知道妇女是不能正确表达自己的意志、没有辨别能力的精神病人或者是发病期间的间歇性精神病人而与其发生性关系的，不论采取什么手段，不论被害人是否同意、有无反抗，都以强奸论处。

（3）主体是特殊主体，是年满 14 周岁、具有刑事责任能力的男子。女性一般不能成为本罪的主体，但是在共同犯罪的情况下，女性可以成为本罪的教唆犯或帮助犯。如某妇女甲捆绑住或灌醉妇女乙，让丙对其强奸，妇女甲就可成为帮助共犯。如果女性教唆或帮助不满 14 周岁或虽满 14 周岁，但无刑事责任能力的男子实施强奸行为的，属于本罪的间接正犯，单独成为本罪的主体。如妇女甲教唆患精神病的乙对妇女丙实施强奸，妇女甲就是间接正犯，对乙的强奸行为负完全的刑事责任。

（4）主观方面表现为故意，而且只能是直接故意，并且具有违背女性意志强行与之发生性关系的目的。值得注意的是，如前所述，对于不满 14 周岁的幼女，不论是否违背其意思，也不论采用何种手段，只要与之发生性关系，就认定为强奸。但根据最高人民法院2003 年 1 月 8 日《关于行为人不明知不满 14 周岁的幼女双方自愿发生性关系是否构成强奸罪的批复》，如果行为人确实不知对方是不满 14 周岁的幼女，双方自愿发生性关系，未造成严重后果，情节显著轻微的，不认为是犯罪。

（三）认定

1. 罪与非罪的界限

关键在于三点：一是行为人是否违背女性意志与之发生非法的性关系；二是手段是否为暴力、胁迫或者其他方法；三是主体是否为男子，对象是否为女子。

（1）丈夫对妻子一般不构成强奸罪。丈夫与妻子具有合法的夫妻关系，夫妻性生活是夫妻双方同居生活的重要组成部分，是配偶权的重要内容。因此，男女双方在合法婚姻关系存续期间，作为对家庭关系的法律保护，不应存在婚内强奸问题。我国刑法也并未把婚内强奸定为强奸罪。不过，如果丈夫对妻子使用暴力手段，强行与之发生性关系的，可就暴力行为本身追究责任，如对妻子使用暴力造成妻子受到伤害，或者非法拘禁妻子的，可按刑法的相关规定处理。

（2）恋爱中的未婚男女所发生的越轨性行为，不存在强制手段，也不违背女方的意愿的，不认定为本罪。但如果男方强行与女方发生性关系，即使在恋爱中，也认定为本罪。已满 14 周岁不满 16 周岁的少男与幼女在恋爱中偶尔发生自愿的性关系的，属于一般性的越轨行为，或者已满 14 周岁不满 16 周岁的少男，同不满 14 周岁的幼女发生性行为，如果情节显著轻微，危害不大的，不认为是犯罪，但应责成家长和学校严加管教。如果情节严重或后果严重的，应当以本罪追究刑事责任。

（3）通奸是双方或者一方有配偶的男女，自愿发生不正当性关系的行为，不构成本罪。通奸属于不道德的行为，与强奸相比有着明显区别：在主观方面，强奸行为人具有强行奸淫女性的直接故意，而通奸双方具有相同的不违背女性意志而发生性关系的目的；在客观方面，本罪表现为以暴力、胁迫或其他强行手段与女性发生性关系，而通奸表现为双方自愿发生性关系。

2. 此罪与彼罪的界限

（1）因奸淫幼女而构成的强奸罪与嫖宿幼女罪的界限。二者都是针对不满14周岁的幼女而实施犯罪行为的。但二者有明显的区别：①客体不同。在强奸罪中，被奸淫的幼女是受害者，该行为侵犯了幼女性的不可侵犯的权利以及幼女的身心健康；而后罪是对卖淫女实施犯罪行为，该行为侵犯了社会风尚。②幼女主观意识不同。在强奸罪中，幼女是被动与人发生性关系的，而在后罪中，幼女是主动与人发生性关系的。③手段不同。针对幼女的强奸行为既可能是采用强制手段，也可能是采用非强制手段，而后罪不存在采用强制手段的行为。

（2）一般强奸罪与因奸淫幼女而构成的强奸罪的区别：①二者对象不同。前罪是针对已满14周岁的妇女；后罪是针对不满14周岁的幼女。②客观表现不同。前罪是违背妇女意志，采用暴力、胁迫或其他手段，强行与之发生非法的性关系；后罪不管是否违背幼女意志，也不问是否采用强制手段。③主观认识不同。后罪的构成，要求行为人明知对方是或者有可能是不满14周岁的幼女；而前罪无此要求。④既遂标准不同。强奸罪属于行为犯，但一般强奸罪与因奸淫幼女而构成的强奸罪采用不同的既遂标准：前罪采用“插入说”或“结合说”，后罪采用“接触说”。

3. 本罪的既遂与未遂

强奸罪的既遂与未遂的界限，因行为对象的不同而有所差别：如果行为对象是妇女，通常采用“插入说”或者“结合说”作为认定既遂的标准，即以男女生殖器的结合为既遂标准。如果因为犯罪分子意志以外的原因未能插入的，是强奸未遂。如果行为对象是幼女，通常采用“接触说”作为既遂的标准，即只要行为人的生殖器接触到了幼女的生殖器，就构成既遂，反之是未遂。采用“接触说”主要是考虑幼女与妇女生理发育的状况不同，需要对幼女加强保护。

4. 一罪与数罪的界限

如果行为人在强奸过程中，使用暴力压制被害人反抗或者在实施强奸时的粗暴行为致使被害人重伤、死亡或造成其他严重后果的，属于强奸犯的结果加重犯，以强奸罪一罪定罪处罚；如果行为人在实施强奸后，又因泄愤报复或灭口等原因杀害或伤害被害人的，以本罪与故意杀人罪、故意伤害罪数罪并罚；行为人在收买被拐卖的妇女、幼女后，对其实施强奸行为的，数罪并罚；在拐卖妇女过程中奸淫被害人或为强迫他人卖淫对其强奸的，其强奸行为作为拐卖妇女、儿童罪或强迫卖淫罪的法定加重情节，不定为本罪，不实行数罪并罚。

（四）处罚

根据《刑法》第236条的规定，以暴力、胁迫或者其他手段强奸妇女的，处3年以上10年以下有期徒刑。奸淫不满14周岁的幼女的，以强奸论，从重处罚。

强奸妇女、奸淫幼女，有下列情形之一的，处10年以上有期徒刑、无期徒刑或死刑：

①强奸妇女、奸淫幼女情节恶劣的；②强奸妇女、奸淫幼女多人的；③在公共场所当众强奸妇女的；④2人以上轮奸的；⑤致使被害人重伤、死亡或者造成其他严重后果的。其中，情节恶劣是指强奸的手段残酷，在社会上造成了恶劣影响，这包括：多

次实施强奸的；强奸共犯中的主犯和首要分子；在公共场所劫持妇女强奸的；因强奸致使被害人自杀、精神失常的；以特殊年龄或身体状况的妇女如孕妇、病妇、老妇、月经在身的妇女为强奸对象的。强奸妇女、奸淫幼女多人是指强奸妇女、奸淫幼女3人以上，既包括作为单独实行犯进行强奸，也包括作为实行犯、教唆犯、帮助犯参与共同强奸。在公共场所当众强奸是指在车站、码头、公园、电影院、运动场、公路、公共交通工具等地当着不特定多数人的面公然强奸，但不包括在公共场所挟持或诱骗妇女至他处再实施强奸的，也不包括行为人利用女浴室、女厕所等便利的环境条件实施强奸，因为在这种情况下不具有公然性。轮奸是指2人以上的男人在同一时间轮流强奸同一妇女或幼女。

【法律链接】

1.《中华人民共和国刑法》（1997）第236条*。

2.《最高人民法院关于审理强奸案件有关问题的解释》（2000年2月24日）。

3. 最高人民法院、最高人民检察院《关于执行〈中华人民共和国刑法〉确定罪名的补充规定》（2002年3月15日）。

4. 最高人民法院、最高人民检察院、公安部《关于当前办理强奸案件具体应用法律的若干问题的解答》（1984年4月26日）。

五、强制猥亵、侮辱罪（修正案九）

（一）概念

强制猥亵、侮辱罪，是指违背妇女或者他人意志，以暴力、胁迫或者其他方法强制猥亵他人或者侮辱妇女的行为。

（二）犯罪构成

（1）客体是妇女或者他人的性自由权、性健康权。这是一种特殊的名誉权。这里所说的妇女，是指本罪针对的对象即年满14周岁的妇女，不包括年龄不满14周岁的幼女。所谓他人，即指年满14周岁的男性，这是《刑法修正案（九）》对本罪的重大修改。如果猥亵不满14周岁男女的，定为猥亵儿童罪。

（2）客观方面表现为以暴力、胁迫或者其他方法实施了强制猥亵他人或者侮辱妇女的行为。首先，本罪的行为人违背了妇女或他人的真实意思。其次，本罪是通过猥亵、侮辱方式进行的。所谓猥亵，一般是指针对身体私密性质部位的直接接触；侮辱一般指非身体性接触或者身体非私密部位的接触。行为对象为年满14周岁的人。具体说来，猥亵是指通过性交以外的方法对妇女或他人人身实施性侵犯，如抠摸、搂抱、亲吻、舌舐、吸吮、手淫等，从而达到刺激、兴奋、满足行为人或第三人的性欲目的的行为。侮辱是指以各种淫秽下流的语言或者动作损害妇女或他人性健康权的行为。例如，向妇女身体泼洒淫秽物，在妇女面前暴露性器官，或者用生殖器顶擦妇女身体，偷剪妇女的发辫、衣服等等。这种猥亵、侮辱都不以强行奸淫为目的，都是实施性交以外的方法，这也是本罪与强奸罪的根本区别。再次，行为人猥亵、侮辱必须是以暴力、胁迫或者其他方法强制实施的。行为人只有违背妇女或他人意志，实施了上述强制行为，才构成本罪。最后，上述强制手段并不以公然实施为前提，即使非公开的场所也可以构成。

（3）主体为一般主体。凡具备刑事责任能力的自然人，不论男女，均可构成本罪主体。

（4）主观方面表现为故意，而且是直接故意，并且具有猥亵、侮辱而不奸淫妇女的目的。从动机上来讲是为了刺激、兴奋或满足行为人性欲或第三人的性欲。

（三）认定

1. 罪与非罪的界限

关键看情节，构成本罪必须达到情节严重。如果实施了强制猥亵、侮辱的行为，但情节显著轻微的、危害不大的，不认为是犯罪。比如在公共场所、办公场所等地方实施性骚扰，如果情节显著轻微的，就不认为是犯罪，而是通过道德谴责或由其他法律调整。

2. 本罪与强奸罪（未遂）的界限

二者在客观方面都使用了暴力、胁迫或其他方法对行为对象实施强制的性侵犯行为，在具体表现手段上都可能有搂抱、亲吻等相同或类似的行为。但二者有着明显的不同：

（1）行为人主观目的不同。本罪不以奸淫为目的，而是通过性交以外的猥亵、侮辱行为达到性满足；而后罪具有明确的奸淫目的，通过强制手段与女性进行性交。

（2）客体不同。本罪的客体是妇女或他人的性自由权、性健康权；而后罪的客体是女性的性的不可侵犯的权利以及幼女的身心健康。

（3）客观表现不完全相同。本罪是对妇女或他人强制实施性交以外的猥亵、侮辱行为；而后罪是与妇女强行发生性交的行为。

（4）主体不完全相同。本罪的犯罪主体既可以是男性，也可以是女性；而后罪的犯罪实施主体是男性。

3. 本罪与猥亵儿童罪的界限

猥亵儿童罪是指以寻求性刺激、满足性欲为目的，猥亵儿童的行为。本罪与猥亵儿童罪的区别如下：

（1）二者的客体不同。本罪的客体是他人或妇女的性自由权、性健康权；而后罪的客体是儿童的身心健康。

（2）二者的行为对象不同。本罪针对已满 14 周岁的他人或妇女；而后罪则只针对不满 14 周岁的儿童，包括幼女和男童。

（3）二者的行为方式不同。本罪在客观上必须是强制，即必须使用暴力、胁迫等强制方法；而后罪无此限制，不管是否强制，都可构成猥亵儿童罪。

（四）处罚

根据《刑法》第 237 条的规定，以暴力、胁迫或者其他方法强制猥亵他人或者侮辱妇女的，处 5 年以下有期徒刑或者拘役。聚众或者在公共场所当众犯前款罪的，或者有其他恶劣情节的，处 5 年以上有期徒刑。猥亵儿童的，依照前两款的规定从重处罚。

【法律链接】

1. 《中华人民共和国刑法》（1997）第 237 条*。
2. 《中华人民共和国刑法修正案（九）》第 13 条。

六、非法拘禁罪

（一）概念

非法拘禁罪，是以非法扣押、关押，或者其他强制方法剥夺他人人身自由的行为。

（二）犯罪构成

（1）客体是他人的人身自由权。即非法拘禁行为侵犯了他人的人身自由，使他人的人身自由受到限制。这里所说的人身自由，是意志自由与行动自由的统一，而不是单纯的意志自由。这里所说的他人，即本罪的行为对象，是依法享有人身自由权的任何公民。不论男女老少，也不管其是否犯错误或违法，甚至是犯罪嫌疑人，只要未被依法剥夺人身自由，都属于本罪的行为对象。如果对其实施拘禁、扣押等非法行为，就可构成本罪。对于自己不能支配自己身体活动的婴儿、失去行动能力的病人或残疾人，可以通过监护人享受到在一定空间内自由移动的权利，从而实现人身自由权。如果对他们实施非法拘禁，实质上也是剥夺了他们的人身自由权。

（2）客观方面表现为行为人实施了以非法扣押、关押、禁闭或者其他方法剥夺他人人身自由的行为。即行为人实施了非法拘禁行为，使他人的人身自由被非法剥夺。

首先，行为人的拘禁行为具有非法性。剥夺他人的人身自由必须具有非法性，才可构成本罪。如果实施正当行为而拘禁他人的，如合法扭送、拘留、逮捕等，则不构成本罪。一般而言，在没有履行法律手续或者经过正常的法律程序的情况下，任何剥夺他人人身自由的行为都是违法的，即使是经国家法律授权，有权行使拘留、逮捕等强制措施的公安、司法机关，在履行职权时，如果没有遵循法定程序，同样是非法的。只有按照正常的法律程序或履行法律手续剥夺他人人身自由的，才是合法的。

其次，行为人剥夺了他人的人身自由。他人的活动自由被控制在一定的空间范围内，无法离开该空间范围，并持续了一定时间，即拘禁行为具有强制性。应当说明的是，人身自由被剥夺应当以他人认识到身体自由受到限制为前提。如果行为人实施了剥夺他人人身自由的行为，而他人根本没有意识到自己的行动自由受到限制，则不认为是非法拘禁行为。如张三乘李四熟睡时将其反锁于屋内，李四一直没有察觉，那么，在这种情况下，就不能认为张三对李四实施了非法拘禁行为。另外，拘禁行为还应当具有持续性，即剥夺他人自由的状态在一定时间内处于持续不间断的状态。因此，尽管刑法对于非法剥夺他人人身自由没有时间长短、后果轻重等方面的规定，但并不意味着行为人在任何情况下一实施非法拘禁行为就构成本罪。为把握非法拘禁的标准，最高人民检察院在 1999 年 8 月 6 日的《关于人民检察院直接受理立案侦查案件立案标准的规定（试行）》中规定了属于非法拘禁的具体情形，作为立案的依据。具体表现为：①非法拘禁持续时间超过 24 小时的；②3 次以上非法拘禁他人，或者 1 次非法拘禁 3 人以上的；③非法拘禁他人，并实施捆绑、殴打、侮辱等行为的；④非法拘禁，致人伤残、死亡、精神失常的；⑤为索取债务非法扣押、拘禁他人，具有上述情形之一的；⑥司法工作人员对明知是无辜的人而非法拘禁的。

再次，非法拘禁的方式具有多样性。可以是强制性的，也可以是非强制性的；可以是有形的，也可以是无形的；可以是作为方式，也可以是不作为方式。如某人被合法关押，现应予释放，但执行人员拒不履行职责，无正当理由拒不释放，导致该人被无故多关押数日，那么执行人员的行为，就构成不作为的非法拘禁。

（3）主体是一般主体。

（4）主观方面表现为故意，即行为人明知是非法剥夺他人人身自由的行为而仍实施。过失剥夺他人人身自由的不构成本罪。

（三）认定

1. 罪与非罪的界限

关键看三点：拘禁行为是否具有非法性；行为人是否剥夺了他人的人身自由；情节是否严重。

（1）不具有非法性的拘禁行为，不构成犯罪。主要表现在：公安、司法人员依法采取拘留、逮捕等强制措施；公民扭送正在实施犯罪时被抓获的犯罪嫌疑人去公安机关；医生对精神病人的管束等等。这些都属于合法行为，不能认定为非法拘禁行为。此外，公安、司法人员在履行限制人身自由的职责时手续上有微小瑕疵，不能认定为具有非法拘禁性；紧急情况下的自救或自助行为，如宾馆对不付房费的旅客进行滞留的行为，也不认为是犯罪。

（2）情节显著轻微，危害不大的非法拘禁行为，不认为是犯罪。根据最高人民检察院1999年8月6日发布的《关于人民检察院直接受理立案侦查案件立案标准的规定（试行）》对立案标准的规定，对于不符合立案标准规定的，可以认为是情节显著轻微，危害不大的非法拘禁行为，不认定为犯罪。

2. 非法拘禁罪结果加重犯与故意伤害罪和故意杀人罪的界限

非法剥夺他人人身自由，致人重伤或者死亡的，按结果加重犯处理。即在实施非法拘禁过程中，行为人对被拘禁人使用的拘禁方法不当，如捆绑过紧造成精神受刺激或者因照顾不周导致饮食、居住条件恶劣等，使被拘禁人因上述暴力以外的原因造成身体健康受到重大伤害甚至死亡的，仍按本罪论处，加重处罚。如果非法拘禁人使用暴力致人伤残、死亡的，即行为人在非法拘禁过程中，故意对被拘禁人实施殴打、虐待等暴力行为，直接导致被拘禁人伤残、死亡的，则按故意伤害罪或故意杀人罪论处。而如果实施了暴力行为，但没有造成重伤、死亡结果的，则仍属于非法拘禁罪，暴力行为可作为量刑情节予以考虑。

3. 一罪与数罪的界限

（1）非法拘禁罪与故意杀人罪、故意伤害罪的牵连犯形态。如上所述，通常表现为在非法拘禁过程中，行为人对被害人进行暴力加害，或者行为人用非法拘禁方法故意殴打、虐待被害人致其伤残、死亡。此时，行为人目的在于故意伤害、故意杀害被害人，只不过其方法采用了非法拘禁而已，自然应按牵连犯的处罚原则，从一重罪定罪处罚，即按故意伤害罪或故意杀人罪定罪处罚。

（2）非法拘禁罪与刑讯逼供罪、暴力取证罪形成牵连犯形态或想象竞合犯形态的情况，表现为司法工作人员非法将犯罪嫌疑人、被告人或证人拘禁，在此过程中又进行刑讯逼供或暴力逼取证言的行为。对于这种情形，应按刑讯逼供罪或暴力取证罪对行为人定罪处罚。当然，如果行为人在拘禁他人进行刑讯逼供、暴力逼取证言过程中致人伤残、死亡的，应以故意伤害罪、故意杀人罪定罪处罚。

（四）处罚

根据《刑法》第238条的规定，非法拘禁他人或者以其他方法非法剥夺他人人身自由的，处3年以下有期徒刑、拘役、管制或者剥夺政治权利。具有殴打、侮辱情节的，从重处罚。犯前款罪，致人重伤的，处3年以上10年以下有期徒刑；致人死亡的，处10年以上有期徒刑。使用暴力致人伤残、死亡的，依照本法第234条、第232条的规定定罪处罚。为索取债务非法扣押、拘禁他人的，依照前两款的规定处罚。国家机关工作人员利用职权犯前三款罪的，依照前三款的规定从重处罚。

【法律链接】

1. 《中华人民共和国刑法》（1997）第238条*。

2. 最高人民检察院《关于人民检察院直接受理立案侦查案件立案标准的规定（试行）》（1999年8月6日）。

3. 最高人民法院《关于对为索取法律不予保护的债务非法拘禁他人行为如何定罪问题的解释》（2000年7月13日）。

七、绑架罪（修正案九）

（一）概念

绑架罪，是指以勒索财物或者其他非法利益为目的，采用暴力、胁迫或者其他方法，劫持他人的行为。

（二）犯罪构成

（1）客体是他人的人身自由权利和被害人的财产所有权或其他财产性利益。

（2）客观方面表现为行为人实施了非法绑架他人或者绑架他人作为人质的行为。由于本罪具体表现为行为人首先通过绑架行为挟持他人或使他人处于自己的实力控制之下，然后向被绑架人的亲人或其他有利害关系的人或单位发出杀害、伤害或其他的危害被绑架人的威胁，迫使后者支出赎金或满足犯罪人的其他非法利益。因此，本罪的客观行为实际上包含两个环节：第一个环节是对他人进行绑架，使被绑架人处于犯罪人的实力控制之下。这一环节所实施的行为通常叫手段行为。第二个环节则是犯罪人向被绑架人的亲人或其他有利害关系的人或单位勒索财物或谋求其他非法利益。这一环节所实施的行为通常叫目的行为。这两个环节的统一才构成本罪。当然，以这两个环节的统一作为绑架行为的完成，并不意味着绑架的目的一定实现。如果犯罪人实施了手段行为，但还没来得及向被绑架人的亲人提出不法要求的，或提出后没有实现其目的的，也认定成立绑架罪，只是可在量刑时予以考虑。在目的行为中，犯罪人提出要求的对象是被绑架人以外的人。如果犯罪人绑架他人后直接向被绑架人索取财物，则构成了抢劫罪而不是本罪。这里所说的绑架，是指使用暴力、胁迫、麻醉等方法，强制控制被绑架人的行为。当然，绑架的方法并不仅指暴力、胁迫、麻醉等方法，只要是为实现绑架目的而采取的，能使他人置于行为人的控制之下，剥夺其人身自由的方法，都可认为是绑架的方法，甚至以勒索财物为目的的偷盗婴幼儿的都以本罪论处。至于其绑架意图能否实现，不影响本罪的成立。另外，绑架并不要求被绑架人离开自己的生活场所，只要被绑架人处于行为人的实力控制之下，使其丧失人身自由，即使没有离开被绑架人原来的生活场所，也认定为绑架。

（3）主体是一般主体。需要说明的是，根据《刑法》第17条第2款的规定，已满14周岁不满16周岁的人实施绑架行为的，对绑架行为不负刑事责任，尽管本罪比一般故意杀人罪、故意伤害罪等法定刑要重。但是，如果已满14周岁不满16周岁的人在实施绑架过程中将被绑架人杀害或者伤害，则要对其故意杀人、故意伤害（致人重伤）的行为负刑事责任。

（4）主观方面表现为直接故意，并且具有勒索财物或满足其他非法利益的目的。

（三）认定

1. 罪与非罪的界限

按照《刑法》第239条的规定，本罪的最低刑为10年有期徒刑。可见，本罪作为一种社会危害极大的犯罪，我国刑法对其规定得非常严厉。因此，在对本罪予以认定时要准确。本罪通常表现为绑架他人勒索巨额赎金或者有其他重大的非法要求。所以，如果行为人只是索取微不足道的小额财物或提出一般不法要求，又没有造成任何后果的，可认定为情节显著轻微，危害不大，不构成犯罪。

2. 此罪与彼罪的界限

绑架罪与非法拘禁罪的区别。本罪中的绑架行为实际上也非法剥夺了他人的人身自由，是非法拘禁，因此，与非法拘禁罪相似。但二者有着明显的不同：

（1）犯罪目的不同。本罪主观上必须是以勒索财物或其他不法利益为目的，而后罪无此目的要求。但要注意，《刑法》第238条第3款对非法拘禁罪的规定中涉及索取债务这一目的。而在实践中，经常存在着行为人索取财物超出债务范围的情况。对此，要具体分析：如果索取财物超出债务的范围不大，就仍按非法拘禁罪认定；如果索取财物超出债务的范围过大，则名为索债，实为勒索，按本罪定罪处罚。

（2）行为方式不完全相同。本罪只能采用积极的作为方式，而后罪既可以采用作为的方式，也可以采用不作为的方式。

3. 绑架罪的既遂

本罪以行为人实际控制被绑架人或实际劫持人质为既遂标准。只要行为人以自己的实力控制了被绑架人或者实际劫持了人质，就构成本罪，不管绑架的意图是否提出或实现。即使绑架后又自动释放被绑架人的，仍应认定本罪成立，而不能认定犯罪中止。

4. 一罪与数罪的界限

绑架是一种性质恶劣的犯罪，在犯罪的过程中常常伴随有杀人、伤害、奸淫、出卖等行为，关于这些行为的定罪量刑在实践中不易把握。《刑法》第239条第1款规定，绑架他人致使被绑架人死亡或杀害被绑架人的处死刑，并没收财产。根据这一规定，行为人在绑架中杀害被绑架人的，适用绑架罪的加重法定刑处罚，而不能以绑架罪和故意杀人罪实行数罪并罚。因为根据刑法理论，在绑架中杀害被绑架人的，虽然在理论上应以数罪论处，但是由于在绑架中常常伴随着被害人死亡的后果发生，而且刑法对绑架罪规定的法定刑高于故意杀人罪，所以，将故意杀人作为绑架罪的加重情节更有利于诉讼。关于故意伤害被绑架人的，《刑法》第239条未作出明确规定。不过，依照“举重明轻”的立法精神，对此也应按绑架罪一罪论处，而不实行数罪并罚。

以下情况则应按数罪实行并罚：①强奸妇女或奸淫幼女后又绑架的，或者绑架妇女、幼女后对其进行强奸或奸淫的，按绑架罪与强奸罪或奸淫幼女罪数罪并罚；②绑架妇女、儿童后，因不法要求未得到满足，将被绑架的妇女、儿童予以出卖的，以绑架罪与拐卖妇女、儿童罪数罪并罚；③收买被拐卖的妇女、儿童后，对之进行非法拘禁或绑架，并向第三人提出不法要求的，以收买被拐卖的妇女、儿童罪和绑架罪数罪并罚；④组织、领导、参加黑社会性质组织或恐怖组织后，又以勒索财物为目的绑架他人的，以组织、领导、参加黑社会性质组织罪或组织、领导、参加恐怖活动罪和绑架罪数罪并罚；⑤绑架后对被绑架的妇女实行强制猥亵或侮辱，或者对被绑架的儿童进行猥亵的，如果情节轻微，尚不构成犯罪的，以绑架罪一罪论处，在量刑时酌情从重处罚即可。如果强制猥亵、侮辱行为严重，构成了犯罪，这些强制猥亵、侮辱行为与绑架的实行行为不存在吸收或牵连关系的，则以数罪论处。

（四）处罚

根据《刑法》第239条的规定，结合《刑法修正案（九）》的规定，以勒索财物为目的绑架他人的，或者绑架他人作为人质的，处10年以上有期徒刑或者无期徒刑，并处罚金或者没收财产；情节较轻的，处5年以上10年以下有期徒刑，并处罚金；犯前款罪杀害被绑架人的，或者故意伤害被绑架人，致人重伤、死亡的，处无期徒刑或者死刑，并处没收财产。以勒索财物为目的偷盗婴幼儿的，依照前款的规定处罚。该条中的杀害被绑架人，是指故意杀害被绑架人的情况，至于杀害被绑架人的动机和原因可不作考虑。杀害被绑架人，仍定为绑架罪，而不单独以故意杀人罪论处。这实际上是以绑架行为包容杀人行为，按绑架罪论处。按照刑法规定，从重处罚，判处死刑，没收财产。

【法律链接】

1.《中华人民共和国刑法》（1997）第239条*。

2. 最高人民法院、最高人民检察院《关于执行〈全国人民代表大会常务委员会关于严惩拐卖、绑架妇女、儿童的犯罪分子的决定〉》（1992年）。

3. 最高人民法院《关于对拐卖、绑架妇女（幼女）过程中又奸淫被害人的行为应当如何定罪问题的批复》（1994年4月8日，法复〔1994〕6号）。

4. 最高人民法院《关于对在绑架过程中以暴力、胁迫等手段当场劫取被害人财物的行为如何适用法律问题的答复》（2001年11月8日，法函〔2001〕68号）。

5.《中华人民共和国刑法修正案（九）》第14条。

八、拐卖妇女、儿童罪

（一）概念

拐卖妇女、儿童罪，是指以出卖为目的，拐骗、绑架、收买、贩卖、接送或者中转妇女、儿童的行为。

（二）犯罪构成

（1）客体是妇女、儿童的人身自由权利和人格尊严。本罪的对象是妇女和儿童。这里所说的妇女，既包括具有中国国籍的妇女，也包括具有外国国籍和无国籍的妇女。这里所说的儿童则是仅指不满14周岁的人，包括男童和女童。

（2）客观方面表现为行为人实施了拐卖妇女、儿童的行为。即实施了拐骗、绑架、收买、贩卖、接送或者中转妇女、儿童的行为。其中，拐骗是指以欺骗、利诱等非暴力手段将妇女、儿童拐走，以便出卖的行为；绑架是指以暴力、胁迫或者麻醉方法劫持、控制妇女、儿童的行为；收买是指以金钱或其他财物买取、换取妇女、儿童的行为；贩卖是指将妇女、儿童当作特殊商品出售给他人以获取非法利益的行为；接送是指行为人在拐卖过程中对妇女、儿童接收、运送的行为；中转是指为拐卖妇女、儿童的罪犯提供中转场所或机会的行为。另外，根据刑法的规定，如果秘密窃取不满6周岁的儿童，即偷盗婴幼儿的，也按本罪论处。值得注意的是，构成本罪只要求实施上述行为之一即可。即使行为人实施了上述两种以上的行为，仍按本罪一罪处罚，而不实施数罪并罚。至于是否违背被拐卖妇女、儿童的意志则不作考虑。只要行为人为牟取收益，将妇女、儿童当作商品标价出卖的，就以本罪论处。

（3）主体是一般主体。

（4）主观方面表现为直接故意，并且具有出卖妇女、儿童的目的。

（三）认定

1. 罪与非罪的界限

（1）出卖自己子女或亲属的行为性质的认定。对于出卖自己子女或亲属行为的认定，一般根据是否具有营利目的来区别对待：如果没有营利目的，只是由于重男轻女思想影响或出于生活困难，出卖亲生子女或收养子女的，可不作为犯罪论处。如果确系情节恶劣，按遗弃罪处罚；如果是为了营利，出卖不满14周岁的子女，情节恶劣的，以拐卖儿童罪论处。对于出卖14周岁以上女性亲属或者其他不满14周岁亲属的，以拐卖妇女、儿童罪论处。

（2）拐卖妇女、儿童罪与借介绍婚姻、借介绍收养儿童而索取财物行为的界限。借介绍婚姻索取财物的行为是指行为人借其是男女双方的婚姻介绍人的身份，向其中一方或双方收取介绍费的行为。这一行为实质上并不是以出卖妇女为目的，而且也为男女双方所认可，因此不认为是犯罪。借介绍收养儿童而索取财物的行为则是指行为人借为他人介绍收养儿童的机会，向收养一方索取一定的财物。这种介绍收养儿童的行为一般是经过儿童的家长或其他监护人同意的，行为人所索取的财物也只具有介绍费的性质，因此该行为也不构成犯罪。可见，拐卖妇女、儿童罪与上述两种行为是不同的，不能混淆：上述两种行为总体上是在各方自愿的基础上进行的，而本罪基本上违背了被拐卖者的意志；上述两种行为中索取财物的性质表现为一种介绍费，是为了酬谢行为人，其数额较少，而本罪具有交易性质，是把妇女、儿童当作一种特殊商品来出卖，行为人获取的财物数额相当于妇女、儿童的身价，数额较大；上述两种行为不具有出卖的目的，而本罪主观上就是以出卖为目的。

2. 拐卖妇女、儿童罪与诈骗罪的界限

在实践中，常常出现以拐卖妇女为虚假手段，骗取男方财物的行为，俗称“放鹰”。具体而言，就是行为人与所谓的被拐卖妇女串谋，行为人将该妇女卖给被害人做妻子。收取财物后，行为人与该妇女双双逃走。这一行为实质上是诈骗行为，如果诈骗数额较大，以诈骗罪论处，而不认定为本罪。

3. 拐卖妇女、儿童罪与绑架罪的界限

二者在客观上具有相似处，即都可能是绑架妇女、儿童或偷盗婴幼儿。二者区分的关键在于主观目的不同。因此，对二者的认定要看绑架妇女、儿童或偷盗婴幼儿是以出卖为目的，还是为了索取财物或者将妇女、儿童或婴幼儿作为人质。前者以本罪论处，后者定为绑架罪。

4. 拐卖妇女、儿童罪的既遂

拐卖妇女、儿童罪属于行为犯，只要行为人以出卖为目的，实施了拐卖妇女、儿童行为之一的，就属于既遂犯，而不管实际是否出卖。

5. 一罪与数罪的界限

根据本条的规定，犯罪分子在拐卖妇女、儿童的过程中，有下列情形的，应当作为犯罪加重情节，不单独定罪，与拐卖妇女、儿童罪实行并罚：①奸淫被拐卖的妇女的；②诱骗、强迫被拐卖的妇女卖淫或者将被拐卖的妇女卖给他人迫使其卖淫的；③以出卖为目的，使用暴力、胁迫或者麻醉方法绑架妇女、儿童的；④以出卖为目的，偷盗婴幼儿，警察成功解救受害者的；⑤造成被拐卖的妇女、儿童或者其亲属重伤、死亡或者其他严重后果的。

其中，奸淫被拐卖的妇女，是指在拐卖妇女的过程中，犯罪分子与被害妇女发生性关系，不论行为人是否使用了暴力或者胁迫手段，也不论被害妇女是否反抗；绑架妇女、儿童，是指行为人使用绑架的手段拐卖妇女、儿童；偷盗婴幼儿，是指秘密窃取不满1周岁的婴儿，或不满6周岁的幼儿；造成被拐卖的妇女、儿童或者其亲属重伤、死亡或者其他严重后果，是指拐卖妇女、儿童的行为直接或间接造成被拐卖的妇女、儿童或者其亲属重伤、死亡或者产生了其他严重后果。例如，罪犯采用拘禁、捆绑、虐待等手段，致使被害人重伤、死亡或者其他严重后果的；罪犯的拐卖行为以及拐卖中的侮辱、殴打等行为引起被害人或其亲属自杀、精神失常或者其他严重后果的等等。

但如果行为人对被拐卖的妇女、儿童故意杀害、伤害的，则不作为本罪的加重情节，而应以故意杀人罪或者故意伤害罪与本罪数罪并罚。

（四）处罚

根据《刑法》第240条的规定，拐卖妇女、儿童的，处5年以上10年以下有期徒刑，并处罚金；有下列情形之一的，处10年以上有期徒刑或者无期徒刑，并处罚金或者没收财产；情节特别严重的，处死刑，并处没收财产：①拐卖妇女、儿童集团的首要分子；②拐卖妇女、儿童3人以上的；③奸淫被拐卖的妇女的；④诱骗、强迫被拐卖的妇女卖淫或者将被拐卖的妇女卖给他人迫使其卖淫的；⑤以出卖为目的，使用暴力、胁迫或者麻醉方法绑架妇女、儿童的；⑥以出卖为目的，偷盗婴幼儿的；⑦造成被拐卖的妇女、儿童或者其亲属重伤、死亡或者其他严重后果的；⑧将妇女、儿童卖往境外的。

【法律链接】

1.《中华人民共和国刑法》（1997）第240条*。

2. 最高人民法院《关于审理拐卖妇女案件适用法律有关问题的解释》（1999年12月23日，法释〔2000〕1号）。

3. 最高人民法院、最高人民检察院、公安部和司法部联合发布的《关于依法惩治拐卖妇女儿童犯罪的意见》（2011年4月1日）。

九、强迫劳动罪（修正案八）

（一）概念

强迫劳动罪是指以暴力、威胁或者限制人身自由的方法强迫他人劳动的行为。本罪由《刑法修正案（八）》将“强迫职工劳动罪”修改而成。

（二）犯罪构成

（1）客体是复杂客体，既侵犯劳动者的人身自由，又侵犯国家劳动管理制度。劳动者作为公民，其人身自由不受侵犯，已为我国宪法所明定。所谓国家劳动管理制度，主要是指《中华人民共和国劳动法》及其系列配套规章的规定。依劳动法的规定，劳动者的合法权益受法律保护，任何人（包括用人单位）不得侵害。

（2）客观方面表现为行为人违反劳动管理法规，以暴力、威胁或者限制人身自由的方法强迫他人劳动，情节严重的行为：

①有违反劳动管理法规的行为。所谓违反劳动管理法规，是指违反国家调整劳动关系的法律或者其他行政法规的有关规定。

②以暴力、威胁或者限制人身自由的方法强迫他人劳动。使用暴力、胁迫的方法，如施以伤害或以杀害、伤害进行威胁等，强迫他人劳动。所谓限制他人人身自由的方法，是指采取监视、禁止出入等方法而将职工限制在一定的场所、区域内强迫他人劳动。所谓强迫职工劳动，是指违背职工的意志，迫使其进行劳动。至于劳动是有偿的，还是无偿的，则不影响本罪成立。

③所谓情节严重，主要是指长时间无偿强迫他人劳动；强迫多人无偿劳动；因强迫劳动致使发生重大劳动安全事故；采用暴力、胁迫、侮辱等手段非法限制他人人身自由强迫劳动，情节恶劣；等等。

（3）主体为特殊主体，即用人单位。所谓用人单位，是指与劳动者签订劳动合同形成劳动关系的单位。

（4）主观方面必须出于直接故意，即明知自己的行为违反劳动管理法规会产生限制他人人身自由的危害后果，但仍以暴力、威胁或者限制人身自由的方法强迫他人劳动。

（三）认定

1. 罪与非罪的界限

首先，本罪是由特定含义的用人单位实施的犯罪，这些用人单位仅限于经济组织。在实践中，对于机关、事业单位或团体强迫招用职工劳动的，不应以本罪论处。其次，本罪构成要有以暴力、威胁或者限制他人人身自由，且是违背职工的意志，强迫劳动的行为。如果用人单位并没有使用这种法定的方法，只是对职工进行严格要求，或者职工自感超时间、超负荷地劳动，用人单位并未对其强迫的，不能以犯罪论处。

2. 本罪与非法拘禁罪的界限

用人单位的直接责任人员如果对职工采取剥夺人身自由的方法强迫劳动，应当以非法拘禁罪定罪处罚。这里要注意的是：一为限制自由，且强迫他人劳动；一为剥夺自由，实施拘禁。

3. 一罪与数罪的界限

在实践中，行为人在强迫职工劳动中，如果对职工又实施了其他故意犯罪行为，如故意伤害、侮辱等行为的，对行为人应当实行数罪并罚。如果行为人以强迫劳动为目的，职工因人身自由受到限制不堪忍受而自杀，行为人对此结果有过失的，对行为人应按《刑法》第 232 条的情节较重的过失致人死亡罪定罪处罚。此种情形，可视为强迫职工劳动罪与过失致人死亡罪的想象竞合犯。

（四）处罚

根据《刑法》第244条的规定，犯本罪的，处3年以下有期徒刑或者拘役，并处罚金；情节严重的，处3年以上10年以下有期徒刑，并处罚金。明知他人实施前款行为，为其招募、运送人员或者有其他协助强迫他人劳动行为的，依照前款的规定处罚。单位犯前两款罪的，对单位判处罚金，并对其直接负责的主管人员和其他直接责任人员，依照前述规定处罚。

【法律链接】

1.《中华人民共和国刑法》（1997）第244条*、第244条之一。

2.《中华人民共和国刑法修正案（八）》第38条。

3.《中华人民共和国劳动法》（2007）第2条、第38条、第41条、第42条。

4. 最高人民检察院、公安部《关于公安机关管辖的刑事案件立案追诉标准的规定》（2008）。

十、出售、非法提供公民个人信息罪（修正案七）

（一）概念

出售、非法提供公民个人信息罪是指国家机关或者金融、电信、交通、教育、医疗等单位的工作人员，违反国家规定，将本单位在履行职责或者提供服务过程中获得的公民个人信息，出售或者非法提供给他人，情节严重的行为。

（二）犯罪构成

（1）客体是公民个人身份信息的安全和公民身份管理秩序。

（2）客观方面表现为行为人实施了将本单位在履行职责或者提供服务过程中获得的公民个人信息，出售或者非法提供给他人，情节严重的行为。

（3）主体是特殊主体，即国家机关、金融、电信、交通、教育、医疗等单位的工作人员以及这些单位。

（4）主观方面为故意。

（三）认定

1. 罪与非罪的界限

成立本罪必须达到情节严重，对没有获利或违反了对个别公民个人信息的保密义务而未造成严重后果的，不构成犯罪。

2. 出售、非法提供公民个人信息罪认定要件

（1）主体资格适合。

（2）犯罪对象属于本单位在履行职责或公共服务职能中依法收集的个人信息。这里的个人信息，是指那些据此能够直接或者间接识别出特定自然人身份而又与公共利益没有直接关系的私有信息。一般包括姓名、职业、职务、年龄、血型、婚姻状况、宗教信仰、学历、专业资格、工作经历、家庭住址、电话号码（手机用户的手机号码）、身份证号码、信用卡号码、指纹、病史、电子邮件、网上登录账号和密码等等。

（3）客观上实施了出售或非法提供行为。

（4）违反国家规定。这里的违反国家规定，是指违反全国人民代表大会及其常务委员会制定的法律和决定，国务院制定的行政法规、规定的行政措施、发布的决定和

命令。违反信息控制人单方承诺或者特定行业规范承诺对个人信息加以自律性保护的，不构成本罪。

（5）情节严重。一般是指出售或者非法提供的数量、次数较多，获利较大，造成严重社会影响，给公民个人生活或生命财产造成严重损害，或者所出售、非法提供信息被他人用于违法犯罪活动等等。

（6）行为人主观上表现为故意。

（四）处罚

依据《刑法修正案（七）》第7条增订的《刑法》第253条之一的第1款的规定，犯出售、非法提供公民个人信息罪的，处3年以下有期徒刑或者拘役，并处或者单处罚金。

依据《刑法》第253条之一第3款的规定，单位犯本罪的，对单位判处罚金，并对其直接负责的主管人员和其他直接责任人员，依照个人犯本罪的规定处罚。

【法律链接】

1.《中华人民共和国刑法》（1997）第253条之一*。

2.《中华人民共和国刑法修正案（七）》（2009）第7条。

十一、诬告陷害罪

（一）概念

诬告陷害罪，是指捏造犯罪事实，向司法机关或者有关单位告发，意图使他人受到刑事追究，情节严重的行为。

（二）犯罪构成

（1）客体是公民的人身权利和司法机关的正常活动。即行为人通过诬告陷害，使被害人可能无辜遭受刑事追究，或者已经遭受刑事追究，侵犯了被害人的人身权利。同时，行为人的诬告陷害行为，使得司法机关对被害人进行司法审查，对司法机关的正常活动造成了干扰。

（2）客观方面表现为行为人实施了捏造他人的犯罪事实，向司法机关或者有关单位进行了告发，情节严重的行为。这是本罪的本质特征。首先，行为人有捏造他人的犯罪事实的行为，即没有事实根据而虚构他人有涉及犯罪的事实并应当足以引起司法机关对他人追究刑事责任的行为。如果捏造的仅仅是一般的违法或违背道德的事实的行为，不足以引起司法机关追究刑事责任的，不能按本罪论处，只能按诽谤罪或其他相关法律规定处理。此外，这里所说的捏造犯罪事实也不要求捏造犯罪的细节和证据。其次，行为人捏造犯罪事实必须针对特定的对象，即诬告陷害的对象是特定的人。如果行为人并未指明具体的犯罪人，只是捏造了发生犯罪这一事实，并向有关机关告发的，属于虚报案情的行为，不构成本罪。当然，要求指明具体的犯罪人并不是说行为人必须指名道姓说出谁是犯罪人，而是至少要能够根据行为人捏造的犯罪事实判断出谁是被诬陷对象。最后，行为人必须把捏造的他人的犯罪事实向司法机关等有关单位告发。行为人只有将捏造他人的犯罪事实向有关单位告发，才可能使他人受到刑事追究。至于告发的形式，可能是直接的，也可能是间接的。这里所说的有关单位则是指那些能够引起对被诬陷人追究刑事责任的机关，通常是指公安或司法机关，也可能是监察、纪检部门。

（3）主体是一般主体，凡是年满16周岁，具有刑事责任能力的自然人，都可以成为本罪的主体。

（4）主观方面表现为故意，并且必须具有特定的犯罪目的，即意图使他人受到刑事追究。至于实际是否受到刑事追究，不影响本罪的成立。且其动机不影响本罪的成立。

（三）认定

1. 罪与非罪的界限

首先，准确把握本罪与如实反映、错告、检举失实行为的界限。如实地告发他人的犯罪的真实情况，是法律所提倡的，不能对其打击报复，更不能认定本罪成立。错告是指由于情况不明或者认识片面，在正当的揭发检举中，错误地指控他人有犯罪行为并予以告发，并不是故意捏造事实、意图陷害他人。而检举失实，则是指检举揭发他人的犯罪材料，可能是道听途说或未经核实、调查的。错告和检举失实这两种行为，刑法明确规定不构成诬告陷害罪。至于到底是诬告，还是错告、检举失实，则要从行为人告发的背景、动机、起因、告发的事实来源、告发人与被告发人的关系等多方面考察决定。

其次，要把握诬告陷害罪与一般诬陷行为的界限。一般诬陷行为是指故意捏造他人有违法、违纪、违背道德的事实并进行告发，意图使他人受到党纪、政纪处分或者干扰他人升职、任职，或者诬告陷害他人但情节不严重。对于一般诬陷行为，由于不具备诬告陷害罪的主客观要件，所以不认为是犯罪。对于其中的情节是否严重，可从行为人的动机，所诬告的事实，罪行的大小，诬告的方式、方法、手段所造成的后果、影响等多方面考察判断。如果诬陷造成的后果比较严重，或捏造的他人犯罪的事实比较严重，或诬告的手段比较恶劣，可认定为情节严重，从而构成本罪。反之，不构成本罪。

2. 诬告陷害罪与诽谤罪的界限

诬告陷害罪与诽谤罪都具有捏造事实的客观行为，但二者是不同的：①目的不同。本罪是意图使他人受到刑事追究，而后罪是为了损害他人的人格和名誉。②客体不同。本罪的客体是他人的人身权利和司法机关的正常工作，而后罪的客体是他人的人格权和名誉权。③客观表现不同。本罪是虚构他人的犯罪事实，向有关单位告发，而后罪是虚构损害他人人格或名誉的事实，在特定范围内散发。

3. 诬告陷害罪既遂的认定

诬告陷害罪是行为犯，因此，只要行为人捏造了犯罪事实，并向有关单位进行了告发，就构成诬告陷害罪，而不管被诬陷人是否被追究刑事责任。

（四）处罚

根据《刑法》第243条的规定，捏造事实诬告陷害他人，意图使他人受刑事追究，情节严重的，处3年以下有期徒刑、拘役或者管制；造成严重后果的，处3年以上10年以下有期徒刑。国家机关工作人员犯前款罪的，从重处罚。不是有意诬陷，而是错告或者检举失实的，不适用上述规定。

【法律链接】

《中华人民共和国刑法》（1997）第243条＊。

十二、刑讯逼供罪

（一）概念

刑讯逼供罪，是指司法工作人员对犯罪嫌疑人、被告人使用肉刑或者变相肉刑，逼取口供的行为。

（二）犯罪构成

（1）客体是公民的人身权利和司法机关的正常活动，属于复杂客体。本罪侵害的对象是犯罪嫌疑人、被告人，不包括正在服刑的罪犯。即仅指在刑事诉讼过程中被指控有犯罪行为，而被司法机关依法追究刑事责任的人。

（2）客观方面表现为实施了对犯罪嫌疑人、被告人使用肉刑或者变相肉刑，逼取口供的行为。肉刑是指对犯罪嫌疑人或被告人进行捆绑、吊打、火烫、针扎等，使犯罪嫌疑人或被告人身体器官遭受损害或肌肤等遭受痛苦的摧残。变相肉刑是指上述肉刑以外的其他对身体或意志进行折磨、摧残的方法，如长时间站立、不准睡眠、冻饿、昼夜连续审讯等，甚至使用专门刑具进行刑讯。

（3）主体是特殊主体。本罪的主体仅限于司法工作人员。根据《刑法》第94条的规定，司法工作人员是指依法负有侦查、检察、审判、监管职责的工作人员。至于在司法实践中的治安联防人员，单位聘用的保安人员，以及其他干部群众，由于他们没有法律赋予的司法职权，因此，他们不具有司法工作人员的身份，不属于本罪的主体。

（4）主观方面表现为故意，且具有逼取口供的目的。逼取口供是本罪故意的关键，也是本罪与其他犯罪相区别的重要标志之一。

（三）认定

1. 罪与非罪的界限

对刑讯逼供，不管是从道义上，还是从法律上都被严厉地否定。但并非任何刑讯逼供行为都以本罪论处。尽管刑法并没有明文规定刑讯逼供行为构成犯罪的限制性情节，但对一般性的刑讯逼供行为，往往不认为是犯罪，而是按一般违法行为论处。

为了更好地把握刑讯逼供罪的准确定罪量刑，最高人民检察院在1999年9月16日发布的《关于人民检察院直接受理立案侦查标准的规定（试行）》中规定了刑讯逼供应予立案追究刑事责任的情形，具体表现为：①手段残忍，影响恶劣的；②致人自杀或者精神失常的；③造成冤、假、错案的；④3次以上或者对3人以上进行刑讯逼供的；⑤授意、指使、强迫他人刑讯逼供的。

2. 刑讯逼供罪与非法拘禁罪的界限

二者的主要区别是：①主体不同。本罪的主体是特殊主体，即司法工作人员；而后罪的主体是一般主体。②客体不同。本罪的客体是公民的人身权利和司法机关的正常活动；而后罪的客体是公民的人身自由权。③行为对象不同。本罪的对象限于犯罪嫌疑人、被告人；而后罪没有特定对象的限制。④客观行为不同。本罪使用肉刑或变相肉刑，即利用司法职权拷打他人；而后罪不限于利用司法职权，也不限于使用肉刑，主要表现为非法拘禁、剥夺人身自由。⑤目的不同。本罪的目的是逼取口供；而后罪不要求有特定的目的。⑥是否侵犯人身自由不同。本罪一般在限制公民的人身自由方面并没有严重的非法性，一般都有合法的手续，其非法性是拷打他人；而后罪剥夺他人的人身自由具有严重的非法性。这是二者区分的关键。

3. 刑讯逼供罪与故意伤害罪的界限

二者的主要区别是：①主体不同。本罪的主体是特殊主体，即司法工作人员；而后罪的主体是一般主体。②客体不同。本罪的客体是公民的人身权利和司法机关的正常活动；而后罪的客体是公民的身体健康权。③行为对象不同。本罪的对象限于犯罪嫌疑人、被告人；而后罪没有特定对象的限制，是一般人。④客观行为不同。本罪使用肉刑或变相肉刑，即利用司法职权拷打他人；而后罪表现为有伤害行为，且有伤害程度为其成立的要件。⑤目的不同。本罪的目的是逼取口供；而后罪不以逼取口供为目的。

4. 一罪与数罪的界限

（1）行为人刑讯逼供造成他人轻伤结果的，尽管行为人有伤害的意识和行为，仍认定为本罪。

（2）如果行为人在刑讯逼供过程中致人伤残、死亡的，分别按故意伤害罪、故意杀人罪定罪处罚，也不需要数罪并罚。致人伤残是指刑讯逼供的结果直接造成被害人重伤、残疾，但不包括被害人自伤自残发生严重后果的情况。在被害人自伤自残发生严重后果的情况下，仍按本罪认定，只是该后果作为量刑情节考虑。致人死亡，是指刑讯逼供的后果直接造成被害人死亡，不包括被害人因刑讯逼供而自杀的情况。此时，仍认定为本罪。如果行为人在刑讯逼供过程中实施了足以致人伤残的行为，但却发生了死亡的结果，对此，基于行为人确实缺乏杀人的故意，也只认定为故意伤害（致人死亡）罪。

（四）处罚

根据《刑法》第247条的规定，司法工作人员对犯罪嫌疑人、被告人实行刑讯逼供的，处3年以下有期徒刑或者拘役。致人伤残、死亡的，依照《刑法》第234条、第232条的规定从重处罚。

【法律链接】

1.《中华人民共和国刑法》（1997）第247条*、第234条、第232条。

2. 最高人民检察院《关于人民检察院直接受理立案侦查案件立案标准的规定》（1999年9月16日）。

十三、暴力取证罪

（一）概念

暴力取证罪，是指司法工作人员使用暴力，逼取证人证言的行为。

（二）犯罪构成

（1）客体是复杂客体，即公民的人身权利和司法机关的正常活动。侵害的对象是证人。

（2）客观方面表现为使用暴力，逼取证人证言的行为。使用暴力是指对证人用肉刑、伤害、殴打等手段逼取证言。

（3）主体是特殊主体，即司法工作人员。

（4）主观上表现为故意，并且具有逼取证言的目的。

（三）认定

1. 暴力取证罪与刑讯逼供罪的界限

二者的主体都是司法工作人员，客体都是公民的人身权利和司法机关的正常活动，在客观方面都可能实施暴力，犯罪行为都可能发生在刑事诉讼过程中。二者的不同之处在于：①侵害的对象不同。本罪侵害的对象是证人；而后罪侵害的对象是犯罪嫌疑人、被告人。②主观目的不同。本罪的目的是逼取证人证言；而后罪的目的是逼取口供。③行为方式不完全相同。本罪只能采用暴力手段；而后罪可以采用暴力，也可以不采用暴力（变相肉刑）。④发生的时空条件不完全相同。本罪可能发生在任何诉讼中；而后罪只能发生在刑事诉讼过程中。

2. 暴力取证罪的转化

在暴力取证的过程中，致被害人伤残、死亡的，依故意伤害罪、故意杀人罪定罪处罚。这里所说的伤残、死亡，应是基于行为人的直接暴力手段所致。对于被害人的伤残或者死亡，推定行为人有故意，即推定行为人有放任被害人伤残、死亡的间接故意心理，除非有相反证据证明行为人对伤残、死亡确实不是出于故意。

（四）处罚

根据《刑法》第 247 条的规定，司法工作人员使用暴力逼取证人证言的，处 3 年以下有期徒刑或者拘役。致人伤残、死亡的，根据《刑法》第 234 条、第 232 条的规定从重处罚。

【法律链接】

1. 《中华人民共和国刑法》（1997）第 247 条*、第 234 条、第 232 条。

2. 最高人民检察院《关于人民检察院直接受理立案侦查案件立案标准的规定》（1999 年 9 月 16 日）。

十四、虐待被监管人罪

（一）概念

虐待被监管人罪，是指监狱、拘留所、看守所等监管机构的监管人员，违反监管法规，对被监管人进行殴打或者体罚、虐待，以及指使、纵容被监管人员殴打或者体罚、虐待其他被监管人，情节严重的行为。

（二）犯罪构成

（1）客体是被监管人的人身权利和监管机关的正常活动。本罪侵害的对象是被监管的人，即特定的对象，包括正在服刑的罪犯（已决犯），也包括在劳教所被执行劳动教养的人和在拘留所被执行行政处罚的人。

（2）客观方面表现为行为人利用职务之便，实施了殴打、体罚、虐待被监管人员的情节严重的行为。具体表现为：

①行为人实施了殴打、体罚、虐待被监管人员的行为。殴打是指直接打击身体；体罚是指强迫从事超体力劳动，或滥施械具等；虐待是指以打骂、冻饿等方法，使其肉体上、精神上遭受摧残、折磨。如果行为人并未亲自实施上述行为，而是指使、纵容被监管人殴打或者体罚、虐待其他被监管人的，按照刑法的规定，也认定本罪成立。但实施上述行为的被监管人，由于其行为不具有利用职权的性质，因此，对其不能认

定为本罪，而是认定为破坏监管秩序罪。不过，如果被监管人不服管理、逃跑、实施暴行或其他危险行为的，监管人员经过批准对被监管人员使用械具时，不构成本罪。

②情节严重。本罪必须具有情节严重的要件。所谓情节严重，是指使用酷刑摧残，手段恶劣的；殴打、体罚、虐待被监管人多人多次，影响极坏的；经常殴打、体罚、虐待被监管人，屡教不改的；行为造成严重后果的等等。

（3）主体是特殊主体，即必须是监狱、拘留所、劳教所、少管所等监管机构的监管人员。

（4）主观上表现为直接故意，即行为人明知其行为违反监管法规，会造成对被监管人人身权利的侵犯，仍对被监管人员实施殴打、体罚、虐待。其目的是惩罚被监管人。其动机一般是对被监管人进行肉体摧残和精神折磨。

（三）认定

1. 罪与非罪的界限

对于情节一般的殴打、体罚被监管人的行为，不应以犯罪论处。比如，对于监管人员凭一时感情用事，对被监管人扇几个耳光、打两拳，并未造成什么严重后果的，可以给予批评教育或者由其主管部门予以行政处分，而不应以犯罪论处。要将正当的管教措施与虐待被监管人的行为区分开来。根据《监狱法》等监管法规，为保证监管活动的正常开展和维护良好的监管秩序，监管人员在紧急情况或必要时，有权对被监管人采取使用械具、予以禁闭、使用警棍乃至武器等强制措施。这些措施在客观上与体罚、虐待行为相似，实则有本质区别。

2. 此罪与彼罪的界限

（1）虐待被监管人罪与刑讯逼供罪的界限。二者在客观方面的表现极为相似：行为对象都可能是犯罪嫌疑人、被告人。二者区分的关键在于目的不同：本罪的目的是惩罚被监管人，而后罪的目的是逼取口供。另外，二者侵害的对象也不同：本罪侵害的对象既包括犯罪嫌疑人，也包括正在服刑的罪犯，还包括在劳教所被执行劳动教养的人和在拘留所被执行行政处罚的人。不过，如果被监管人因为犯罪而被调查时，就处于犯罪嫌疑人的地位，可以成为刑讯逼供的对象。而后罪侵害的对象仅限于犯罪嫌疑人，不包括正在服刑的罪犯。

（2）虐待被监管人罪的转化。根据《刑法》第 248 条的规定，殴打、体罚、虐待被监管人员致其伤残、死亡的，依照《刑法》第 234 条、第 232 条规定的故意伤害罪、故意杀人罪定罪处罚，不再认定为本罪，也不实行数罪并罚。

（四）处罚

根据《刑法》第 248 条的规定，监狱、拘留所、看守所等监管机构的监管人员对被监管人进行殴打或者体罚虐待，情节严重的，处 3 年以下有期徒刑或者拘役；情节特别严重的，处 3 年以上 10 年以下有期徒刑。致人伤残、死亡的，依照《刑法》第 234 条、第 232 条的规定从重处罚。监管人员指使被监管人员殴打或者体罚虐待其他被监管人的，依照前款的规定处罚。

【法律链接】

1.《中华人民共和国刑法》（1997）第 248 条 *、第 234 条、第 232 条。

2. 最高人民检察院《关于人民检察院直接受理立案侦查案件立案标准的规定》

（1999 年 9 月 16 日）。

3. 最高人民检察院《关于渎职侵权犯罪案件立案标准的规定》（2006 年 7 月 26 日）。

十五、破坏选举罪

（一）概念

破坏选举罪，是指在选举各级人民代表大会代表和国家机关领导人员时，违反选举法的规定，以暴力、威胁、欺骗、贿赂、伪造选举文件、虚报选举票数等手段，破坏选举或者伤害选民自由行使选举权和被选举权，情节严重的行为。

（二）犯罪构成

（1）客体是公民的选举权利和国家的选举制度。选举权利，包括选举权和被选举权。

（2）客观方面表现为行为人违反了选举法的规定，使用暴力、威胁、贿赂、伪造选举文件、虚报选举票数等非法手段，实施了破坏选举的行为，使选举活动无法正常进行，情节严重的行为。首先，本罪指在选举活动中实施的行为。这里所说的选举是狭义上的选举，专指推选各级人民代表大会的代表和国家机关领导人的活动，而不包括其他的选举活动。其次，破坏选举的方式通常是指法律列举的暴力、威胁、欺骗、贿赂、伪造选举文件、虚报选举票数等方式。暴力是指对选民、各级人民代表大会代表、候选人、选举工作人员等进行殴打、捆绑等人身打击或强制；威胁是指以杀害、伤害、破坏名誉等手段进行要挟，迫使被要挟人不能正常履行组织管理职责或者放弃应得的权利机会等；欺骗是指捏造事实，颠倒是非，以虚假的事实扰乱选举的正常进行；贿赂是指用金钱或者其他物质利益收买选民、各级人民代表大会代表候选人、选举工作人员，以实现自己操纵、破坏选举或者进行其他舞弊活动的目的；伪造选举文件是指采用伪造选民的选票、选民名单、候选人名单、代表资格报告等选举文件的方法破坏选举；虚报选举票数是指选举工作人员对于统计出来的选票数、赞成和反对票数等进行虚假汇报的行为。

（3）主体是一般主体。可以是国家机关工作人员，也可以是普通群众；可以是主持组织选举的工作人员，也可以是普通选民；可以是有选举权和被选举权的公民，也可以是无选举权和被选举权的公民。

（4）主观方面表现为直接故意，即有意破坏选举活动的正常进行或破坏选举结果的真实性、合法性。

（三）认定

1. 罪与非罪的界限

（1）只有针对各级人民代表大会代表和国家机关领导人的选举，才属于本罪适用的范围。破坏其他的选举活动，不以本罪论处。

（2）分清一般违法行为与情节严重的界限。破坏选举行为情节严重的，才构成犯罪。破坏选举，必须是破坏的手段比较恶劣，后果比较严重，如大量收买选票或在选举中进行舞弊行为，导致选举结果无效，或使用暴力手段导致选举工作不能正常进行等，才以本罪论处。如果仅有轻微的干扰选举工作正常进行的行为，也没有对选举活动的正常进行或选举结果产生严重影响的，只能认定为一般违法行为，不构成犯罪。

2. 一罪与数罪的界限

（1）如果行为人使用贿赂手段破坏选举的，可能会同时触犯行贿罪。由于该贿赂行为属于破坏选举行为的客观表现，因此，仍认定为破坏选举罪，不需要实行数罪并罚。

（2）如果行为人使用暴力手段破坏选举的，其暴力行为可能会同时触犯故意伤害罪、妨害公务罪等罪名。此时，可视为想象竞合犯，从一重罪处罚，不实行数罪并罚。

（3）如果行为人伪造选举文件破坏选举的，其伪造选举文件行为可能会同时触犯伪造国家机关公文、证件罪。此时，认定为牵连犯，从一重罪处罚，不实行数罪并罚。

（四）处罚

根据《刑法》第256条的规定，在选举各级人民代表大会代表和国家机关领导人员时，以暴力、威胁、欺骗、贿赂、伪造选举文件、虚报选举票数等手段破坏选举或者妨害选民和代表自由行使选举权和被选举权，情节严重的，处3年以下有期徒刑、拘役或者剥夺政治权利。

【法律链接】

1.《中华人民共和国刑法》（1997）第256条*。

2. 最高人民检察院《关于人民检察院直接受理立案侦查案件立案标准的规定》（1999年9月16日）。

十六、侮辱罪（修正案九）

（一）概念

侮辱罪，是指使用暴力或其他方法，公然贬低他人人格，破坏他人名誉，情节严重的行为。

（二）犯罪构成

（1）客体是他人的人格尊严和名誉权。本罪侵犯的对象只能是特定的个人，即自然人，不包括单位。

（2）客观方面表现为实施了暴力或其他方法，公然侮辱他人，贬低他人人格，破坏他人名誉，情节严重的行为。

首先，侮辱的具体方法包括暴力等多种方法，暴力方法是指采用强制手段，对他人进行侮辱，使他人人格尊严或名誉受到损害。如强迫被害人做狗的动作、学狗叫，强迫被害人脱光衣裤，当众打被害人耳光，强制在其面部刺字、涂抹污秽物等。但这种强制手段不包括对被害人人身进行的殴打、伤害等对被害人直接进行身体伤害的行为。直接伤害被害人身体的，以故意伤害罪论处。刑法所说的其他方法是指暴力以外的其他侮辱方法，包括言语侮辱。

其次，侮辱行为是公然进行的，即侮辱行为是在能够为不特定多人所闻所见的场合进行的。至于不特定多人是否实际听到、见到，被害人是否在场，都不影响本罪的成立。而如果侮辱行为不是公然进行的，而是在秘密状态下对他人施加暴力或以其他方法侮辱他人的，其他人并不知道，则不构成本罪。如行为人在其他人不知道的情况下，向被害人写信进行侮辱，此时，不能定为侮辱罪。如果该行为构成其他罪的，可按其他罪定罪处罚，如故意伤害罪，强制猥亵、侮辱妇女罪，诽谤罪等。

再次，在公然侮辱他人后，被害人的人格尊严是否降低，名誉是否受到损害，不影响本罪的成立。

最后，侮辱行为只有情节严重，才构成本罪。即只有侮辱行为是以暴力导致严重损害他人名誉、人格尊严，使他人身心受到严重摧残的，或者以其他方法造成恶劣影响，后果严重的，才构成本罪。

（3）主体为一般主体。

（4）主观方面表现为故意，并且具有贬低他人人格尊严、破坏他人名誉的目的。如果行为人没有贬低他人人格尊严、破坏他人名誉的故意，只是对他人进行正当批评或否定性评价，如老师在工作中批评、教育学生，家长训斥子女等，虽然也可以使他人名誉受损，但不能认为构成本罪。

（三）认定

1. 罪与非罪的界限

（1）按照刑法的规定，只有侮辱他人，情节严重的行为才构成本罪。因此，如果只是轻微的侮辱行为，不能认为是犯罪，如戏弄他人。

（2）如果为了公共利益，在新闻报道或者评论文章中披露涉及公共利益的相关问题，且内容真实或基本属实，即使会对他人的形象、名誉造成毁损，也不能认为是犯罪。

2. 侮辱罪与故意伤害罪的界限

本罪与故意伤害罪都可能用暴力伤害他人的身体，但二者不同：从主观上来看，本罪是为了贬低他人人格尊严、破坏他人名誉，而后罪是损害他人的身体健康；从客观上来看，本罪不要求造成伤害的结果，而后罪必须造成轻伤以上的结果。因此，当行为人使用暴力公然侮辱他人时，如果没有造成轻伤结果，则认定为本罪；如果造成轻伤以上的结果，就认定为故意伤害罪。

3. 侮辱罪与强制侮辱（妇女）罪的界限

行为人在侮辱妇女时，可能会采用扒妇女的衣服，对妇女身体进行猥亵等动作。此时，与强制猥亵、侮辱（妇女）罪的客观表现有些相似。但二者不同：

（1）客体不同。本罪的客体是他人的人格尊严和名誉权；而后罪的客体是妇女的性尊严。

（2）主观目的不同。本罪的目的是贬损他人人格尊严、破坏他人名誉，而且多是出于私愤报复、发泄不满；而后罪的目的则是刺激、满足性欲。

（3）侵害的对象不同。本罪侵害的对象是不特定的，可能是男子，也可能是女子；而后罪侵害的对象只能是妇女。根据《刑法修正案（九）》第13条的规定，以暴力、胁迫或者其他方法强制猥亵他人的，则构成强制猥亵罪。

（4）客观方面表现不同。本罪不要求采用强制的方法；而后罪要求采用强制、胁迫的方法。本罪要求公然地实施侮辱行为；而后罪不要求公然进行。

（5）本罪的构成要求情节严重，且告诉才处理，属于亲告罪；而后罪无此要求。但是，如果行为人在公共场所出于报复等心理对妇女实施伤害其性的行为，如强行脱掉妇女的衣裤等，那么，在侮辱妇女的同时，也构成了强制侮辱（妇女）罪。此时，应把对妇女的性自由权等的侮辱行为看作对名誉权侵害的特殊形态，界定为强制侮辱（妇女）罪。

4. 一罪与数罪的界限

当某一犯罪行为会涉及几种犯罪时，应注意：

（1）如果使用暴力侮辱他人，该暴力行为造成他人轻伤以上伤害后果的，从一重罪处罚，定为故意伤害罪，追究行为人的刑事责任。

（2）在非法拘禁、强奸等其他犯罪行为中，包含侮辱行为，且损害被害人名誉、人格尊严的，按照有关的犯罪定罪处罚，不实行数罪并罚。

（3）如果收买被拐卖的妇女，又对该妇女有侮辱行为，情节严重的，以收买被拐卖的妇女罪和本罪数罪并罚。

（四）处罚

根据《刑法》第246条的规定，以暴力或者其他方法公然侮辱他人，情节严重的，处3年以下有期徒刑、拘役、管制或者剥夺政治权利。前款罪，告诉的才处理，但是严重危害社会秩序和国家利益的除外。根据《刑法修正案（九）》第16条的规定（作为《刑法》第246条第三款），通过信息网络实施第一款规定的行为，被害人向人民法院告诉，但提供证据确有困难的，人民法院可以要求公安机关提供协助。

【法律链接】

《中华人民共和国刑法》（1997）第246条*。

《中华人民共和国刑法修正案（九）》第16条。

十七、诽谤罪（修正案九）

（一）概念

诽谤罪，是指故意捏造并散布某种虚构的事实，损害他人人格尊严、破坏他人名誉，情节严重的行为。

（二）犯罪构成

（1）客体是他人的人格尊严和名誉权。侵害的对象是特定的他人，可能是一人，也可能是数人。但不要求指名道姓，只要诽谤的内容足以让人知道被诽谤的对象是谁，该罪就成立。

（2）客观方面表现为实施了捏造事实，并加以散布、传播，损害他人人格，破坏他人名誉，情节严重的行为。首先，行为人捏造了事实。所谓捏造事实，是指该事实是虚构的，是无中生有、凭空编造的。如果是真实的事实，不构成诽谤。不过不排除构成侮辱罪。其次，行为人散布、传播了捏造的事实。行为人捏造了事实还不足以损害他人名誉、人格尊严。只有经过行为人散布、传播后，在一定范围内为公众所知晓，才会造成他人名誉、人格尊严的损害。因此，捏造事实与散布、传播行为是构成诽谤的两个不可缺少、不可分离的环节。散布、传播的形式可以是书面的，也可以是口头的。最后，必须是情节严重，足以损害他人的名誉和人格尊严的，才构成本罪。这里所说的情节严重，主要是指采用恶劣的手段，或造成了严重的后果，如造成被害人自杀，或造成了恶劣的政治影响等等。

（3）主体是一般主体。

（4）主观方面表现为故意，且具有损害他人人格尊严、破坏他人名誉的目的。如果无意贬损他人名誉、人格尊严，只是传播的真实事实客观上造成了对他人人格尊严、名誉的贬损的，不构成本罪。

（三）认定

1. 罪与非罪的界限

如果行为人没有诽谤他人的故意，只是因为新闻报道、发表文章严重失实，或者因其他行为使他人名誉受到损害，侵害他人名誉权的，不认为是犯罪，按民事纠纷处理。如果行为人有诽谤他人的故意，但情节并不严重，也不构成犯罪，此时，应按民事纠纷处理，必要时对行为人按《治安管理处罚条例》给予行政处罚。

2. 诽谤罪与侮辱罪的界限

二者在客体、主体、主观方面基本相同，而在客观方面有三点区别：

（1）实施手段不同。本罪只能用口头或文字等非暴力方式进行；而后罪可以用暴力方法。

（2）实施方式不同。本罪要捏造事实，并公然散布、传播，来损害他人的名誉、人格尊严；而后罪只注重公然侮辱，至于是否捏造事实贬低他人的人格尊严、损害他人的名誉，不影响罪名成立。

（3）实施场合不同。本罪可以当众或当着第三者，甚至被害人的面散布捏造的事实，也可以是私下进行，只要第三者或公众知道即可；而后罪的侮辱行为则往往当着被害人的面公然进行。如果行为人以口头、文字方式捏造事实并加以散布、传播，损害他人人格尊严、名誉，可认定是诽谤；而如果行为人没有捏造事实，以口头、文字方式散布、传播道听途说的虚假事实，损害他人的人格尊严、名誉，可认定是侮辱。

（四）处罚

根据《刑法》第246条的规定，捏造事实诽谤他人，情节严重的，处3年以下有期徒刑、拘役、管制或者剥夺政治权利。前款罪，告诉的才处理，但是严重危害社会秩序和国家利益的除外。根据《刑法修正案（九）》第16条的规定（作为《刑法》第246条第三款），通过信息网络实施第一款规定的行为，被害人向人民法院告诉，但提供证据确有困难的，人民法院可以要求公安机关提供协助。

【法律链接】

《中华人民共和国刑法》（1997）第246条*。

《中华人民共和国刑法修正案（九）》第16条。

十八、暴力干涉婚姻自由罪

（一）概念

暴力干涉婚姻自由罪，是指以暴力手段，干涉他人婚姻自由的行为。

（二）犯罪构成

（1）客体是复杂客体，即公民的婚姻自由权和人身权利。婚姻自由，是婚姻家庭权利的重要组成部分，包括结婚自由、离婚自由。任何人不能干涉。如果以暴力手段干涉婚姻自由，其暴力行为必须造成对他人人身权利的侵害，同时也使公民不能自由行使婚姻自由权利。

（2）客观方面表现为用暴力手段干涉他人婚姻自由的行为。首先，行为人采用了暴力手段，即行为人采用了捆绑、殴打、禁闭、强抢等方式对他人人身实施打击和强制。本罪在手段上仅限于暴力手段。如果采用非暴力手段干涉婚姻自由的，不构成本罪。其次，使用暴力手段干涉了他人的婚姻自由，即干涉了他人的结婚自由或离婚自由。

（3）主体是一般主体。但实际暴力干涉婚姻自由的，一般是被干涉者的父母或其他亲友。

（4）主观方面表现为故意，即故意干涉他人结婚自由或离婚自由。至于动机如何，不影响本罪的成立。

（三）认定

1. 本罪与故意伤害罪、故意杀人罪的界限

行为人在实施暴力手段干涉婚姻自由时，可能会造成被干涉者伤害、死亡，同时触犯故意伤害罪、故意杀人罪。对此，应具体分析、区别对待：如果行为人以故意伤害或故意杀人的方法干涉他人婚姻自由的，依《刑法》第 234 条、第 232 条的规定，以故意伤害罪、故意杀人罪定罪处罚；如果行为人只是由于过失致使被干涉者死亡或被干涉者自己因暴力干涉而自杀的，依本条第 2 款的规定，仍定为暴力干涉婚姻自由罪，从重处罚；如果经常性地使用暴力方法干涉他人婚姻自由，而又伴有以故意伤害或故意杀人的方法干涉他人婚姻自由的，应以本罪与故意伤害罪、故意杀人罪实行数罪并罚。

2. 对抢婚性质的认定

对于抢婚，要区分具体情况，区别对待：如果属于少数民族地区或边远地区沿袭下来的习俗，不认为是犯罪；如果是因干涉婚姻自由而抢婚的，以本罪论处。如女方不同意与男方结婚，男方用暴力劫持女方与之结婚，就属于此类情况，定为暴力干涉婚姻自由罪；如果在以暴力干涉婚姻自由为目的的抢婚过程中，与女方强行性交的，依强奸罪与本罪数罪并罚；如果男女双方办理了结婚登记，尚未同居生活，此时女方提出离婚，男方采用暴力手段强抢女方与其同居生活，情节较轻的，按离婚案件处理；情节特别严重的，则依本罪处罚。

（四）处罚

根据《刑法》第 257 条的规定，以暴力干涉他人婚姻自由的，处 2 年以下有期徒刑或者拘役。犯前款罪，致使被害人死亡的，处 2 年以上 7 年以下有期徒刑。前款罪，告诉的才处理。但如果致使被害人死亡的，则不受“告诉才处理”的限制，人民检察院可主动提起公诉。

【法律链接】

《中华人民共和国刑法》（1997）第 257 条*、第 232 条、第 234 条。

十九、重婚罪

（一）概念

重婚罪是指有配偶又与他人结婚的，或明知他人有配偶而与之结婚的行为。

（二）犯罪构成

（1）客体是一夫一妻制的婚姻制度和他人的婚姻家庭关系。

（2）客观方面表现为有配偶而又与他人结婚，或者明知他人有配偶而与之结婚的

行为，即有重婚行为。换言之，是指有两个以上婚姻关系的重合。表现为：①有配偶而重婚；②没有配偶，明知他人有配偶而与之结婚。与他人结婚是指登记结婚（法定婚）或形成事实婚。对于事实婚姻，根据1994年12月14日《最高人民法院关于〈婚姻登记管理条例〉施行后发生的以夫妻名义非法同居的重婚案件是否以重婚罪定罪处罚的批复》，有配偶的人与他人以夫妻名义同居生活的，或者明知他人有配偶而与之以夫妻名义同居生活的，按重婚罪定罪处罚。重婚罪中的第一次婚姻关系应以法定婚为前提，这样才能够构成刑法意义上重婚罪的两次婚姻关系的重合，即第一次为法定婚与第二次为法定婚的重合，或者第一次为法定婚与第二次为事实婚的重合的情况。至于第一次为事实婚与第二次为法定婚的重合以及第一次和第二次都为事实婚的重合的情形，则不构成刑法意义上的重婚罪。这主要是因为第一次婚姻关系是非法性的，不能成为刑法保护的客体，因此不能构成重婚罪。

（3）主体是重婚者和相婚者。具体而言，重婚者是指有配偶而且未解除婚姻关系又与他人结婚的人；相婚者是指本人无配偶，但明知对方有配偶而与之结婚的人。如果本人无配偶，也不知他人有配偶，而是被他人欺骗而与之结婚的，无配偶一方不构成重婚罪。当然，有配偶一方仍构成重婚罪。

（4）主观方面表现为故意。对于有配偶者而言，只要与他人重婚，就足以认定其有故意的重婚心理。而对于无配偶者来说，要求无配偶者具有明知他人已有配偶而与之结婚的心理，才认定为故意。因此，如果无配偶的人因受骗，不知对方已有配偶而与之结婚的，就不具有重婚的故意，不构成本罪。

（三）认定

1. 罪与非罪的界限

（1）以事实婚作为构成要件的重婚罪的认定。仅有事实婚姻关系的人，不属于刑法所规定的有配偶的人，与其他无配偶的人再次或多次建立事实婚姻关系或依法履行结婚登记手续，建立合法婚姻关系的，不构成重婚罪。而具有合法的婚姻关系的人，不管再建立何种婚姻关系，都构成重婚罪。

（2）不认为是犯罪的特殊情况。由于某些特殊原因引起的重婚行为，也不能认定为重婚罪。主要表现为：因为被拐卖而被强迫与他人重婚，或者因为被拐卖而流落到外地与他人再婚；遭受家庭虐待而流落到外地重婚；因为逃避包办婚姻而流落到外地重婚；因为生活所迫，逃荒要饭，流落到他乡重婚；配偶失踪，长期下落不明，因家庭生活困难而又与他人重婚。

2. 重婚罪与破坏军婚罪的界限

破坏军婚罪，是指明知是现役军人的配偶，而与之同居或结婚的行为。重婚罪与破坏军婚罪都有重婚的事实，主观上都表现为故意，但二者不同：

（1）犯罪客体不完全相同。本罪的客体是一夫一妻的婚姻制度和他人的婚姻家庭关系；后罪的客体是现役军人的婚姻关系。

（2）行为表现不完全相同。本罪表现为有配偶者与他人结婚或者明知他人有配偶而与之结婚的行为；后罪表现为与现役军人的配偶同居或结婚的行为。从行为对象来看：本罪的对象没有限制；而后罪的对象限于现役军人的配偶。如果行为人明知是现役军人的配偶而与之结婚的，同时触犯了重婚罪的法条，属于法条竞合犯，按破坏军婚罪论处，不实行数罪并罚。如果行为人主观上虽明知对方是有配偶的人而不知其配偶是现役军人，而与之结婚的，只构成重婚罪，而不认定为破坏军婚罪。从行为要件的范围来看，本罪仅限于“结婚”一种行为；破坏军婚罪除了“结婚”这一行为外，“同居”也构成本罪。

（3）犯罪主体的范围不同。本罪的重婚双方一般都成为犯罪主体，而破坏军婚罪中现役军人的配偶不构成破坏军婚罪。

（四）处罚

根据《刑法》第258条的规定，有配偶而重婚的，或者明知他人有配偶而与之结婚的，处2年以下有期徒刑或者拘役。

【法律链接】

1.《中华人民共和国刑法》（1997）第258条*。

2. 最高人民法院《关于〈婚姻登记管理条例〉施行后发生的以夫妻名义非法同居的重婚案件是否以重婚罪定罪处罚的批复》（1994年12月14日）。

二十、虐待罪（修正案九）

（一）概念

虐待罪，是指对共同生活的家庭成员，经常以打架、冻饿、有病不医治、强迫过度劳动或限制人身自由、凌辱人格等方法，从肉体上或精神上进行摧残、折磨，情节恶劣的行为。

（二）犯罪构成

（1）客体是复杂客体，既包括家庭成员间的平等权利，也包括被害人的人身权利。虐待罪侵害的对象限于共同生活的家庭成员，通常是在家庭中处于强势的一方虐待处于弱势的一方。如父母虐待未成年子女、丈夫虐待妻子、成年子女虐待没有独立生活能力的老人。

（2）客观方面表现为经常或连续对家庭成员身心进行折磨、摧残的行为。首先，行为人实施了虐待行为。虐待行为具有连续性和经常性的特点，即行为人对共同生活的家庭成员长时间、持续或者连续地进行肉体摧残或精神折磨，致使被害人身心遭受严重创伤。偶尔发生的打架等行为不构成虐待罪。虐待行为的手段多种多样，大致可分为两类：一类表现为肉体摧残，如殴打、冻饿、捆绑、禁闭、针扎、火烫、体罚、有病不治等；一类表现为精神折磨，如咒骂、讽刺、侮辱、限制人身自由、不让参加社会活动等等。其次，虐待行为所针对的对象，只限于家庭成员，即犯罪对象是特定的。如果对非家庭成员实施虐待行为，不构成本罪。

（3）主体为特殊主体，限于与被虐待者共同生活在一个家庭中，相互之间存在抚养、扶助义务的家庭成员。如父母、配偶、子女、兄弟、姐妹等，甚至包括承担抚养义务的共同生活的亲友，也可构成虐待罪的犯罪主体。如果不是共同生活的家庭成员之间的虐待，则不构成本罪，如师傅虐待徒弟、教师虐待学生等。

（4）主观方面表现为故意，即故意对被害人进行肉体摧残或精神折磨。行为人的动机多种多样，如因重男轻女而虐待女儿，或虐待生了女儿的妻子，为逼迫妻子离婚而虐待妻子，为个人生活安逸舒服而虐待父母等等。行为人的犯罪动机是影响本罪情节恶劣程度的一个重要因素，因此在认定时要给予充分考虑。

（三）认定

1. 罪与非罪的界限

（1）家长用简单粗暴的方法管教子女与虐待行为的界限。在实践中，家长管教子女可能态度粗暴，甚至动辄打骂、体罚，但这种打骂、体罚只是暂时性的、偶尔性的，因此不属于虐待行为。

（2）虐待行为与虐待罪的区别。虐待行为必须达到情节恶劣程度，才构成虐待罪。所谓情节恶劣，是指虐待手段特别凶狠残忍的；虐待动机特别卑鄙的；长期虐待他人而受到多次批评教育仍不思悔改的；虐待老人、儿童，患重病者或残废而不能独立生活的人的；先后虐待多人，引起公愤的；因虐待行为引起伤残或残废的等等。情节恶劣是构成虐待罪的必备条件。如果家庭成员之间虽有虐待行为，但总体上不够恶劣，也未对家庭成员的身心健康造成严重损害的，一般不认为构成虐待罪。

2. 虐待罪与故意伤害罪、故意杀人罪的界限

行为人在虐待家庭成员过程中，可能会致使被虐待人伤残、死亡，对此，要区分是否有伤害、杀人的故意，并作出具体分析：如果只是在某一次虐待行为中，行为人不慎导致被虐待人伤残、死亡，或者由于被虐待人长期遭受虐待，因体弱多病而导致死亡结果的发生的，仍认定为虐待罪，加重处罚；如果行为人明显具有伤害、杀人的故意，实施了严重的暴力行为，直接导致被虐待人伤残甚至死亡，而平日的虐待行为又不足以构成虐待罪的，以故意伤害罪、故意杀人罪定罪处罚；如果行为人平日的虐待行为足以达到情节恶劣，构成虐待罪，而又在某一次虐待行为中故意伤害或故意杀害被虐待人的，应对行为人实行数罪并罚。

（四）处罚

根据《刑法》第260条的规定，虐待家庭成员，情节恶劣的，处2年以下有期徒刑、拘役或者管制。犯前款罪，致使被害人重伤、死亡的，处2年以上7年以下有期徒刑。犯第一款罪，告诉的才处理，但被害人没有能力告诉，或者因受到强制、威吓无法告诉的除外。

【法律链接】

《中华人民共和国刑法》（1997）第260条＊。

《中华人民共和国刑法修正案（九）第18条。

二十一、遗弃罪

（一）概念

遗弃罪，是指对于年老、年幼、患病或者其他没有独立生活能力的人，负有抚养义务而拒绝抚养，情节恶劣的行为。

（二）犯罪构成

（1）客体是家庭成员之间相互抚养的权利义务关系。遗弃的对象是年老、年幼、患病或者其他没有独立生活能力的人。而上述人作为本罪的犯罪对象必须以没有独立生活能力为前提，如果上述人有独立生活能力，他人不抚养的，不构成本罪。

（2）客观方面表现为实施了遗弃的行为。即对年老、年幼、患病或者其他没有独立生活能力的家庭成员，拒绝履行法定的抚养义务。这里所说的抚养，包括晚辈对长

辈的赡养、夫妻之间的相互扶养、长辈对晚辈的抚养，以及兄弟姐妹之间的相互抚养等几个方面。而抚养的内容是指经济上的供给、生活上的照料。遗弃行为属于典型的不作为犯罪，即行为人负有对没有独立生活能力的家庭成员履行抚养的法定义务，但行为人拒绝履行，不去履行，从而使被抚养人陷入极端困难的境地，生命和健康受到严重威胁或损害。

（3）主体是特殊主体，即对被遗弃人负有法律上的抚养义务，具有能力尽抚养义务的人。如果在法律上不负有抚养义务，而拒绝抚养的，不能认为是遗弃。

（4）主观方面表现为故意。即行为人必须有遗弃的故意，故意不履行法定的抚养义务。如果行为人自己本身经济困难，无能力尽法定抚养义务，或者由于过失未尽抚养义务的，不构成本罪。

（三）认定

1. 罪与非罪的界限

（1）遗弃行为表现为行为人主观上的一种故意行为，所以行为人没有故意不履行法定义务的，不认为是遗弃行为。特别是有法定抚养义务的人本身生活困难，没有抚养能力，而不能尽抚养义务的，或者有抚养能力，但被抚养人不需要抚养的，都不能认定为遗弃行为。

（2）一般遗弃行为与遗弃罪的界限。遗弃罪的成立以情节恶劣为必备条件，所以并非所有的遗弃行为都构成遗弃罪。只有遗弃行为的情节达到恶劣程度，才构成遗弃罪，否则只是一般遗弃行为。一般遗弃行为应按其他相关法律规定处理，如按民事纠纷处理。在司法实践中，一般认为下列遗弃行为属于情节恶劣，应追究行为人的刑事责任：①因遗弃而使被遗弃人重伤、死亡的；②因遗弃而使被遗弃人生活无着落而流离失所，走投无路而自杀的；③遗弃并打骂、虐待被遗弃人的；④实施遗弃行为屡教不改的；⑤遗弃动机十分卑鄙的。

2. 遗弃罪与虐待罪的界限

遗弃罪与虐待罪都可能以家庭成员为侵害对象，有些侵害行为也是相同的，但二者是有不同之处的：

（1）犯罪对象不尽相同。本罪的侵害对象是针对那些享有法定抚养或赡养权利，而又无独立生活能力的人，但不一定是同一家庭生活成员；而后罪的侵害对象一般指同一家庭生活成员，至于是否享有法定抚养或赡养权利，则在所不问。

（2）行为方式有所不同。本罪表现为以不作为的遗弃方式来实施犯罪，而且只能由不作为构成，是纯正的不作为犯；而后罪往往是对被害人以积极的作为方式进行肉体摧残或精神折磨。

（3）犯罪目的不同。本罪的目的是摆脱、逃避履行抚养义务，后罪的目的是摧残、折磨被虐待人。对于实际生活中存在的，行为人对没有独立生活能力的家庭成员拒不履行抚养义务，又实施打骂等积极的虐待行为的情况，要根据行为人的目的、主要危害等方面综合判断：如果行为人的主要目的是对被害人进行肉体摧残和精神折磨，其主要危害体现在虐待方面，则应认定为虐待罪；如果行为人的主要目的是摆脱、逃避抚养的义务，行为的主要危害性体现在不履行抚养义务方面，则应认定为遗弃罪。

3. 遗弃罪与故意杀人罪的界限

行为人在实施遗弃行为过程中，会发生导致被害人死亡的结果，对此，应具体问题具体分析：如果只是因遗弃行为而造成被害人死亡或自杀的，仍依遗弃罪定罪处罚；如果行为人逃避、摆脱法定抚养义务，故意杀害被遗弃人的，按故意杀人罪定罪处罚；如果行为人在实施遗弃行为过程中，已构成遗弃罪又故意杀害被遗弃人的，应实行数罪并罚。

（四）处罚

根据《刑法》第261条的规定，对于年老、年幼、患病或者其他没有独立生活能力的人，负有抚养义务而拒绝抚养，情节恶劣的，处5年以下有期徒刑、拘役或者管制。

【法律链接】

1. 《中华人民共和国刑法》（1997）第261条＊。
2. 《中华人民共和国婚姻法》。

【实务操练】

一、示范引导训练

案例：见前面的【引例1】。

基本步骤：

1. 学生集体阅读案例。
2. 教师提出问题。

问题（1）：被告人李某的行为应如何定性？为什么？

问题（2）：故意杀人罪与以爆炸等方法危害公共安全罪的区别是什么？

问题（3）：李某应当如何处罚？

3. 教师引导分析。

问题（1）：考虑犯罪的犯罪构成；本章犯罪的客体特征。

问题（2）：比较故意杀人罪与危害公共安全罪的个罪特征。

问题（3）：考虑个罪相关处罚规定以及总论有关处罚规定。

4. 教师总结。

具体见本单元后面的【引例评析】。

二、学生互动训练

基本步骤：

1. 按问题需要对学生进行分组；
2. 以组为单位让学生自行开展讨论；
3. 各组学生内部选出代表拟订应答方案；
4. 各组代表应答，阐述观点及其理由；
5. 学生自我评价实训效果；
6. 教师简要点评与总结。

案例1：甲、乙、丙是某商场保安，三人在商场内以抓小偷为名将两名顾客关在商场的仓库中，并对两名顾客进行殴打，逼迫其承认自己是小偷。两名顾客无奈只好承认。接着甲某等人即要求两名顾客与家属联系，每人缴纳8 000元赎金才放人。至钱送到时，甲某等人已将两名顾客关押了72小时。之后才将两人放走。问：对甲、乙、丙的行为应如何认定？

案例2：甲、乙互殴，甲因受重伤而昏厥。乙怀疑甲已死亡，将其推到河中，以图销尸灭迹。甲因河中水温很低，顿时苏醒，在河中挣扎呼救，但周围无人救援。乙对甲的呼喊置之不理，甲因而溺死河中。问：对乙的行为应如何定性？

案例3：甲在一豪宅外将一个正在玩耍的男孩（3岁）骗走，意图勒索钱财，但孩子说不清自己家里的联系方式，无法进行勒索。甲怕时间长了被发现，于是将孩子带到异地以4 000元卖掉。问：

（1）甲的行为是否构成犯罪？

（2）甲的行为如何定性？请分析说明。

项目二　次重点罪名

基本任务：理解与了解13个次重点罪名的主要特征与处罚规定。

【引例4】被告人刘某已生育两名女孩，得知李某（已判刑）系拐卖儿童的人贩子，遂请求其帮忙购买男婴“收养”。2011年1月，经李某联系，刘某随其去某市，收买被拐卖的男婴一名，支付40 000元。2011年10月，经刘某介绍，王某（同案被告人，已判刑）从李某处收买一名被拐卖的男婴。问：对刘某的行为如何定性？

一、过失致人重伤罪（第235条）

（1）概念。过失致人重伤罪，是指行为人过失伤害他人身体，造成他人身体重伤[①]的行为。

（2）犯罪构成特点。客观方面表现为实施了非法损害他人健康的行为，并且伤害结果达到了重伤的程度。如果伤害结果没有达到重伤程度，则不构成本罪。即过失致人重伤罪是结果犯。主观方面表现为过失，包括疏忽大意的过失，也包括过于自信的过失。即行为人应当预见到自己的行为可能造成他人重伤的结果，由于疏忽大意而没有预见或者已经预见，但轻信能够避免，以致发生重伤的结果。如果行为人主观上明显具有造成他人轻伤的故意，但由于过失却造成了他人重伤的结果，则以故意伤害罪论处；如果行为人由于过失当场致人重伤，后因抢救无效致人死亡的，则以过失致人死亡罪论处。

（3）处罚。根据《刑法》第235条的规定，过失伤害致人重伤的，处3年以下有期徒刑或者拘役。本法另有规定的，依照规定。

二、非法获取公民个人信息罪（第253条；修正案七）

（1）概念。非法获取公民个人信息罪，即以窃取或者其他方法非法获取国家机关或者金融、电信、交通、教育、医疗等单位在履行职责或者提供服务过程中获得的公民个人信息，情节严重的行为。

① 根据《中华人民共和国刑法》第95条的规定，重伤是指：a. 使人肢体残废或者毁人容貌的；b. 使人丧失听觉、视觉或者其他器官机能的；c. 其他对于人身健康有重大伤害的。

（2）犯罪构成特点。客体是公民个人身份信息的安全和公民身份管理秩序。客观方面表现为行为人以窃取、收买等方法大肆收集公民个人信息，情节严重的行为。主体为一般主体，单位可以构成本罪主体。主观方面为故意。

（3）处罚。根据《刑法修正案（七）》第7条增订的《刑法》第253条之一的第3款规定，犯本罪的，处3年以下有期徒刑或者拘役，并处或者单处罚金。单位犯本罪的，对单位判处罚金，并对其直接负责的主管人员和其他直接责任人员，依照该款的规定处罚。

三、组织他人出卖人体器官罪（第234条之一；修正案八）

（1）概念。组织他人出卖人体器官罪是指在征得被害人同意或者承诺，组织出卖人体器官以获得非法利益的行为。这是《刑法修正案（八）》新增加的罪名。

（2）犯罪构成特点。客体具有双重性。组织他人出卖人体器官的行为，既侵犯了器官出卖者的身体健康权，也危害了国家有关器官移植的医疗管理秩序。客观方面是实施了组织他人进行出卖人体器官的行为。“组织”是指行为人发起、建立器官买卖交易的中介机构和场所，并且将这种买卖行为进行交易和控制。“出卖”，即将人体器官作为商品出卖，以获取一定经济补偿的行为。人体器官是指具有特定功能的心脏、肺脏、肝脏、肾脏或者胰腺等器官的全部或者部分。本罪为行为犯，不以损害结果的发生而以行为的完成为既遂标准。主体是一般主体，凡是年满16周岁的具有刑事责任能力的自然人都可以成为本罪的主体。主观方面是故意，而且是直接故意。过失不能构成本罪。

（3）处罚。根据《刑法修正案（八）》增订的《刑法》第234条之一的规定，组织他人出卖人体器官的，处5年以下有期徒刑，并处罚金；情节严重的，处5年以上有期徒刑，并处罚金或者没收财产。但是，如果未经本人同意摘取其器官，或者摘取不满18周岁的人的器官，或者强迫、欺骗他人捐献器官的，以伤害罪论处，如果造成他人死亡的，以故意杀人罪论处。

四、组织未成年人进行违反治安管理活动罪（第262条；修正案七）

（1）概念。组织未成年人进行盗窃、诈骗、抢夺、敲诈勒索等违反治安管理活动的行为。

（2）犯罪构成特点。客体是复杂客体，既侵犯了未成年人的人身自由及身心健康，也侵害了社会管理秩序。客观方面表现为行为人实施了组织未成年人违反治安管理活动的行为。在这里需要明确的是，行为人组织未成年人实施的盗窃、诈骗、抢夺、敲诈勒索的行为没有达到我国刑法规定的犯罪的标准，但是违反了我国《治安管理处罚法》。我国《治安管理处罚法》第23条规定有下列侵犯公私财物行为之一，尚不够刑事处罚的，处15日以下拘留或者警告，可以单处或者并处200元以下罚款：①偷窃、骗取、抢夺少量公私财物的；②哄抢国家、集体、个人财物的；③敲诈勒索公私财物的；④故意损坏公私财物的。因此，只有符合上述四项内容的行为，才能被认定为违犯了《治安管理处罚法》，是属于违反治安管理活动的行为，才符合本罪的客观方面的构成。主体是一般主体，为年满16周岁的自然人。主观上是故意。

（3）处罚。根据《刑法修正案（七）》增订的《刑法》第262条第2款的规定，犯本罪的，处3年以下有期徒刑或者拘役，并处罚金；情节严重的，处3年以上7年以下有期徒刑，并处罚金。

五、拐骗儿童罪（第262条）

（1）概念。拐骗儿童罪，是指用蒙骗、利诱或其他方法，拐骗不满14周岁的未成年人，使其脱离家庭或者监护人的行为。

（2）犯罪构成特点。客观方面表现为实施了蒙蔽、欺骗、利诱或其他拐骗行为，使不满14周岁的未成年人离开家庭或监护人的行为。这是构成本罪的本质特征。拐骗行为可以针对儿童进行，也可以针对儿童的家长或监护人进行。拐骗的手段一般表现为蒙蔽、欺骗、利诱或将婴儿、幼儿抢走、偷走等。离开家庭是指使未成年人离开与父母或其他亲属共同生活的住所。离开监护人是指离开依法对未成年人负有监护职责的人。侵害的对象是不满14周岁的未成年人。主观方面表现为直接故意，目的是自己收养或供自己使唤、奴役或者不以营利为目的的为他人收养或奴役。如果拐骗的目的是出卖，即以营利为目的，则构成拐卖儿童罪；如果拐骗不满14周岁的未成年人作为人质，用以勒索家长钱财的，则构成绑架罪。

（3）处罚。根据《刑法》第262条的规定，拐骗不满14周岁的未成年人，使其脱离家庭或者监护人的，处5年以下有期徒刑或者拘役。

六、猥亵儿童罪（第237条）

（1）概念。猥亵儿童罪，是指以寻求性刺激、性满足为目的，猥亵不满14周岁的儿童的行为。

（2）犯罪构成特点。客观方面表现为实施了猥亵儿童的行为，即对不满14周岁的儿童进行抚摸、吸吮生殖器、鸡奸等。对儿童的猥亵行为不要求以暴力、胁迫或其他强制手段为条件。它可以是暴力性的，也可以是非暴力性的。主观方面表现为直接故意，并且以寻求性刺激、性满足为目的。但是否包含奸淫的目的，根据不同的情况有所不同：如果女性行为人猥亵幼男，可以包括性交行为与性交意图在内；但如果男性行为人猥亵幼女，则不应具有奸淫行为与奸淫意图，否则构成强奸罪。

（3）处罚。根据《刑法》第237条第3款的规定，猥亵儿童的，依照强制猥亵、侮辱妇女罪的规定从重处罚。

七、收买被拐卖妇女、儿童罪（第241条；修正案九）

（1）概念。收买被拐卖妇女、儿童罪，是指不以出卖为目的，收买被拐卖的妇女、儿童的行为。

（2）犯罪构成特点。客观方面表现为对被拐卖的妇女、儿童实施了收买的行为。收买是指行为人用金钱、财物等进行纯粹的购买行为。其目的可能是结婚、收养等。收买被拐卖妇女、儿童罪是行为犯。行为人只要实施了收买行为，不管被拐卖人是否同意，也不管行为人对被拐卖人的态度，更不管行为人追求的目的是否实现，均构成本罪。注意本罪与以“收买”形式构成的拐卖妇女、儿童罪的区分。[①] 主观方面表现为故意，并且不以出卖为目的。如果收买被拐卖的妇女、儿童又转手出卖的，以拐卖妇女、儿童罪论处。

（3）处罚。根据《刑法》第 241 条的规定，收买被拐卖的妇女、儿童的，处 3 年以下有期徒刑、拘役或者管制。收买被拐卖的妇女，强行与其发生性关系的，依照《刑法》第 236 条的规定定罪处罚。收买被拐卖的妇女、儿童，非法剥夺、限制其人身自由或者有伤害、侮辱等犯罪行为的，依照本法的有关规定定罪处罚。收买被拐卖的妇女、儿童，并有第 2 款、第 3 款规定的犯罪行为的，依照数罪并罚的规定处罚。收买被拐卖的妇女、儿童又出卖的，依照《刑法》第 240 条的规定定罪处罚。收买被拐卖的妇女、儿童，对被买儿童没有虐待行为，不阻碍对其进行解救的，可以从轻处罚；按照被买妇女的意愿，不阻碍其返回原居住地的，可以从轻或者减轻处罚。

八、雇用童工从事危重劳动罪（第 244 条）

（1）概念。雇用童工从事危重劳动罪，是指违反劳动管理法规，雇用未满 16 周岁的未成年人从事超强度体力劳动，或者从事高空、井下作业，或者在爆炸性、易燃性、放射性、毒害性等危险环境下从事劳动，情节严重的行为。

（2）犯罪构成特点。客体是未成年人的身心健康和劳动权利。本罪侵害的对象是童工，即未满 16 周岁的，与单位或个人之间建立劳动关系的人。客观方面表现为违反劳动管理法规，雇用童工从事危重劳动的行为。首先，该行为违反了劳动管理法规，即违反了《中华人民共和国劳动法》及其他劳动方面的法律法规。如果雇用童工从事劳动管理法规所允许的某些行业的劳动，则不构成本罪。其次，雇用童工从事了超强度体力劳动，或者从事了高空、井下作业或者在爆炸性、易燃性、放射性、毒害性等危险环境下从事劳动。再次，情节严重。雇用童工劳动必须情节严重才构成本罪。情节是否严重，可根据行为人雇用童工的人数、行为持续时间、危险程度、危害后果和社会影响等各方面进行考虑。主体是一般主体。主观方面表现为故意，而且是直接故意。是否具有营利的目的，不影响本罪的成立。

（3）处罚。根据《刑法修正案（四）》对《刑法》第 244 条的补充规定，违反劳动管理法规，雇用未满 16 周岁的未成年人从事超强度体力劳动的，或者从事高空、井下作业的，或者在爆炸性、易燃性、放射性、毒害性等危险环境下从事劳动，情节严重的，对直接责任人员，处 3 年以下有期徒刑或者拘役，并处罚金；情节特别严重的，处 3 年以上 7 年以下有期徒刑，并处罚金。有前款行为，造成事故，又构成其他犯罪的，依照数罪并罚的规定处罚。

九、协助强迫他人劳动罪（第 244 条；修正案八）

（1）概念。明知他人以暴力、威胁或者限制人身自由的方法强迫他人劳动，为其

---

① 二者在主观故意和客观表现上有着明显区别：本罪要求行为人不具有出卖的目的，而是意图与被害人建立婚姻家庭关系或其他相对稳定的社会关系；在客观上要求行为人没有将收买的妇女、儿童出卖的行为。而拐卖妇女、儿童罪要求行为人主观上具有出卖的故意，并且在客观上“收买”只是拐卖妇女、儿童犯罪的一个中间环节，犯罪分子收买被拐妇女、儿童后，便将被害妇女、儿童又转手倒卖与他人，从中牟取不义之财。

招募、运送人员或者有其他协助强迫他人劳动的行为。

（2）犯罪构成特点。侵犯的客体是他人的人身权利。客观方面表现为用暴力、威胁或者限制人身自由的方法强迫他人提供人力、物力等保障或服务。主体是一般主体。

（3）处罚。根据《刑法》第244条第2款以及《刑法修正案（八）》第38条的规定，犯本罪的，处3年以下有期徒刑或者拘役，并处罚金；情节严重的，处3年以上10年以下有期徒刑，并处罚金。单位犯本罪的，对单位判处罚金，并对其直接负责的主管人员和其他直接责任人员，依照各该款的规定处罚。

十、报复陷害罪（第254条）

（1）概念。报复陷害罪，是指国家机关工作人员滥用职权、假公济私，对控告人、申诉人、批评人、举报人实行报复陷害的行为。

（2）犯罪构成特点。客体是公民的人身权利、民主权利和国家机关的正常活动。本罪侵害的对象是控告人、申诉人、批评人、举报人。他们可能是国家机关工作人员，也可能是普通人。客观方面表现为行为人滥用职权、假公济私[①]，实施了对控告人、申诉人、批评人、举报人打击报复的行为。即行为人为了个人的私利、私情，以执行公务、履行职责为名，利用职权，对有关人员进行伤害。报复陷害的方式多种多样，既可以表现为利用职权借故将他人降职、降薪，限制晋级、提职、提薪，无理调动工作，甚至开除公职，也可以表现为利用职权栽赃陷害，给予党纪、政纪的处罚。主体是特殊主体。行为人必须是国家机关工作人员，不具有国家机关工作人员身份的人，不能成为本罪的主体。主观方面表现为直接故意，并且具有报复陷害他人的目的。

（3）处罚。根据《刑法》第254条的规定，国家机关工作人员滥用职权、假公济私，对控告人、申诉人、批评人、举报人实行报复陷害的，处2年以下有期徒刑或者拘役；情节严重的，处2年以上7年以下有期徒刑。

十一、侵犯通信自由罪（第252条）

（1）概念。侵犯通信自由罪，是指行为人故意隐匿、毁弃或者非法开拆他人信件，侵犯公民通信自由权利，情节严重的行为。

（2）犯罪构成特点。客观方面表现为隐匿、毁弃或者非法开拆他人信件，情节严重的行为。隐匿是指私自将他人信件隐藏起来，不被本人知晓；毁弃是指将信件撕毁或烧毁、丢掉；非法开拆是指违反国家法律法规或未经许可擅自打开他人信件。上述行为只要实施一种，就构成本罪。实施多种的也按一罪处理，不实行数罪并罚。这里所说的他人可以是自然人，也可以是法人或其他组织。本罪以情节严重为要件。所谓情节严重，是指隐匿、毁弃或者非法开拆他人信件次数较多或数量较大的；隐匿、毁弃或者非法开拆他人信件，致使他人工作、生活受到严重妨害或身体精神受到严重损害的；非法开拆他人信件，涂改信中内容，或者张扬他人隐私，侮辱他人人格，破坏他人名誉的；隐匿、毁弃或者非法开拆他人信件造成其他严重后果的等等。本罪侵害

① 具体而言，所谓滥用职权，是指国家机关工作人员在自己的职责权限范围内非法地使用权力，或者违法超越自己的职务权限行使权力。所谓假公济私，是指行为人假借国家机关的名义或权力来实施报复陷害，以达到报复陷害他人的个人目的。

的对象是信件，包括电报、信函等文字邮件。主观方面表现为故意，过失不构成本罪。

（3）处罚。根据《刑法》第 252 条的规定，隐匿、毁弃或者非法开拆他人信件，侵犯公民通信自由权利，情节严重的，处 1 年以下有期徒刑或者拘役。但如果是为了窃取钱财，且数额较大的，按盗窃罪从重处罚。

十二、私自开拆、隐匿、毁弃邮件、电报罪（第 253 条）

（1）概念。私自开拆、隐匿、毁弃邮件、电报罪，是指邮政工作人员，利用职务之便，私自开拆、隐匿、毁弃他人邮件、电报的行为。

（2）犯罪构成特点。客观方面表现为利用职务之便，私自开拆或者隐匿、毁弃、邮件、电报的行为。所谓邮件，是指通过邮局寄出传递的信函、明信片、印刷品、汇款通知、包裹、报刊等；所谓电报，是指明码电报、密码电报、传真等。只要行为人实施了一种行为，针对了某一对象，就构成了本罪。如果实施两种以上行为，针对了两个以上的犯罪对象，仍按一罪处罚，而不实行数罪并罚。本罪侵害的对象是自然人、法人或其他组织的邮件、电报。主体是特殊主体，即邮政工作人员。具体包括邮政部门的管理人员、营业员、发行员、分拣员、投递员、接发员、押运员以及受邮政部门委托的代办人员、乡邮员。如果邮政部门工作人员私自开拆、隐匿、毁弃邮件、电报而从中窃取财物的，以盗窃罪从重处罚。主观方面表现为故意，过失不构成本罪。

（3）处罚。根据《刑法》第 253 条的规定，邮政工作人员私自开拆或者隐匿、毁弃邮件、电报的，处 2 年以下有期徒刑或者拘役。犯前款罪而窃取财物的，依照《刑法》第 264 条的规定从重处罚。

十三、破坏军婚罪（第 259 条）

（1）概念。破坏军婚罪，是指明知是现役军人的配偶而与之同居或者结婚的行为。

（2）犯罪构成特点。客观方面表现为与现役军人的配偶同居或结婚的行为。现役军人的配偶是指依法与现役军人结婚的妻子或丈夫。与现役军人的配偶同居，是指与现役军人的配偶长时间公开或秘密地在一起生活。这种关系以非法的两性关系为基础，同时还伴有经济上或其他生活方面的特殊关系。与现役军人的配偶结婚，是指与现役军人的配偶履行法定结婚登记手续和形成事实婚姻。本罪的构成必须有同居或结婚的行为，而一般性的通奸行为不以本罪论处。主体是一般主体。凡是与现役军人的配偶同居或者结婚的，就构成本罪。即使是现役军人与其他现役军人的配偶同居或结婚的，也构成本罪。主观方面表现为直接故意，即明知是现役军人的配偶而与之同居或结婚。如果明知是现役军人的配偶而与之结婚的，同时构成重婚罪，属于法条竞合犯，仍按本罪论处。如果不知是现役军人的配偶而与之结婚的，则认定为重婚罪。

（3）处罚。根据《刑法》第 259 条的规定，明知是现役军人的配偶而与之同居或者结婚的，处 3 年以下有期徒刑或者拘役。利用职权、从属关系，以胁迫手段奸淫现役军人的妻子的，依照《刑法》第 236 条的规定定罪处罚。

项目三　本单元涉及的其他罪名

限于篇幅，本单元除了上述重点罪名、次重点罪名外，还有如下9个罪名未予以论述。它们分别是：聚众阻碍解救被收买的妇女、儿童罪（《刑法》第242条第2款）；组织残疾人、儿童乞讨罪（《刑法》第262条之一）；非法搜查罪（《刑法》第245条）；非法侵入住宅罪（《刑法》第245条）；煽动民族仇恨、民族歧视罪（《刑法》第249条）；出版歧视、侮辱少数民族作品罪（《刑法》第250条）；非法剥夺宗教信仰自由罪（《刑法》第251条）；侵犯少数民族风俗习惯罪（《刑法》第251条）；侵犯公民个人信息罪（《刑法》第253条之一，《刑法修正案（九）》第17条）；打击报复会计、统计人员罪（《刑法》第255条）；虐待被监护、看护人罪（《刑法》第260条之一，《刑法修正案（九）》第19条）。

【引例评析】

引例1评析：本案被告人李某实施了爆炸行为，而且主观上是出于直接故意，这是显而易见的。但从被告人的故意内容、行为指向的对象以及所造成的危害后果来看，其行为不应定爆炸罪，而应定故意杀人罪。因为：①被告人的主观故意是要用爆炸的方法把被害人杀死，而不是要危害公共安全。当他见到扔进的第一个炸药包未将被害人炸死时，紧接着又扔进第二个炸药包，欲置被害人于死地。其故意杀人的目的是明确的，仅仅因为意志以外的原因未能得逞。②被告人爆炸的对象是特定的被害人，而不是指向不特定的多人。他的两个炸药包都是投入被害人的房内，并没有投掷在公共场所。③被告人实施爆炸的结果，只是危及被害人父子的生命，没有危及其他不特定多人的人身安全。他的爆炸行为虽然损坏了被害人的家具等财物，给被害人造成了3 100多元的损失，但还没有达到危害大量公私财产安全的程度。

需要说明的是，被告人的爆炸行为，损坏了被害人的财产，情节严重，其行为又构成了《刑法》第156条规定的故意毁坏公私财物罪。但由于他是出于一个犯罪故意，实施一个犯罪行为，触犯了故意杀人罪与故意毁坏公私财物罪两个罪名，在刑法理论上属于想象竞合犯，故只按其中的一个重罪即故意杀人罪定罪判刑。对被告人李某的行为应定故意杀人（未遂）罪。

引例2评析：构成过失致人死亡罪，属于疏忽大意的过失。理由：疏忽大意与过于自信的过失的区别在于行为人事先对于行为的结果有没有预见，如果有预见而轻信能够避免的，是过于自信的过失。而本案是偶然发生的一件事，甲被咬后生气地推了乙一把，不具有大恶意，只是行为人在气头上力气大了一些从而导致小孩子摔倒死亡，这种情况属于事先没有预见行为的后果，行为人对于这种后果也非常后悔。事先应当预见而没有预见属于疏忽大意的过失。本案能否认为是故意伤害呢？这涉及过失致人死亡与故意伤害致人死亡的区别，要点在于导致死亡结果的行为性质本身是否具有伤害的恶意和性质。具有伤害的恶意和性质而导致死亡结果的应定故意伤害致死。对这种情况处罚很重：10年以上有期徒刑或无期徒刑。如果行为本身不具有伤害的恶意和性质，而是在日常生活、工作中粗心、草率导致死亡结果的，属于疏忽大意的过失，属于过失致人死亡。类似一巴掌把人打死、一下推死人的情况。正如本案甲某被小孩子咬一口，一生气推他一把这种情况，应定过失致人死亡罪。

引例3评析：对于刘某辩称的“何某是自愿与他发生性关系”，他“不构成强奸罪”的意见，法院审理后查明：刘某自己供称他一觉醒来后发现被害人何某还在睡觉，于是产生奸淫何某的意图。在奸淫过程中，何某还处于醉酒状态没有反抗，何某是睡醒后才意识到自己被奸淫。与此同时，何某的陈述也证实，刘某对她实施奸淫时，她因醉酒无力故无法反抗。法院认为，何某的陈述和刘某的供述相互印证，证实刘某利用何某醉酒熟睡、神志不清之机，对何某实施奸淫的事实。法院认为，刘某利用何某熟睡之机，在何某不知反抗的情况下实施奸淫，其行为应认定为“违背妇女意志，以其他方法强奸妇女”，已构成强奸罪。

引例4评析：被告人刘某明知是被拐卖的儿童仍予以收买，并帮助他人收买被拐卖的儿童，其行为已构成收买被拐卖的儿童罪。鉴于刘某收买儿童系为了私自收养，且归案后认罪态度好，依法可对其从轻判处。

【课后作业】

1. 名词解释

故意杀人罪　故意伤害罪　强奸罪　非法拘禁罪　绑架罪　拐卖妇女、儿童罪　出售、非法提供公民个人信息罪　组织他人出卖人体器官罪

2. 思考题

故意杀人罪与过失致人死亡罪有何区别？

【自测案例】

被告人陈某因琐事与同住一屋的被害人何某（15岁）发生争执，当何某欲离开时，被告人陈某不让他走，并将窗户打开，同时对何某说：“你要走就从窗户跳下去！”何某即从床铺跳到窗台上，同屋的高某连忙上前扯住何某的衣服劝其不要跳楼，被告人陈某用手拉扯高某的衣服说：“不要管她，让她跳！”何某即从四楼窗户跳下。何某跳楼后，被告人陈某积极施救，把何某送往医院抢救，何某因抢救无效死亡。问：对被告人陈某的上述行为如何定性？

【拓展阅读】

1. 朱建华．刑法分论：第二版．北京：法律出版社，2011.
2. 陈世伟．我国故意杀人罪立法完善的体系性思考．中国刑事法杂志，2007（1）.
3. 许航．对于强奸罪中轮奸、共犯既未遂问题的思考．中国检察官，2008（9）.
4. 陈圣勇．拐卖妇女、儿童罪立法存在明显疏漏．检察实践，2000（6）.
5. 李惠．我国人体器官移植立法之思考．上海大学学报（社会科学版），2004（4）.
6. 有关刑事法律、政策的最新规定以及理论、实践的最新成果。

单元六
侵犯财产罪

【知识目标】

理解侵犯财产罪的概念与特征；掌握抢劫罪等 7 个重点罪名的犯罪构成、认定及其处罚规定；理解职务侵占罪等 6 个次重点罪名的主要特征与处罚规定。

【能力目标】

能在司法实践中正确认定侵犯财产行为的罪与非罪，区分此罪与彼罪以及重罪与轻罪。

【内容结构表】

<table>
<tr><td rowspan="3">侵犯财产罪</td><td>概　述</td><td>概念</td><td>以非法占有为目的，攫取公私财物，或挪用公私财物，或故意毁坏公私财物的行为</td><td>特征</td><td>客体为公私财产的所有权；客观方面表现为非法占有公私财物、非法挪用公私财物、故意毁坏公私财物的行为；主观方面表现为直接故意；主体多为一般主体</td><td>范围</td><td>《刑法》第 263 条至第 276 条之一，共计 13 个罪名</td></tr>
<tr><td>重点罪名（7）</td><td colspan="6">抢劫罪，盗窃罪（修正案八），诈骗罪，抢夺罪，侵占罪，敲诈勒索罪（修正案八），拒不支付劳动报酬罪（修正案八）</td></tr>
<tr><td>次重点罪名（6）</td><td colspan="6">聚众哄抢罪，职务侵占罪，挪用资金罪，挪用特定款物罪，故意毁坏财物罪，破坏生产经营罪</td></tr>
</table>

项目一　重点罪名

基本任务：理解、记忆 7 个重点罪名的犯罪构成及其处罚规定，并能在实践中熟练掌握其定罪与量刑。

【引例】2006 年 4 月 21 日，山西籍在穗打工青年许某在广州某商业银行自动柜员机上取款时，发现取款 1 000 元只扣款 1 元，马上意识到银行 ATM 机出现故障，遂与朋友郭某共同在该 ATM 机上取款，许某共取款 17.5 万元，郭某取款 1.8 万元。事发后，郭某主动自首。2007 年 5 月，许某潜逃一年在陕西落网。2007 年 12 月，许某被广州中院一审以盗窃罪判处无期徒刑。2008年1月9日，广东省高院裁定许某案“事实不清，证据不足”，发回广州中院重审。重审期间，许某的辩护人提出许某的行为不构成犯罪，是民法上的不当得利，更不属于盗窃金融机构。问：法院应当如何判决？

【原理精读】

一、抢劫罪

（一）概念

抢劫罪，是指以非法占有为目的，当场使用暴力、胁迫或者其他方法，强行劫取公私财物的行为。

（二）犯罪构成

（1）客体是复杂客体，既侵犯了公私财产所有权，又侵犯了被害人的人身权，但财产所有权为主要客体。

（2）客观方面表现为当场以暴力、胁迫或其他方法，强行劫取公私财物的行为。可以分为两个方面：手段行为和目的行为。

①手段行为是使用了暴力、胁迫或其他方法。暴力即犯罪分子对被害人实施捆绑、殴打、杀害、伤害等人身攻击或人身强制的手段，其目的是为了排除被害人的反抗。因此，暴力行为只能直接针对人身实施，既可以针对财物所有人实施，也可以针对其他财物持有人实施。本罪对于暴力行为的限度则未规定，只要是为了劫财，将被害人直接杀害也是抢劫罪的暴力行为。胁迫即行为人以立即实施伤害、杀害等暴力行为相威胁，对被害人进行精神强制，使被害人产生恐惧从而不敢反抗的手段。胁迫具有暴力性，并且是以立即实施暴力行为相威胁，如果是以非暴力如揭露隐私或者以将来要对被害人实施暴力相威胁，则不是抢劫罪的胁迫行为。胁迫的方式可以是口头语言威胁，也可以是动作、眼神，还可以是某种特定的危险环境。不论哪种方式都必须当着被害人的面直接作出，不能通过打电话或写信的方式威胁被害人。其他方法即采取暴力、胁迫以外的且与暴力、胁迫的危害性相当的，使被害人不知反抗或不能反抗的其他手段，常见的有用药物麻醉或用酒灌醉的方式。如果行为人利用被害人自己或其他人导致的不知反抗或不能反抗的状态将被害人的财物拿走，则不构成抢劫罪。譬如被害人自己喝醉酒或被仇家打昏之后，行为人将其财物拿走，虽然被害人无法反抗，但并不是由行为人造成的，因此不构成本罪。

②目的行为是当场劫取公私财物或财产性权利的行为。行为人实施抢劫罪的目的是取得财物，既可以是现金也可以是其他财物，如果被害人既没有现金也没有其他值钱的财物，也可以让被害人提供借条等财产性权利。抢劫罪的劫财行为与其他罪相比最大的不同在于取得财物必须具有当场性，可以是在行为人实施暴力、胁迫或其他方法后直接从被害人处取得现金或其他财物，也可以逼迫被害人带其到住处洗劫财物。

（3）主观方面表现为直接故意，并且具有非法占有公私财物的目的。

（4）主体为一般主体，凡年满14周岁以上的、具备刑事责任能力的人都可以成为本罪的主体。

（三）认定

1. 罪与非罪的界限

我国刑法对于抢劫罪所抢财物的数额和情节没有作限制性规定。但是根据《刑法》第13条但书的规定，抢劫情节显著轻微，抢得财物很少，危害不大的，不能认定为抢劫罪。至于因当事人之间存在的婚姻、邻里纠纷而引起的强拿、扣留对方财物的行为，也不应定为本罪。

2. 本罪既遂与未遂的界限

抢劫罪侵犯的是复杂客体，既侵犯财产权利又侵犯人身权利，具备劫取财物或者造成他人轻伤以上后果二者之一的，均属抢劫既遂；既未劫取财物，又未造成他人人身伤害后果的，属抢劫未遂。① 据此，《刑法》第263条规定的8种处罚情节中除“抢劫致人重伤、死亡的”这一结果加重情节之外，其余7种处罚情节同样存在既遂、未遂问题，其中属抢劫未遂的，应当根据刑法关于加重情节的法定刑规定，结合未遂犯的处理原则量刑。

3. 此罪与彼罪的界限

（1）抢劫罪与绑架罪。主观目的不同：本罪以非法占有公私财物为目的；后罪以勒索财物或其他非法利益为目的。行为手段不同：本罪行为人劫取财物一般应在同一时间、同一地点，具有“当场性”；后罪行为人以杀害、伤害等方式向被绑架人的亲属或其他有利害关系的人或单位发出威胁，索取赎金或提出其他非法要求，劫取财物一般不具有“当场性”。取得财物的对象不同：本罪当场从被害人处劫取财物；后罪从被害人的家人、亲属或其他有利害关系的人或单位那里获取赎金或满足其他非法要求。绑架过程中又当场劫取被害人随身携带财物的，同时触犯绑架罪和抢劫罪两罪名，应择一重罪定罪处罚。

（2）抢劫罪与招摇撞骗罪。本罪行为人冒充正在执行公务的人民警察使用暴力或以暴力相威胁实施“抓赌”“抓嫖”或其他行为的；后罪行为人冒充正在执行公务的人民警察“抓赌”“抓嫖”，没有使用暴力或以暴力相威胁，但没收赌资或罚款的行为。

（3）抢劫罪与强迫交易罪。本罪以非法占有为目的，以买卖、交易、服务为幌子，采用暴力、胁迫手段迫使他人交出与合理价钱、费用相差悬殊的钱物的，以抢劫罪定罪处刑。后罪指从事正常商品买卖、交易或者劳动服务的人，以暴力、胁迫手段迫使他人交出与合理价钱、费用相差不大的钱物，情节严重的，以强迫交易罪定罪处罚。在具体认定时，既要考虑超出合理价钱、费用的绝对数额，还要考虑超出合理价钱、费用的比例，加以综合判断。

（4）抢劫罪与寻衅滋事罪。寻衅滋事罪是严重扰乱社会秩序的犯罪，行为人实施寻衅滋事的行为时，客观上也可能表现为强拿硬要公私财物的特征。这种强拿硬要的行为与抢劫罪的区别在于：①主观目的不同：本罪行为人一般只具有非法占有他人财物的目的；后罪行为人还具有逞强好胜和通过强拿硬要来填补其精神空虚等目的。②客观方面不同：行为人以暴力、胁迫等方式作为劫取他人财物的手段；后罪行为人客观上一般不以严重侵犯他人人身权利的方法强拿硬要财物。在司法实践中，对于未

① 见最高人民法院《关于审理抢劫、抢夺刑事案件适用法律若干问题的意见》（2005年颁布）。

成年人使用或威胁使用轻微暴力强抢少量财物的行为，符合寻衅滋事罪特征的，可以寻衅滋事罪定罪处罚。

4. 一罪和数罪的界限

（1）抢劫罪和故意杀人罪。一罪的情形：行为人为劫取财物而预谋故意杀人；在劫取财物过程中，为制服被害人反抗而故意杀人。这两种情形即“抢劫致人死亡的”，按抢劫罪一罪定罪处罚。数罪并罚的情形：行为人实施抢劫后，为灭口而故意杀人，以抢劫罪和故意杀人罪实行数罪并罚；行为人具有故意杀人的目的，杀人后又拿走被害人身上财物，数额较大的，认定为故意杀人罪和盗窃罪，两罪数罪并罚。

（2）抢劫罪和其他犯罪。数罪并罚的情形：行为人实施伤害、强奸等犯罪行为后，在被害人未失去知觉的情况下，利用被害人不能反抗、不敢反抗的处境，临时起意劫取他人钱财的，以故意伤害罪、强奸罪与抢劫罪数罪并罚。如果被害人失去知觉或没有知觉，行为人临时起意拿走他人钱财的，以之前所犯罪行与盗窃罪数罚并罚。

5. 关于抢劫特定财物行为的认定

（1）以毒品、假币、淫秽物品等违禁品作为抢劫对象的，以本罪定罪处罚。行为人抢劫违禁品后又以违禁品实施其他犯罪的，以抢劫罪与相应罪实行数罪并罚。如行为人抢劫毒品后，又贩卖毒品，则以本罪与贩卖毒品罪数罪并罚。

（2）抢劫刑法特别条款规定的财物的，依特别条款的规定。如抢劫枪支、弹药、爆炸物的，定为抢劫枪支、弹药、爆炸物罪。

（3）以赌资、他人犯罪所得的赃款赃物为抢劫对象的，以本罪定罪处罚。但如果行为人只是为了抢回自己所输的赌资或所赢赌债，一般不以本罪论处。构成其他罪的，依其他罪处罚。

（4）为个人使用，以暴力、胁迫等手段取得家庭成员或近亲属财产的，一般不以本罪论处，构成其他犯罪的，依其他罪处罚；行为人教唆或伙同他人采取暴力、胁迫等手段劫取家庭成员或近亲属财产的，以抢劫罪定罪处罚。

6. 转化的抢劫罪

（1）根据《刑法》第269条的规定，在实施盗窃、诈骗、抢夺犯罪的过程中，为窝藏赃物、抗拒抓捕或者毁灭罪证而当场使用暴力或以暴力相威胁的，依本罪定罪处罚。据此，成立转化的抢劫罪须同时具备三个条件：①前提条件——必须在实施盗窃、诈骗、抢夺犯罪过程中，一般要求盗窃、诈骗、抢夺数额较大。如果行为人实施盗窃、诈骗、抢夺行为，未达到数额较大，但具有下列情节之一的，以抢劫罪定罪处罚：盗窃、诈骗、抢夺接近数额较大标准的；入户或在公共交通工具上盗窃、诈骗、抢夺后在户外或交通工具外实施上述行为的；使用暴力致人轻微伤以上后果的；使用凶器或以凶器相威胁的；其他情节严重的。②目的条件——必须是为了窝藏赃物、抗拒抓捕或者毁灭罪证[①]。③手段条件——当场使用暴力或以暴力相威胁。即在犯罪现场使用暴力或以暴力相威胁，如果刚离开现场就被发觉并被跟踪追捕也认定为当场。但行为人在盗窃、抢夺后的其他场合被认出并拒捕的，不认为是当场，不转化为本罪。另外，根据有关司法解释，相对刑事责任年龄的人盗窃、诈骗、抢夺他人财物，为窝藏赃物、

① 窝藏赃物是指藏匿赃物不被追回。抗拒抓捕是指使用暴力抗拒公安机关或者公民，特别是失主对其抓捕、扭送。毁灭罪证是指毁灭作案现场上遗留的物品、痕迹，以免被提取作为罪证使用。

抗拒抓捕或者毁灭罪证，当场使用暴力，故意伤害致人重伤或者死亡，或者故意杀人的，应当分别以故意伤害罪或者故意杀人罪定罪处罚。① 已满16周岁不满18周岁的人犯盗窃、诈骗、抢夺罪，为窝藏赃物、抗拒抓捕或者毁灭罪证当场使用暴力或者以暴力相威胁的，依本罪定罪处罚。情节轻微的，可不以抢劫罪定罪处罚。

（2）携带凶器抢夺的，依照抢劫罪定罪处罚。携带凶器抢夺是指行为人随身携带枪支、爆炸物、管制刀具等国家禁止个人携带的器械进行抢夺或者为了实施犯罪而携带其他器械进行抢夺的行为。行为人无须将随身携带的凶器有意加以显示即可认定为携带凶器。携带凶器进行抢夺，意味着行为人在主观上有使用凶器或在必要时使用凶器的意图，客观上则处于一种随时使用凶器的状态，超出了抢夺的范畴，具有使用暴力的倾向，应认定为抢劫罪。

（3）根据《刑法》第289条规定，聚众打砸抢、毁坏或抢走公私财物的，对首要分子，应以抢劫罪定罪处罚。据此，首要分子是否非法占有财物，均不影响抢劫罪的成立。

（四）处罚

以暴力、胁迫或者其他方法抢劫公私财物的，处3年以上10年以下有期徒刑，并处罚金；有下列情形之一的，处10年以上有期徒刑、无期徒刑或者死刑，并处罚金或者没收财产：①入户抢劫的；②在公共交通工具上抢劫的；③抢劫银行或者其他金融机构的；④多次抢劫或者抢劫数额巨大的；⑤抢劫致人重伤、死亡的；⑥冒充军警人员抢劫的；⑦持枪抢劫的；⑧抢劫军用物资或者抢险、救灾、救济物资的。

抢劫罪的量刑分为一般抢劫和加重抢劫罪两种情况，加重抢劫罪可以分为情节加重犯和结果加重犯。正确理解8种加重的法定情形，对准确量刑非常必要。

1. 入户抢劫

为实施抢劫行为而进入他人生活的与外界相对隔离的住所。认定入户抢劫必须注意以下几个方面：

（1）“户”在这里是指住所，是私人住宅或相当于私人住宅的封闭性场所，具有供家庭生活和与外界相对隔离的特征。供家庭生活表现为功能特征，与外界相对隔离表现为场所特征，包括封闭的院落，牧民的帐篷，渔民作为家庭生活场所的渔船，为生活租用的房屋等。对于不具备上述两个特征的集体宿舍、旅店宾馆、临时搭建的工棚等一般不认定为“户”，只有确实具备上述两个特征时才认定为“户”。

（2）“入户”必须是以实施抢劫等犯罪为目的，抢劫行为虽然发生在户内，但行为人入户时并无此意图，甚至入户是出于某种合法、正当的理由的，抢劫只是临时起意，则不属于“入户抢劫”。

（3）必须在户内使用暴力或以暴力相威胁，即行为人入户后直接使用暴力或以暴力相威胁实施抢劫。如果入户实施盗窃被发现，行为人为窝藏赃物、抗拒抓捕或者毁灭罪证而当场在户内使用暴力或者以暴力相威胁的，仍认定为“入户抢劫”；如果发生在户外，则不能认定为“入户抢劫”。

2. 在公共交通工具上抢劫

既包括在从事旅客运输的各种公共汽车、大型或中型出租车、火车、船只、飞机

---

① 见最高人民法院《关于审理未成年人刑事案件具体应用法律若干问题的解释》第10条。

等正在运营中的机动公共交通工具上对旅客、司机、乘务人员实施的抢劫，也包括对运行途中的机动公共交通工具加以拦截后，对公共交通工具上的人员实施的抢劫。在未运营中的大、中型公共交通工具上针对司机、乘务人员抢劫的，或者在小型出租车上抢劫的，不属于该种情形。

3. 抢劫银行或者其他金融机构①

即抢劫银行或者其他金融机构的经营资金、有价证券和客户的资金等。抢劫正在使用中的银行或者其他金融机构的运钞车的，视为“抢劫银行或者其他金融机构”。但是抢劫银行或其他金融机构的其他交通工具（除正在使用中的运钞车）、办公用品之类的物资的，不属于“抢劫银行或者其他金融机构”。

4. 多次抢劫或者抢劫数额巨大

多次抢劫，是指在不同时间、不同地点实施抢劫三次以上的情形，对于“多次”的认定，应以行为人实施的每一次抢劫行为均已构成犯罪为前提，综合考虑犯罪故意的产生、犯罪行为实施的时间、地点等因素客观分析、认定。对于行为人基于一个犯意实施犯罪的，如在同一地点同时对在场的多人实施抢劫的，或基于同一犯意在同一地点实施连续抢劫犯罪的，又如在同一地点连续地对途经此地的多人进行抢劫的，或在一次犯罪中对一栋居民楼房中的几户居民连续实施入户抢劫，一般应认定为一次犯罪。

抢劫数额巨大，应参照各地确定的盗窃数额巨大的认定标准执行。

5. 抢劫致人重伤、死亡的

既包括行为人使用暴力过失致人重伤、死亡的，也包括行为人为劫取财物而当场故意重伤或杀害他人的，或者在劫取财物的过程中，为制服被害人反抗而故意重伤或杀害他人的。

6. 冒充军警人员抢劫的

一般认为，冒充军警人员抢劫是指冒充现役军人，武装警察，公安机关、国家安全机关和监狱等的人民警察以及法院、检察院的司法警察等身份进行抢劫的，表现为非军警人员通过着装、出示假证件或口头宣称自己是军警人员进行抢劫的行为。

7. 持枪抢劫

持枪抢劫是指行为人使用或者向被害人显示持有、佩带的枪支进行抢劫的行为。这里所说的枪支是指《中华人民共和国枪支管理法》规定的枪支的范围。因此，玩具手枪等，虽然仿真度很高，但不适用加重构成的规定。如果行为人尽管携带枪支，但并未向被害人显示，也未使用枪支进行抢劫，则不适用刑法加重构成的规定。

8. 抢劫军用物资或者抢险、救灾、救济物资的

抢劫军用物资是指抢劫除枪支、弹药、爆炸物以外的其他军用物资，不包括警用物资。抢劫警用物资也构成抢劫罪，但不作为加重情节处理。

【法律链接】

1.《中华人民共和国刑法》（1997）第263条*、第269条、第17条第2款。

2.《中华人民共和国刑法》（1979）第150条、第153条。

---

① 其他金融机构指银行之外的从事货币资金融通和信用的机构，如信用合作社、证券公司、期货公司、信托投资公司、保险公司等。

3. 最高人民法院《关于审理抢劫案件具体应用法律若干问题的解释》(2000)。

4. 最高人民法院《关于审理抢劫、抢夺刑事案件适用法律若干问题的意见》(2005)。

5. 最高人民法院《关于审理未成年人刑事案件具体应用法律若干问题的解释》(2006) 第10条。

6. 最高人民法院《关于抢劫过程中故意杀人案件如何定罪问题的答复》(2001)。

二、盗窃罪(修正案八)

(一) 概念

盗窃罪，是指以非法占有为目的，秘密地窃取数额较大的公私财物，或者多次盗窃、入户盗窃、携带凶器盗窃、扒窃公私财物的行为。

(二) 犯罪构成

(1) 客体是公私财物的所有权。侵犯的对象通常是他人占有的公私财物。公私财物一般是指动产，即可以移动而不损坏其价值的财物。可以是流通物，也可以是违禁，如毒品、假币、侵权物品、淫秽物品等，这些违禁品虽然没有被物价部门所认可的价值(客观价值)，但是有非法的交易价值(主观价值)。此外，电力、煤气、天然气、热气等无体物也属于本罪侵犯的对象。盗打他人电信号码，造成他人电信资费损失数额较大的，以本罪论处。但是盗窃无形财产中的技术成果等智力财产的，不以本罪论处。他人占有是指他人对财物事实上的支配。这种支配既包括物理范围内的支配，也包括依据社会理念可推知由他人支配的状态。例如：在他人的事实支配领域内的财物，表现为他人住宅内、车内的财物等；或者他人支配领域外的，但可推知他人事实上支配的状态，表现为他人门前停放的自行车、挂在窗户上的财物；或者原所有人丧失了占有，但已由第三人占有，如甲的财物遗忘在乙家，表现为非所有人乙占有状态下的他人占有。一般情况下，自己的财物不能成为盗窃的对象。但是，对已被依法扣押的自己的财物实施盗窃或者对已交付给他人合法占有或保管的财物实施盗窃，致使他人因承担赔偿责任而遭受财产损失的，也构成本罪。

(2) 客观方面表现为秘密窃取数额较大的公私财物或者多次盗窃、入户盗窃、携带凶器盗窃、扒窃公私财物的行为。秘密窃取是指行为人采取自以为不使财物所有人、保管人或持有人发觉的方法，将财物取走。至于其他人是否发现，不影响本罪的构成。大多数情况下财物所有人、保管人、持有人不知道财物被窃取，但在某些情况下被害人发觉了盗窃行为却由于害怕或其他原因以致没有任何反应，行为人误以为没有被发觉从而顺利偷走财物的，也是秘密窃取。依据《刑法修正案(八)》的规定，成立盗窃罪有两个标准：盗窃公私财物数额较大的；多次盗窃、入户盗窃、携带凶器盗窃、扒窃公私财物。

①数额较大是成立盗窃罪的基本条件。根据最高人民法院、最高人民检察院、公安部1999年《关于铁路运输过程中盗窃罪数额认定标准问题的规定》，在铁路运输过程中，个人盗窃公私财物“数额较大”，以1 000元为起点。根据最高人民法院1997年《关于审理盗窃案件具体应用法律若干问题的解释》的规定，所谓“盗窃数额较大”，是指个人盗窃公私财物价值人民币500元至2 000元以上；各省、自治区、直辖市高级人民法院可根据本地区经济发展状况，并考虑社会治安状况，在上述数额幅度内分别确定本地区执行的“数额较大”的标准。

②多次盗窃、入户盗窃、携带凶器盗窃、扒窃公私财物行为只要具备其中之一，就构成盗窃罪。多次盗窃是指行为人的盗窃数额虽未达到较大，但是在1年内盗窃或在公共场所扒窃达3次以上。入户盗窃，是指为实施盗窃行为而进入他人生活的与外界相对隔离的住所。只要是入户盗窃，不论数额多少，均构成盗窃罪。携带凶器盗窃、扒窃中的凶器是指国家规定的管制器具，如枪支弹药、爆炸物、管制刀具等或者是为盗窃而准备的其他凶器。扒窃，是指在公共场所或公共交通工具上秘密窃取他人随身携带的财物的行为。

（3）主体是一般主体，凡已满16周岁，具备刑事责任能力的自然人，均可成为本罪的主体。另外，根据最高人民检察院2002年7月8日《关于单位有关人员组织实施盗窃行为如何适用法律问题的批复》的规定，单位有关人员为牟取单位利益组织实施盗窃行为，情节严重的，应当依照刑法的规定以盗窃罪追究直接责任人员的刑事责任。

（4）主观方面是直接故意，并且具有非法占有公私财物的目的。

（三）认定

1. 罪与非罪的界限

（1）对于秘密窃取达到数额较大标准的，认定为盗窃罪，否则不能定罪。盗窃公私财物，接近“数额较大”的起点，有下列情节之一的，可以追究刑事责任：以破坏性手段盗窃造成公私财产损失的；盗窃残疾人、孤寡老人或者丧失劳动能力人的财物，造成严重后果或者具有其他恶劣情节的。虽然盗窃公私财物已达到“数额较大”的起点，但情节轻微，并具有下列情节之一的，可不作为犯罪处理：已满16周岁不满18周岁的未成年人作案的；全部退赃、退赔的；主动投案的；被胁迫参加盗窃活动，没有分赃或者获赃较少的；其他情节轻微、危害不大的。

（2）偷走自己家的财物或者近亲属的财物，一般可不按犯罪处理，对确有追究刑事责任必要的，处罚时也应与在社会上作案的有所区别。

（3）以数额巨大的财物为盗窃目标或者以国家珍贵文物为盗窃目标的，盗窃未遂但情节严重的，以本罪定罪处罚。一般情况下的盗窃未遂，不以本罪论处。

（4）不符合多次盗窃、入户盗窃、携带凶器盗窃、扒窃公私财物的，不能认定本罪成立。

2. 盗窃共同管理财产行为的认定

拿走具有上下主从关系的数人共同管理的财物，如店员拿走商店店主与店员共同管理的商店财物，是否构成盗窃，要具体分析：一般情况下，这种共同管理的财物表现为由上位者占有，下位者在握有财物或事实上支配财物的状态下，只是表现为对财物进行监视或辅助占有，而不是真正的占有者。也正基于此，下位者取走财物一般构成本罪。但如果具有上下主从关系的数人之间具有高度的信赖关系，并且上位者已授予下位者处分财物的权限，可认定下位者占有财物。在此情况下，下位者拿走财物，不认为构成本罪，但可能构成侵占罪等其他犯罪。

3. 盗窃特定对象行为的定性

根据《刑法》相关规定：

（1）以牟利为目的，盗接他人通信线路、复制他人电信号码或者明知是盗接、复制的电信设备、设施而使用的，以本罪定罪处罚。

（2）盗窃信用卡并使用的，以本罪定罪处罚。

(3) 盗窃增值税专用发票或者可以用于骗取出口退税、抵扣税款的其他发票的，以本罪定罪处罚。盗窃上述发票数量在25份以上的，为“数额较大”。

(4) 如果以破坏生产经营为目的，盗窃机器设备及其零部件的，定为破坏生产经营罪。无此目的的定为盗窃罪。如果被盗窃的物品数额巨大，同时破坏了生产经营，按照想象竞合犯的理论，择一重罪处罚，认定为盗窃罪。

(5) 如果行为人盗窃枪支、弹药、爆炸物，以刑法相关规定定罪处罚。如果行为人在盗窃他人财物时，在窃得的财物中意外发现放有枪支、弹药，按盗窃罪处罚。但行为人盗窃后又非法持有的，对其按非法持有枪支、弹药罪，与盗窃罪两罪数罪并罚。

(6) 如果以非法占有为目的，毒死或炸死数量较大的鱼，将其偷走，未引起其他严重后果的，定为盗窃罪。但如果不顾人畜安全，向供饮用的池塘中投放大量剧毒物，或者向堤坝等其他公共设施附近的水库中投掷大量炸药，严重危害公共安全，致人重伤、死亡或者使公私财产遭受重大损失的，应当定为投放危险物质罪或爆炸罪。

4. 此罪与彼罪的界限

(1) 为盗窃其他财物，盗窃机动车辆当犯罪工具使用的，被盗机动车辆的价值计入盗窃数额；为实施其他犯罪盗窃机动车辆的，以盗窃罪和所实施的其他犯罪实行数罪并罚。为实施其他犯罪，偷开机动车辆当犯罪工具使用后，将偷开的机动车辆送回原处或者停放到原处附近，车辆未丢失的，按照其所实施的犯罪从重处罚。

(2) 以练习开车、游乐为目的多次偷开机动车辆，如果机动车辆丢失的，以本罪定罪处罚；如果因偷开机动车辆发生交通肇事并构成犯罪的，以交通肇事罪与其他罪数罪并罚；因偷开机动车辆造成车辆损坏的，则按故意毁坏财物罪定罪处罚；如果只是偶尔偷开机动车辆，情节轻微的，可不认定为犯罪。

(3) 因盗窃造成公私财物毁损的，以本罪从重处罚；如果又构成其他罪的，则择一重罪从重处罚；对于采用破坏性手段盗窃公私财物造成公私财物毁损数额较大，而盗窃罪又不成立的，则以故意毁坏财物罪定罪处罚；盗窃后，为掩盖盗窃罪行故意破坏公私财物构成犯罪的，以盗窃罪和构成的其他罪数罪并罚。

(4) 盗窃交通工具、交通设施、电力燃气设备、易燃易爆设备、广播电视设备、公用电信设施、电力设备或者上述设备上的重要零部件的，如果盗窃的数额不大，但盗窃行为危害了公共安全的，则以危害公共安全罪定罪处罚。如果盗窃上述设备价值数额较大，又危害公共安全的，应择一重罪处罚。

(5) 有下列行为的，按刑法的相关规定定罪处罚，不认定为本罪：①盗窃国家秘密的；②盗窃国有档案的；③为境外盗窃国家秘密的；④盗窃商业秘密的；⑤盗窃国家机关公文、证件、印章的；⑥盗窃武装部队公文、证件、印章的；⑦盗窃古文化遗址、古墓葬的；⑧利用职务上便利监守自盗的。

5. 盗窃金额的计算

最高人民法院在1997年11月4日制定的《关于审理盗窃案件具体应用法律若干问题的解释》中对盗窃金额的计算作了具体的说明。在实践中计算盗窃金额时，应按照《解释》准确把握。

6. 本罪既遂与未遂的界限

对于盗窃罪的既遂与未遂，理论上存在“控制说”（犯罪人得到财产）、“失控说”（被害人失去财产）以及“失控+控制说”之争。一般情况下，只要被害人丧失了对财物的控制，就可以认定行为人取得了财物。但是也要区分不同场合，要根据财物的性质、形状、体积大小等进行具体分析：①如果是入室、入户盗窃，小件物品以行为人放入口袋、打成包裹、拿在手里为既遂；如果是大宗物品，则以拿出户外为既遂。②在公共场所扒窃，以行为人拿在手里为既遂。③在商店内盗窃，就体积很小的财物而言，行为人将该财物放入口袋、藏入怀中时就是既遂；但就体积很大的财物而言，只有将该财物搬出商店才能认定为既遂。而在超市，小件物品一般以离开收银台为既遂。④在铁路货运过程中，以物品拿出特定车厢为既遂。

（四）处罚

盗窃公私财物，数额较大的，或者多次盗窃、入户盗窃、携带凶器盗窃、扒窃的，处3年以下有期徒刑、拘役或者管制，并处或者单处罚金；数额巨大或者有其他严重情节的，处3年以上10年以下有期徒刑，并处罚金；数额特别巨大或者有其他特别严重情节的，处10年以上有期徒刑或者无期徒刑①，并处罚金或者没收财产。

【法律链接】

1.《中华人民共和国刑法》(1997) 第264条*。

2.《中华人民共和国刑法》(1979) 第151条、第152条。

3. 最高人民法院《关于审理盗窃案件具体应用法律若干问题的解释》(1997)。

4. 最高人民法院、最高人民检察院、公安部《关于盗窃罪数额认定标准问题的规定》(1998)。

5. 最高人民法院、最高人民检察院、公安部《关于铁路运输过程中盗窃罪数额认定标准问题的规定》(1999)。

6. 最高人民检察院《关于单位有关人员组织实施盗窃行为如何适用法律问题的批复》(2002)。

7.《中华人民共和国刑法修正案（八）》第39条。

三、诈骗罪

（一）概念

诈骗罪，是指以非法占有为目的，用虚构事实或者隐瞒真相的方法，骗取数额较大的公私财物的行为。

（二）犯罪构成

（1）客体是公私财物的所有权。侵害的对象是公私财物。如果用欺骗方法骗取刑法规定的特定财物的，依刑法相关规定处理，如信用卡诈骗罪不适用本罪的规定。

（2）客观方面表现为：行为人实施欺诈行为（使用虚构事实或者隐瞒真相的方法）—被害人陷于错误认识—被害人基于错误认识“自愿”交付财物—行为人取得财物（获得利益）—被害人遭受财产损失。虚构事实，是指行为人编造某种客观上根本不存在的或不可能发生的事实，足以使他人受到蒙蔽。行为人可以虚构全部事实，也可以在部分事实基础上夸大事实。隐瞒真相，是指行为人故意掩盖客观存在的真实情况而不告知被害人。事实上，行为人为达到诈骗的目的，往往既虚构事实又隐瞒真相。

① 《中华人民共和国刑法修正案（八）》废除本罪死刑。

如果行为人的欺骗行为没有使被害人陷于错误认识，则诈骗行为不成立或未遂。如甲诈骗乙，被乙识破骗局，但乙见甲可怜，仍给了甲 3 000 元钱。此种情形不构成诈骗罪。被害人“自愿”处分财产的前提是其对该财产具有处分能力或具有处分财产的权限或地位。如果被害人不具有上述资格，则处分财产行为不能视为诈骗。譬如行为人从不具有民事行为能力的未成年人那里骗取财物，则应认定为盗窃而不是诈骗。诈骗公私财物，数额较大的才构成犯罪。个人诈骗公私财物 3 000 元至 10 000 元的为“数额较大”。各省、自治区、直辖市高级人民法院、人民检察院可以结合本地区经济社会发展状况，在上述幅度内，共同研究确定本地区执行的具体数额标准。

（3）主体为一般主体。

（4）主观方面表现为直接故意，并且具有非法占有公私财物的目的。

（三）认定

1. 罪与非罪的界限

（1）本罪与一般诈骗行为的区别。一般情况下，只有诈骗公私财物达到数额较大标准的，才以诈骗罪论处，否则只能认定为一般诈骗行为。但是，如果已经着手实施诈骗行为，只是由于行为人意志以外的原因而未获取财物的，是诈骗未遂。如果行为人是以数额巨大的财物为诈骗目标的，或者具有其他严重情节的，即使诈骗未遂也应当定罪处罚。利用发送短信、拨打电话、互联网等电信技术手段对不特定多数人实施诈骗，诈骗数额难以查证，但具有下列情形之一的，应当认定为“严重情节”，以诈骗罪（未遂）定罪处罚：①发送诈骗信息 5 000 条以上的；②拨打诈骗电话 500 人次以上的；③诈骗手段恶劣、危害严重的。

（2）本罪与借贷等经济纠纷的界限。在司法实践中，有人以借贷之名，行诈骗之实；有人骗借财物，到期不能偿还或编造理由拖欠不还。对此，是界定诈骗罪还是一般债务纠纷，关键要看行为人是否有非法占有的目的，这要以双方关系、事情的起因、未还款的原因、是否赖账等方面综合分析。

2. 特殊类型的诈骗行为的认定

（1）三角诈骗。即行为人、被害人、被骗人为三方主体的情况。如甲知乙家有钱，待乙上班后，来到乙家，对乙家保姆丙行骗，保姆丙将钱交给甲。丙此时处于财产处分人的地位，尽管被害人乙不是被骗人，但甲的行为使乙的财产遭受损害，符合诈骗行为的构成，数额较大的应认定为诈骗罪。

（2）诉讼欺诈。即行为人以提起民事诉讼为手段，在民事诉讼中提供虚假的陈述，出示虚假的证据，使得法院在被欺骗的情况下作出有利于行为人的判决，使行为人获得财产。诉讼诈骗属于三角诈骗的一种。对于以法院作为受骗人的诉讼欺诈，最高人民检察院在 2000 年 10 月 24 日作出的《关于通过伪造证据骗取法院民事裁判占有他人财物的行为如何适用法律问题的答复》认为不以诈骗罪论处，因行为人侵犯的客体主要是人民法院正常的审判活动，而不是财产所有权。但是此后理论界多认为该行为构成诈骗罪，侵犯了被害人的财产利益。①

（3）赌博欺诈。即行为人通过设置圈套、诱骗他人参与赌博的方式骗取他人财物。赌博欺诈是以赌博之名，行诈骗之实，应定为诈骗罪。

① 2002 年司法考试中有一道题涉及诉讼欺诈的行为，其行为被认定为诈骗罪。

（4）以虚假、冒用的身份证办理入网手续并使用移动电话，造成电信资费损失数额较大的，以诈骗罪定罪处罚。

（5）使用伪造、变造、盗窃的武装部队车辆号牌，骗免养路费、通行费等各种规费，数额较大的，以诈骗罪论处。

3. 刑法中规定的特殊的诈骗罪

某些行为，尽管也是诈骗行为，但刑法对其作了相应规定，因此，不再认定为本罪，而以刑法的相关规定定罪处罚，理论上属于法条竞合。刑法对此具体规定如下：集资诈骗罪、票据诈骗罪、金融凭证诈骗罪、信用证诈骗罪、信用卡诈骗罪、有价证券诈骗罪、保险诈骗罪、合同诈骗罪、骗取出口退税罪、招摇撞骗罪、冒充军人招摇撞骗罪。

4. 诈骗罪与盗窃罪的界限

诈骗罪与盗窃罪的主要区别在客观方面：诈骗罪是采用欺骗方法，使被害人“自愿”作出处分财产的行为，行为人的欺骗行为和被害人的上当受骗并交付财物有因果关系；盗窃罪是行为人采取自认为不被财物所有人知道的方法，将被害人的财物以“和平”的方式取走，被害人一般并不知道财物丢失的事实。但在司法实践中有不少“诈术盗窃”行为，譬如，使用欺骗手段使被害人离开其住所，从而窃取其财物。在这类案件中盗窃行为与诈骗行为往往交织在一起，难以区分，判断的关键在于行为人取得财物的方式，如果行为人是以秘密窃取的方式取得财物的是盗窃罪；如果行为人是因被害人的错误认识而处分其财产才得到财物的是诈骗罪。因此，被害人交出财产是处分其财产还是临时出借是区分的关键因素。

此外，多次向自动售货机投入类似硬币的金属片，从而取得商品数额较大的，以盗窃罪论处，因自动售货机没有意志故不存在是否被骗的问题。同理，从不能完全支配自己意志的幼儿、精神病患者那里骗取财产，也认定为盗窃罪。

5. 诈骗罪与生产、销售伪劣商品罪的界限

二者侵犯客体不同：①本罪是公私财物所有权；后罪是良好的市场经济秩序。②目的不同：本罪是非法占有公私财物；后罪是获取非法利润。如果行为人并非从事商品经营活动，是专门利用他人的弱点，用价值极小的物品冒充高价、高档物品为他人“廉价”销售，非法所得数额较大的，以诈骗罪论处。

（四）处罚

诈骗公私财物，数额较大的，处3年以下有期徒刑、拘役或者管制，并处或者单处罚金；数额巨大或者有其他严重情节的，处3年以上10年以下有期徒刑，并处罚金；数额特别巨大或者有其他特别严重情节的，处10年以上有期徒刑或者无期徒刑，并处罚金或者没收财产。本法另有规定的，依照规定。

【法律链接】

1. 《中华人民共和国刑法》（1997）第266条*。

2. 《中华人民共和国刑法》（1979）第151条、第152条。

3. 最高人民法院、最高人民检察院《关于办理诈骗刑事案件具体应用法律若干问题的解释》（2011）。

4. 最高人民法院《关于审理非法生产、买卖武装部队车辆号牌等刑事案件具体应

用法律若干问题的解释》(2002) 第3条。

5. 最高人民法院《关于审理扰乱电信市场管理秩序案件具体应用法律若干问题的解释》(2000) 第9条。

四、抢夺罪（修正案九）

（一）概念

抢夺罪，是指以非法占有他人财物为目的，公然夺取数额较大的公私财物的行为。

（二）犯罪构成

（1）客体是公私财物的所有权。犯罪的对象仅限于公私财物。这种财物必须具有能被抢走、能被移动的特点，故仅限于动产。不动产不能成为抢夺罪侵犯的对象。但与不动产可以分离之物，如住宅的门窗、田地上的果实，仍可成为抢夺罪侵害的对象。如果抢夺特定物，如抢夺枪支、弹药、爆炸物，毒害性、放射性、传染病原体等物质，或国家机关、部队公文、证件、印章等，按《刑法》有关规定处理，不构成本罪。

（2）客观方面表现为乘人不备，公然夺取数额较大的公私财物的行为。所谓乘人不备，是指行为人趁财物所有人、保管人或持有人毫无防备的情况下，以突然的动作当面将其财物夺走。由于行为发生至完成时间短暂，被害人会当场发觉但往往来不及抗拒。抢夺行为还必须公然进行，即行为人当着财物所有人、保管人或持有人等被害人的面抢夺。所谓公然，主要是指行为人在被害人当场可以得知财物被抢的情况下实施抢夺行为。如果乘持有人等被害人不在的时候取走其财物，即使是不避他人，不怕被别人发现的，仍属秘密窃取性质。抢夺行为，财物价值数额较大①的才构成犯罪。抢夺公私财物，未经行政处罚处理，依法应当追诉的，抢夺数额累计计算。但是，如果抢夺公私财物达到数额较大的标准，但具有下列情形之一的，可以视为《刑法》第37条规定的“犯罪情节轻微不需要判处刑罚”，免予刑事处罚：①已满16周岁不满18周岁的未成年人作案，属于初犯或者被教唆犯罪的；②主动投案，全部退赃或者退赔的；③被胁迫参加抢夺，没有分赃或者获赃较少的；④其他情节轻微，危害不大的。

（3）主体是一般主体。

（4）主观方面表现为直接故意，并且具有非法占有公私财物的目的。如果行为人为夺回自己的财物或误认为是自己的财物而实施抢夺的，因不具有非法占有他人财物的目的而不构成抢夺罪。

（三）认定

1. 罪与非罪的界限

是否达到数额较大的标准。如果没有达到数额较大，则不构成犯罪。

2. 抢夺罪与抢劫罪的界限

①二者客体不同：本罪是公私财物所有权；后罪是公私财物所有权和被害者的人身权利。②客观方面的表现不同：本罪是乘人不备，公然夺取公私财物；后罪是采用使被害人不能、不知或不敢反抗的强制手段来进行。③强制力的作用对象不同：本罪是作用于财物；后罪是作用于被害人人身。④使用强制力的目的不同：本罪是为使财

① 根据最高人民法院《关于审理抢夺刑事案件具体应用法律若干问题的解释》（法释〔2002〕18号）的规定，抢夺公私财物价值500—2 000元以上的，为“数额较大”，按本罪处理。

物易手；后罪是为排除、压制被害人的反抗。⑤主体刑事责任年龄不同：本罪是16周岁以上；后罪是14周岁以上。⑥构成犯罪的数额要求不同：本罪抢夺公私财物要求数额较大；后罪一般没有数额的要求。此外，携带凶器抢夺的，应认定为抢劫罪。

3. 飞车抢夺行为的定性

对于驾驶机动车、非机动车（以下简称“驾驶车辆”）夺取他人财物的，一般以抢夺罪从重处罚。但具有下列情形之一，应当以抢劫罪定罪处罚：①驾驶车辆，逼挤、撞击或强行逼倒他人以排除他人反抗，乘机夺取财物的；②驾驶车辆强抢财物时，因被害人不放手而采取强拉硬拽方法劫取财物的；③行为人明知其驾驶车辆强行夺取他人财物的手段会造成他人伤亡的后果，仍然强行夺取并放任造成财物持有人轻伤以上后果的。

4. 一罪与数罪的界限

实施抢夺公私财物的行为，构成抢夺罪，同时造成被害人重伤、死亡等后果，构成过失致人重伤罪、过失致人死亡罪等犯罪的，这是想象竞合犯，依照处罚较重的规定定罪处罚。如行为人实施抢夺时，用力过猛意外地给被害人造成伤害，甚至死亡；或者抢夺项链、耳环时，致被害人受伤的，一般仍定为本罪。

（四）处罚

抢夺公私财物，数额较大的，或者多次抢夺的，处3年以下有期徒刑、拘役或者管制，并处或者单处罚金；数额巨大或者有其他严重情节的，处3年以上10年以下有期徒刑，并处罚金；数额特别巨大或者有其他特别严重情节的[①]，处10年以上有期徒刑或者无期徒刑，并处罚金或者没收财产。携带凶器抢夺的，依照《刑法》第263条的规定定罪处罚。

【法律链接】

1.《中华人民共和国刑法》（1997）第267条＊。

2.《中华人民共和国刑法》（1979）第151条、第152条。

3. 最高人民法院《关于审理抢夺刑事案件具体应用法律若干问题的解释》（2002）。

4. 最高人民法院《关于审理抢劫、抢夺刑事案件适用法律若干问题的意见》（2005）。

5. 最高人民法院《关于审理抢劫案件具体应用法律若干问题的解释》（2000）第6条。

6.《中华人民共和国刑法修正案（九）》第20条。

---

① 抢夺公私财物价值人民币5 000元至2万元以上的，为“数额巨大”；抢夺公私财物价值人民币3万元至10万元以上的，为“数额特别巨大”。各省、自治区、直辖市高级人民法院可根据本地区经济发展状况，并考虑社会治安状况，在上述数额幅度内分别确定本地区执行的具体标准。抢夺公私财物达到上述“数额巨大”标准，具有下列情形之一的，可以从重处罚：a. 抢夺残疾人、老年人、不满14周岁未成年人的财物的；b. 抢夺救灾、抢险、防汛、优抚、扶贫、移民、救济等款项的；c. 一年内抢夺三次以上的；d. 利用行驶的机动车辆抢夺的。抢夺公私财物接近“数额较大”或“数额巨大”标准，并具有上述“抢夺残疾人、老年人、不满14周岁未成年人的财物”等四种情形之一的，可以分别认定为“其他严重情节”或者“其他特别严重情节”。

五、侵占罪

（一）概念

侵占罪，是指以非法占有为目的，将代为保管的他人财物或者他人的遗忘物、埋藏物占为己有，数额较大且拒不交还的行为。

（二）犯罪构成

（1）客体是公私财物所有权。侵害的对象包括代为保管的他人财物、他人的遗忘物和他人的埋藏物三种财物。这里所指的财物，可以是动产，也可以是不动产；既可以是私人财产，也可以是公共财物。

（2）客观方面表现为合法持有，非法侵占：

①合法持有存在三种情形：一是代为保管他人的财物。代为保管是指财产所有人、保管人受委托或依照契约或其他合法形式将财物的占有权转移给行为人，由行为人保管。因此，保管行为首先表现为一种合法持有。需要注意的是，代为保管的他人财物中的“他人”，仅指公民个人，不包括国家或单位。国家、单位之物基于委托或其他原因而由他人代管的，行为人如果非法占为己有，则应构成贪污罪或者职务侵占罪。二是拾捡他人的遗忘物。遗忘物是指由于财物的所有人、占有人的疏忽，致使财物遗忘在特定地点并在一定时间内失去占有和控制的财物。这里注意，遗忘物与遗失物不同，遗忘物是指物主暂时遗忘的物品，表现为有意放置，忘记拿走。因此，物主容易回想起来，知道什么时候在哪里遗忘的，并恢复控制。拾捡者一般也知道失主是谁。而遗失物则是指由于物主的疏忽即无意识失落的财物。对物主而言，往往不能确定丢失的时间和地点，也很难恢复控制，拾捡者一般不知道也难以找到失主。遗失物不属于侵占罪的侵害对象。因此，拾得他人遗失物拒不归还的，属于民事侵权行为，但不构成犯罪。三是发掘他人的埋藏物。埋藏物是指他人有意埋藏于地下的财物，但不包括地下原有的矿产、文物等。根据《民法通则》的规定：埋藏物的所有权归所有权人所有，所有人不明的埋藏物归国家所有。不管是代为保管还是占有遗忘物、埋藏物，都表现为一种合法持有的状态。这是侵占罪成立的前提条件。发掘埋藏物应出于善意偶然得到，如果明知他人将某物埋藏下而故意盗掘得到，就不构成本罪，数额较大的以盗窃罪论处。

②非法侵占，拒不交还。拒不交还，通常是指经权利人提出交还请求之后，占有人仍不交还。但如果财物占有人有合理的根据怀疑请求返还人不是权利人而拒绝返还时，不属于拒不交还。而如果权利人已经证明自己为权利人，占有人仍不返还的，则构成拒不返还。拒不返还可以表现为明确拒绝交还；也可表现为承诺交还但实际不交还；还可能采用隐瞒真相的欺诈方法，拒不退还。只有占有人拒不交还的，使得行为性质从合法持有转化为非法占有，才可能构成侵占罪。无论是代为保管的他人财物，还是遗忘物、埋藏物，拒不返还必须达到数额较大的标准才能构成本罪。

（3）主体是一般主体。

（4）主观方面表现为直接故意，并且具有非法占有的目的。

（三）认定

1. 罪与非罪的界限

一方面要求达到数额较大的标准，另一方面由于本罪是“告诉才处理”的犯罪。

因此，要求被害人提出告诉，才能成立本罪。

2. 本罪既遂与未遂的界限

侵占罪的既遂以行为人表示拒不交出为条件。

3. 侵占罪与盗窃罪的界限

①侵害对象不同：本罪是保管物或者是遗忘物、埋藏物；后罪是除前述三物之外的公私财物。②行为表现不同：本罪行为人先合法持有他人财物；后罪行为人从未合法持有过他人财物。③表现形态不同：本罪是非法侵占，拒不返还；后罪是秘密窃取。因此，区分两罪的关键在于财物属于谁占有，谁对财物享有实际的控制和支配，如果在被害人控制财物的情况下行为人将财物取走是盗窃，如果行为人合法占有了被害人的财物，又拒不交还的，是侵占罪。

（四）处罚

将代为保管的他人财物非法占为己有，数额较大，拒不退还的，处 2 年以下有期徒刑、拘役或者罚金；数额巨大或者有其他严重情节的，处 2 年以上 5 年以下有期徒刑，并处罚金。将他人的遗忘物或者埋藏物非法占为己有，数额较大，拒不交出的，依照前款规定处理。

【法律链接】

《中华人民共和国刑法》（1997）第 270 条*。

六、敲诈勒索罪（修正案八）

（一）概念

敲诈勒索罪，是指以非法占有为目的，对公私财物的所有人或经管人，实施威胁或者要挟的方法，强行索取数额较大的公私财物的行为或者多次敲诈勒索的行为。

（二）犯罪构成

（1）客体是复杂客体，既包括公私财物所有权，同时也包括被害人的人身权利或者其他权益。犯罪对象是公私财物。可以是动产，也可以是不动产；可以是有形财产，也可以是无形财产，甚至包括财产性利益，如用威胁或要挟的方法迫使他人为自己无偿提供劳务。实践中以钱财居多。

（2）客观方面表现为行为人使用威胁或要挟的方法，迫使被害人当场或限期交付数额较大的财物或提供财产性利益的行为。多次敲诈勒索的行为也构成本罪。行为人首先会使用威胁或要挟的方法。威胁是指扬言要对被害人或其亲友实施暴力，迫使被害人交付数额较大的财物的方法。要挟是指扬言要揭发他人隐私，毁损他人名誉，或揭露其违法犯罪行为，或要对其实施迫害、诬陷的方法。威胁和要挟，都是能够引起被害人心理恐惧的精神强制方法，并最终使得被害人产生恐惧心理，而不得不处分其财产。但二者略有不同，要挟通常表现为抓住他人的把柄，如被害人有违法犯罪或生活作风问题被行为人知晓，行为人以此相恐吓。而威胁则还可以是以暴力性人身攻击相威胁。威胁的内容可以立即实现也可能是日后再实现。但是，如果行为人以当场实施暴力相威胁并当场取得财物的不构成本罪，而成立抢劫罪。威胁和要挟的方式多种多样，常见的有写“恐吓信”、打电话或由第三人传话，也可以由行为人直接向被害人提出。如果行为人冒充治安联防队员“抓赌”“抓嫖”、没收赌资或者罚款的行为，构成犯罪的，也以本罪论处。敲诈勒索，数额较大的才构成本罪。根据司法解释的规定，敲诈勒索公私财物 1 000 元至 3 000 元以上的为数额较大。另外，根据《刑法修正案（八）》的规定，多次敲诈勒索的行为也成立本罪。

（3）主体是一般主体。

（4）主观方面表现为直接故意，并且具有非法占有公私财物的目的。如果行为人索取财物的目的并不违法，如债权人为讨还债务而使用带有一定威胁成分的语言，催促债务人尽快偿还等，则不构成本罪。

（三）认定

1. 罪与非罪的界限

是否构成本罪有两个标准：第一，敲诈勒索公私财物达到数额较大标准的，构成本罪；第二，多次敲诈勒索的也成立本罪。所谓多次，是指三次以上。

2. 敲诈勒索罪与抢劫罪

两罪都使用了威胁，但威胁的内涵不同。①威胁的方式不同：本罪可以当着被害人的面直接发出，也可以通过书信、电话或第三者转达；后罪为当面威胁。②实现威胁的时间不同：本罪如果被害人不答应行为人的要求，行为人一般会在以后某个时间实现威胁的内容；后罪如果被害人不立即交出财物，行为人就要当场实现所威胁的内容。③威胁的内容不同：本罪威胁内容比较广泛，包括对人身的加害行为或者毁坏财物、名誉等；后罪以杀害、伤害等暴力侵害人身行为相威胁。④非法取得财物的时间不同：本罪可以在当场，也可以在事后取得；后罪在实施威胁的当场取得财物。

3. 敲诈勒索罪与绑架罪

①是否实施绑架行为不同：本罪不存在绑架行为，没有将被害人置于自己控制之下；后罪必须有绑架行为，并将被害人置于自己控制之下。②勒索财物的对象不同：本罪向被害人本人发出勒索财物的威胁；后罪向被害人的亲人、家属或有利害关系的人或单位发出威胁。③本罪主要客体不同：本罪主要客体是财产所有权；后罪主要客体是人身权利。

4. 敲诈勒索罪与诈骗罪

两罪区分的关键在于敲诈勒索罪的行为人行使欺骗手段在于恐吓他人，使他人违心交付财物；而诈骗罪则是行为人通过欺骗他人，使他人“自愿”交付财物。

5. 本罪既遂与未遂的界限

敲诈勒索罪是典型的侵犯财产罪，因此，如果被害人出于恐惧心理处理其财物的，则认定为敲诈勒索罪既遂成立。如果被害人是出于其他心理交付财物的，比如出于同情或怜悯、为了配合警方逮捕行为人的，则认定为敲诈勒索罪未遂。

（四）处罚

敲诈勒索公私财物，数额较大的，处 3 年以下有期徒刑、拘役或者管制并处或单处罚金；数额巨大或者有其他严重情节的①，处 3 年以上 10 年以下有期徒刑，并处罚金；数额特别大或者有其他特别严重情节的，处 10 年以上有期徒刑，并处罚金②。

---

① 根据2000年最高人民法院《关于敲诈勒索罪数额认定款项问题》的司法解释，敲诈公私财物 1 万元至 3 万元以上的为数额巨大。

② 《中华人民共和国刑法修正案（八）》对本罪增加了罚金刑，并将最高刑由 10 年以下增至 10 年以上。

【法律链接】

1.《中华人民共和国刑法》(1997) 第274条*。
2.《中华人民共和国刑法》(1979) 第154条。
3. 最高人民法院《关于审理抢劫、抢夺刑事案件适用法律若干问题的意见》(2005)。
4.《中华人民共和国刑法修正案（八）》第40条。

七、拒不支付劳动报酬罪（修正案八）

（一）概念

拒不支付劳动报酬罪，是指以转移财产、逃匿等方法逃避支付劳动者的劳动报酬或者有能力支付而不支付劳动者的劳动报酬，数额较大且经政府有关部门责令支付仍不支付的行为。

（二）犯罪构成

（1）客体是复杂客体，既侵犯了劳动者的财产所有权，又妨碍了正常的劳动用工关系，破坏了社会主义市场经济秩序。本罪是《刑法修正案（八）》新增罪名。

（2）客观方面表现为行为人以转移财产、逃匿等方法逃避支付劳动者的劳动报酬或者有能力支付而不支付劳动者的劳动报酬，数额较大的行为。劳动报酬是指劳动者依照《中华人民共和国劳动法》和《中华人民共和国劳动合同法》等法律的规定为其支付的劳动所得的报酬，包括工资、奖金、津贴、补贴、延长工作时间的工资报酬及特殊情况下支付的工资等。其客观行为包括两个方面：

①不支付劳动者的劳动报酬，且数额较大的。不支付报酬的情况包括两种：其一，以转移财产、逃匿等方法逃避支付劳动者的劳动报酬的，具体指下列情形之一：隐匿财产、恶意清偿、虚构债务、虚假破产、虚假倒闭或者以其他方法转移、处分财产的；逃跑、藏匿的；隐匿、销毁或者篡改账目、职工名册、工资支付记录、考勤记录等与劳动报酬相关的材料的；以其他方法逃避支付劳动报酬的。其二，有能力支付而不支付劳动者的劳动报酬。即企业、自然人的银行存款足够支付劳动者的劳动报酬，而不作为，致使劳动者没有按劳动合同的约定获得应得的报酬。数额较大是构成本罪的前提条件。根据最高人民法院《关于审理拒不支付劳动报酬刑事案件适用法律若干问题的解释》，数额较大是指有下列情形之一的：拒不支付1名劳动者3个月以上的劳动报酬且数额在5 000元至2万元以上的；拒不支付10名以上劳动者的劳动报酬且数额累计在3万元至10万元以上的。各省、自治区、直辖市高级人民法院可以根据本地区经济社会发展状况，在前款规定的数额幅度内，研究确定本地区执行的具体数额标准，报最高人民法院备案。

②经政府有关部门责令支付仍不支付的。根据上述司法解释的规定，“经政府有关部门责令支付”，是指经人力资源与社会保障部门或者政府其他有关部门依法以限期整改指令书、行政处理决定书等文书责令支付劳动者的劳动报酬后，在指定的期限内仍不支付的行为，但是，有证据证明行为人有正当理由未知悉责令支付或者未及时支付劳动报酬的除外。如果行为人逃匿，无法将责令支付文书送交其本人、同住成年家属或者所在单位负责收件的人的，如果有关部门已通过在行为人的住所地、生产经营场所等地张贴责令支付文书等方式责令支付，并采用拍照、录像等方式记录的，应当视为“经

政府有关部门责令支付”。以上两个条件同时具备的，才构成拒不支付劳动报酬罪。

（3）主体是一般主体，包括自然人和单位。主观方面表现为故意，包括直接故意和间接故意。

（三）认定

罪与非罪的界限。判断的关键在于两个方面：数额是否较大；是否经政府有关部门责令支付。如果以上两个条件同时具备，即拒不支付劳动报酬数额较大，且经政府有关部门责令支付仍不支付的才构成本罪。根据司法解释的规定，拒不支付劳动者的劳动报酬，尚未造成严重后果，在刑事立案前支付劳动者的劳动报酬，并依法承担相应赔偿责任的，可以认定为情节显著轻微、危害不大，不认为是犯罪，不需要追诉。在提起公诉前支付劳动者的劳动报酬，并依法承担相应赔偿责任的，可以减轻或者免除刑事处罚；在一审宣判前支付劳动者的劳动报酬，并依法承担相应赔偿责任的，可以从轻处罚。拒不支付劳动者的劳动报酬，造成严重后果，但在宣判前支付劳动者的劳动报酬，并依法承担相应赔偿责任的，可以酌情从宽处罚。

（四）处罚

逃避支付劳动者的劳动报酬或者有能力支付而不支付劳动者的劳动报酬，数额较大，经政府有关部门责令支付仍不支付的，处3年以下有期徒刑或者拘役，并处或者单处罚金；造成严重后果的，处3年以上7年以下有期徒刑，并处罚金。单位犯前款罪的，对单位判处罚金，并对其直接负责的主管人员和其他直接责任人员，依照前款的规定处罚。有前两款行为，尚未造成严重后果，在提起公诉前支付劳动者的劳动报酬，并依法承担相应赔偿责任的，可以减轻或者免除处罚。

拒不支付劳动者的劳动报酬，数额较大，并具有下列情形之一的，应当认定为“造成严重后果”：①造成劳动者或者其被赡养人、被扶养人、被抚养人的基本生活受到严重影响、重大疾病无法及时医治或者失学的；②对要求支付劳动报酬的劳动者使用暴力或者进行暴力威胁的；③造成其他严重后果的。

【法律链接】

1.《中华人民共和国刑法》（1997）第276条。

2. 最高人民法院《关于审理拒不支付劳动报酬刑事案件适用法律若干问题的解释》（2013）。

3.《中华人民共和国刑法修正案（八）》第41条。

【实务操练】

一、示范引导训练

案例：见前面的【引例】。

基本步骤：

1. 学生集体阅读案例。

2. 教师提出问题。

问题（1）：许某的行为构成犯罪吗？为什么？

问题（2）：如果许某的行为构成犯罪，那么构成什么罪？

问题（3）：法院应当如何判决？

3. 教师引导分析。

问题（1）：考虑犯罪的基本特征和犯罪构成。

问题（2）：比较盗窃罪与其他侵犯财产犯罪的特征。

问题（3）：考虑个罪相关处罚规定。

4. 教师总结。

具体见本单元后面的【引例评析】。

二、学生互动训练

基本步骤：

1. 按问题需要对学生进行分组；
2. 以组为单位让学生自行开展讨论；
3. 各组学生内部选出代表拟订应答方案；
4. 各组代表应答，阐述观点及其理由；
5. 学生自我评价实训效果；
6. 教师简要点评与总结。

案例1：某日，成年男子张某经过一户人家门前，见一个五六岁的幼儿李某独自玩耍，其脖子上戴一金项链（价值约6 000元）。张某发现周围无人，顿生歹念，于是拿出一根棒棒糖，花言巧语，欲用棒棒糖和李某交换金项链。李某不知项链的价值，又被棒棒糖所迷惑，在张某的引诱下，取下金项链与张某换了一根棒棒糖。后此事案发，张某被起诉至法院。问：

（1）张某的行为构成什么罪？为什么？

（2）张某的行为是否构成诈骗罪？为什么？

案例2：王甲和王乙计划共同盗窃，由王甲进入陈某家里行窃，王乙在楼下望风，王甲顺利窃得陈某家的现金3 000元。正准备出门，恰好陈某从邻居家串门回来发现王甲，遂追赶王甲，王甲跑到王乙望风的地点，王乙躲在墙角边，趁陈某不注意，将陈某猛踹一脚，陈某重重地摔在地上，两人迅速逃离现场。经鉴定，陈某摔成轻伤。问：

（1）王甲的行为是否构成犯罪？如果构成犯罪，何罪？为什么？

（2）王乙的行为是否构成犯罪？如果构成犯罪，何罪？为什么？

（3）王甲和王乙是否为共同犯罪？罪名相同吗？为什么？

案例3：某地突发百年未遇的冰雪灾害，李某离开自己的住宅躲避自然灾害。两天后，大雪压垮了李某的房屋，家中财物散落一地。灾后最先返回的邻居刘某路过李某家时，将李某垮塌房屋中的2万元现金拿走。问：

（1）刘某的行为是否构成犯罪？为什么？

（2）刘某的行为构成什么罪？

案例4：2008年5月12日，被告人刘某，因一辆拉砖的货车将正骑着摩托车的刘某挤到了路边摔入了沟中，受到了轻微的伤害。货车没有发觉，仍继续前行，刘某拦停货车后，打电话叫来了十几个年轻人，要货车车主赵某赔偿各种损失共计5 000元。赵某因未带够钱，便提出先抵押赵某的行车证件及车辆，刘某不同意，只要钱。后赵某提出将儿子作押，明日给钱。刘某同意了，当晚赵某的儿子随刘某等人在一处房屋中居住。第二日，赵某的儿子随刘某及几个人一起吃完早餐后在市场中看别人打牌，公安人员接到赵某报案后，将在市场中的刘某抓获归案。问：

（1）刘某的行为构成犯罪吗？
（2）刘某的行为构成何罪？

项目二 次重点罪名

基本任务：理解与了解6个次重点罪名的主要特征与处罚规定。

一、聚众哄抢罪（第268条）

（1）概念。聚众哄抢罪，是指以非法占有为目的，聚集多人，公然哄抢数额较大的公私财物或者哄抢公私财物情节严重的行为。

（2）犯罪构成特点。客体是公私财产所有权。客观方面表现为聚众哄抢公私财物数额较大或情节严重的行为。聚众是指纠集3人以上为众，哄抢是指趁人多势众之机，一哄而上，公然抢夺公私财物。情节严重具体表现为：人数较多；哄抢较重要的物资；社会影响很坏；哄抢文物；哄抢数额虽小，但多次哄抢。主体是聚众哄抢的首要分子和积极参加的人，即在聚众哄抢中起组织、策划、指挥作用的首要分子以及在哄抢中起骨干带头作用或哄抢财物较多的积极参加的人。主观方面是故意，并且具有非法占有的目的。

（3）处罚。处3年以下有期徒刑、拘役或者管制，并处罚金；处3年以上10年以下有期徒刑，并处罚金。

二、职务侵占罪（第271条）

（1）概念。职务侵占罪，是指公司、企业或者其他单位的人员，利用职务上的便利，将本单位财物非法占为己有，数额较大的行为。

（2）犯罪构成特点。客体是公司、企业或者其他单位的财产所有权；侵害对象是行为人所在公司、企业或者其他单位的财物，包括本单位管理、使用或者运输中的私人财产以及投入到这些单位中的国有财产、集体财产、私人财产以及中外合资、中外合作和外国独资企业的财产。客观方面表现为利用职务上的便利①，以侵吞、窃取和骗取等非法的方式将本单位的财物占为己有，数额较大（5 000元至1万元以上）的行为。主体是特殊主体，即本公司、本企业或本单位内担任一定职务或主管、经手财物的不具有国家工作人员身份的人员。这里的单位是指公司企业以外的其他组织，如村民委员会、居民委员会、医院、学校等等。个体工商户、农村承包经营户、依《民法通则》规定设立而不包括合伙企业法规定的个人合伙，不属于企业，其从业人员不具备本罪的资格。主观方面表现为直接故意，并且具有非法占有财物的目的。

（3）处罚。处5年以下有期徒刑或拘役；处5年以上有期徒刑，可以并处没收财产。

---

① 利用职务上的便利是指行为人利用自己担任某种职务，从而方便自己占有财物。通常是指具有对财物“管理性”职务的便利。

三、挪用资金罪（第272条）

（1）概念。挪用资金罪，是指公司、企业或者其他单位的工作人员，利用职务上的便利，挪用本单位的资金归个人使用或者借贷给他人，数额较大，超过3个月未还的，或者虽未超过3个月，但数额较大、进行营利活动或者进行非法活动的行为。

（2）犯罪构成特点。客体为复杂客体，既侵犯了公司、企业或者其他单位的财产使用权，又侵犯了公司、企业或者其他单位的财经管理制度，前者为主要客体。客观方面表现为行为人利用职务上的便利，违反单位财经管理制度，挪用本单位的资金归个人使用或者借贷给他人（包括单位）使用。有三种法定情形：①挪用本单位的资金归个人使用或者借贷给他人，数额较大，超过3个月未还的。②挪用本单位的资金归个人使用或者借贷给他人，数额较大，进行营利活动[①]的。这两种情形数额较大的标准是指挪用资金1万元至3万元以上。③挪用本单位的资金归个人使用或者借贷给他人，数额较大，进行非法活动的。进行非法活动是指用于违法犯罪活动，如走私、赌博、贩毒等。进行非法活动挪用资金数额在5 000元至2万元以上的为数额较大。主体是特殊主体，即公司、企业或者其他单位中的工作人员，但不属于国家工作人员，包括非国有商业银行、证券交易所、期货交易所、证券公司、期货经纪公司、保险公司或者其他非国有金融机构的工作人员。受国家机关、国有公司、企业、事业单位、人民团体的委派，管理、经营国有财产的非国家工作人员，利用职务便利，挪用国有资金构成犯罪的，也以本罪论处[②]。主观方面表现为直接故意，其目的在于暂时取得本单位资金的使用权。

（3）处罚。处3年以下有期徒刑或者拘役；处3年以上10年以下有期徒刑。

四、挪用特定款物罪（第273条）

（1）概念。挪用特定款物罪，是指违反国家财经管理制度，挪用用于救灾、抢险、防汛、优抚、扶贫、移民、救济款物，情节严重，致使国家和人民群众利益遭受重大损失的行为。

（2）犯罪构成特点。客体是国家对特定款物的财经管理制度。客观方面表现为将自己经管的财物，未经合法批准，违反财经制度专款专用的规定，擅自调拨、使用本应用于救灾、抢险、防汛、优抚、扶贫、移民、救济的款物。情节严重是具有下列情形之一的：挪用特定款物价值在5 000元以上的；造成国家和人民群众直接经济损失数额在5万元以上的；虽未达到上述数额标准，但造成人民群众的生产、生活严重困难的。致使国家和人民群众利益遭受重大损失是指挪用行为给救灾、抢险、防汛、优抚、扶贫、移民、救济工作造成严重困难或者损失，给恢复生产、群众自救带来严重影响，造成群众逃荒、传染病流行、人员死亡等。本罪与挪用公款罪相比，最大的区别在于专款他用，挪用公款罪是公款私用。主体是特殊主体，即对保管、分配和使用特定款

---

① 营利活动是指用挪用的资金进行合法经营活动或其他合法获得利润的行为。

② 根据最高人民检察院2000年10月《关于挪用尚未注册成立公司资金的行为适用法律问题的批复》的规定：筹建公司的工作人员在公司登记注册前，利用职务上的便利，挪用准备设立的公司在银行开设的临时账户上的资金，构成犯罪的，以挪用资金罪论处。

物直接负责的主管人员和其他直接责任人员。主观方面表现为直接故意。

（3）处罚。对直接责任人员，处3年以下有期徒刑或者拘役；情节特别严重的，处3年以上10年以下有期徒刑。

五、故意毁坏财物罪（第275条）

（1）概念。故意毁坏财物罪，是指故意毁坏或损坏公私财物，数额较大或者情节严重的行为。

（2）犯罪构成特点。客体是公私财产的所有权。客观方面：毁坏是指使物品的价值或使用价值部分或全部丧失，既可以从物理上改变或消灭财物的形体，也包括因为心理上、感情上的缘故而导致财物的丧失或减少，还包括被害人对财物占有的丧失。毁坏公私财物要求数额较大或情节严重。主体是一般主体。主观方面表现为故意，包括直接故意和间接故意。

（3）处罚。处3年以下有期徒刑、拘役或者罚金；处3年以上7年以下有期徒刑。

六、破坏生产经营罪（第276条）

（1）概念。破坏生产经营罪，是指由于泄愤报复或者其他个人目的，毁坏机器设备、残害耕畜或者以其他方法破坏生产经营的行为。

（2）犯罪构成特点。客体是公私财产所有权。客观方面表现为在工、农业生产活动中实施了破坏行为，如毁坏机器设备、残害耕畜或者以其他方法破坏生产经营的行为。其他方法通常有毁坏种子、秧苗、鱼苗、果树，断电，破坏原料供应，偷改配方、设计图纸等。主体为一般主体。主观方面为直接故意，并且具有泄愤报复或者其他个人目的。

（3）处罚。处3年以下有期徒刑、拘役或者管制；处3年以上7年以下有期徒刑。

【引例评析】

许某的行为构成犯罪，成立盗窃罪。许某一开始的行为属于正常取款，但发现自动柜员机出现异常，能够超出余额取款且不能如实扣账之后，许某在三个时间段内170次指令取款，时间前后长达3个小时，直至其账户余额仅剩1.97元为止，取款后又携款逃匿，其取款的方式、次数、持续的时间以及许某关于其明知取款时“银行应该不知道”“机器知道，人不知道”的当庭供述，均表明许某系利用自动柜员机系统异常之机，自以为银行工作人员不会及时发现，非法获取银行资金，与储户正常、合法的取款行为有本质区别，且至开庭审理前一直未退还赃款，表明其主观上具有非法占有银行资金的故意，客观上实施了秘密窃取的行为。因此，许某的行为符合盗窃罪的主客观特征，构成盗窃罪。

许某的行为依据当时的《刑法》属于盗窃金融机构。[①] 因为自动柜员机是银行对外提供客户自助金融服务的专有设备，机内储存的资金是金融机构的经营资金，根据最

① 该案发生时，《中华人民共和国刑法修正案（八）》尚未生效，依据当时的《中华人民共和国刑法》规定，盗窃罪的最高刑仍为死刑，当时的《中华人民共和国刑法》第264条规定，盗窃金融机构，数额特别巨大的，处无期徒刑或者死刑，并处没收财产。

高人民法院《关于审理盗窃案件具体应用法律若干问题的解释》第8条“刑法第264条规定的盗窃金融机构，是指盗窃金融机构的经营资金、有价证券和客户的资金等，如储户的存款、债券、其他款物，企业的结算资金、股票，不包括盗窃金融机构的办公用品，交通工具等财物的行为”，许某的行为属于盗窃金融机构。

广州中院经审理认为，被告人许某以非法占有为目的，采用秘密手段窃取银行经营资金的行为，已构成盗窃罪。许某案发当晚21时56分第一次取款1 000元，是在正常取款时，因自动柜员机出现异常，无意中提取的，不应视为盗窃，其余170次取款，其银行账户被扣账的174元，不应视为盗窃，许某盗窃金额共计173 826元。公诉机关指控许某犯罪的事实清楚，证据确实、充分，指控的罪名成立。许某盗窃金融机构，数额特别巨大，依法本应适用“无期徒刑或者死刑，并处没收财产”的刑罚。鉴于许某是在发现银行自动柜员机出现异常后产生犯意，采用持卡窃取金融机构经营资金的手段，其行为与有预谋或者采取破坏手段盗窃金融机构的犯罪有所不同；从案发具有一定偶然性看，许某犯罪的主观恶性尚不是很大。根据本案具体的犯罪事实、犯罪情节和对于社会的危害程度，对许某可在法定刑以下判处刑罚。依照《中华人民共和国刑法》第264条、第63条第2款、第64条和最高人民法院《关于审理盗窃案件具体应用法律若干问题的解释》第3条、第8条的规定判决如下：

一、被告人许某犯盗窃罪，判处有期徒刑5年，并处罚金2万元。

二、追缴被告人许某的犯罪所得173 826元，发还受害单位。

【课后作业】

1. 名词解释

抢劫罪　盗窃罪　诈骗罪　抢夺罪　侵占罪　拒不支付劳动报酬罪

2. 思考题

如何区分盗窃罪、诈骗罪和抢夺罪？

【自测案例】

黄某在商场金店发现柜台内放有一条重18克、价值3 600元的纯金项链，与自己所戴的镀金项链样式完全相同。黄某以挑选金项链为名，乘售货员不注意，用自己的镀金项链调换了上述纯金项链。问：黄某的行为构成何罪？为什么？

【拓展阅读】

1. 陈志军. 侵犯财产罪立案追诉标准与司法认定实务. 北京：中国人民公安大学出版社，2010.

2. 刘明祥. 财产罪比较研究. 北京：中国政法大学出版社，2001.

3. 吴昌植. 韩国侵犯财产罪判例. 北京：清华大学出版社，2004.

4. 有关刑事法律、政策的最新规定以及理论、实践的最新成果。

单元七

妨害社会管理秩序罪

【知识目标】

通过本章的学习，掌握妨害社会管理秩序罪的概念、特征和种类；掌握妨害公务罪等22个重点罪名的犯罪构成、认定及其处罚规定；理解非法获取国家秘密罪等16个次重点罪名的主要特征及其处罚规定；了解煽动暴力抗拒法律实施罪等其他87个罪名的名称与条文。

【能力目标】

能在司法实践中正确认定妨害社会管理秩序行为的罪与非罪，区分此罪与彼罪以及重罪与轻罪。

【内容结构表】

<table>
<tr><td rowspan="4">妨害社会管理秩序罪</td><td>概　述</td><td>概念</td><td>妨害国家机关对社会的管理活动，破坏社会秩序，情节严重的行为</td><td>特征</td><td>客体为社会管理秩序；客观方面表现为实施了情节严重的行为；主观方面表现为故意或者过失；主体为一般主体和特殊主体</td><td>范围</td><td>《刑法》第277条至第367条，共计125个罪名</td></tr>
<tr><td>重点罪名（22）</td><td colspan="6">妨害公务罪，招摇撞骗罪，伪造、变造、买卖国家机关公文、证件、印章罪，破坏计算机信息系统罪，聚众扰乱社会秩序罪，聚众斗殴罪，寻衅滋事罪（修正案八），组织、领导、参加黑社会性质组织罪（修正案八），传授犯罪方法罪（修正案八），赌博罪，伪证罪，窝藏、包庇罪，拒不执行判决、裁定罪，脱逃罪，组织他人偷越国（边）境罪，盗掘古文化遗址、古墓葬罪（修正案八），医疗事故罪，非法行医罪，污染环境罪（修正案八），走私、贩卖、运输、制造毒品罪，非法持有毒品罪，组织卖淫罪（修正案八）</td></tr>
<tr><td>次重点罪名（16）</td><td colspan="6">非法获取国家秘密罪，非法获取计算机信息系统数据、非法控制计算机信息系统罪（修正案七），提供侵入、非法控制计算机信息系统程序、工具罪（修正案七），妨害作证罪，帮助毁灭、伪造证据罪，掩饰、隐瞒犯罪所得、犯罪所得收益罪（修正案七），运送他人偷越国（边）境罪，倒卖文物罪，妨害动植物防疫、检疫罪（修正案七），非法猎捕、杀害珍贵、濒危野生动物罪，非法采矿罪（修正案八），盗伐林木罪，窝藏、转移、隐瞒毒品、毒赃罪，强迫卖淫罪，嫖宿幼女罪，制作、复制、出版、贩卖、传播淫秽物品牟利罪</td></tr>
<tr><td>其他罪名（87）</td><td colspan="6">煽动暴力抗拒法律实施罪，盗窃、抢夺、毁灭国家机关公文、证件、印章罪，伪造公司、企业、事业单位、人民团体印章罪，非法生产、买卖警用装备等共87个罪名</td></tr>
</table>

项目一　重点罪名

基本任务：理解、记忆22个重点罪名的犯罪构成及其处罚规定，并能在实践中熟练掌握其定罪与量刑。

【引例1】刘某驾驶无号牌宝马轿车，在行至某交叉口时，闯红灯后被执勤民警杨某查处。杨某要求刘某出示驾驶证并下车接受处理，但刘某拒不配合，并欲驾车离开。杨某见状站在车前阻止，刘某多次倒车试图绕行，但均被杨某拦截。刘某见无法绕行，遂驾车前行，杨某倾倒在车辆的引擎盖上后，刘某仍未停车，后被群众驾车逼停。杨某被拖行距离约1 100米，身体多处软组织损伤。法院认为，刘某因交通违章被查处，采取驾车拖行交警的暴力方法阻碍交警依法执行职务，已构成妨害公务罪。因未对执勤交警身体造成较大伤害，犯罪情节较轻，且有悔罪表现，被某法院一审判处有期徒刑2年，缓刑3年。问：如何理解妨害公务罪？

【引例2】肖某因对被害人方某、方某某等人在互联网和其他媒体上质疑其学术成果不满，便接受了戴某找人殴打方某和方某某的提议。2010年6月24日22时许，许某、龙某在北京市某区持铁管殴打被害人方某某，导致其头部血肿、多处软组织挫伤、头皮裂伤，经鉴定为轻微伤。8月29日17时许，许某、龙某在北京市某小区北门附近持铁管、铁锤、喷射防卫器殴打方某，导致其腰骶部皮肤挫伤。北京市某法院判决认为，肖某因“寻衅滋事罪”罪名成立，被判拘役5个半月。其他三名被告人戴某、许某、龙某也被认定为相同罪名，分别被判处拘役5个半月、拘役4个月、拘役3个月，戴某拘役一个半月。问：本案为什么构成寻衅滋事罪？该罪和故意伤害罪的区别是什么？

【原理精读】

一、妨害公务罪（修正案九）

（一）概念

妨害公务罪，是指以暴力、威胁方法阻碍国家机关工作人员依法执行职务，阻碍人民代表大会代表依法执行代表职务，阻碍红十字会工作人员依法履行职责的行为，或者故意阻碍国家安全机关、公安机关依法执行国家安全工作任务，虽未使用暴力、威胁方法，但造成严重后果的行为。

（二）犯罪构成

（1）客体是国家机关、人民代表大会、红十字会、国家安全机关以及公安机关的公务活动。公务，是指国家机关工作人员和人大代表依法执行职务的活动，红十字会工作人员依法履行职责的活动，以及国家安全机关和公安机关工作人员依法执行国家安全任务的活动。本罪侵害的对象是正在依法执行职务、履行职责的上述机关工作人员。① 而依法执行职务、履行职责是指该行为不仅内容上合法而且形式上合法，不仅实体上合法而且程序上合法。如果上述人员有超越职权范围的活动，或者滥用职权、以权谋私、侵犯国家和群众利益的活动，则不是正常的公务活动，对其进行阻止不能认为成立本罪。如果行为人阻碍军人执行职务的，不成立本罪，而成立阻碍军人执行职务罪。

（2）客观方面表现为以下情形：①行为人以暴力、威胁的方法阻碍国家机关工作人员、人大代表依法执行职务。所谓暴力，是指对国家机关工作人员、各级人大代表或红十字会人员的身体实行打击或强制，如殴打、捆绑或其他强行限制人身自由的行为。所谓威胁，是指对上述人员进行精神上的恐吓，如以杀害、伤害、毁坏财产、损害名誉等相威胁。②在自然灾害或突发事件中，以暴力、威胁方法阻碍红十字会人员依法履行职责。如果行为人在此之前对上述人员实施暴力、威胁或在此之后进行报复的，不能论以本罪，而应当根据具体的情况处理。③虽未使用暴力、威胁的方法，但故意阻碍国家安全机关、公安机关依法执行国家安全工作任务，造成严重后果的行为。由此可见，故意阻碍国家安全机关、公安机关依法执行国家安全工作任务，则不以使用暴力、威胁方法为要件，即使没有使用这种方法，但造成了严重后果，也构成本罪。④根据《刑法》第 242 条第 1 款的规定，以暴力、威胁方法阻碍国家机关工作人员解救被收买的妇女、儿童的，依照妨害公务罪的规定定罪处罚。

（3）主体为一般主体，即已年满 16 周岁并具有刑事责任能力的自然人，单位不构成本罪犯罪主体。

（4）主观方面表现为故意。必须明知侵犯的对象是法律规定的特定身份的人员。即行为人明知国家机关工作人员、人大代表、国家安全机关或公安机关正在依法执行职务或履行职责，而有意对其实施暴力、威胁，使其不能或不敢正常执行职务或者履行职责，或者明知对方正在依法执行国家安全工作任务，而有意进行阻碍。

（三）认定

1. 罪与非罪的界限

（1）要分清本罪与人民群众同国家机关工作人员违法犯罪行为作斗争的界限。前者是行为人明知有关人员在依法执行职务或履行职责，而有意实施妨害行为，目的是使公务活动不能正常进行；而后者是基于社会公正的立场对违法乱纪的行为进行斗争，不仅不应当认定为犯罪，而且是应当支持和鼓励的行为。

（2）要分清妨害公务罪与人民群众因合理要求没有得到及时解决而与国家机关工作人员发生轻微冲突行为的界限。特别是当个别国家机关工作人员在执行职务过程中，态度生硬，简单粗暴，以致引起群众不满，与其发生顶撞和冲突时，应当对群众进行正确疏导，不能认定为犯罪。

（3）对于使用轻微暴力、威胁手段，但客观上不足以阻碍国家机关工作人员依法执行职务的行为，应当批评教育，不能认定为犯罪。

---

① 根据最高人民检察院的有关批复，对于以暴力、威胁方法阻碍国有事业单位人员依照法律、行政法规的规定执行行政执法职务的，或者以暴力、威胁方法阻碍国家机关中受委托从事行政执法活动的事业编制人员执行行政执法职务的，可以对侵害人以妨害公务罪追究刑事责任。

2. 此罪与彼罪的界限

（1）本罪的行为人实施妨害公务的行为一般是使用暴力或威胁的方法，但这种行为必须发生在有关人员依法执行职务或履行职责的特定期间，如果行为人在此之前或之后，对依法执行公务的人员实施暴力或威胁，应根据具体情况分别认定为故意伤害罪、侮辱罪、故意毁坏公私财物罪等罪名，而不能以妨害公务罪论处。

（2）本罪与拒不执行人民法院判决、裁定罪的界限。二者的共同点是都采用暴力或威胁的方法阻碍国家工作人员依法执行职务，二者的主要区别在于后者的行为人只能是诉讼的当事人，其目的是拒绝执行已经生效的判决或者裁定，侵害的是司法机关的正常活动。

（3）行为人如以暴力手段实施妨害公务的行为，同时又触犯了其他罪名时，应按择一重罪处罚的原则处理，而不能简单地认定为本罪。行为人以抢夺军警人员、司法人员枪支的手段妨碍其执行公务的，应当以抢夺枪支罪论处。

（4）使用暴力妨害公务的，应当限于轻伤以下的伤害程度，如果造成被害人重伤或者死亡的，属于本罪与故意伤害罪或者故意杀人罪的想象竞合犯，应以其中的重罪，即故意伤害罪定罪处罚。例如，行为人以重伤或杀害的方法阻碍有关人员依法执行职务，就应当认定为故意伤害罪或故意杀人罪。

（四）处罚

根据《刑法》第277条的规定，以暴力、威胁方法阻碍国家机关工作人员依法执行职务的，处3年以下有期徒刑、拘役、管制或者罚金。以暴力、威胁方法阻碍全国人民代表大会和地方各级人民代表大会代表依法执行代表职务的，依照前款的规定处罚。在自然灾害和突发事件中，以暴力、威胁方法阻碍红十字会工作人员依法履行职责的，依照第1款的规定处罚。故意阻碍国家安全机关、公安机关依法执行国家安全工作任务，未使用暴力、威胁方法，造成严重后果的，依照第1款的规定处罚。暴力袭击正在依法执行职务的人民警察的，依照第一款的规定从重处罚。

【法律链接】

1. 《中华人民共和国刑法》（1997）第277条*、第242条第1款。
2. 《中华人民共和国国家安全法》第27条第2款。
3. 《中华人民共和国国家安全法实施细则》第25条。
4. 最高人民检察院《关于以暴力威胁方法阻碍事业编制人员依法执行行政执法职务是否可对侵害人以妨害公务罪论处的批复》（高检发释字〔2000〕2号）。
5. 《中华人民共和国刑法修正案（九）》第21条。

二、招摇撞骗罪

（一）概念

招摇撞骗罪，是指为牟取非法利益，冒充国家机关工作人员进行招摇撞骗活动，损害国家机关的威信以及正常活动的行为。

（二）犯罪构成

（1）客体是国家机关的威信及其正常活动。国家机关依法对社会行使管理职能，在人民群众中享有崇高的威望和信誉，行为人假冒国家机关工作人员招摇撞骗的行为，不但降低了国家机关的威信，而且破坏了国家机关的正常活动。

（2）客观方面表现为冒充国家机关工作人员进行招摇撞骗活动。冒充国家机关工作人员，是指不具备某种国家机关工作人员的身份或职位，假冒某种国家机关工作人员的身份或职位。在司法实践中，主要有以下几种情况：①非国家机关工作人员冒充国家机关工作人员；②此种国家机关工作人员冒充彼种国家机关工作人员，如行政机关的工作人员冒充司法机关的工作人员；③职务低的国家机关工作人员冒充职务高的国家机关工作人员。所谓招摇撞骗，是指行为人利用人民对国家机关人员的信任，假冒国家机关工作人员的身份炫耀并牟取非法利益。上述两种要素必须同时具备并存在联系，才符合招摇撞骗的客观要求。如果行为人出于虚荣心仅仅冒充国家机关工作人员的身份或职称，但并未借此实施骗取非法利益的行为不构成招摇撞骗罪。如果行为人有冒充国家机关工作人员的身份或职称，但并未借此实施骗取非法利益的行为，不构成招摇撞骗罪。如果行为人既有冒充国家机关工作人员的行为，又有骗取非法利益的行为，但骗取非法利益的行为未以冒充国家机关工作人员为手段的，即两行为之间不存在有机联系的，也不构成招摇撞骗罪，其骗取非法利益的行为可能构成其他犯罪。[①]

（3）主体是一般主体，即任何达到刑事责任年龄，具备刑事责任能力的人都可以成为本罪的主体。非国家机关工作人员和国家机关工作人员均可构成本罪。

（4）主观方面表现为故意，并且具有骗取非法利益的特定目的。所谓的非法利益，既可以是物质利益，如钱财，也可以是非物质利益，如职位、荣誉、资格、异性的感情等。如果行为人仅仅是为了满足虚荣心，只是冒充国家机关工作人员的身份和职称，并未以此为手段骗取非法利益的，不能构成本罪。

（三）认定

1. 本罪与诈骗罪的区别

本罪与诈骗罪都具有虚构事实，隐瞒真相，骗取他人财物的行为，但二者具有明显的区别。

（1）侵犯的犯罪客体不同。本罪侵犯的是复杂客体，主要是国家机关的威信及其正常活动，还包括公司财产的所有权和其他权益；而后罪的客体是公私财产所有权。

（2）犯罪手段不同。本罪的犯罪手段仅限于冒充国家机关工作人员；而后罪的犯罪手段没有限制性的规定。

（3）成立犯罪的标准不同。本罪的成立没有数额的限制；而后罪必须骗取财物达到数额较大才能构成犯罪。[②]

2. 本罪与敲诈勒索罪的界限

本罪是以“骗”为特征的，被害人在受骗后往往是“自愿”交出财物或出让其他合法权益；而后罪虽然也有“诈”的成分，但却是以“吓”被害人为特征，即对财物的持有者施以恐吓，造成其精神上的恐惧，被迫交出财物而出让其他合法权益。此外，本罪侵犯的客体是社会管理秩序，是国家机关的威信及其正常的活动，其直接侵犯的

---

① 冒充军人招摇撞骗的，不构成本罪，按照刑法分则的规定，构成冒充军人招摇撞骗罪。

② 行为人冒充国家工作人员的身份或职称去骗取财物的情况下，一个行为同时触犯了两个罪名，属于想象竞合犯。处理想象竞合犯的案件应当按照从一重罪处断的原则。

不仅可能是财产权，也可能是公共利益和公民的其他合法权益；而后罪侵犯的客体只能是公私财产所有权。

3. 一罪与数罪的界限

本罪行为人在实施招摇撞骗行为时，往往会牵连触犯其他罪名，对此，应按刑法有关处理牵连犯的原则，择一重罪处罚。如行为人伪造、变造国家机关公文、证件、印章或居民身份证等用于招摇撞骗，就在触犯本罪的同时，也牵连触犯了伪造、变造国家机关公文、证件、印章罪，伪造、变造居民身份证罪，这种情况下，应当从一重罪处罚。

（四）处罚

根据《刑法》第 279 条规定，犯本罪的，处 3 年以下有期徒刑、拘役、管制、剥夺政治权利；情节严重的，处 3 年以上 10 年以下有期徒刑。①

【法律链接】

《中华人民共和国刑法》（1997）第 279 条*、第 372 条。

三、伪造、变造、买卖国家机关公文、证件、印章罪（修正案九）

（一）概念

伪造、变造、买卖国家机关公文、证件、印章罪，是指伪造、变造、买卖国家机关公文、证件、印章的行为。本罪的对象限于国家机关的公文、证件和印章。国家机关负责人的私人印鉴、手戳用于代表国家机关行使职权时，亦应视为本罪对象中的印章。

（二）犯罪构成

（1）客体是国家机关的正常管理活动。公文一般是指国家机关制作的，用以联系事务、指导工作、处理问题的书面文件，如命令、指示、决定、通知、函电等。某些以负责人名义代表单位签发文件，也属于公文。证件是指国家机关制作、颁发的，用以证明身份、职务、权利义务关系或其他有关事实的凭证，如结婚证、工作证、学生证、护照、户口迁移证、营业执照、驾驶证等。对于伪造、变造护照、签证等出境证件和居民身份证的行为，因刑法另有规定，不以本罪论处。印章是指国家机关刻制的以文字与图记表明主体同一性的公章或专用章，它们是国家行使职权的符号和标记，公文在加盖公章后始能生效。用于国家机关事务的私人印鉴、图章也应视为本款所称印章。

（2）客观方面表现为行为人实施了伪造、变造、买卖国家机关公文、证件、印章的行为。本罪是选择性罪名，只要行为人实施了伪造、变造、买卖三种行为之一，即可构成本罪。同时实施了以上两种或三种行为的，只构成本罪，而不构成数罪。伪造是指无制作权限的人冒用国家机关的名义制作虚假的公文、证件、印章。另外，模仿有权签发公文、证件的负责人的手迹签发公文、证件的，亦应以伪造论处。变造是指采取涂改、拼接等方式对国家机关的公文、证件、印章进行加工改制。买卖是指非法

① “情节严重”，一般是指招摇撞骗手段恶劣，影响极坏，严重损害国家机关威信的；多次冒充国家机关工作人员进行招摇撞骗的；造成被害人精神失常、自杀等严重后果的等等。冒充人民警察招摇撞骗的从重处罚。

购买或销售国家机关公文、证件、印章的行为。至于买卖的公文、证件或印章，既可以是真实的，也可以是伪造或者变造的。

（3）主体是一般主体，即凡是达到法定刑事责任年龄、具有刑事责任能力的人，均可构成本罪。

（4）主观方面表现为故意，而且是直接故意，间接故意和过失不构成本罪。如行为人窃某甲的手提包，意图偷窃钱财，包中装有甲伪造某单位的公文及证件。如此，行为人只构成盗窃罪，不构成本罪。

（三）认定

（1）罪与非罪的界限。关键看是否实施伪造、变造、买卖国家机关公文、证件、印章的行为。本罪是行为犯，只要行为人实施了伪造、变造、买卖三种行为之一，原则上就构成犯罪。

（2）最高人民法院、最高人民检察院、公安部、国家工商行政管理局 1998 年 5 月 8 日《关于依法查处盗窃、抢劫机动车案件的规定》，伪造、变造、买卖机动车牌证及机动车入户、过户、验证的有关证明文件的，依照《刑法》第 280 条第 1 款的规定处罚。

（3）1998 年 12 月 29 日全国人大常委会《关于惩治骗购外汇、逃汇和非法买卖外汇犯罪的决定》第 2 条规定："买卖伪造、变造的海关签发的报关单、进口证明、外汇管理部门核准件等凭证、单据或者国家机关的其他公文、证件、印章的，依照刑法第二百八十条的规定定罪处罚。"

（4）最高人民法院 2000 年 11 月 17 日《关于审理破坏森林资源刑事案件具体应用法律若干问题的解释》，对于伪造、变造、买卖林木采伐许可证、木材运输证件，森林、林木、林地权属证书，占用或者征用林地审核同意书，育林基金等缴费收据以及其他国家机关批准的林业证件构成犯罪的，以伪造、变造、买卖国家机关公文、证件罪定罪处罚。对于买卖允许进出口证明书等经营许可证明，同时构成其他犯罪的，依照处罚较重的规定定罪处罚。①

（四）处罚

根据《刑法》第 280 条第 1 款规定，犯本罪的，处 3 年以下有期徒刑、拘役、管制或者剥夺政治权利，并处罚金；情节严重的，处 3 年以上 10 年以下有期徒刑，并处罚金。②

【法律链接】

1.《中华人民共和国刑法》（1997）第 280 条＊。

---

① 最高人民法院《关于审理破坏野生动物资源刑事案件具体应用法律若干问题的解释》，伪造、变造、买卖国家机关颁发的野生动物允许进出口证明书、特许猎捕证、狩猎证、驯养繁殖许可证等公文、证件构成犯罪的，以伪造、变造、买卖国家机关公文、证件罪定罪处罚。实施上述行为构成犯罪，同时构成非法经营罪的，从一重罪处罚。此外，伪造、变造、买卖国家机关的公文、证件、印章后，又利用该公文、证件、印章实施其他犯罪的，从一重罪论处，不实行数罪并罚。

② 情节严重的，主要是指因伪造、变造、买卖国家机关公文、证件、印章，而严重损害国家机关的信誉，或者给国家或人民利益造成重大损失的；使国家机关公文、证件、印章落入其他犯罪分子手中，造成严重后果的；经常或者大量伪造、变造、买卖国家机关公文、证件、印章的。

2. 全国人大常委会《关于惩治骗购外汇、逃汇和非法买卖外汇犯罪的决定》。

3. 最高人民法院、最高人民检察院《关于办理伪造、贩卖伪造的高等院校学历、学位证明刑事案件如何适用法律问题的解释》（法释〔2001〕22 号）。

4.《中华人民共和国刑法修正案（九）》第 22 条。

5. 最高人民法院、最高人民检察院、公安部、国家工商行政管理局《关于依法查处盗窃、抢劫机动车案件的规定》（公通字〔1998〕31 号）。

6. 最高人民法院《关于审理破坏森林资源刑事案件具体应用法律若干问题的解释》（法释〔2000〕36 号）。

7. 最高人民法院《关于审理破坏野生动物资源刑事案件具体应用法律若干问题的解释》（法释〔2000〕37 号）。

四、破坏计算机信息系统罪

（一）概念

破坏计算机信息系统罪，是指违反国家规定，对计算机信息系统功能进行删除、修改、增加、干扰，造成计算机信息系统不能正常运行，以及对计算机信息系统中存储、处理或者传输的数据和应用程序进行删除、修改、增加的操作，或者故意制作、传播计算机病毒等破坏性程序，影响计算机系统正常运行，后果严重的行为。

（二）犯罪构成

（1）客体是国家对计算机信息系统的安全运行管理制度和计算机信息系统所有人和合法用户的权益。对象为各种计算机信息系统功能及计算机信息系统中存储、处理或者传输的数据和应用程序。

（2）客观方面表现为违反国家规定，主要是违反《计算机系统安全保护条例》《计算机信息网络国际联网安全保护管理办法》等规定，实施了以下行为且后果严重：①对计算机信息系统功能进行删除、修改、增加、干扰，造成计算机信息系统不能正常运行；②对计算机信息系统中存储、处理或者传输的数据和应用程序进行删除、修改、增加的操作；③故意制作、传播计算机病毒等破坏性程序，影响计算机系统正常运行。“后果严重”，一般是指严重破坏计算机系统功能的，造成重大经济损失的，社会影响恶劣的等等。

（3）主体是一般主体，即年满 16 周岁具有刑事责任能力的自然人均可构成本罪。构成犯罪的，通常是那些精通计算机技术、知识的专业人员，如计算机程序设计人员，计算机操作、管理、维修人员等。

（4）主观方面表现为故意，包括直接故意和间接故意。行为人的动机和目的可以多种多样，例如炫耀、泄愤报复、不正当竞争、妒贤嫉能等等。无论出于什么动机和目的，只要行为人明知自己的行为会导致计算机信息系统不能正常运行的危害后果，仍然放任或者希望这种结果发生，以致发生了这种结果，并且后果严重的，就构成本罪。过失不能构成本罪。①

① 如果因操作疏忽大意或者技术不熟练甚或失误而致使计算机信息系统功能，或计算机信息系统中存储、处理或者传输的数据、应用程序遭受破坏，则不构成本罪。

（三）认定

本罪与非法侵入计算机信息系统罪的界限。非法侵入计算机信息系统罪，是指违反国家规定，侵入国家事务、国防建设、尖端科学技术领域的计算机信息系统的行为。二者的主要区别在于：①犯罪对象不同。本罪的犯罪对象是一切计算机系统；而后罪的犯罪对象仅限于国家事务、国防建设、尖端科学技术领域的计算机信息系统。②行为表现方式不同。本罪的行为表现主要是各种“破坏”行为；而后罪的行为表现是“非法侵入”，一般无破坏行为。③犯罪成立的标准不同。本罪以后果严重为其构成要件；而后罪是行为犯，不以造成某种后果为其成立要件。

（四）处罚

根据《刑法》第286条规定，犯本罪的，处5年以下有期徒刑或者拘役；后果特别严重的，处5年以上有期徒刑。

【法律链接】

1. 《中华人民共和国刑法》（1997）第286条＊。
2. 《计算机系统安全保护条例》。
3. 《计算机信息网络国际联网安全保护管理办法》。
4. 《关于维护互联网安全的决定》。

五、聚众扰乱社会秩序罪

（一）概念

聚众扰乱社会秩序罪，是指聚众扰乱社会秩序，情节严重，致使工作、生产、营业和教学、科研无法进行，造成严重损失的行为。

（二）犯罪构成

（1）客体是社会秩序。这里所说的社会秩序不是广义的一般的社会秩序，而是指特定范围内的社会秩序，具体是指国家机关与人民团体的工作秩序，企业单位的生产与营业秩序，事业单位的教学与科研秩序。侵犯的对象是国家机关、企事业单位和人民团体。

（2）客观方面，首先，表现为行为人实施了聚众扰乱社会秩序的行为。[①] 其次，该行为必须情节严重。情节严重，不是指聚众扰乱行为造成的后果，而应指聚众扰乱行为本身。如聚众人数多，聚众时间长等。再次，该行为必须致使工作、生产、营业和教学、科研无法进行，造成严重损失的后果。严重损失，一般是指因行为人的聚众扰乱社会秩序的行为，导致被扰乱的单位不能正常办公、停产、停业、停学，造成不良社会影响或经济损失，或者严重阻碍教学活动正常进行。

（3）主体是一般主体，但仅限于首要分子和其他积极参加者。首要分子，是指在聚众扰乱社会秩序活动中起组织、策划、指挥作用的人；积极参加者，是指主动参与扰乱社会秩序活动并起主要作用的人。对于一般参加者以及不明真相，受蒙蔽参加者，不能成为本罪的主体。

---

① 聚众，是指首要分子纠集多人在同一时间聚集于同一地点。扰乱，是指以各种暴力或非暴力的方法，干扰、破坏国家机关、企业、事业单位、人民团体、社会团体等单位的正常秩序。

（4）主观方面表现为故意。无论行为人的动机如何，不影响本罪的构成。

（三）认定

1. 罪与非罪的界限

要把本罪与人民群众合法的游行、抗议、上访、请愿活动区别开来。根据我国宪法规定，公民享有游行、示威表达自己意见的权利。如果人民群众由于对有关国家机关或部门及其工作人员的工作不满，聚集起来到国家有关部门示威、请愿、上访，不能以本罪论处。

2. 本罪与破坏生产经营罪的界限

二者的共同之处在于，都干扰和破坏了正常的生产和经营，造成了一定的经济损失。但二者具有明显的区别，表现为：①犯罪客体不同。本罪的客体是公共秩序；后罪的客体是公私财产所有权。②客观方面的行为表现不同。本罪的行为表现是聚众扰乱社会秩序；后罪的行为表现是毁坏机器设备、残害耕畜或者以其他方法破坏生产经营的行为。③主观罪过的内容不同。本罪行为人的动机不影响本罪的构成；而后罪的行为人必须出于泄愤报复或者其他个人目的，犯罪动机影响本罪的成立。④本罪是结果犯，必须达到情节严重，致使工作、生产、营业和教学、科研无法进行，造成严重损失才能构成本罪；而后罪是行为犯，不以发生严重后果为构成要件。

3. 本罪与聚众扰乱公共场所秩序、交通秩序罪的界限

本罪与后罪的主体、客体方面均十分相似，主要区别在于：①后罪发生在车站、码头、民用航空站、商场、公园等公共场所，破坏的是公共场所的秩序；本罪发生在企事业单位、社会团体所在地，破坏的是这些单位的工作、生产、教学、科研秩序。②后罪行为人必须同时具有抗拒、阻碍国家治安管理工作人员依法执行职务，情节严重的，本罪不需要具有上述情节。在实践中，往往由于有些企事业单位、社会团体所在地本身处于或靠近车站、码头、民用航空站、公园等公共场所，所以行为人聚众扰乱社会秩序时会造成公共场所秩序遭到破坏、交通秩序遭到破坏的后果；也可能在行为人聚众实施后罪时导致这些企事业单位、社会团体无法工作，造成严重损失。因此，可以从犯罪目的着手加以区别。一般来说，本罪行为人目的是直接针对特定的企事业单位、社会团体的，而后罪行为人并不以扰乱特定单位工作秩序为目的，对于前一种情形应以本罪论处，造成公共场所秩序、交通秩序混乱的后果应作为衡量情节是否严重的因素之一。对于后一种情形，如果行为人主观上构成间接故意、客观上造成严重损失的，应按吸收犯处理，以本罪论处；如果行为人致使企事业单位、社会团体无法工作，造成严重损失，主观上属于过失的，不构成本罪，但应将这一危害后果作为量刑时的考虑因素。

（四）处罚

根据《刑法》第290条第1款的规定，犯本罪的，对首要分子处3年以上7年以下有期徒刑；对其他积极参加的处3年以下有期徒刑、拘役、管制或者剥夺政治权利。

【法律链接】

《中华人民共和国刑法》（1997）第290条第1款*。

六、聚众斗殴罪

（一）概念

聚众斗殴罪，是指为了报复他人、争霸一方或者其他不正当目的，纠集众人成帮结伙地互相进行殴斗，破坏公共秩序的行为。

（二）犯罪构成

（1）客体是社会公共秩序。在实际生活中，聚众斗殴犯罪可以是在公共场所，例如在公园、影剧院中，也可以是发生在较僻静的私人场所。因此，无论是在何种场所进行聚众斗殴犯罪活动，均应视为侵犯了公共秩序。

（2）客观方面行为人实施了聚集多人或成帮结伙进行斗殴的行为。“聚众”，一般是指人数众多，至少不得少于 3 人；“斗殴”，主要是指采用暴力相互搏斗，行为人在进行斗殴时往往使用刀、枪、棍、棒等凶器，但是否使用凶器并不是本罪的构成要件，即便是聚众徒手斗殴，也可构成本罪。

（3）主体是一般主体，凡年满 16 周岁且具备刑事责任能力的自然人均能构成聚众斗殴罪。但并非所有参加聚众斗殴者均构成聚众斗殴罪。只有聚众斗殴的首要分子和其他积极参加者，才能构成聚众斗殴罪主体。对于一般参加者，只能依照《治安管理处罚法》追究行政责任。

（4）主观方面为故意。犯罪的动机，一般不是完全为了某种个人的利害冲突，也不是单纯为了取得某种物质利益，而是公然藐视国家的法纪和社会公德，企图通过实施聚众斗殴活动来寻求刺激或者追求某种卑鄙欲念的满足。

（三）认定

1. 罪与非罪的界限

对于一般打群架行为，如果行为人既没有使用器械，又没有造成人员伤亡或财产损失或其他严重后果的，不应作犯罪处理。

2. 本罪与聚众扰乱社会秩序罪的界限

两罪都是以聚众的形式扰乱社会秩序，定罪处罚的对象都限于首要分子和其他积极参加者。但二者具有明显的区别：①犯罪对象不同。本罪的犯罪对象是斗殴的双方；而后罪的犯罪对象是不特定的党政机关、企业、事业单位、人民团体等。②行为表现方式不同。本罪的行为表现是“聚众斗殴”；而后罪的行为表现是“聚众扰乱社会秩序”。③犯罪成立的标准不同。本罪是行为犯，只要行为人实施了聚众斗殴的行为，原则上就可以构成本罪；而后罪是结果犯，行为人实施的扰乱社会秩序的行为，必须达到“情节严重”，造成“严重损失”，才能构成犯罪。

（四）处罚

根据《刑法》第 292 条第 1 款的规定，犯本罪的，处 3 年以下有期徒刑、拘役或者管制。有下列情形之一的，处 3 年以上 10 年以下有期徒刑：①多次聚众斗殴的；②聚众斗殴人数多，规模大，社会影响恶劣的；③在公共场所或者交通要道聚众斗殴，造成社会秩序严重混乱的；④持械聚众斗殴的。根据《刑法》第 292 条第 2 款的规定，聚众斗殴，致人重伤、死亡的，依照《刑法》第 234 条、第 232 条的规定，以故意伤害罪、故意杀人罪定罪处罚。

【法律链接】

《中华人民共和国刑法》（1997）第292条*。

七、寻衅滋事罪（修正案八）

（一）概念

寻衅滋事罪，是指肆意挑衅，无事生非，起哄闹事，进行骚扰破坏，情节恶劣的行为。

（二）犯罪构成

（1）客体是社会公共秩序。

（2）客观方面表现为行为人实施了以下寻衅滋事，扰乱社会秩序的行为：

①随意殴打他人，情节恶劣的。随意殴打他人，是指出于耍威风、取乐等不健康动机，无故、无理殴打相识或者素不相识的人。情节恶劣，是指随意殴打他人手段残忍的；多次随意殴打他人的；造成被殴打人自杀等严重后果，或者社会影响恶劣等。

②追逐、拦截、辱骂他人，情节恶劣的。追逐、拦截、辱骂他人，是指出于取乐、寻求精神刺激等不健康动机，无故无理追赶、拦挡、侮辱、谩骂他人，此多表现为追逐、拦截、辱骂妇女。情节恶劣，一般是指多次、结伙、携带凶器追逐、拦截、辱骂他人，或者追逐、拦截、辱骂老人、妇女、儿童，引起公愤或恶劣社会影响等。①

③强拿硬要或者任意毁损、占用公私财物，情节严重的。强拿硬要或者任意损毁、占有公私财物，是指以蛮不讲理的手段，强行索要市场、商店的商品以及他人的财物，或者随心所欲损坏、毁灭、占用公私财物。情节严重，一般是指多次或经常强拿硬要、任意毁损、占用公私财物，或者强拿硬要、任意毁损、占用公私财物价值较大等。

④在公共场所起哄闹事，造成公共场所秩序严重混乱的。在公共场所起哄闹事，是指出于取乐、寻求精神刺激等不健康动机，在公共场所无事生非、制造事端、扰乱公共场所秩序；造成公共场所秩序严重混乱的，是指公共场所正常的秩序受到破坏，引起群众惊慌、逃离等严重混乱局面的。行为人只要实施了以上四种行为之一的，就构成寻衅滋事罪。

（3）主体是一般主体。凡年满16周岁且具备刑事责任能力的自然人均能构成本罪。

（4）主观方面表现为故意，而且是直接故意。行为人的犯罪动机是满足耍威风、取乐等不正常的精神刺激或其他不健康的心理需要，公然藐视国家法纪和社会公德，是通过寻衅滋事活动，追求精神刺激，填补精神上的空虚。

（三）认定

1. 罪与非罪的界限

本罪以行为人寻衅滋事达到“情节恶劣”“情节严重”“造成公共场所秩序严重混乱”为其构成要件，否则，只能对行为人以《治安管理处罚法》进行行政处罚。

2. 本罪与故意毁坏财物罪的界限

任意毁损公私财物是寻衅滋事罪的行为表现之一，但这类寻衅滋事罪与故意毁坏

① 如果行为使用暴力、胁迫或者其他方法强制猥亵或者侮辱妇女的，则构成强制猥亵、侮辱妇女罪。

财物罪具有明显的区别：

（1）犯罪客体不同。本罪的客体是社会公共秩序；后罪的客体是公私财产所有权。

（2）故意的内容不同。本罪对行为人的动机和目的没有特定要求，但一般情况下，行为人实施故意毁坏公私财物的行为都是基于一种变态的心理，如为了寻求刺激、显示自我或逗乐开心等；而后罪，行为人是以明确的毁坏特定公私财物为目的的。

（3）犯罪成立的标准不同。本罪成立，以“情节严重”为构成要件，任意毁损公私财物的数额与“情节严重”没有必然的因果关系；而“数额较大”是构成后罪的重要因素。如果毁损公私财物的行为既达到了数额较大，又构成了情节严重，应按想象竞合犯择一重罪处罚。

3. 本罪与抢劫罪的界限

根据最高人民法院印发的《关于审理抢劫、抢夺刑事案件适用法律若干问题的意见》的通知，寻衅滋事罪是严重扰乱社会秩序的犯罪，行为人实施寻衅滋事的行为时，客观上也可能表现为强拿硬要公私财物的特征。这种强拿硬要的行为与抢劫罪的区别在于：前者行为人主观上还具有逞强好胜和通过强拿硬要来填补其精神空虚等目的，后者行为人一般只具有非法占有他人财物的目的；前者行为人客观上一般不以严重侵犯他人人身权利的方法强拿硬要财物，而后者行为人则以暴力、胁迫等方式作为劫取他人财物的手段。在司法实践中，对于未成年人使用或威胁使用轻微暴力强抢少量财物的行为，一般不宜以抢劫罪定罪处罚。其行为符合寻衅滋事罪特征的，可以寻衅滋事罪定罪处罚。

（四）处罚

根据《刑法》第293条的规定，犯本罪的，处5年以下有期徒刑、拘役或者管制；纠集他人多次实施前款行为，严重破坏社会秩序的，处5年以上10年以下有期徒刑，可以并处罚金。

【法律链接】

1.《中华人民共和国刑法》（1997）第293条*。

2.《中华人民共和国刑法修正案（八）》第42条。

3. 最高人民法院、最高人民检察院《关于办理妨害预防、控制突发传染病疫情等灾害的刑事案件具体应用法律若干问题的解释》第11条。

4. 最高人民法院《关于审理未成年人刑事案件具体应用法律若干问题的解释》第8条。

5.《中华人民共和国铁路法》第65条。

八、组织、领导、参加黑社会性质组织罪（修正案八）

（一）概念

组织、领导、参加黑社会性质组织罪，是指组织、领导和积极参加以暴力、威胁或者其他手段，有组织地进行违法犯罪活动，称霸一方，欺压、残害群众，严重破坏经济、社会生活秩序的黑社会性质的组织的行为。

（二）犯罪构成

（1）客体是社会管理秩序。黑社会性质的组织犯罪的形式多种多样，如贩卖毒品、走私武器、暴力杀人、组织卖淫、腐蚀官员等。

（2）客观方面表现为行为人实施了组织、领导、参加黑社会性质组织的行为。这里的组织黑社会性质组织，是指倡导、发起、策划、安排、建立黑社会性质组织。领导黑社会性质组织，是指在黑社会性质组织中处于领导地位，对该组织的活动进行策划、决策、指挥、协调。参加黑社会性质组织，是指加入黑社会性质组织，成为其成员，并参加其活动。黑社会性质的组织，根据《刑法修正案（八）》的规定，该罪的成立应当同时具备以下特征：①形成较稳定的犯罪组织，人数较多，有明确的组织者、领导者，骨干成员基本固定；②有组织地通过违法犯罪活动或者其他手段获取经济利益，具有一定的经济实力，以支持该组织活动；③以暴力、威胁或者其他手段，多次有组织地进行违法犯罪活动，为非作恶，欺压、残害群众；④通过实施违法犯罪活动，或者利用国家工作人员的包庇或者纵容，称霸一方，在一定区域或者行业内，形成非法控制或者具有重大影响，严重破坏经济、社会生活秩序。

（3）主体是一般主体，即达到刑事责任年龄具有刑事责任能力的自然人，也可以包括单位。

（4）主观方面表现为故意，即明知是组织、领导、参加黑社会性质组织行为而有意实施的主观心理状态。如果不了解情况，参加了黑社会性质的组织，事后退出的，可能构成其他罪，而不按本罪追究刑事责任。如果参加时不明知，加入后明知仍不退出，则应按本罪追究刑事责任。

（三）认定

1. 本罪既遂与未遂的界限

本罪是举动犯，只要行为人实施了组织、领导、参加黑社会性质组织的行为，即构成本罪既遂，不存在未遂问题。

2. 一罪与数罪的界限

本罪属于选择性罪名，行为人实施了组织、领导、参加行为之一或者以上者，均成立本罪，不存在数罪问题。如果行为人在组织、领导、参加黑社会性质组织的同时，又实施了其他犯罪行为的，则应当分别定罪，实行数罪并罚。

3. 本罪与组织、领导、参加恐怖组织罪的界限

两罪都是举动犯，犯罪主体都是一般主体，在主观方面都是故意。但是二者有明显区别，主要表现在：

（1）罪名的范畴不同。后罪是刑法分则第 2 章危害公共安全罪中的一个罪名；而本罪是刑法分则第 5 章破坏社会管理秩序罪中的一个罪名。

（2）犯罪组织的主要目的不同。恐怖组织一般具有明确的政治目的，主要发泄对现行社会的仇恨；黑社会性质组织更多是为了追求非法的经济利益。

（3）行为表现方式不同。恐怖活动组织的犯罪仅限于暴力性、恐怖性方式，对社会公共安全构成严重威胁；而黑社会性质组织虽然也使用暴力，但暴力往往是暗中进行，表面往往有其合法的组织与形式，暴力不是其唯一的活动方式，主要构成对社会正常经济秩序的严重破坏。

（4）主要犯罪对象不同。本罪主要表现为对社会影响价值大的目标制造恐怖事件；后罪主要表现为为非作歹，称霸一方，欺压群众。

（四）处罚

根据《刑法》第294条、《刑法修正案（八）》第43条的规定，组织、领导黑社会性质的组织的，处7年以上有期徒刑，并处没收财产；积极参加的，处3年以上7年以下有期徒刑，可以并处罚金或者没收财产；其他参加的，处3年以下有期徒刑、拘役、管制或者剥夺政治权利，可以并处罚金。境外的黑社会组织的人员到中华人民共和国境内发展组织成员的，处3年以上10年以下有期徒刑。国家机关工作人员包庇黑社会性质的组织，或者纵容黑社会性质的组织进行违法犯罪活动的，处5年以下有期徒刑；情节严重的，处5年以上有期徒刑。

犯前3款罪又有其他犯罪行为的，依照数罪并罚的规定处罚。

【法律链接】

1. 《中华人民共和国刑法》(1997) 第294条*。
2. 全国人大常委会《关于刑法第二百九十四条第一款的解释》。
3. 最高人民法院《关于审理黑社会性质组织犯罪的案件具体应用法律若干问题的解释》(法释〔2000〕42号)。
4. 最高人民检察院关于认真贯彻执行全国人大常委会《关于刑法第二百九十四条第一款的解释》和《关于刑法第三百八十四条第一款的解释》的通知。
5. 《中华人民共和国刑法修正案（八）》第43条。

九、传授犯罪方法罪（修正案八）

（一）概念

传授犯罪方法罪，是指以语言、文字、动作等方式，将犯罪方法传授给他人的行为。

（二）犯罪构成

（1）客体是复杂客体。一方面，任何传授犯罪方法的犯罪都是扩散犯罪方法、传授犯罪技巧，进而直接造成对社会治安秩序的破坏，这是本罪的直接客体；另一方面，根据行为人传授的不同性质的犯罪方法，被传授人可能实施各种不同的犯罪从而侵犯不同的社会关系，至于被传授人是否接受传授或是否运用此方法去进行犯罪，不影响传授者对社会关系的侵犯。

（2）客观方面表现为行为人以语言、文字、动作等方式，将犯罪的经验、技能、手段等方法传授给他人的行为。这里的犯罪方法，既包括犯罪预备、犯罪实行阶段的方法，也包括实施犯罪后，逃避侦查、审判以及销毁罪证的方法等。[①] 本罪的行为对象既可以是达到刑事责任年龄、不具有刑事责任能力的人，也可以是未达到刑事责任年龄、具有刑事责任能力的人。本罪是举动犯，只要行为人实施了传授犯罪方法的行为即可构成本罪既遂。至于被传授人是否实施了犯罪，以及是否用行为人传授的方法实施犯罪，不影响本罪的构成。

---

① 行为人传授犯罪方法的形式是多种多样的，既有口头传授的，也有书面传授的；既有公开传授的，也有秘密传授的；既有当面直接传授的，也有间接转达传授的；既有用语言、动作传授的，也有通过实际实施犯罪而传授的等等。不论采取何种方式传授，均不影响本罪的构成。

(3) 主体是一般主体。凡是达到法定刑事责任年龄具有刑事责任能力的人均可成为本罪的主体。但在实践中多为具有犯罪经验和技能的人，如盗窃、抢劫等犯罪分子，尤其是惯犯、累犯。

(4) 主观方面表现为故意，并且只能是直接故意。即行为人为了使他人接受自己所传授的犯罪方法去实施犯罪而故意向其进行传授。行为人实施传授犯罪方法行为的动机是多种多样的，有的是为了报复社会，有的是为了网罗犯罪成员，有的是为了牟取非法利益等等。不论行为人出自何种动机，只要其具有传授犯罪方法的故意，即可构成本罪。

(三) 认定

1. 罪与非罪的界限

传授犯罪方法罪与那些没有犯罪意图的落后言行、工作中的过错等加以区别。在正常宣传工作中不慎扩散了一些犯罪方法，属于工作中的缺点错误，司法工作者在职务范围内讲述、剖析犯罪方法，体育工作者向他人传授健身、防身的武术等，均属于正常的行为。有些行为要作具体分析，如教他人修配钥匙的技术，如出于犯罪意图，即是传授犯罪方法罪，如为了谋生就业，则是合法行为。

2. 本罪与教唆犯罪的界限

教唆犯罪属于共同犯罪的范畴，它与本罪有许多相似之处，二者的区别主要在于：

(1) 本罪的犯罪客体是社会治安管理秩序，而教唆犯罪侵害的社会关系的性质，取决于被教唆者所实施的犯罪的性质。

(2) 行为人实施本罪的目的，是将犯罪方法传授给他人，而不论他人有无犯罪意图；而教唆犯实施教唆行为，是引起他人的犯罪意图。

(3) 本罪既可以由一人单独实施，单独犯罪，也可以由几人共同实施，共同犯罪，并且传授犯罪方法的人与被传授人不构成共犯；而教唆犯罪只存在于共同犯罪中，教唆人与被教唆人是一种共犯关系。

(4) 本罪行为人只要实施了传授犯罪方法的行为，不论被传授人是否以该方法实施犯罪，即可构成本罪的既遂；但对于教唆犯罪而言，如果被教唆人没有犯被教唆的罪，即构成教唆未遂，可以从轻或者减轻处罚。

(四) 处罚

根据《刑法》第295条的规定，传授犯罪方法的，处5年以下有期徒刑、拘役或者管制；情节严重的，处5年以上10年以下有期徒刑；情节特别严重的，处10年以上有期徒刑或者无期徒刑。所谓情节严重，是指向多人或多次传授犯罪方法；传授多种犯罪方法；向未成年人传授犯罪方法；传授重大犯罪方法等等。所谓情节特别严重，一般是指传授重大犯罪方法，被传授人利用该种方法实施犯罪，造成严重危害结果；有组织地传授犯罪方法等等。因为传授犯罪方法罪属于经济性非暴力犯罪，《刑法修正案（八）》取消该罪的死刑，其法定最高刑为无期徒刑。

【法律链接】

1. 《中华人民共和国刑法》(1997) 第295条*。
2. 《中华人民共和国刑法修正案（八）》第44条。

十、赌博罪

（一）概念

赌博罪，是指以营利为目的，聚众赌博或者以赌博为业的行为。

（二）犯罪构成

（1）客体是社会管理秩序和社会风尚，危害社会秩序，影响生产、工作和生活，而且往往诱发其他犯罪。

（2）在客观方面表现为行为人实施了聚众赌博，或者以赌博为业的行为。聚众赌博，是指提供赌具，组织、招引、纠集不特定多数人参加赌博，本人从中抽头渔利的行为。其本人是否参加赌博，不影响本罪的成立。根据最高人民法院、最高人民检察院《关于办理赌博刑事案件具体应用法律若干问题的解释》，聚众赌博具体表现为以下四种形式：①组织 3 人以上赌博，抽头渔利数额累计达到 5 000 元以上的；②组织 3 人以上赌博，赌资数额累计达到 5 万元以上的；③组织 3 人以上赌博，参赌人数累计达 20 人以上的；④组织中华人民共和国公民 10 人以上赴境外赌博，从中收取回扣、介绍费的。以赌博为业，是指以赌博所得为主要生活来源或者挥霍来源。如果行为人有正当职业，但不务正业，把主要精力放在赌博上，输赢数额大，也视为以赌博为业。

（3）主体是一般主体，即任何年满 16 周岁，具有刑事责任能力的人均可成为本罪主体。具体来说，限于聚众赌博中的组织者，以及赌博成癖且以赌博为业者。

（4）主观方面表现为直接故意，且以营利为目的。即行为人聚众赌博或者一贯参加赌博，是为了获取钱财，而不是为了消遣、娱乐。以营利为目的并不是说行为人一定要赢得钱财，只要是为了获取钱财，即使实际上未能赢得钱财甚至输了钱，也不影响行为人具备赌博罪的主观要件。

（三）认定

1. 罪与非罪的界限

根据司法解释的规定，不以营利为目的，进行带有少量财物输赢的娱乐活动，以及提供棋牌室等娱乐场所只收取正常的场所和服务费用的经营行为等，不以本罪论处；其中情节严重的，可按《治安管理处罚法》的有关规定处理。在聚众赌博中，一般参加者不以本罪论处。聚众赌博的组织者、以赌博为业者以本罪论处；明知他人实施赌博犯罪活动，而为其提供资金、计算机网络、通讯、费用结算等直接帮助的，以本罪的共犯论处。

2. 本罪与开设赌场罪的界限

开设赌场罪，是指行为人开设进行赌博的场所的行为。二者的主要区别在于：

（1）客观方面的行为方式不同。本罪表现为行为人实施了聚众赌博，或者以赌博为业的行为；后罪是指行为人以营利为目的，设立、承包、租赁专门用于赌博的场所，提供赌博用具的行为。根据前述司法解释的规定，以营利为目的，在计算机网络上建立赌博网站，或者为赌博网站担任代理，接受投注的，也属于开设赌场。

（2）犯罪主体的范围有所不同。本罪主体限于聚众赌博的组织者以及以赌博为业者，一般参加者除外；在后罪中，只要出于营利目的而参与提供赌场、赌具，任何年满 16 周岁、具有刑事责任能力的自然人均为犯罪主体。

（3）处罚的程度不同。后罪的处罚明显重于本罪的处罚。

3. 本罪与诈骗罪的界限

诈骗罪是以非法占有为目的，以欺骗的手段非法取得公私财物的行为。虽然赌博犯罪中往往也伴有欺骗活动，但这种欺骗与诈骗罪中的欺骗是不同的。赌博罪中的欺骗即制造虚假事实，是要引诱他人参加赌博，而赌博活动本身则是凭偶然之事实决定输赢，其目的仍在于通过赌博达到营利的目的，而不是以非法占有为目的。按有关司法解释，行为人设置圈套诱骗他人参赌骗取钱财，属赌博行为，构成犯罪的，应以赌博罪定罪处罚。参赌者识破骗局要求退还所输钱财，设赌者又使用暴力或以暴力相威胁，拒绝退还的，应以赌博罪从重处罚。但是对以赌博为名行诈骗之实，诈骗对方的财物的行为应构成诈骗罪。

（四）处罚

根据《刑法》第303条的规定，以营利为目的，聚众赌博或者以赌博为业的，处3年以下有期徒刑、拘役或者管制，并处罚金；开设赌场的，处3年以下有期徒刑、拘役或者管制，并处罚金；情节严重的，处3年以上10年以下有期徒刑，并处罚金。①

【法律链接】

1.《中华人民共和国刑法》（1997）第303条*。

2. 最高人民法院、最高人民检察院《关于办理赌博刑事案件具体应用法律若干问题的解释》（法释〔2005〕3号）。

十一、伪证罪

（一）概念

伪证罪，是指在刑事诉讼中，证人、鉴定人、记录人、翻译人对与案件有重要关系的情节，故意作虚假证明、鉴定、记录、翻译，意图陷害他人或者隐匿罪证的行为。

（二）犯罪构成

（1）客体是复杂客体，即公民的人身权利与司法机关在刑事诉讼中的正常活动。

（2）客观方面表现为在刑事诉讼中，证人、鉴定人、记录人、翻译人对与案件有重要关系的情节，实施了故意作虚假证明、鉴定、记录、翻译，意图陷害他人或者隐匿罪证的行为。该行为的实施必须发生在刑事诉讼进行的过程中，包括侦查、起诉、审判的全过程。在公安机关立案侦查前或人民法院生效裁判作出后实施的行为，不能构成本罪。与案件有重要关系的情节，主要是指对犯罪嫌疑人罪与非罪、罪轻罪重等有重要证明作用的事实。行为人的伪证行为是否影响到对案件的正确处理，不影响本罪的构成。

（3）主体是特殊主体，即只能是刑事诉讼中的证人、鉴定人、记录人和翻译人②。除上述四种人以外的其他人，不能成为本罪的主体。

---

① 根据司法解释的规定，实施赌博犯罪，有下列情形之一的，从重处罚：a. 具有国家工作人员身份的；b. 组织国家工作人员赴境外赌博的；c. 组织未成年人参与赌博，或者开设赌场吸引未成年人参与赌博的。

② 证人，是指知道刑事案件的全部或部分真实情况，以自己的证言作为刑事证据的人。鉴定人，是指受司法机关的指派或聘请，对案件中专门性问题进行科学鉴别和判断的具有专门知识的人员。记录人，是指在刑事诉讼的各个环节，对犯罪嫌疑人、被告人、被害人、证人及其他诉讼参与人的陈述作文字、图形、声像记录的人。翻译人，是指受司法机关的委托聘请，为刑事诉讼中的外国人、少数民族、聋哑人等诉讼参与人充当翻译的人。

（4）主观方面表现为故意，并且有陷害他人或者隐匿罪证的特定目的。即行为人明知其虚假陈述是与案件有重要关系的情节，但为了陷害他人或者隐匿罪证而为之。如果行为人不是出于陷害他人的意图或者隐匿罪证，就不能以伪证罪论处。

（三）认定

1. 罪与非罪的界限

本罪的构成，主观方面必须是故意，并且有陷害他人或者隐匿罪证的特定目的。如果证人因记忆错误而陈述失实，或者鉴定人、记录人、翻译人因业务水平低或疏忽大意而导致鉴定、记录、翻译出现差错，主观上没有陷害他人或者隐匿罪证的特定目的，不能认定构成本罪。

2. 本罪与诬告陷害罪的界限

（1）犯罪客体不同。本罪客体是公民的人身权利和司法机关在刑事诉讼中的正常活动；而后罪的客体是公民的人身权利。

（2）客观方面的表现不同。本罪在客观方面表现为对与案件有重要关系的情节，作虚假证明、鉴定、记录、翻译；后罪在客观方面的表现是捏造事实向有关机关告发。

（3）发生的时间不同。本罪发生在刑事诉讼进行中；而后罪发生在刑事诉讼开始前。

（4）主体不同。本罪的主体是特殊主体，仅限于刑事诉讼中的证人、鉴定人、记录人和翻译人；而后罪的主体是一般主体。

（5）主观故意的内容不同。本罪的目的是陷害他人或者包庇他人；而后罪的目的是使他人受到刑事追究。

（四）处罚

根据《刑法》第305条的规定，犯本罪的，处3年以下有期徒刑或者拘役；情节严重的，处3年以上7年以下有期徒刑。

【法律链接】

1.《中华人民共和国刑法》（1997）第305条*。

2.《人民检察院直接受理的侵犯公民民主权利、人身权利和渎职案件立案标准的规定》第9条。

十二、窝藏、包庇罪

（一）概念

窝藏、包庇罪，是指明知是犯罪人而为其提供隐藏处所、财物，帮助其逃匿或者作假证明包庇的行为。本罪为选择性罪名，具体包括窝藏罪和包庇罪。

（二）犯罪构成

（1）客体是司法机关正常的刑事诉讼活动。犯罪对象是依照刑法规定构成犯罪的人，具体包括在逃尚未归案的犯罪嫌疑人，或者在逃正在追究刑事责任的犯罪嫌疑人或者被告人，或者已经判处刑罚而脱逃的罪犯。

（2）客观方面表现为行为人实施了窝藏、包庇行为。所谓窝藏，是指为犯罪人提供隐藏处所、财物，帮助其逃匿的行为。如将犯罪分子藏匿家中或其他场所；为犯罪人提供金钱、衣物、食品等生活用品；为犯罪人提供交通工具，指示逃逸方向或路线等。所谓包庇，是指向司法机关提供虚假证明，掩盖犯罪事实，使其逃避法律制裁。本罪是选择性罪名，只要行为人实施窝藏或包庇两种行为之一，即可构成本罪，同时实施两种行为，也不予并罚。

（3）主体是一般主体，即已满16周岁，具有刑事责任能力的自然人。

（4）主观方面表现为故意，即明知是犯罪人还予以窝藏、包庇。明知的内容仅以对象可能是犯罪人为限。如果行为人在实施窝藏、包庇行为的起初不知对象是犯罪的人，但在知晓了其犯罪行为后仍予以窝藏、包庇的，则构成本罪。

（三）认定

1. 本罪与事前有通谋的共同犯罪的界限

本罪行为人的窝藏、包庇行为事前并未与犯罪人共谋，而事前有通谋的共同犯罪，行为人的窝藏、包庇行为是事前与犯罪人共同谋划、商议的。因此，《刑法》第310条第2款规定，如果行为人实施窝藏、包庇行为之前与犯罪分子有通谋的，不以本罪论处，而应按照共同犯罪处理。

2. 本罪与伪证罪的界限

本罪行为人在客观方面的表现之一就是向司法机关提供虚假证明，这与伪证罪中的伪证有共同之处，但二者有显著区别：

（1）主体不同。本罪主体是一般主体；而后罪主体是特殊主体，仅限于证人、鉴定人、记录人、翻译人。

（2）犯罪实施的时间不同。本罪可以发生在刑事诉讼开始之前、之中或之后；而后罪只能发生在刑事诉讼进行的过程中。

（3）犯罪的目的不同。本罪行为人提供虚假证明的目的是使犯罪人逃避法律的制裁；而后罪的行为人作伪证的目的，既可以是使他人逃避法律制裁，也可以是陷害他人。

（四）处罚

根据《刑法》第310条的规定，犯本罪的，处3年以下有期徒刑、拘役或者管制；情节严重的，处3年以上10年以下有期徒刑。这里的情节严重，是指窝藏、包庇的客体是危害严重的犯罪分子；窝藏、包庇犯罪分子的人数较多的；窝藏、包庇犯罪分子的时间较长，致使犯罪分子长期逍遥法外的；多次窝藏、包庇犯罪分子的等。

【法律链接】

1.《中华人民共和国刑法》（1997）第310条*，第362条。

2. 最高人民法院《关于窝藏、包庇罪中“事前通谋的，以共同犯罪论处”如何理解的请示答复》。

十三、拒不执行判决、裁定罪（修正案九）

（一）概念

拒不执行判决、裁定罪，是指对人民法院已经发生法律效力的判决、裁定有能力执行而拒不执行，情节严重的行为。

（二）犯罪构成

（1）客体是人民法院执行生效裁判的正常活动。犯罪对象是人民法院依法作出的具有执行内容并已发生法律效力的判决、裁定。人民法院为执行支付令、生效的调解书、仲裁书、公证债权文书等所作的裁定，也属于本罪中的裁定。

（2）客观方面表现为行为人实施了对人民法院已经发生法律效力的判决、裁定有能力执行而拒不执行，情节严重的行为。根据2002年8月29日全国人大常委会《关于中华人民共和国刑法第三百一十三条的解释》的规定，《刑法》第313条规定的所谓有能力执行而拒不执行，情节严重，是指下列情形：①被执行人隐藏、转移、故意毁损财产或者无偿转让财产、以明显不合理的低价转让财产，致使判决、裁定无法执行的；②担保人或者被执行人隐藏、转移、故意毁损财产或者无偿转让已向人民法院提供担保的财产，致使判决、裁定无法执行的；③协助执行义务人接到人民法院协助执行通知后，拒不协助执行，致使判决、裁定无法执行的；④被执行人、担保人、协助执行义务人与国家机关工作人员通谋，利用国家机关工作人员的职权妨害执行，致使判决、裁定无法执行的；⑤其他有能力执行而拒不执行，情节严重的情形。

（3）主体是特殊主体，即对人民法院生效裁判具有执行义务的人，包括被执行人、担保人以及协助执行义务人。[①] 负有执行人民法院判决、裁定义务的单位直接负责的主管人员和其他直接责任人员，为了本单位的利益实施拒不执行判决、裁定的行为，造成特别严重后果的，对该主管人员和其他直接责任人员依照本条的规定，以拒不执行判决、裁定罪定罪处罚。

（4）主观方面表现为故意。即行为人明知是人民法院已经生效的判决或裁定，而故意拒不执行，如果确因不知判决、裁定已生效而未执行的，或者因某种不能预见或无法抗拒的实际困难而无法执行的，因不属于故意拒不执行，因此不构成犯罪。至于行为人故意拒不执行的动机，不影响拒不执行判决、裁定罪的构成。

（三）认定

1. 一罪与数罪的界限

行为人以暴力的方式拒不执行判决、裁定，造成执行人员轻伤结果的，应以本罪论处；如果造成执行人员重伤或死亡结果发生的，应以故意伤害罪或故意杀人罪定罪量刑。

2. 本罪与妨害公务罪的界限

（1）犯罪客体不同。本罪客体是人民法院执行生效裁判的正常活动；而后罪的客体是国家机关、人民代表大会、红十字会、国家安全机关以及公安机关的公务活动。

（2）客观方面表现不同。本罪行为人拒不执行人民法院的生效裁判，既可以用暴力、威胁的方法，也可以用非暴力、威胁的方法；而后罪行为人必须使用暴力、威胁的方法才能构成。

（3）主体不同。本罪主体是特殊主体，即对人民法院生效裁判具有执行义务的人；而后罪的主体是一般主体。但若行为人用暴力、威胁的方法拒不执行人民法院生效判决、裁定，同时构成本罪和妨害公务罪，这种情形属法条竞合，应依照特别法优于普通法的原则，以本罪论处。

（四）处罚

根据《刑法》第313条的规定，犯本罪的，处3年以下有期徒刑、拘役或者罚金；

---

① 暴力抗拒人民法院执行判决、裁定，杀害、重伤执行人员的，依照《中华人民共和国刑法》第232条、第234条第2款的规定定罪处罚。

情节特别严重的，处3年以上7年以下有期徒刑，并处罚金。单位犯前款罪的，对单位判处罚金，并对其直接负责的主管人员和其他责任人员，依照前款规定处罚。

【法律链接】

1.《中华人民共和国刑法》(1997) 第313条*。

2. 最高人民法院《关于审理拒不执行判决、裁定案件具体应用法律若干问题的解释》(法释〔1998〕6号)。

3. 全国人民代表大会常务委员会《关于中华人民共和国刑法第三百一十三条的解释》。

4.《中华人民共和国刑法修正案（九)》第39条。

十四、脱逃罪

(一）概念

脱逃罪，是指依法被关押的罪犯、被告人、犯罪嫌疑人逃脱司法机关的羁押和监管的行为。

(二）犯罪构成

(1）客体是监管机关的监管秩序，妨害了司法机关的活动。

(2）客观方面表现为行为人实施从监管场所、劳动场所或者押解途中脱逃的行为。行为人脱逃的场所，既可以是监狱、看守所等羁押、监管的场所，狱外劳动场所，也可以是押解途中。脱逃的方式没有限制，如乘监管人员不备秘密脱逃，对监管人员使用暴力、威胁手段而脱逃，通过打破门窗或毁损械具后脱逃等等。脱逃的形式属于量刑情节。①

(3）主体是特殊主体，即依法被关押的罪犯、被告人、犯罪嫌疑人。所谓依法被关押，是指依据事实和法律、按照正当程序被关押。因此，对于那些被非法关押者，或者说根本无罪，却被错误地作为犯罪嫌疑人、被告人、罪犯加以关押者从关押处所逃逸的，不能构成本罪。

(4）主观方面表现为故意。行为人脱逃的目的是逃避羁押与刑罚的处罚。

(三）认定

1. 一罪与数罪的界限

行为人在逃逸过程中使用暴力，造成他人轻伤、重伤或死亡结果发生的，在这种情况下，应定一罪而不是数罪。如果行为人在逃逸过程中轻伤他人的，应定脱逃罪；如果行为人在实施逃逸行为时重伤或者杀害他人的，属于本罪与故意伤害罪或故意杀人罪的牵连犯，应依照从一重罪处断的原则，对其以故意伤害罪或故意杀人罪论处。

2. 本罪既遂与未遂的界限

关于脱逃罪的既遂与未遂的标准，通说认为，应以行为人是否逃出了监管人员的实际控制范围为准。已经逃离羁押或改造场所的范围，摆脱了看守人员监视控制的，

① 如果脱逃中犯有严重伤害或者故意杀人的，应按处理牵连犯的原则，从一重罪处罚。对于多数人集体脱逃的，应按共同犯罪论处。对于受到监管机关的奖励，被准假回家探亲的罪犯，故意不在规定的时间返回监管场所，采取逃往外地等方式逃避入狱的，也应以本罪论处。

就是脱逃既遂；实施脱逃，如果在羁押改造场所内被发现，或者虽然逃出了羁押改造场所的范围，但在看守人员直接监视下被抓回的，是脱逃未遂。

（四）处罚

根据《刑法》第316条第1款的规定，犯本罪的，处5年以下有期徒刑或者拘役。

【法律链接】

1.《中华人民共和国刑法》（1997）第316条*。

2.《中华人民共和国监狱法》第59条。

十五、组织他人偷越国（边）境罪

（一）概念

组织他人偷越国（边）境罪，是指违反国（边）境管理法规，非法组织他人偷越国（边）境的行为。

（二）犯罪构成

（1）客体是国家国（边）境管理秩序。

（2）客观方面表现为行为人实施了违反国（边）境管理法规，非法组织他人偷越国（边）境的行为。所谓国境，是指我国与邻国划定的疆界。边境，一般是指大陆与香港、澳门、台湾地区在行政区划上的疆界。这里的"违反国（边）境管理法规"，主要是指违反《中华人民共和国公民出境入境管理法》《中华人民共和国外国人出境入境管理法》及其实施细则。①

（3）主体是一般主体，即达到刑事责任年龄、具有刑事责任能力，实施了组织他人偷越国（边）境行为的自然人。本罪主体没有国别及居住地的限制，不论是中国公民（包括港澳台地区的居民）还是外国人，也不论是边境地区的居民还是内地来过境地区的居民，均可构成组织他人偷越国（边）境罪。

（4）主观方面表现为故意。其主观目的是要将他人非法送出或引进国（边）境。在实践中，组织他人偷越国（边）境的犯罪一般是以营利为目的。但也不能排除不以营利为目的而实施的组织他人偷越国（边）境的行为，如以走私、拐卖人口、诈骗等犯罪活动为目的，而实施组织他人偷越国（边）境的行为。

（三）认定

（1）在组织他人偷越国（边）境的过程中，如果因过失造成被组织人重伤、死亡结果发生的，根据《刑法》第318条第1款第3项规定，应作为本罪的加重情节处罚，而不能数罪并罚。

（2）在组织（运送）他人偷越国（边）境中有剥夺或者限制被组织（运送）人人身自由，以暴力、威胁方法抗拒检查的，这种情形属于本罪的加重构成，不能实行数罪并罚，不另定为非法拘禁罪、妨害公务罪。

① 根据最高人民法院《关于审理组织、运送他人偷越国（边）境等刑事案件适用法律若干问题的解释》的规定，非法组织他人偷越国（边）境的行为，是指领导、策划、指挥他人偷越国（边）境，或者在首要分子指挥下，实施拉拢、引诱、介绍他人偷越国（边）境。组织，一般表现为煽动、串联、拉拢、策划、联络他人偷越国（边）境以及为偷越国（边）境进行准备、制造条件的行为。至于组织偷越的地点，可以是边境口岸，也可以是非边境口岸，具体地点如何，不影响犯罪的成立。

（3）在组织他人偷越国（边）境的过程中，如果对被组织人有杀害、伤害、强奸、拐卖等犯罪行为的，根据《刑法》第318条第2款规定，应当实行数罪并罚。

（四）处罚

根据《刑法》第318条的规定，犯本罪的，处2年以上7年以下有期徒刑，并处罚金。有下列情形之一的，处7年以上有期徒刑或者无期徒刑，并处罚金或没收财产：①组织他人偷越国（边）境集团的首要分子；②多次组织他人偷越国（边）境或者组织他人偷越国（边）境人数众多的；③造成被组织人重伤、死亡的；④剥夺或者限制被组织人人身自由的；⑤以暴力、威胁方法抗拒检查的；⑥违法所得数额巨大的；⑦有其他特别严重情节的。

根据《刑法》第318条第2款的规定，对被组织人有杀害、伤害、强奸、拐卖等犯罪行为的，或者对检查人员有杀害、伤害等犯罪行为的，依照数罪并罚的规定处罚。

【法律链接】

1.《中华人民共和国刑法》（1997）第318条*。

2. 最高人民法院《关于审理组织、运送他人偷越国（边）境等刑事案件适用法律若干问题的解释》。

十六、盗掘古文化遗址、古墓葬罪（修正案八）

（一）概念

盗掘古文化遗址、古墓葬罪，是指违反国家文物管理法规，盗掘具有历史、艺术、科学价值的古文化遗址、古墓葬的行为。

（二）犯罪构成

（1）客体是国家对古文化遗址、古墓葬的管理制度和国家对古文化遗址、古墓葬的所有权。犯罪对象是古文化遗址、古墓葬。按照国家文物管理部门的规定，古文化遗址、古墓葬是指清代和清代以前的具有历史、艺术、科学价值的古文化遗址、古墓葬，以及辛亥革命以后与著名历史事件有关的名人墓葬、遗址和纪念地。

（2）客观方面表现为行为人实施了盗掘具有历史、艺术、科学价值的古文化遗址、古墓葬的行为。所谓盗掘，是指未经国家有关部门批准，私自挖掘。本罪是行为犯，只要行为人实施了未经国家有关部门批准，私自挖掘的行为，无论是否挖掘到文物，都不影响本罪的构成。

（3）主体是一般主体。年满16周岁并具有刑事责任能力的人，均可以成为本罪的主体。[①]

（4）主观方面表现为故意，即明知是古文化遗址、古墓葬而故意挖掘，一般具有非法获取文物的目的。

（三）认定

1. 罪与非罪的界限

（1）掘取古文化遗址、古墓葬行为是故意实施的还是过失实施的，如果属于过失

---

① 单位能否构成本罪主体，法律无明文规定。我们认为，根据其他有关对单位犯罪的法律规定来理解，如果本罪是在单位名义组织策划下实施的，可以对单位主管人员和其他直接责任人员追究刑事责任，而不宜对单位直接追究刑事责任。

行为则不构成犯罪。

（2）掘取古文化遗址、古墓葬行为是否经过了国家文化主管部门的批准，如果属于经过批准的行为，即便在掘取过程中造成古文化遗址、古墓葬毁坏的，一般也不构成犯罪，如果情节严重的可以按玩忽职守罪等其他罪论处。

2. 本罪与故意损毁名胜古迹罪、故意损毁珍贵文物罪的界限

三者都造成了名胜古迹或珍贵文物的损毁。三者的主要区别在于：

（1）行为表现方式不同。本罪是盗掘；后两罪是损毁。

（2）犯罪对象不同。本罪对象是近代名人墓葬、遗址与纪念地，清代以及清代之前有科学、艺术、历史价值的古文化遗址、古墓葬；而后罪的对象是国家保护的名胜古迹与珍贵文物。

（3）犯罪故意的内涵不同。本罪行为人是想通过盗掘来获取名贵文物；后罪行为人意图通过损毁行为来破坏名胜古迹与珍贵文物。

3. 一罪与数罪的界限

如果行为人在盗掘古文化遗址、古墓葬时，造成国家珍贵文物的损毁，则构成牵连犯。对此应依照牵连犯的适用原则即从一重罪处断，不能数罪并罚。

（四）处罚

根据《刑法》第328条的规定，盗掘具有历史、艺术、科学价值的古文化遗址、古墓葬的，处3年以上10年以下有期徒刑，并处罚金；情节较轻的，处3年以下有期徒刑、拘役或者管制，并处罚金。有下列情形之一的，处10年以上有期徒刑或者无期徒刑，并处罚金或者没收财产：①盗掘确定为全国重点文物保护单位和省级文物保护单位的古文化遗址、古墓葬的；②盗掘古文化遗址、古墓葬集团的首要分子；③多次盗掘古文化遗址、古墓葬的；④盗掘古文化遗址、古墓葬，并盗窃珍贵文物或者造成珍贵文物严重破坏的。①

【法律链接】

1.《中华人民共和国刑法》（1997）第328条*。

2. 最高人民法院、最高人民检察院《关于办理盗窃、盗掘、非法经营和走私文物的案件具体应用法律的若干问题的解释》（1987年11月27日，法（研）发〔1987〕32号）。

3.《中华人民共和国文物保护法》第3条、第64条。

4.《中华人民共和国刑法修正案（八）》第45条。

十七、医疗事故罪

（一）概念

医疗事故罪，是指医务人员在医务工作中由于严重不负责任，造成就诊人死亡或者严重损害就诊人身体健康的行为。

① 《中华人民共和国刑法修正案（八）》取消了盗掘古文化遗址、古墓葬罪的死刑。因此，盗掘古文化遗址、古墓葬罪的量刑最高是无期徒刑。

（二）犯罪构成

（1）客体是国家对医疗工作的管理秩序和就诊人的生命安全、健康权利。犯罪对象是生命健康安全正遭受病魔侵害的病人。

（2）客观方面表现为医务人员在医务工作中严重不负责任，造成就诊人死亡或者严重损害就诊人身体健康的行为。严重不负责任，是指在医务工作中，医务人员违反规章制度和诊疗护理常规，不履行或不正确履行医疗护理职责。该行为既可以是作为，也可以是不作为。本罪以造成就诊人死亡或者严重损害就诊人身体健康为构成要件。根据《医疗事故处理办法》的规定，“严重损害就诊人身体健康”，是指造成就诊人残废、组织器官损伤导致功能障碍等情形。

（3）主体是特殊主体，只能是医务人员。医务人员，是指经卫生行政机关批准，取得行医资格，从事医疗实践工作的人员。既包括国家、集体医疗单位的医务人员，也包括经主管机关批准，具有行医执照，取得行医资格的个体医务人员。

（4）主观方面表现为过失。如果故意造成就诊人死亡或者严重损害就诊人身体健康的后果，则应以故意杀人罪或故意伤害罪论处。

（三）认定

1. 罪与非罪的界限

（1）本罪与一般医疗事故的界限。二者的共同点在于：行为人在医务工作中都有违规和不负责任的表现，都给被害人造成了损害，都是过失行为。但二者的关键区别在于，这种违规和不负责任的行为是否造成就诊人员死亡或者严重损害了其身体健康。如果造成就诊人员死亡或者严重损害其身体健康，则以本罪论处；如果没有造成就诊人员死亡或者严重损害其身体健康，则只能作为一般医疗事故处理，可以对行为人给予行政或纪律处分，不能作为犯罪处理。

（2）本罪与医疗意外事故的界限。医疗意外事故，是指由于病情或者病人体质特殊而发生难以预料和防范的不良后果，它与医疗事故罪都可能发生就诊人死亡或身体健康严重损害的后果，二者区别的关键在于主观上有无过失。如果就诊人死亡或身体健康严重损害，是因医务人员责任心不强，违反规章制度或诊疗常规造成的，则构成医疗事故罪，如上述后果是因医务人员难以预料或难以防范的因素所引起，则属于医疗意外，不能以犯罪论处。

2. 本罪与重大责任事故罪的界限

二者的相同之处在于都属于责任事故，都是过失行为，都有伤亡发生。但二者具有明显区别：

（1）犯罪客体不同。本罪客体是国家对医疗工作的管理秩序和就诊人的生命安全、健康权利；后罪客体是公共安全，即不特定人的生命、健康安全和重大公私财产安全。

（2）客观方面表现不同。本罪在客观方面表现为，医务人员在医务工作中由于严重不负责任，造成就诊人死亡或者严重损害就诊人身体健康的后果。后罪在客观方面表现为工厂、矿山、林场、建筑企业或者其他企业、事业单位的职工不服从管理、违反规章制度，或者强令工人违章冒险作业，而发生重大伤亡事故或者其他严重后果的行为。

（3）主体不同。本罪主体是医务人员；后罪主体是工厂、矿山、林场、建筑企业或者其他企业、事业单位的职工或领导。

（四）处罚

根据《刑法》第 335 条的规定，犯本罪的，处 3 年以下有期徒刑或者拘役。

【法律链接】

1. 《中华人民共和国刑法》（1997）第 335 条＊。
2. 《中华人民共和国执业医师法》第 37 条。

十八、非法行医罪

（一）概念

非法行医罪，是指未取得医生执业资格的人非法行医，情节严重的行为。

（二）犯罪构成

（1）客体是国家对医疗工作的管理秩序和就诊人的生命、健康权利。

（2）客观方面表现为行为人实施了非法行医，情节严重的行为。根据最高人民法院《关于审理非法行医刑事案件具体应用法律若干问题的解释》的规定，具有下列情形之一的，应认定为《刑法》第 336 条第 1 款规定的“未取得医生执业资格的人非法行医”：①未取得或者以非法手段取得医师资格从事医疗活动的；②个人未取得医疗机构执业许可证而开办医疗机构的；③被依法吊销医师执业证书期间从事医疗活动的；④未取得乡村医生执业证书，从事乡村医疗活动的；⑤家庭接生员实施家庭接生以外的医疗行为的。①

（3）主体是一般主体，但限于没有取得医生执业资格的人，即未取得医疗机构执业许可证的人。②

（4）主观方面是故意。即明知自己不具备行医资格，仍然从事医疗活动。行为人对造成就诊人死亡、身体健康受损的后果，则可能是过失，也可能是间接故意。

（三）认定

1. 本罪与医疗事故罪的界限

（1）主体不同。本罪主体是没有取得医生执业资格的人；而后罪的主体是经过有关机关批准，取得医生执业资格的人。

（2）主观方面不同。本罪主观方面是故意；而后罪的主观方面是过失。

2. 本罪与以行医为名实施诈骗行为的区别

（1）本罪行为人虽无医生执业资格，但一般情况下具有一定的医疗知识；而以行医为名实施诈骗的行为人，往往没有基本的医疗常识。

（2）本罪的行为人一般有固定的行医场所，通常还配备一定的医疗设施；而以行医为名实施诈骗的行为人，往往采取走街串巷的形式，没有固定场所，也不会投资购买设备。

---

① 最高人民法院《关于审理非法行医刑事案件具体应用法律若干问题的解释》第二条规定了“情节严重”的情形：a. 造成就诊人轻度残疾、器官组织损伤导致一般功能障碍的；b. 造成甲类传染病传播、流行或者有传播、流行危险的；c. 使用假药、劣药或不符合国家规定标准的卫生材料、医疗器械，足以严重危害人体健康的；d. 非法行医被卫生行政部门行政处罚两次以后，再次非法行医的；e. 其他情节严重的情形。

② 1994 年 2 月 26 日国务院发布的《医疗机构管理条例》第 24 条规定：“任何单位或者个人，未取得医疗机构执业许可证，不得开展诊疗活动。”因此未取得医疗机构执业许可证的人开展诊疗活动，就是非法行医的行为。

（四）处罚

根据《刑法》第336条第1款的规定，犯本罪的，处3年以下有期徒刑、拘役或者管制，并处或单处罚金；严重损害就诊人身体健康的，处3年以上10年以下有期徒刑，并处罚金；造成就诊人死亡的，处10年以上有期徒刑，并处罚金。

【法律链接】

1.《中华人民共和国刑法》(1997) 第336条*。

2. 最高人民法院《关于审理非法行医刑事案件具体应用法律若干问题的解释》(法释〔2008〕5号)。

十九、污染环境罪[①]（修正案八）

（一）概念

污染环境罪，是指违反国家规定，排放、倾倒或者处置有放射性的废物、含传染病病原体的废物、有毒物质或者其他有害物质，严重污染环境的行为。

（二）犯罪构成

（1）主体是一般主体，包括公民、法人和其他组织。在实践中主要是企业。

（2）主观方面是过失犯罪，这种过失是指对严重污染环境的行为及后果本应预见，但由于疏忽大意而没有预见，或者虽已预见但轻信能够避免。

（3）客体不仅包括人类的生命、健康和财产等传统权利，而且涵盖范围更广阔的人类的环境权。因此，本罪侵害的客体应被确定为国家和公民的环境权以及自然生态环境本身。

（4）客观方面表现为以下几个特征：①违反国家有关环境保护的强制性义务规范；②有排放、倾倒或者处置有害物质的行为，一般意义上的生产、贮存、使用等行为不构成本罪；③排放、倾倒或者处置的对象是有放射性的废物、含传染病病原体的废物、有毒物质或者其他有害物质；④造成重大环境污染，一般的轻微污染不构成犯罪。同时应注意重大环境污染与行为人的排放、倾倒或者处置有害物质的行为之间必须存在因果关系。[②]

（三）处罚

根据《刑法》第338条的规定，自然人犯本罪的，处3年以下有期徒刑或者拘役，并处或者单处罚金；后果特别严重的，处3年以上7年以下有期徒刑，并处罚金。另根据《刑法》第346条的规定，单位犯本罪的，对单位判处罚金，并对其直接负责的主管人员和其他直接责任人员，依照自然人犯本罪的规定处罚。

---

① 《中华人民共和国刑法修正案（八）》出台之后，原罪名“环境污染事故罪”改为“污染环境罪”。

② 《中华人民共和国刑法修正案（八）》对污染环境罪的新规定：a. 将犯罪构成要件中的犯罪结果修改为严重污染环境。规定只要造成了重大环境污染，无论是否属于污染事故，都将被追究刑事责任。b. 将排放、倾倒或者处置的物质修改为有害物质，大大拓宽物质的范围，有助于降低环境刑事犯罪的门槛。c. 原《刑法》第338条将适用范围限定在向土地、水体和大气排放、倾倒或者处置有害物质，实践中可能导致部分环境违法行为得不到追究，尤其是没有直接向水体等环境排放污染物的行为。删除这一限制，使第338条的适用范围更宽，无论是否向土地、水体、大气排放、倾倒或者处置，都可以构成犯罪。

【法律链接】

1.《中华人民共和国刑法》(1997) 第338条*。

2.《中华人民共和国刑法修正案(八)》第46条。

二十、走私、贩卖、运输、制造毒品罪

(一) 概念

走私、贩卖、运输、制造毒品罪，是指违反毒品管理法规，走私、贩卖、运输、制造鸦片、海洛因、甲基苯丙胺或其他毒品的行为。

(二) 犯罪构成

(1) 客体是国家对毒品的管理制度。其中走私毒品的行为还侵犯了国家的对外贸易管理制度。本罪的对象是毒品。①

(2) 客观上表现为行为人实施了走私、贩卖、运输、制造毒品的行为。所谓走私，是指非法运输、携带、邮寄毒品进出国(边)境的行为。所谓贩卖，是指非法销售或以贩卖为目的而收买毒品的行为，包括买入毒品后又转手卖出、自己制造毒品后又卖出、以毒品换取其他商品或货物等等。所谓运输，是指将毒品由一地运往另一地的行为。所谓制造，是指违反国家毒品管理法规对毒品原料加工、提炼、配制成毒品或将一种毒品加工成另一种毒品的行为，但不包括种植毒品原植物。本罪是选择性罪名，凡实施了走私、贩卖、运输、制造毒品行为之一的，即以该行为确定罪名。②

(3) 主体既可以是自然人也可以是单位。已满14周岁的人贩卖毒品的，应当负刑事责任。

(4) 主观方面表现为故意犯罪，即明知是毒品而走私、贩卖、运输、制造。行为人因过失而实施本罪行为的，不构成本罪。

(三) 认定

1. 毒品数量的认定

(1) 根据《刑法》第347条第1款的规定，走私、贩卖、运输、制造毒品无论数量多少均构成犯罪。

(2) 根据《刑法》第347条第2款的规定，对多次走私、贩卖、运输、制造毒品而未经处理的，其毒品数量累计计算。所谓未经处理的，既包括未经刑罚处理，也包括未作行政处理。但对于犯罪已过追诉时效的，则毒品数量不再累计计算。

(3) 根据《刑法》第347条第2款的规定，毒品数量以查证属实的数量计算，不以纯度折算。

2. 本罪与诈骗罪的界限

本罪与诈骗罪的区别是明显的，但如果行为人制造假毒品出售或明知不是毒品而

---

① 《中华人民共和国刑法》第357条规定:"本法所称的毒品是指鸦片、海洛因、甲基苯丙胺(冰毒)、吗啡、大麻、可卡因以及国务院规定管制的其他能够使人形成瘾癖的麻醉药品和精神药品。"

② 凡实施了其中两种以上行为的，如运输、贩卖毒品，应定为运输、贩卖毒品罪，不实行数罪并罚。运输、贩卖同一种毒品的，毒品数量不重复计算;不是同一种毒品的，毒品数量累计计算。居间介绍买卖毒品的，无论是否获利，均以贩卖毒品罪的共犯论处。走私毒品，又走私其他物品构成犯罪的，按走私毒品和构成的其他走私罪分别定罪，实行数罪并罚。

假冒毒品出售的，对其应以诈骗罪论处。如果行为人完全不知是假毒品，以为是真毒品而贩卖获利的，应定为贩卖毒品罪（未遂）。

3. 本罪的共犯的认定问题

本罪的共犯除按一般共同犯罪理论解决外，还有两种特殊情况：

（1）根据《刑法》第349条第3款的规定，包庇毒品犯罪分子与窝藏、转移、隐瞒毒品、毒赃又事先通谋的，以走私、贩卖、运输、制造毒品罪的共犯论处。

（2）根据《刑法》第350条第2款的规定，明知他人制造毒品而为其提供制毒物品的，以制造毒品罪的共犯论处。

（四）处罚

（1）依据《刑法》第347条的规定，犯本罪有下列情形之一的，处15年有期徒刑、无期徒刑或者死刑，并处没收财产：①走私、贩卖、运输、制造鸦片1 000克以上、海洛因或甲基苯丙胺50克以上或者其他毒品数大的；②走私、贩卖、运输、制造毒品集团的首要分子；③武装掩护走私、贩卖、运输、制造毒品的；④暴力抗拒检查、拘留、逮捕，情节严重的；⑤参与有组织的国际贩毒活动的。

（2）走私、贩卖、运输、制造鸦片200克以上不满1 000克、海洛因或甲基苯丙胺10克以上不满50克或其他毒品数量较大的，处7年以上有期徒刑，并处罚金。

（3）走私、贩卖、运输、制造鸦片不满200克、海洛因或甲基苯丙胺不满10克或其他少量毒品的，处3年以下有期徒刑、拘役或者管制，并处罚金；情节严重的，处3年以上7年以下有期徒刑，并处罚金。

（4）单位犯本罪的，对单位判处罚金，并对其直接负责的主管人员和其他直接责任人员依照上述有关自然人犯本罪的规定处罚。

（5）利用、教唆未成年人走私、贩卖、运输、制造毒品或者向未成年人出售毒品的，从重处罚。《刑法》第356条规定："因走私、贩卖、运输、制造、非法持有毒品罪被判过刑，又犯本罪的，从重处罚。"

【法律链接】

1.《中华人民共和国刑法》(1997) 第347条*、349条、第356条。

2. 最高人民法院《关于审理毒品案件定罪量刑标准有关问题的解释》（法释〔2000〕13号）。

二十一、非法持有毒品罪

（一）概念

非法持有毒品罪，是指非法持有毒品数量较大的行为。

（二）犯罪构成

（1）客体是国家对毒品的管理制度。本罪的对象为毒品，即《刑法》第357条所规定的鸦片、海洛因、甲基苯丙胺（冰毒）、吗啡、大麻、可卡因以及国务院规定管制的其他能够使人形成瘾癖的麻醉药品和精神药品。

（2）客观上表现为实施了非法持有毒品且数量较大的行为。所谓非法，是指除依法生产、管理、运输、使用精神药品或麻醉药品以外的控制毒品。所谓持有，是指占有、携带、藏有或以其他方式控制毒品的行为。数量较大，是指必须达到法定数量即持有鸦片200克以上、海洛因或甲基苯丙胺10克以上或其他毒品数量较大的情况。

（3）主体为一般主体，即任何达到刑事责任年龄且具有刑事责任能力的自然人均可成为本罪主体。

（4）主观方面表现为故意，即明知是毒品而非法持有。如果行为人确实不知道自己持有的是毒品，则不构成本罪。

（三）认定

1. 本罪与走私、贩卖、运输、制造毒品罪的界限

两罪的犯罪对象相同，但二者的区别在于：

（1）客观表现不同。本罪的行为是各种形式的"持有"；而后罪的行为方式，限于走私、贩卖、运输、制造四种。在走私、贩卖、运输、制造毒品罪中，行为人也可能持有毒品，但该行为被主行为走私、贩卖、运输、制造所吸收，不再独立成罪。

（2）成立犯罪的标准不同。构成本罪须行为人持有法定数量的毒品；而后罪属于行为犯，不受数量多少影响。

2. 持有假毒品行为的认定

如果行为人误将假毒品当成真毒品而持有的，我国多数学者认为不影响构成本罪，因为此种情况下，行为人主观上有犯罪故意，客观上也实施了持有毒品的行为，但应以实行终了的未遂处罚。

另外，非法持有毒品的数量以查证属实的数量计算，不以纯度折算。

（四）处罚

（1）依照《刑法》第348条的规定，非法持有鸦片1 000克以上、海洛因或甲基苯丙胺50克以上或者其他毒品数量大的，处7年以上有期徒刑或者无期徒刑，并处罚金。

（2）非法持有鸦片200克以上不足1 000克、海洛因或甲基苯丙胺10克以上不满50克或者其他毒品数量较大的，处3年以下有期徒刑、拘役或者管制，并处罚金；情节严重的，处3年以上7年以下有期徒刑，并处罚金。

（3）依照《刑法》第356条的规定，因走私、贩卖、运输、制造、非法持有毒品罪被判过刑，又犯本罪的，从重处罚。

【法律链接】

1. 《中华人民共和国刑法》（1997）第348＊、第356条、第357条。

2. 最高人民法院《关于适用〈全国人大常委会关于禁毒的决定〉的若干问题的解释》（1994年12月20日，法发〔1994〕30号）。

3. 最高人民法院《关于审理毒品案件定罪量刑标准有关问题的解释》（法释〔2000〕13号）。

二十二、组织卖淫罪（修正案八、九）

（一）概念

组织卖淫罪，是指以招募、雇佣、强迫、引诱、容留等手段，纠集、控制多人从事卖淫的行为。

（二）犯罪构成

（1）客体是社会治安管理秩序和良好的社会主义道德风尚，犯罪对象既包括妇女也包括男子，还可以是同时有男有女。

（2）客观上表现为行为人实施了组织多人从事卖淫活动的行为。所谓组织，是指通过招募、雇佣、强迫、引诱、容留等手段策划、指挥他人进行卖淫活动。所谓招募，是指将自愿卖淫者召集或者募集到卖淫集团或者其他卖淫组织之内进行卖淫活动的行为。所谓雇佣，是指以出资为条件雇佣自愿卖淫者参加卖淫集团或者其他有组织的卖淫活动。所谓强迫，是指以暴力、胁迫或者其他方法，强制或者迫使不愿卖淫者或者不愿参加卖淫组织者而使其参加卖淫集团以及其他卖淫组织，强迫不愿卖淫者进行有组织的卖淫活动。所谓引诱，是指以金钱、财物、色相等为诱饵，诱使他人参加卖淫集团或者其他卖淫组织，或者诱使他人参加其他有组织的卖淫活动。所谓容留，是指容纳、收留自愿卖淫者参加卖淫集团或者其他卖淫组织，或者参加有组织的卖淫活动。上述五种具体的手段，可以是同时交叉使用，也可以是只使用其中一种或者数种，都不影响本罪的成立。

（3）主体为一般主体，即凡达到刑事责任年龄，具有刑事责任能力的自然人均可构成本罪。但构成本罪，必须是卖淫的组织者，卖淫的组织者可以是一个人，也可以是一个团伙。①

（4）主观方面表现为故意，即明知自己组织他人卖淫的行为危害社会而仍然为之。在实践中，多数是为了通过组织他人卖淫从中牟取暴利，也有的人不是为了牟利，而是出于别的目的，比如玩弄妇女以满足其精神空虚的心理要求和追求腐朽、糜烂生活方式的精神需求。行为人出于何种动机，不影响本罪的构成。

（三）认定

1. 本罪与卖淫者自动结伙卖淫的行为的区别

自动结伙卖淫是卖淫者为赚取更多钱财互相传递信息、互相提供方便、互为掩护，共同从事卖淫的行为。对此一般不以犯罪论处，而以违反《治安管理处罚法》的行为处理。

2. 本罪与强迫卖淫罪的区别

（1）侵犯的客体不同。本罪侵犯的是社会道德风尚及社会治安管理秩序；而后罪除了侵犯社会道德风尚及社会治安管理秩序外，还包括他人的人身权利。

（2）实施行为的内容不同。组织卖淫的行为，是指以招募、雇佣、引诱、容留的手段，控制多人从事卖淫活动，不违背受害人意志；而强迫卖淫罪的行为人采用暴力、胁迫等强制手段，违背卖淫者的意志。

（3）故意的内容不同。本罪的行为人主观上具有组织多人卖淫的故意；而后罪行为人主观上是强迫他人卖淫的故意。

（四）处罚

（1）依照《刑法》第 358 条第 1 款、第 2 款的规定，犯本罪的，处 5 年以上 10 年以下有期徒刑，并处罚金；情节严重的，处 10 年以上有期徒刑或者无期徒刑，并处罚

① 是否是组织者，关键是看其在卖淫活动中是否起组织者的作用。有些被组织的卖淫者，同时又积极参与组织他人卖淫，对此，应按组织卖淫罪的共犯处理。

金或者没收财产。①

（2）组织、强迫未成年人卖淫的，依照前款的规定从重处罚。

（3）犯前两款罪，并有杀害、伤害、强奸、绑架等犯罪行为的，依照数罪并罚的规定处罚。

（4）为组织卖淫的人招募、运送人员或者有其他协助组织他人卖淫行为的，处5年以下有期徒刑，并处罚金；情节严重的，处5年以上10年以下有期徒刑，并处罚金②。

（5）旅馆业、饮食服务业、文化娱乐业、出租汽车业等单位的主要负责人，利用本单位的条件犯本罪的，从重处罚。

【法律链接】

1.《中华人民共和国刑法》（1997）第358条*。

2. 最高人民法院、最高人民检察院《关于执行〈全国人大常委会关于严禁卖淫嫖娼的决定〉的若干问题的解答》（法发〔1992〕42号）。

3.《中华人民共和国刑法修正案（八）》第48条。

4.《中华人民共和国刑法修正案（九）》第42条。

【实务操练】

一、示范引导训练

案例：见前面的【引例2】。

基本步骤：

1. 学生集体阅读案例。

2. 教师提出问题。

问题（1）：本案是否构成寻衅滋事罪？该罪和故意伤害罪的区别是什么？

问题（2）：应当如何处罚？为什么？

3. 教师引导分析。

问题（1）：考虑犯罪的基本特征、犯罪构成；本章犯罪的特征。

问题（2）：比较寻衅滋事罪和故意伤害罪的个罪特征。

问题（3）：考虑个罪相关处罚规定以及总论有关处罚规定。

4. 教师总结。

具体见本单元后面的【引例评析】。

二、学生互动训练

基本步骤：

1. 按问题需要对学生进行分组。

2. 以组为单位让学生自行开展讨论。

3. 各组学生内部选出代表拟订应答方案。

4. 各组代表应答，阐述观点及其理由。

---

① 《中华人民共和国刑法修正案（九）》取消本罪死刑。

② 本条为《中华人民共和国刑法修正案（八）》第48条修改后的内容。

5. 学生自我评价实训效果。

6. 教师简要点评与总结。

案例1：被告人王某同他人合作“黄页生意”，2010年10月中旬至2011年3月，由他人雇用人员打电话，冒充政府官员、人大代表、工商局、税务局、消防局等工作人员，向相关单位或管辖的企业、个体户高价推销法律、税务、消防等书籍。王某帮忙邮寄书籍，并提供银行账号供对方汇款。某市公安机关在抓获王某时，王某行骗对象已有千余人，行骗金额共310 580元人民币。问：被告人王某及其同伙为了推销书籍，多次冒充国家机关工作人员的行为是否构成犯罪？如果构成犯罪，构成什么罪？

案例2：被告人林某是某研究院技术员，认识卖淫女石某、郭某后，于2010年12月至2011年5月间，多次在家中上网，在境内外的黄色网站上为两名卖淫女发布卖淫信息，招揽嫖客，介绍卖淫。林某从中获取好处费40 000余元及两名卖淫女的免费性服务。问：林某的行为是否构成犯罪？如果构成犯罪，是什么罪？为什么？

案例3：被告人常某在某监狱服刑期间，利用劳动之机，从监狱脱逃。脱逃后先后流窜于全国各地，以打工谋生，后窜回原籍。2012年5月4日18时许，被某公安局派出所民警抓获归案。问：被告人常某的行为构成什么犯罪？为什么？

案例4：某年4月2日晚，金某（另案处理）在某公司抢劫杀人，在清理案发现场时，担任该公司保安员的被告人常某指使金某将沾有血迹的树叶运走。在金某将被害人康某的尸体运走掩埋并逃离现场后，常某向本单位负责人谎称康某失踪，并在公安机关向其调查取证时出具虚假证言，掩盖金某的罪行，后被公安机关查获。问：被告人常某的行为构成什么犯罪？为什么？

案例5：被告人邱某，男，27岁，无业。2008年某月某日，被告人邱某携带海洛因从北京乘坐开往长沙的列车，次日下午到达长沙。邱某下车时，在长沙火车站广场被公安机关查获，从其携带的旅行包内搜出海洛因300克，现金2万余元。审讯过程中，邱某自称所携带的海洛因是在云南省某县购买的，纯粹用于自己吸食。邱某在关押期间也确有毒瘾发作反应，另经公安机关鉴定，邱某携带的海洛因纯度为19%。问：对被告人邱某的行为应如何定性？

项目二　次重点罪名

基本任务：理解16个次重点罪名的主要特征及其处罚规定。

【引例3】李某某，初中在读，出生于1996年2月27日。2010年7月份放暑假期间，李某某购得海洛因后在本镇进行贩卖，共赚得1万多元赃款。后李某某得知公安机关正开展“严打”斗争，遂将尚未卖掉的十多克海洛因和剩余的赃款1万元拿给其表哥王某（17岁），请求他帮忙暂时代管，许诺将赃款中的2 000元作为酬谢，并称假若日后自己出了事要求他必须销毁掉这一切。王某犹豫后答应了，连忙将毒品和赃款藏到后山某山洞。后来公安机关将李某某逮捕归案以后，曾找王某调查此事，他矢口否认。李某某贩卖毒品一案经某市某区人民法院一审开庭后，王某赶紧跑到后山山洞，依照约定将李某某之前交付的十多克海洛因和1万元赃款全部烧毁，以免公安机关追查到相关证据。李某为了使自己的儿子不用承担刑事责任，遂产生将儿子年龄改小，使其实施犯罪时不满14周岁不构成犯罪的念头。于是，他找到曾是李某某接生员的张某，请她提供了一份空白出生证，授意她将李某某的出生时间填写为1997年2月27日，并当即付给张某好处费10 000元。次日，李某向公安机关提供了该伪造的出生证。问：

(1) 李某某的行为是否构成贩卖毒品罪？为什么？

(2) 李某的行为是否构成犯罪？如果构成犯罪，何罪？为什么？

(3) 王某的行为是否构成犯罪？如果构成犯罪，何罪？为什么？

(4) 张某的行为是否构成犯罪？如果构成犯罪，何罪？为什么？

一、非法获取国家秘密罪（第282条）

(1) 概念。非法获取国家秘密罪，是指以窃取、刺探、收买的方法，非法获取国家秘密的行为。

(2) 犯罪构成特点。本罪客体是国家的保密制度。客观方面表现为以窃取、刺探、收买的方法，非法获取国家秘密。国家秘密包括了国家绝密、国家机密与国家秘密。所谓窃取，是指暗中盗窃。所谓刺探，是指暗中打探。所谓收买，是指以钱财、权色等利益换取。行为人只要实施了窃取、刺探、收买行为之一的，即可构成本罪，同时实施上述两种或三种行为的，也只能以本罪一罪论处。本罪主体为一般主体。主观方面必须出于故意。行为人主观上必须不是为境外机构、组织、人员窃取、刺探、收买国家秘密，如果在实施窃取、刺探、收买国家秘密的行为时，没有非法提供给境外机构、组织、人员的故意，但非法获取国家秘密之后，非法提供给境外机构、组织或人员的，仅成立为境外机构、组织、人员窃取、刺探、收买、非法提供国家秘密罪，不能数罪并罚。

(3) 处罚。根据《刑法》第282条第1款的规定，犯本罪的，处3年以下有期徒刑、拘役、管制或者剥夺政治权利；情节严重的，处3年以上7年以下有期徒刑。

二、非法获取计算机信息系统数据、非法控制计算机信息系统罪（第285条；修正案七）

(1) 概念。非法获取计算机信息系统数据、非法控制计算机信息系统罪，是指违反国家规定，侵入国家事务、国防建设、尖端科学技术领域以外的计算机信息系统或者采用其他技术手段，获取该计算机信息系统中存储、处理或者传输的数据，或者对该计算机信息系统实施非法控制，情节严重的行为。

(2) 犯罪构成特点。本罪客体是计算机信息系统的安全。客观方面表现为行为人违反国家规定，实施侵入国家事务、国防建设、尖端科学技术领域以外的普通计算机信息系统，或者采用其他技术手段，从而获取这些计算机信息系统中存储、处理或者传输的数据的行为，并且情节严重。数据包括了计算机系统数据和应用程序以及权利人存放在计算机信息系统中的各种个人信息。所谓侵入，是指采用破解密码、盗取密码、强行突破安全工具等方法，在没有得到许可时违背计算机信息系统控制人或所有人意愿进入其无权进入的计算机信息系统中。所谓非法获取，是指未经权利人或者国家有权机构授权而取得他人的数据。本罪主体为一般主体。主观方面为故意。

（3）处罚。根据《刑法》第285条第2款、《刑法修正案（七）》第9条第1款的规定，情节严重的，处3年以下有期徒刑或者拘役，并处或者单处罚金；情节特别严重的，处3年以上7年以下有期徒刑，并处罚金。

三、提供侵入、非法控制计算机信息系统程序、工具罪（第285条；修正案七）

（1）概念。提供侵入、非法控制计算机信息系统程序、工具罪，是指提供专门用于侵入、非法控制计算机信息系统的程序、工具，或者明知他人实施侵入、非法控制计算机信息系统的违法犯罪行为而为其提供程序、工具，情节严重的行为。

（2）犯罪构成特点。本罪客体是国家信息网络的安全。客观方面表现为行为人提供了大量专门用于侵入、非法控制计算机信息系统的程序、工具，或者出售专门用于侵入、非法控制计算机信息系统的程序、工具数额大，或者由于其提供的专门用于侵入、非法控制计算机信息系统的程序、工具被大量使用造成严重危害等行为。本罪主体为一般主体。主观方面为故意，行为人是否为营利的目的提供程序、工具不影响犯罪的成立。

（3）处罚。根据《刑法》第285条第3款及《刑法修正案（七）》第9条第2款的规定，情节严重的，处3年以下有期徒刑或者拘役，并处或者单处罚金；情节特别严重的，处3年以上7年以下有期徒刑，并处罚金。

四、妨害作证罪（第307条）

（1）概念。妨害作证罪，是指以暴力、威胁、贿买等方法阻止证人作证或者指使他人作伪证的行为。

（2）犯罪构成特点。本罪客体是司法机关的正常活动。客观方面表现为行为人实施了以暴力、威胁、贿买等方法阻止证人作证或者指使他人作伪证的行为。所谓暴力，是指使用殴打、捆绑、拘禁等方法。所谓威胁，是指以给证人本人或者亲属人身或财产造成伤害相要挟。所谓贿买，是指以金钱、财物或其他利益进行收买。本罪发生在诉讼进行的过程中，包括了刑事诉讼、民事诉讼和行政诉讼。本罪主体为一般主体。主观方面为故意。

（3）处罚。根据《刑法》第307条第1款和第3款的规定，犯本罪的，处3年以下有期徒刑或者拘役；情节严重的，处3年以上7年以下有期徒刑。司法工作人员犯本罪的，从重处罚。

五、帮助毁灭、伪造证据罪（第307条）

（1）概念。帮助毁灭、伪造证据罪，是指帮助诉讼活动的当事人毁灭、伪造证据，情节严重的行为。

（2）犯罪构成特点。本罪客体是司法机关的正常活动。客观方面表现为帮助当事人毁灭、伪造证据的行为。证据包括了刑事诉讼、民事诉讼以及行政诉讼当事人的证据，限于物证、书证、鉴定结论、勘验、检查笔录与视听资料、证人证言、被害人陈述、犯罪嫌疑人、被告人供述和辩解等。所谓帮助，是指行为人单独或与当事人共谋、共同毁灭、伪造证据或者受当事人指使为其毁灭、伪造证据提供便利条件或者向当事人传授毁灭、伪造证据的方法等。所谓毁灭证据，是指从形态上使现有证据消失或者虽保存证据形态但使其丧失或部分丧失证明力。所谓伪造证据，是指编造、制作实际根本不存在的证据或者将现存证据加以篡改、歪曲、加工、整理以违背事实真相。本罪可以发生在诉讼过程中，也可以发生在诉讼活动开始之前。本罪主体为一般主体。主观方面为故意。

（3）处罚。根据《刑法》第307条第2款和第3款的规定，情节严重的，处3年以下有期徒刑或者拘役。司法工作人员犯本罪的，从重处罚。

六、掩饰、隐瞒犯罪所得、犯罪所得收益罪（第312条；修正案七）

（1）概念。掩饰、隐瞒犯罪所得、犯罪所得收益罪，是指明知是犯罪所得及其产生的收益，而予以窝藏、转移、收购、代为销售或者以其他方法掩饰、隐瞒的行为。

（2）犯罪构成特点。本罪客体是司法机关正常查明犯罪、追缴犯罪所得及收益的活动。客观方面表现为行为人实施了窝藏、转移、收购、代为销售，或者以其他方法掩饰、隐瞒的行为。所谓掩饰，是指通过改变物体外部形状的方式达到与原赃物相区别，而避免被司法追缴的目的。所谓隐瞒，是指在不改变外部形状的情况下通过隐匿、谎称等方式使犯罪所得及收益置于不为人知的地点，避免被司法机关追缴。本罪主体为一般主体，但不包括产生犯罪所得、犯罪所得收益的行为实施人。主观方面只能是故意，行为人不知是赃物而保管的，不成立犯罪，但知道真相后继续保管的，成立本罪。如果行为人事前与他人通谋，就事后窝藏、转移、收购、代为销售、掩饰、隐瞒犯罪赃物达成合意的，则以共同犯罪论处。

（3）处罚。根据《刑法》第312条、《刑法修正案（六）》第19条及《刑法修正案（七）》第10条的规定，自然人犯本罪的，处3年以下有期徒刑、拘役或者管制，并处或者单处罚金；情节严重的，处3年以上7年以下有期徒刑，并处罚金。单位犯本罪的，对单位判处罚金，并对其直接负责的主管人员和其他直接责任人员，依照前面规定处罚。

七、运送他人偷越国（边）境罪（第321条）

（1）概念。运送他人偷越国（边）境罪，是指违反国（边）境管理法规，运送他人偷越国（边）境的行为。

（2）犯罪构成特点。本罪客体是国家有关出入国（边）境的管理制度。客观方面表现为使用车辆、船只等交通工具将偷越国（边）境的人运送出、入国（边）境的行为。所谓运送，是指以车、船、航空器等交通工具或其他方法将越境的违法犯罪分子偷运送出或接入国（边）境。本罪主体为一般主体。主观方面为故意。在运送他人偷越国（边）境中造成被运送人重伤、死亡，或者以暴力、威胁方法抗拒检查的，属于本罪的加重情节，不再认定为过失致人重伤罪、过失致人死亡罪、妨害公务罪；运送他人偷越国（边）境时对被运送人有杀害、伤害、强奸、拐卖等犯罪行为，或者对检查人员有杀害、伤害等犯罪行为的，依照数罪并罚的规定处罚。

（3）处罚。根据《刑法》第321条的规定，犯本罪的，处5年以下有期徒刑、拘役或者管制，并处罚金。有下列情形之一的，处5年以上10年以下有期徒刑，并处罚金：①多次实施运送行为或者运送人数众多的；②所使用的船只、车辆等交通工具不具备必要的安全条件，足以造成严重后果的；③违法所得数额巨大的；④有其他特别严重情节的。在运送他人偷越国（边）境中造成被运送人重伤、死亡，或者以暴力、威胁方法抗拒检查的，处7年以上有期徒刑，并处罚金。

八、倒卖文物罪（第326条）

（1）概念。倒卖文物罪，是指以牟利为目的，倒卖国家禁止经营的文物，情节严重的行为。

（2）犯罪构成特点。本罪客体是国家对文物的保护管理制度和市场管理秩序。客观方面表现为倒卖国家禁止经营的文物。所谓倒卖，是指低价买进高价卖出或者转手贩卖国家禁止经营的文物。本罪主体为一般主体。主观方面必须出于故意，并且具有牟取非法利益的犯罪目的。

（3）处罚。根据《刑法》第326条的规定，自然人犯本罪情节严重的，处5年以下有期徒刑或者拘役，并处罚金；情节特别严重的，处5年以上10年以下有期徒刑，并处罚金。单位犯本罪的，对单位判处罚金，并对其直接负责的主管人员和其他直接责任人员，依照前面规定处罚。

九、妨害动植物防疫、检疫罪（第337条；修正案七）

（1）概念。妨害动植物防疫、检疫罪，是指违反有关动植物防疫、检疫的国家规定，引起重大动植物疫情的，或者有引起重大动植物疫情危险，情节严重的行为。

（2）犯罪构成特点。本罪客体是国家对动植物防疫、检疫的管理制度。客观方面表现为：①违反有关动物疫情管理规定的行为，如瞒报、谎报动物疫情；②违反规定处置染疫动物、产品、排泄物、污染物；③违反有关动物检疫管理规定的行为，如违反规定运输染疫、疑似染疫、疫区易感、病死或者死因不明的动物及其制品；④藏匿、转移、盗掘被依法隔离、封存、处理的染疫动物及其产品；⑤经营、运输、屠宰、加工动物、动物产品逃避检疫等行为。本罪主体为一般主体。主观方面为故意。

（3）处罚。根据《刑法》第337条及《刑法修正案（七）》第11条的规定，自然人犯本罪情节严重的，处3年以下有期徒刑或者拘役，并处或者单处罚金。单位犯本罪的，对单位判处罚金，并对其直接负责的主管人员和其他直接责任人员，依照前面规定处罚。

十、非法猎捕、杀害珍贵、濒危野生动物罪（第341条）

（1）概念。非法猎捕、杀害珍贵、濒危野生动物罪，是指违反国家有关野生动物保护法规，猎捕、杀害国家重点保护的珍贵、濒危野生动物的行为。

（2）犯罪构成特点。本罪客体是国家重点保护的珍贵、濒危野生动物的管理制度。客观方面表现为行为人实施了非法猎捕、杀害珍贵、濒危野生动物的行为。所谓猎捕，是指采取特定方法抓捕。所谓杀害，是指残害致死。行为人只要实施了非法猎捕、杀害珍贵、濒危野生动物的行为之一，即可构成本罪。本罪主体为一般主体。主观方面为故意。故意伤害珍贵、濒危野生动物的，应以故意毁坏财物罪论处。

（3）处罚。根据《刑法》第 341 条第 1 款及第 346 条的规定，自然人犯本罪的，处 5 年以下有期徒刑或者拘役，并处罚金；情节严重的，处 5 年以上 10 年以下有期徒刑，并处罚金；情节特别严重的，处 10 年以上有期徒刑，并处罚金或者没收财产。单位犯本罪的，对单位判处罚金，并对其直接负责的主管人员和其他直接责任人员，依照前面规定处罚。

十一、非法采矿罪（第 343 条；修正案八）

（1）概念。非法采矿罪，是指违反矿产资源法的规定，未取得采矿许可证擅自采矿，擅自进入国家规划矿区、对国民经济具有重要价值的矿区和他人矿区范围采矿，或者擅自开采国家规定实行保护性开采的特定矿种，情节严重的行为。

（2）犯罪构成特点。本罪客体是国家对矿产资源和矿业生产的管理制度以及国家对矿产资源的所有权。客观方面表现为违反矿产资源保护法的规定，非法采矿的行为。所谓非法采矿，包括：①无证采矿；②擅自在未批准矿区采矿；③擅自开采保护矿种。本罪主体为一般主体。主观方面出于故意，其主观目的是为获取矿产品以牟利。

（3）处罚。根据《刑法》第 343 条第 1 款、第 346 条及《刑法修正案（八）》第 47 条的规定，自然人犯本罪情节严重的，处 3 年以下有期徒刑、拘役或者管制，并处或者单处罚金；情节特别严重的，处 3 年以上 7 年以下有期徒刑，并处罚金。单位犯本罪的，对单位判处罚金，并对其直接负责的主管人员和其他直接责任人员，依照前面规定处罚。

十二、盗伐林木罪（第 345 条）

（1）概念。盗伐林木罪，是指以非法占有为目的，盗伐森林或者其他树木，数量较大的行为。

（2）犯罪构成特点。本罪客体是国家林业资源的管理制度和国家、集体或他人对林木的所有权。客观方面表现为盗伐森林或者其他林木，数量较大的行为。所谓盗伐森林或者其他树木，包括：①擅自砍伐国家、集体、他人所有或者他人承包经营管理的森林或其他树木的；②擅自砍伐本单位或者本人承包经营管理的森林或者其他树木的；③在林木采伐许可证规定的地点以外采伐国家、集体、他人所有或者他人承包经营管理的森林或其他树木的。本罪主体为一般主体。主观方面为故意。如果行为人将国家、集体、他人所有并已经伐倒的树木窃为己有，以及偷砍他人房前屋后、自留地种植的零星树木，数额较大的，以盗窃罪论处。

（3）处罚。根据《刑法》第 345 条第 1 款、第 4 款及第 346 条的规定，自然人犯本罪的，处 3 年以下有期徒刑、拘役或者管制，并处或者单处罚金；数量巨大的，处 3 年以上 7 年以下有期徒刑，并处罚金；数量特别巨大的，处 7 年以上有期徒刑，并处罚金。盗伐国家级自然保护区内的森林或者其他林木的，从重处罚。单位犯本罪的，对单位判处罚金，并对其直接负责的主管人员和其他直接责任人员，依照前面规定处罚。

十三、窝藏、转移、隐瞒毒品、毒赃罪（第 349 条）

（1）概念。窝藏、转移、隐瞒毒品、毒赃罪，是指明知是毒品或者毒品犯罪所得的财物，而加以窝藏、转移、隐瞒的行为。

（2）犯罪构成特点。本罪客体是国家对毒品的管制和国家司法机关的正常活动。客观方面表现为行为人实施了窝藏、转移、隐瞒毒品、毒赃的行为。所谓窝藏，是指将毒品或者毒品犯罪所得的财物予以藏匿。所谓转移，是指将毒品或者毒品犯罪所得的财物从一处运送到另一处。所谓隐瞒，是指当司法机关调查犯罪分子的毒品或者毒赃时，行为人明知实情而故意隐瞒。行为人只要实施了其中任一行为，就构成本罪。本罪主体为一般主体。主观方面为故意。事先通谋的，以走私、贩卖、运输、制造毒品罪的共犯论处。

（3）处罚。根据《刑法》第 349 条规定，犯本罪的，处 3 年以下有期徒刑、拘役或者管制；情节严重的，处 3 年以上 10 年以下有期徒刑。缉毒人员或者其他国家机关工作人员掩护、包庇走私、贩卖、运输、制造毒品的犯罪分子的，从重处罚。

十四、强迫卖淫罪（第 358 条）

（1）概念。强迫卖淫罪，是指以暴力、胁迫、虐待或其他强制手段迫使他人卖淫的行为。

（2）犯罪构成特点。本罪客体是社会主义道德风尚和公民的人身权利。犯罪对象包括妇女、幼女和男子。客观方面表现为行为人实施了强迫他人违背自己意愿出卖色相的行为，如果行为人强迫他人从事卖淫，并在他人卖淫的过程中，与其发生性交或者实施其他猥亵行为的，或者为了迫使妇女卖淫而强奸妇女的，应认定为强迫卖淫罪。本罪主体为一般主体。主观方面必须出于故意，是否出于营利目的，不影响本罪的成立。旅馆业、饮食服务业、文化娱乐业、出租汽车业等单位的人员，利用本单位的条件，强迫他人卖淫的，依照本罪定罪处罚。

（3）处罚。根据《刑法》第 358 条第 1 款、第 2 款及第 361 条的规定，犯本罪的，处 5 年以上 10 年以下有期徒刑，并处罚金。有下列情形之一的，处 10 年以上有期徒刑或者无期徒刑，并处罚金或者没收财产：①强迫不满 14 周岁的幼女卖淫的；②强迫多人卖淫或者多次强迫他人卖淫的；③强奸后迫使卖淫的；④造成被强迫卖淫的人重伤、死亡或者其他严重后果的。有上述所列情形之一，情节特别严重的，处无期徒刑或者死刑，并处没收财产。旅馆业、饮食服务业、文化娱乐业、出租汽车业等单位的主要负责人，利用本单位的条件犯本罪的，从重处罚。

十五、嫖宿幼女罪（第 360 条）

（1）概念。嫖宿幼女罪，是指嫖宿不满 14 周岁幼女的行为。

（2）犯罪构成特点。本罪客体是幼女的身心健康和社会风化管理秩序。客观方面表现为行为人实施了嫖宿幼女的行为。所谓嫖宿，是指行为人以金钱、物质为交换条件，与不满 14 周岁的幼女发生性交或者从事其他淫乱活动。本罪主体为一般主体。主观方面为故意，行为人必须明知卖淫者为幼女才成立本罪，如果幼女被迫在特定场所从事卖淫活动，行为人虽然明知幼女被迫卖淫，但只要其没有实施强迫行为，幼女承诺行为人的嫖宿行为的，依然成立嫖宿幼女罪。

（3）处罚。根据《刑法》第 360 条第 2 款的规定，犯本罪的，处 5 年以上有期徒刑，并处罚金。

十六、制作、复制、出版、贩卖、传播淫秽物品牟利罪（第 363 条）

（1）概念。制作、复制、出版、贩卖、传播淫秽物品牟利罪，是指以牟利为目的，制作、复制、出版、贩卖、传播淫秽物品的行为。

（2）犯罪构成特点。本罪客体是国家对文化市场的管理秩序和良好的社会道德风尚。客观方面表现为行为人实施了制作、复制、出版、贩卖、传播淫秽物品的行为。所谓制作，是指原始的生产、录制、摄制、编写、译著、绘画、印刷、刻印、洗印等创造性行为。所谓复制，是指复印、拓印、翻印、翻拍、复写、复录、抄写等对已有的淫秽物品进行仿造的再现性行为。所谓出版，是指编辑、印刷、发行等。所谓贩卖，是指批发、零售、有偿转让、交换、倒卖等。所谓传播，是指播放、放映、出租、出借、承运、邮寄等使淫秽物品在社会上广泛散布或者流行的行为。行为人只要实施了其中任何一种行为，即应以该行为定罪，如果行为人实施多种行为的，应将所实施行为并列为一个罪名，不实行数罪并罚。本罪主体为一般主体。主观方面为故意，并有牟利的目的。

（3）处罚。根据《刑法》第 363 条第 1 款及第 366 条的规定，自然人犯本罪的，处 3 年以下有期徒刑、拘役或者管制，并处罚金；情节严重的，处 3 年以上 10 年以下有期徒刑，并处罚金；情节特别严重的，处 10 年以上有期徒刑或者无期徒刑，并处罚金或者没收财产。单位犯本罪的，对单位判处罚金，并对其直接负责的主管人员和其他直接责任人员，依照前面规定处罚。

项目三　本单元涉及的其他罪名

在本单元涉及的 125 个罪名中，除了项目一和项目二论述的罪名以外，限于篇幅，还有 99 个罪名未进行论述。这些罪名是：煽动暴力抗拒法律实施罪（《刑法》第 278 条）；盗窃、抢夺、毁灭国家机关公文、证件、印章罪（《刑法》第 280 条第 1 款）；伪造公司、企业、事业单位、人民团体印章罪（《刑法》第 280 条第 2 款）；伪造、变造、买卖居民身份证件罪（《刑法》第 280 条第 3 款）；使用虚假身份证件、盗用身份证件罪（《刑法》第 280 条之一，《刑法修正案（九）》第 23 条）；非法生产、买卖警用装备罪（《刑法》第 281 条）；非法持有国家绝密、机密文件、资料、物品罪（《刑法》第 282 条）；非法生产、销售间谍专用器材罪（《刑法》第 283 条，《刑法修正案（九）》第 24 条）；非法使用窃听、窃照专用器材罪（《刑法》第 284 条）；组织考试作弊罪，非法出售、提供试题答案罪，代替考试罪（《刑法》第 284 条之一，《刑法修正案（九）》第 25 条）；非法侵入计算机信息系统罪（《刑法》第 285 条）；单位危害计算机信息系统安全罪（《刑法》第 285 条第 4 款，《刑法修正案（九）第 26 条）；拒不履行网络安全管理义务罪（《刑法第 286 条之一，《刑法修正案（九）》第 27 条）；非法利用信息网络罪（《刑法》第 287 条之一，《刑法修正案（九）》第 29 条）；帮助信息网络犯罪活动罪（《刑法》第 287 条之二，《刑法修正案（九）》第 29 条）；扰乱无线电管理秩序罪（《刑法》第 288 条，《刑法修正案（九）》第 30 条）；聚众冲击国家机关罪（《刑法》第 290 条，《刑法修正案（九）》第 31 条）；聚众扰乱公共场所秩序、交通秩序罪（《刑法》第291条）；投放虚假危险物质罪（《刑法》第291条）；编造、故意传播虚假恐怖信息罪（《刑法》第291条）；编造、故意传播虚假信息罪（《刑法》第291条之一，《刑法修正案（九）》第32条）；入境发展黑社会组织罪（《刑法》第294条）；包庇、纵容黑社会性质组织罪（《刑法》第294条）；非法集会、游行示威罪（《刑法》第296条）；非法携带武器、管制刀具、爆炸物参加集会、游行、示威罪（《刑法》第297条）；破坏集会、游行、示威罪（《刑法》第298条）；侮辱国旗、国徽罪（《刑法》第299条）；组织、利用会道门、邪教组织、利用迷信破坏法律实施罪（《刑法》第300条，《刑法修正案（九）》第33条）；组织、利用会道门、邪教组织、利用迷信致人死亡罪（《刑法》第300条）；聚众淫乱罪（《刑法》第301条）；引诱未成年人聚众淫乱罪（《刑法》第301条）；盗窃、侮辱尸体罪（《刑法》第302条，《刑法修正案（九）》第34条）；开设赌场罪（《刑法》第303条）；故意延误投递邮件罪（《刑法》第304条）；辩护人、诉讼代理人毁灭证据、伪造证据、妨害作证罪（《刑法》第306条）；虚假诉讼罪（《刑法》第307条之一，《刑法修正案（九）》第35条）；打击报复证人罪（《刑法》第308条）；泄露案件信息罪（《刑法》第308条之一，《刑法修正案（九）》第36条）；扰乱法庭秩序罪（《刑法》第309条，《刑法修正案（九）》第37条）；拒绝提供间谍犯罪证据罪（《刑法》第311条，《刑法修正案（九）》第38条）；非法处置查封、扣押、冻结的财产罪（《刑法》第314条）；破坏监管秩序罪（《刑法》第315条）；劫夺被押解人员罪（《刑法》第316条）；组织越狱罪（《刑法》第317条）；暴动越狱罪（《刑法》第317条）；聚众持械劫狱罪（《刑法》第317条）；骗取出境证件罪（《刑法》第319条）；提供伪造、变造的出入境证件罪（《刑法》第320条）；出售出入境证件罪（《刑法》第320条）；偷越国（边）境罪（《刑法》第322条，《刑法修正案（九）》第40条）；破坏界碑、界桩罪（《刑法》第323条）；破坏永久性测量标志罪（《刑法》第323条）；故意损毁文物罪（《刑法》第324条）；故意损毁名胜古迹罪（《刑法》第324条）；过失损毁文物罪（《刑法》第324条）；非法向外国人出售、赠送珍贵文物罪（《刑法》第325条）；非法出售、私赠文物藏品罪（《刑法》第327条）；盗掘古人类化石、古脊椎动物化石罪（《刑法》第328条）；盗窃、抢夺国有档案罪（《刑法》第329条）；擅自出卖、转让国有档案罪（《刑法》第329条）；妨害传染病防治罪（《刑法》第330条）；传染病菌种、毒种扩散罪（《刑法》第331条）；妨害国境卫生检疫罪（《刑法》第332条）；非法组织卖血罪（《刑法》第333条）；强迫卖血罪（《刑法》第333条）；非法采集、供应血液、制作、供应血液制品罪（《刑法》第334条）；采集、供应血液、制作、供应血液制品事故罪（《刑法》第334条）；非法进行节育手术罪（《刑法》第336条）；非法处置进口的固体废物罪（《刑法》第339条）；擅自进口固体废物罪（《刑法》第339条）；非法捕捞水产品罪（《刑法》第340条）；非法猎捕、杀害珍贵、濒危野生动物罪（《刑法》第341条）；非法收购、运输、出售珍贵濒危野生动物、珍贵、濒危野生动物制品罪（《刑法》第341条）；非法占用农用地罪（《刑法》第342条）；破坏性采矿罪（《刑法》第343条）；非法采伐、毁坏国家重点保护植物罪（《刑法》第344条）；非法收购、运输、加工、出售国家重点保护植物、国家重点保护植物制品罪（《刑法》第344条）；滥伐林木罪（《刑法》第345条）；非法收购、运输盗伐、滥伐的林木罪（《刑法》第345条）；包庇毒品犯罪分子罪（《刑法》第349条）；走私制毒物品罪（《刑法》第350条）；非法买卖制毒物品罪（《刑法》第350条，《刑法修正案（九）》第41条）；非法种植毒品原植物罪（《刑法》第351条）；非法买卖、运输、携带、持有毒品原植物种子、幼苗罪（《刑法》第352条）；引诱、教唆、欺骗他人吸毒罪（《刑法》第353条）；强迫他人吸毒罪（《刑法》第353条）；容留他人吸毒罪（《刑法》第354条）；非法提供麻醉药品、精神药品罪（《刑法》第355条）；强迫卖淫罪、协助组织卖淫罪（《刑法》第358条，《刑法修正案（九）第42条）；引诱、容留、介绍卖淫罪（《刑法》第359条）；引诱幼女卖淫罪（《刑法》第359条）；传播性病罪（《刑法》第360条）；为他人提供书号出版淫秽书刊罪（《刑法》第363条）；传播淫秽物品罪（《刑法》第364条）；组织播放淫秽音像制品罪（《刑法》第364条）；组织淫秽表演罪（《刑法》第365条）。

【引例评析】

引例1评析：妨害公务罪，是指以暴力、威胁方法阻碍国家机关工作人员依法执行职务，阻碍人民代表大会代表依法执行代表职务，阻碍红十字会工作人员依法履行职责的行为，或者故意阻碍国家安全机关、公安机关依法执行国家安全工作任务，虽未使用暴力、威胁方法，但造成严重后果的行为。本案被告人刘某以暴力方法阻碍国家机关工作人员依法执行职务，其行为已构成妨害公务罪。

引例2评析：寻衅滋事罪，是指肆意挑衅，无事生非，起哄闹事，进行骚扰破坏，情节恶劣的行为。故意伤害罪与随意殴打他人构成寻衅滋事罪在犯罪构成上的区别：①在主观故意方面。故意伤害罪主要是指明知自己的行为会伤害他人的身体健康，并且希望或放任这种结果发生的行为；而寻衅滋事罪中的殴打是一种随意性的行为，其在主观方面是直接故意，即明知自己的行为会发生破坏社会秩序的危害结果，并且希望这种结果发生，其动机就是为了满足耍威风、取乐等不正常的精神刺激或其他不健康的心理需要。②在客观行为方面。故意伤害所侵害的对象往往比较特定，且在伤害行为实施之前往往有一个准备过程；而寻衅滋事往往对对方的人是见一个打一个，侵害的对象比较随意，只为了追求精神刺激而不计后果，在行为发生时大多是临时起意的，对认识或素不相识的人无理无故进行殴打。③在客体方面。故意伤害罪所侵害的是他人的身体健康权利，是单一客体。而随意殴打构成寻衅滋事罪所侵害的不仅是他人的身体健康权，还扰乱了社会公共秩序，且扰乱社会公共秩序是该罪的主要特征。

引例3评析：

解答问题（1）：构成贩卖毒品罪。本案中，李某某明知海洛因是毒品，还违反毒品管理法规，实施了贩卖海洛因的行为，侵犯了国家对毒品的管理制度，根据《中华人民共和国刑法》第17条第2款的规定，已满14周岁不满16周岁的人，犯故意杀人、故意伤害致人重伤或者死亡、强奸、抢劫、贩卖毒品、放火、爆炸、投毒罪的，应当负刑事责任。因此，李某某实施贩卖毒品时已满14周岁，其行为已经构成贩卖毒品罪，应该承担刑事责任。

解答问题（2）：构成犯罪。本案中，李某采用贿买的方法指使他人作伪证，让张某提供虚假出生证，企图使李某某因未达到刑事法定年龄而无须承担刑事责任，其行为妨害了司法机关的正常诉讼活动，符合妨害作证罪的构成特征。李某的行为已经构成妨害作证罪，应该承担刑事责任。

解答问题（3）：构成犯罪。本案中，王某明知是毒品和毒品犯罪所得的财物，还实施了窝藏、转移、隐瞒的行为，侵犯了国家对毒品的管制和国家司法机关的正常活动，符合窝藏、转移、隐瞒毒品、毒赃罪的构成特征。同时，王某帮助诉讼活动的当事人李某某毁灭证据，实施了使证据从物理上得以消失的行为，妨害了司法机关的正常活动，符合帮助毁灭证据罪的构成特征。但是，根据《中华人民共和国刑法》第17条第3款的规定，已满14周岁不满18周岁的人犯罪，应当从轻或者减轻处罚。因此，王某的行为已经构成窝藏、转移、隐瞒毒品、毒赃罪和帮助毁灭证据罪，应该承担刑事责任，但是他实施上述行为的时候只有17周岁，故应当从轻或者减轻处罚。

解答问题（4）：构成犯罪。在我国刑事诉讼中，凡是知道案件情况的人，都有作证的义务。本案中，张某作为证人，在刑事诉讼过程中，对与案件有重要关系的情节（对李某某罪与非罪的事实），实施了故意制作虚假证明，意图隐匿李某某罪证的行为，妨害了司法机关在刑事诉讼中的正常活动。张某的行为已经构成伪证罪，应该承担刑事责任。

【课后作业】

1. 名词解释

破坏计算机信息系统罪　聚众斗殴罪　伪证罪　非法行医罪　嫖宿幼女罪

2. 思考题

（1）妨害作证罪与帮助毁灭、伪造证据罪有何区别？

（2）招摇撞骗罪与诈骗罪的界限？

（3）传播淫秽物品罪和组织播放淫秽音像制品罪的主观要件是什么？

【自测案例】

案例1：2009年2月初，黄某（已起诉）为使用汽车解码器盗窃他人车内财物，与在网上出售汽车解码器并自称“刘经理”的被告人孙某联系后，约定于在加油站内买卖汽车解码器。被告人孙某明知黄某购买汽车解码器是为盗窃他人车内财物所用，仍约定当日携带汽车解码器赶至约定地点与黄某交易。孙某详细向黄某传授汽车解码器的使用方法和注意事项，并当场演示，后双方以人民币2 500元的价格成交。2009年2月6日20时许，黄某使用孙某出售的汽车解码器在某会展中心停车场盗窃被害人张某所驾驶车辆内的现金1 300余元、某牌笔记本电脑一台（价值人民币3 400元）、票据、身份证等物品。问：被告人孙某的行为是否构成犯罪？构成何罪？为什么？

案例2：2008年5月，被告人李某因女儿李某某失踪向公安机关报案。经过公安机关排查，王某有作案嫌疑，当日即传唤王某。王某供述了自己杀害李某某的犯罪事实。公安机关查明，王某作案时不满14周岁，尚未达到追究刑事责任的年龄，不应追究其刑事责任。李某认为公安机关处理结果不公，自己有冤。为达到自己的目的，李某就心生邪念，指使本村村民林某的儿子到派出所作假证，以此证明李某某是被王某的奶奶所害。问：李某的行为是否构成犯罪？如果构成犯罪，是什么罪？为什么？

案例3：被告人郑某，男，49岁，农民。郑某与邻居郭某素有仇隙。某日，双方因宅基地问题又生争执，郑某竟纠集亲戚兄弟多人强行扒开郭家的祖坟，将坟中的遗骸当众予以焚烧，在当地造成了非常恶劣的影响。问：本案中，对于被告人郑某强行扒开郭家祖坟将坟中遗骸当众焚烧的行为，应如何处置？

【拓展阅读】

1. 赵秉志．中国刑法案例与学理研究·妨害社会管理秩序罪：第五卷．北京：法律出版社，2004.

2. 张明楷．寻衅滋事罪探究：上篇．政治与法律，2008（1）．

3. 李希慧．妨害社会管理秩序罪新论．武汉：武汉大学出版社，2001.

4. 李希慧，阮齐林，刘志伟．刑法各论：第 2 版．北京：中国人民大学出版社，2012.

5. 有关刑事法律、政策的最新规定以及理论、实践的最新成果。

单元八

危害国防利益罪

【知识目标】

理解危害国防利益罪的概念与特征；掌握阻碍军人执行职务罪等 7 个重点罪名的犯罪构成、认定及其处罚规定；理解过失损坏武器装备、军事设施、军事通信罪等 10 个次重点，罪名的主要特征及处罚规定；了解过失提供不合格武器装备、军事设施罪等其他 6 个罪名的名称与条文。

【能力目标】

能在司法实践中正确认定危害国防利益行为的罪与非罪，区分此罪与彼罪以及重罪与轻罪。

【内容结构表】

<table>
<tr><td rowspan="4">危害国防利益罪</td><td>概　述</td><td>概念</td><td>故意危害国防利益的行为</td><td>特征</td><td>客体为国防利益；客观方面表现为行为犯；主观方面表现为直接故意；主体多为一般主体</td><td>范围</td><td>《刑法》第 368 条至第 381 条，共计 23 个罪名</td></tr>
<tr><td>重点罪名
(7)</td><td colspan="6">阻碍军人执行职务罪，阻碍军事行动罪，破坏武器装备、军事设施、军事通信罪，冒充军人招摇撞骗罪，伪造、变造、买卖武装部队公文、证件、印章罪，非法生产、买卖武装部队制式服装罪（修正案七），伪造、盗窃、买卖、非法提供、非法使用武装部队专用标志罪（修正案七）</td></tr>
<tr><td>次重点罪名
(10)</td><td colspan="6">过失损坏武器装备、军事设施、军事通信罪，故意提供不合格武器装备、军事设施罪，聚众冲击军事禁区罪，聚众扰乱军事管理区秩序罪，接送不合格兵员罪，盗窃、抢夺武装部队公文、证件、印章罪，战时拒绝、逃避征召、军事训练罪，战时故意提供虚假敌情罪，战时窝藏逃离部队军人罪，战时拒绝、故意延误军事订货罪</td></tr>
<tr><td>其他罪名
(6)</td><td colspan="6">过失提供不合格武器装备、军事设施罪，煽动军人逃离部队罪，雇用逃离部队军人罪，战时拒绝、逃避服役罪，战时造谣扰乱军心罪，战时拒绝军事征用罪</td></tr>
</table>

项目一　重点罪名

基本任务：理解、记忆7个重点罪名的犯罪构成及其处罚规定，并能在实践中熟练掌握其定罪与量刑。

【引例】2005年6月至2006年3月间，被告人刘某授意社会制假人员，伪造武装部队车辆驾驶证、车辆行驶证等证件数本，又购买伪造的武装部队车辆号牌三块，从而将社会车辆伪装成军车，从事民间运输业务，以逃避缴纳路桥通行费等规费。案发后，刘某到公安机关如实交代了前述犯罪事实。本案由公诉机关诉至人民法院后的审理过程中，被告人刘某及其辩护人均辩称，其实施的犯罪行为，都是为了实现同一个犯罪目的，触犯的只是一个刑法条文，故本案应以非法买卖武装部队专用标志罪来定罪。问：法院应当如何判决？

【原理精读】

一、阻碍军人执行职务罪

（一）概念

阻碍军人执行职务罪，是指以暴力、威胁方法阻碍军人执行职务的行为。

（二）犯罪构成

客体是军人依法执行职务的活动。客观方面表现为实施了以暴力、威胁方法阻碍军人依法执行职务的行为。暴力方法是指对被害人进行人身强制或者攻击，如捆绑、殴打、袭击等；威胁方法是指以人身伤害、毁坏财物、损害名誉、暴露隐私、精神恐吓等暴力或者非暴力手段进行逼迫，使人产生恐惧心理，无法履行职责，完成任务。威胁的对象，既可以是军人本人，也可以是军人家属。阻碍的对象仅限于正在执行职务的军人，包括中国人民解放军和中国人民武装警察部队的现役军官（警官）、文职干部、士兵以及具有军籍（武警籍）的学员，以及正在执行军事任务的预备役人员①或其他人员②。主观方面只能是故意。主体为一般主体。

（三）认定

1. 罪与非罪的界限

关键在于是否实施了以暴力或者威胁方法阻碍军人执行职务的行为，并且因此导致了军人停止、变更或无法执行职务的结果。

2. 此罪与彼罪的界限

（1）阻碍军人执行职务罪与阻碍执行军事职务罪。①犯罪主体不同：本罪是一般主体（且通常为非军人）；后罪是特殊主体（只能是现役军人）。②犯罪对象不同：本

---

① “预备役人员”是指编入民兵组织或者经过登记服预备役的公民。

② “其他人员”是指在军队或者武警部队的机关、基地、医院、仓库、科研院所等事业单位工作的正式在编职工，以及被临时征用或者受委托执行军事任务的非军人等。

罪是正在执行军事职务的现役军人；后罪是正在执行职务的指挥人员或者值班、值勤人员。

（2）阻碍军人执行职务罪与妨害公务罪。①犯罪客体不同：本罪是军人依法执行职务的活动；后罪是除军事机关以外的其他国家机关工作人员的公务活动。②犯罪对象不同：本罪是正在依法执行职务的现役军人；后罪是正在执行职务的除军人以外的其他国家机关工作人员。

3. 一罪与数罪的界限

（1）行为人以暴力方法实施本罪行为，致使被害人轻伤的，以本罪论处；如果致使被害人重伤、死亡或者在阻碍军人执行职务的过程中抢劫、抢夺枪支、弹药的，则属于想象竞合犯，按照从一重罪的原则处断。

（2）走私人员以暴力、威胁方法阻碍边防（海防）军人依法缉私的，应当对行为人按走私罪与阻碍军人执行职务罪论处，实施数罪并罚。

（四）处罚

犯本罪的，处3年以下有期徒刑、拘役、管制或者罚金。

【法律链接】

1.《中华人民共和国刑法》（1997）第368条第1款*。

2.《中华人民共和国国防法》第59条第3款。

二、阻碍军事行动罪

（一）概念

阻碍军事行动罪，是指故意阻碍武装部队的军事行动，造成严重后果的行为。

（二）犯罪构成

客体是武装部队[①]的军事行动。武装部队的军事行动，是指为防备和抵抗武装侵略，粉碎颠覆政府、分裂国家的阴谋，保卫国家主权、领土完整和安全所进行的有组织地使用武装力量的活动。客观方面表现为以暴力方式或者非暴力方式阻碍武装部队军事行动[②]，客观上必须造成严重后果方构成犯罪。主观方面表现为故意。实践中行为人的犯罪动机可能多种多样，均不影响本罪的成立。主体为一般主体。

（三）认定

1. 罪与非罪的界限

关键看两点：主观上必须是故意，过失阻碍武装部队军事行动不构成犯罪；客观上必须造成严重后果。这里所谓严重后果，主要是指因其行为造成军事演习不能按期完成而造成重大影响或者重大经济损失的，贻误战机的，造成战役、战斗失利的，造成人员伤亡或非战斗减员的，造成武器装备严重损坏或大量损坏而无法形成战斗力的等等。从司法实践看，阻碍武装部队军事行动，往往由少数人煽动、蒙骗一些不明真

---

① 武装部队包括中国人民解放军、中国人民武装警察部队、预备役部队和民兵组织。

② 根据《中华人民共和国国防法》第53条规定，公民和组织应当支持国防建设，为武装力量的军事训练、战备勤务、防卫作战等活动提供便利条件或者其他协助。因此，阻碍武装部队军事行动造成严重后果的行为，既违反了国防法规定的公民国防义务，也严重妨碍了国防和军队建设。

相的人参与。对那些受蒙骗参与阻碍活动的人员，也不能按犯罪处理。

2. 此罪与彼罪的界限

阻碍军事行动罪与阻碍军人执行职务罪。①客体不同：本罪是武装部队的军事行动；后罪是军人依法执行职务的活动。②对象不同：本罪是正在有组织地开展军事行动的武装部队；后罪是正在依法执行职务的军人。③客观方面不同：本罪是阻碍武装部队军事行动，后果严重；后罪是以暴力、威胁方法阻碍军人依法执行职务，不要求后果严重。

3. 一罪与数罪的界限

关键看行为人的手段行为是否触犯其他罪名，如果行为人采用放火、决水、爆炸、投毒、破坏交通工具、破坏交通设施、破坏通讯设备、侵入国防建设领域的计算机信息系统、冲击军事机关、抢夺、抢劫枪支、弹药或者杀人、伤害、绑架、非法剥夺人身自由等方法阻碍军事行动的，其手段行为又触犯了其他罪名，则构成牵连犯，应当从一重罪处罚，而不实行数罪并罚。

（四）处罚

犯本罪的，处5年以下有期徒刑或者拘役。

【法律链接】

1.《中华人民共和国刑法》（1997）第368条第2款*。

2.《中华人民共和国国防法》第53条。

三、破坏武器装备、军事设施、军事通信罪

（一）概念

破坏武器装备、军事设施、军事通信罪，是指故意破坏武器装备、军事设施、军事通信的行为。

（二）犯罪构成

客体是武器装备、军事设施的使用效能和军事通信的保障秩序，它是军队战斗力的物质基础和通信保障。客观方面表现为破坏武器装备、军事设施、军事通信[①]的行为。破坏行为既可以是作为方式，破坏其使用效能；也可以是不作为方式，致使武器装备、军事设施、军事通信不能正常工作。主体为一般主体。主观方面表现为故意。如果是过失，则构成过失损坏武器装备、军事设施、军事通信罪。

（三）认定

1. 此罪与彼罪的界限

（1）破坏武器装备、军事设施、军事通信罪与破坏交通设施罪、破坏易燃易爆设备罪、破坏广播电视设施、公用电信设施罪。客体不同：本罪是影响军队战斗力的物质基础和通信保障（涉及国防利益）；后罪是社会公共安全。对象不同：本罪是武器装备、军事设施、军事通信；后罪是除武器装备、军事设施、军事通信之外的普通设备、

---

① 本罪的犯罪对象限于三种：一是武器装备，是指武装部队直接用于实施和保障作战行动的武器、武器系统和军事技术器材的统称；二是军事设施，是指国家直接用于军事目的的建筑、场地和设备；三是军事通信，是指军队为实施指挥、运用通信工具或其他方法进行的信息传递，它是保障军队指挥的基本手段。

设施。

（2）破坏武器装备、军事设施、军事通信罪与故意毁坏财物罪。①客体不同：本罪是与武器装备、军事设施的使用效能相联系的国防利益；后罪是公私财物的所有权。②对象不同：本罪是特定对象（即武器装备、军事设施、军事通信）；后罪是除武器装备、军事设施、军事通信以外的各种公私财物。因此，行为人破坏武器装备、军事设施、军事通信的局部，并不影响其使用效能的，应以故意毁坏财物罪论处。

（3）破坏武器装备、军事设施、军事通信罪与盗窃罪。关键看盗窃行为是否直接影响装备或设施的使用效能。如果所盗设备为武器装备不可缺少的组成部分，则按本罪处罚；如果盗窃的只是装备或设施内存放的军用物资、不影响其使用效能的，则按盗窃罪定罪处罚。

2. 一罪与数罪的界限

在司法实践中，以放火、爆炸等危险方法破坏武器装备、军事设施、军事通信的，属于牵连犯，应当从一重罪处罚。

（四）处罚

犯本罪的，处3年以下有期徒刑、拘役或者管制；破坏重要武器装备、军事设施、军事通信[①]的，处3年以上10年以下有期徒刑；情节特别严重[②]的，处10年以上有期徒刑、无期徒刑或者死刑。战时犯本罪的，从重处罚。

【法律链接】

《中华人民共和国刑法》（1997）第369条第1款、第3款*。

四、冒充军人招摇撞骗罪

（一）概念

冒充军人招摇撞骗罪，是指为牟取非法利益假冒军人进行招摇撞骗的行为。

（二）犯罪构成

客体是军队的声誉、威信及其正常活动。客观方面表现为实施了冒充军人招摇撞骗的行为。假冒军人身份，既可以是非军人冒充军人，也可以是级别较低的军人冒充级别较高的军人，还可以是一般部门的军人冒充要害部门的军人。本罪是行为犯，只要行为人实施了冒充军人招摇撞骗的行为，不管其实际上是否获得非法利益，均构成犯罪。主体为一般主体。主观方面表现为故意，并具有非法牟利的目的。所牟利益既

① 所谓重要武器装备，是指部队的主要武器装备和其他在作战中急需或者必不可少的武器装备，包括各种导弹、飞机、作战舰艇、登陆舰；1 000吨以上辅助船、坦克装甲车辆、85毫米以上口径地面火炮、岸炮、高炮、雷达、声纳、指挥仪、15瓦以上电台、电子对抗装备、舟桥、60千瓦以上的工程机械，汽车、陆军船艇等。重要军事设施，是指指挥中心、大型作战工程，各类通信、导航、观测枢纽，机场、港口、码头，大型仓库、输油管道、军用铁路线等对作战具有重要作用的设施。重要军事通信，是指军事首脑机关及重要指挥中心的通信，战时通信，军队抢险救灾中的通信，执行远洋航行、重大科学实验和飞行训练等重要任务中的通信。

② 情节特别严重，通常是指手段特别恶劣，后果特别严重，具体包括以下几种情形：a. 致使武器装备、军事设施、军事通信遭受特别严重损坏的或者致使重要武器装备、军事设施、军事通信遭受严重损坏的；b. 致使武器装备、军事设施、军事通信的指挥机关较长时间不能正常指挥的；c. 致使遭受巨大经济损失的（为定罪情节的“重大经济损失”的数量标准的3倍以上）；d. 致使战役、战斗严重失利，或者造成人员重大伤亡的；e. 具有其他特别严重情节的。

包括金钱、财物等物质利益，也包括荣誉、待遇、爱情等非物质利益。

（三）认定

1. 罪与非罪的界限

关键看行为人是否冒充军人招摇撞骗。如果行为人仅仅出于虚荣和好奇而冒充军人身份，没有进一步实施招摇撞骗行为的，不能以本罪论处。

此外，根据2002年4月10日起实施的最高人民法院《关于审理非法生产、买卖武装部队车辆号牌等刑事案件具体应用法律若干问题的解释》第4条的规定，冒充军人使用伪造、变造、盗窃的武装部队车辆号牌，造成恶劣影响的，以冒充军人招摇撞骗罪认定。

2. 此罪与彼罪的界限

（1）冒充军人招摇撞骗罪与诈骗罪。①客体不同：本罪是军队的声誉、威信及其正常活动；后罪是公私财产所有权。②犯罪手段不同：本罪是以冒充军人骗取他人的信任为手段；后罪是除冒充军人或国家机关工作人员以外的其他手段。③成立犯罪的条件不同：本罪是行为犯，没有情节与后果要求；后罪是诈骗所得财物必须“数额较大”。

（2）冒充军人招摇撞骗罪与招摇撞骗罪。①客体不同：本罪是军队的声誉、威信及其正常活动；后罪是国家机关的正常活动。②冒充对象不同：本罪是军人；后罪是除军人以外的国家机关工作人员。

3. 一罪与数罪的界限

行为人为了达到冒充军人招摇撞骗的目的而伪造、变造、购买武装部队公文、证件、印章的，或者非法购买武装部队制式服装的，或者伪造、盗窃、购买、非法使用武装部队车辆号牌等专用标志，其手段行为也构成犯罪的，属于典型的牵连犯，应当从一重罪处罚，不实行数罪并罚。

（四）处罚

犯本罪的，处3年以下有期徒刑、拘役、管制或者剥夺政治权利；情节严重的，处3年以上10年以下有期徒刑。

【法律链接】

1.《中华人民共和国刑法》（1997）第372条*。

2. 最高人民法院《关于审理非法生产、买卖武装部队车辆号牌等刑事案件具体应用法律若干问题的解释》（2002）第4条。

五、伪造、变造、买卖武装部队公文、证件、印章罪

（一）概念

伪造、变造、买卖武装部队公文、证件、印章罪，是指伪造、变造、买卖武装部队公文、证件、印章的行为。主体为一般主体。主观方面表现为故意。

（二）犯罪构成

客体是武装部队的公文、证件、印章的管理秩序。客观方面表现为行为人实施了伪造、变造、买卖武装部队公文、证件、印章的行为。所谓伪造，是指无权制作者模仿真实的公文、证件、印章制作虚假的公文、证件、印章的行为。所谓变造，是指采取挖补、涂改、剪贴、拼接等方法，对真实的公文、证件、印章进行加工，改变其真

实内容的行为。所谓买卖，是指以牟利为目的，将军用公文、印章、证件出让给他人的行为。买卖的对象即武装部队的公文、证件或印章，既可以是真实的，也可以是伪造或变造的[①]；既可以是自己合法所有或占有的，也可以是非法获取的。主体为一般主体。主观方面表现为故意。

（三）认定

1. 罪与非罪的界限

（1）本罪在客观上的定罪标准。根据最高人民法院、最高人民检察院 2011 年 8 月 1 日起施行的《关于办理妨害武装部队制式服装、车辆号牌管理秩序等刑事案件具体应用法律若干问题的解释》（以下简称《解释》）第 1 条的规定，具有下列情形之一的，应当以本罪论处：①伪造、变造、买卖武装部队公文一件以上的；②伪造、变造、买卖武装部队军官证、士兵证、车辆行驶证、车辆驾驶证或者其他证件二本以上的；③伪造、变造、买卖武装部队机关印章、车辆牌证印章或者其他印章一枚以上的。

（2）明知他人实施本罪行为，而为其生产、提供专用材料或者提供资金、账号、技术、生产经营场所等帮助的，以共犯论处[②]。

2. 此罪与彼罪的界限

伪造、变造、买卖武装部队公文、证件、印章罪与伪造、变造、买卖国家机关的公文、证件、印章罪。①客体不同：本罪是军队的声誉、威信及其正常活动；后罪是公私财产所有权。②对象不同：本罪是武装部队的公文、证件、印章；后罪是各级国家机关的公文、证件、印章。由于军事机关亦为国家机关的组成部分，伪造、变造、买卖武装部队公文、证件或印章的行为，同时又会触犯伪造、变造、买卖国家机关公文、证件、印章罪，但由于本罪属刑法的特别规定，对此应当以本罪定罪量刑，而不以后罪论处。

3. 一罪与数罪的界限

（1）实施本罪行为，同时又构成逃税、诈骗、冒充军人招摇撞骗等犯罪的，依照处罚较重的规定定罪处罚（即不实行数罪并罚）[③]。

（2）本罪是选择性罪名。犯罪的行为方式有三种，犯罪对象也有三种。即实施伪造、变造、买卖中的任一行为或伪造、变造、买卖武装部队的公文、证件、印章[④]中的任何一种即可构成本罪[⑤]，不以数罪论处。

---

① 《解释》第 4 条规定，买卖伪造、变造的武装部队公文、证件、印章的，以本罪论处。

② 参见《解释》第 5 条规定。

③ 参见《解释》第 6 条规定。

④ 所谓公文，一般是指以武装部队的军事组织机构名义制作的，用以联系公务、指导工作、处理问题的书面文件，其形成于武装部队执行职务或履行日常管理工作职责的过程中，与职务活动、管理工作紧密相连。所谓证件，一般是指有权制作的武装部队的军事组织机构颁发的，用以证明身份和权利义务关系或其他有关事实的凭证。所谓印章，一般是指武装部队的军事组织、机构单位刻制的以文字与图记表明主体同一性的公章或专用章，是行使职权的符号和标记，包括车辆牌证印章、车辆监理印章。公文在加盖公章后才能生效。

⑤ 在确定具体罪名时，根据行为人实施犯罪的具体行为方式和犯罪对象来定。例如，行为人只是伪造了武装部队的公文，就定伪造武装部队公文罪；如果行为人既伪造又变造了武装部队的证件，就定伪造、变造武装部队证件罪；如果行为人既有变造武装部队印章的行为又有买卖武装部队证件的行为，则应以变造、买卖武装部队证件、印章罪论处。不能实行数罪并罚，但应当在量刑时予以考虑。

（四）处罚

犯本罪的，处3年以下有期徒刑、拘役、管制或者剥夺政治权利；情节严重[①]的，处3年以上10年以下有期徒刑。

【法律链接】

1.《中华人民共和国刑法》（1997）第375条第1款*。

2. 最高人民法院、最高人民检察院《关于办理妨害武装部队制式服装、车辆号牌管理秩序等刑事案件具体应用法律若干问题的解释》（2011）第1条、第4条、第5条、第6条。

六、非法生产、买卖武装部队制式服装罪（修正案七）

（一）概念

非法生产、买卖武装部队制式服装罪，是指非法生产、买卖武装部队制式服装，情节严重的行为。

（二）犯罪构成

客体是武装部队制式服装的管理秩序和武装部队的信誉[②]。客观方面表现为实施了非法生产、买卖武装部队制式服装，情节严重的行为。所谓非法生产，是指违反有关法律规定，未经主管部门准许而擅自制作武装部队制式服装的行为。所谓非法买卖，是指违反有关法律规定，以金钱为交换条件，擅自购买或者销售武装部队制式服装的行为。所谓武装部队制式服装，是指武装部队统一穿着的服装。买卖的对象既可以是合法生产的，也可以是仿制的制式服装，但必须是现行装备的武装部队制式服装[③]。主体为一般主体。主观方面表现为故意。

（三）认定

1. 罪与非罪的界限

（1）客观方面必须达到“情节严重”才能定罪。根据《解释》第2条的规定，非法生产、买卖武装部队现行装备的制式服装，具有下列情形之一的，应当认定为本罪的“情节严重”：①非法生产、买卖成套制式服装30套以上，或者非成套制式服装100件以上的；②非法生产、买卖帽徽、领花、臂章等标志服饰合计100件（副）以上的；③非法经营数额2万元以上的；④违法所得数额5 000元以上的；⑤具有其他严重情节的。

（2）明知他人实施本罪行为，而为其生产、提供专用材料或者提供资金、账号、技术、生产经营场所等帮助的，以共犯论处。

2. 此罪与彼罪的界限

非法生产、买卖武装部队制式服装罪与非法生产、买卖警用装备罪。①客体不同：

---

① 根据《解释》第1条第2款的规定，具有下列情形之一的，应当认定为“情节严重”：伪造、变造、买卖武装部队公文五件以上的；伪造、变造、买卖武装部队军官证、士兵证、车辆行驶证、车辆驾驶证或者其他证件10本以上的；伪造、变造、买卖武装部队机关印章、车辆牌证印章或者其他印章5枚以上的；造成严重后果的。

② 本罪侵犯的客体是复杂客体，其中的主要客体是武装部队制式服装的管理秩序，次要客体是武装部队的信誉。

③《解释》第4条规定：买卖仿制的现行装备的武装部队制式服装情节严重的，以本罪论处。

本罪是武装部队制式服装的管理秩序和武装部队的信誉（涉及国防利益）；后罪是警用装备的管理秩序（涉及社会管理秩序）。②对象不同：本罪是武装部队制式服装；后罪是警用装备（包括人民警察制式服装、车辆号牌等专用标志以及警用器械等）。

3. 一罪与数罪的界限

（1）实施本罪行为，同时又构成逃税、诈骗、冒充军人招摇撞骗等犯罪的，依照处罚较重的规定定罪处罚（即不实行数罪并罚）。

（2）本罪为选择性罪名，有非法生产、买卖行为之一者，均构成本罪一罪。

（四）处罚

犯本罪，情节严重的，处3年以下有期徒刑、拘役或者管制，并处或者单处罚金。单位犯本罪的，对单位判处罚金，并对其直接负责的主管人员和其他直接责任人员，依照本罪的规定处罚。

【法律链接】

1.《中华人民共和国刑法》（1997）第375条第2款、第4款。

2. 最高人民法院、最高人民检察院《关于办理妨害武装部队制式服装、车辆号牌管理秩序等刑事案件具体应用法律若干问题的解释》（2011）第2条、第4条、第5条、第6条、第7条。

3.《中华人民共和国刑法修正案（七）》第12条。

七、伪造、盗窃、买卖、非法提供、非法使用武装部队专用标志罪（修正案七）

（一）概念

伪造、盗窃、买卖、非法提供、非法使用武装部队专用标志罪，是指伪造、盗窃、买卖、非法提供、非法使用武装部队车辆号牌等专用标志，情节严重的行为。这是《刑法修正案（七）》新增加的罪名。

（二）犯罪构成

客体是武装部队专用标志的管理秩序和武装部队的信誉[①]。客观方面表现为实施了伪造、盗窃、买卖、非法提供、非法使用武装部队车辆号牌等专用标志[②]，情节严重的行为。所谓伪造，是指无制作权的人或者单位，非法制作武装部队车辆号牌等专用标志的行为。所谓盗窃，是指以非法占有为目的，秘密窃取武装部队车辆号牌等专用标志的行为。所谓买卖，是指以金钱为交换条件，购买或者销售武装部队车辆号牌等专用标志的行为。盗窃、买卖、提供、使用的武装部队车辆号牌等专用标志可以是真实的，也可以是伪造、变造的[③]。主体为一般主体。主观方面表现为故意。

---

① 本罪侵犯的客体是复杂客体，其中的主要客体是武装部队专用标志的管理秩序，次要客体是武装部队的信誉。

② 武装部队车辆号牌等专用标志，是指由武装部队统一订购、监制，专供武装部队使用的军车号牌等专用标志，包括武装部队统一悬挂的军车号牌，以及其他表明武装部队性质和人员身份的军旗、军徽、胸徽、帽徽、肩徽、袖标、领花、专业符号等。

③ 根据《解释》第4条的规定，盗窃、买卖、提供、使用伪造、变造的武装部队车辆号牌等专用标志情节严重的，以本罪论处。

（三）认定

1. 罪与非罪的界限

（1）要正确把握“情节严重”的定罪标准。根据《解释》第3条的规定，伪造、盗窃、买卖或者非法提供、使用武装部队车辆号牌等专用标志，具有下列情形之一的，应当认定为本罪的“情节严重”：①伪造、盗窃、买卖或者非法提供、使用武装部队军以上领导机关车辆号牌1副以上或者其他车辆号牌3副以上的；②非法提供、使用军以上领导机关车辆号牌之外的其他车辆号牌累计6个月以上的；③伪造、盗窃、买卖或者非法提供、使用军徽、军旗、军种符号或者其他军用标志合计100件（副）以上的；④造成严重后果或者恶劣影响的。

（2）明知他人实施本罪行为，而为其生产、提供专用材料或者提供资金、账号、技术、生产经营场所等帮助的，以共犯论处。

2. 此罪与彼罪的界限

伪造、盗窃、买卖、非法提供、非法使用武装部队专用标志罪与非法生产、买卖武装部队制式服装罪。①行为方式不同：本罪是伪造、盗窃、买卖、非法提供、非法使用；后罪是非法生产、买卖。②犯罪对象不同：本罪是武装部队专用标志（不包括制式服装）；后罪是武装部队制式服装。

3. 一罪与数罪的界限

（1）实施本罪行为，同时又构成逃税、诈骗、冒充军人招摇撞骗等犯罪的，依照处罚较重的规定定罪处罚（即不实行数罪并罚）。

（2）本罪为选择性罪名，实施伪造、盗窃、买卖、非法提供、非法使用这5种行为中的一种或多种行为，均构成本罪一罪。

（四）处罚

犯本罪，情节严重的，处3年以下有期徒刑、拘役或者管制，并处或者单处罚金；情节特别严重[①]的，处3年以上7年以下有期徒刑，并处罚金。单位犯本罪的，对单位判处罚金，并对其直接负责的主管人员和其他直接责任人员，依照本罪的规定处罚。

【法律链接】

1.《中华人民共和国刑法》（1997）第375条第3款、第4款*。

2. 最高人民法院、最高人民检察院《关于办理妨害武装部队制式服装、车辆号牌管理秩序等刑事案件具体应用法律若干问题的解释》（2011）第3条、第4条、第5条、第6条、第7条。

3.《中华人民共和国刑法修正案（七）》第12条。

【实务操练】

一、示范引导训练

案例：见前面的【引例】。

① 根据《解释》第3条第2款的规定，本罪的“情节特别严重”是指下列情形之一者：伪造、盗窃、买卖或者非法提供、使用武装部队军以上领导机关车辆号牌5副以上或者其他车辆号牌15副以上的；伪造、盗窃、买卖或者非法提供、使用军徽、军旗、军种符号或者其他军用标志合计500件（副）以上的；非法提供、使用军以上领导机关车辆号牌累计6个月以上或者其他车辆号牌累计1年以上的；造成特别严重后果或者特别恶劣影响的。

基本步骤：

1. 学生集体阅读案例。

2. 教师提出问题。

问题（1）：被告人刘某及其辩护人的辩护理由是否成立？为什么？

问题（2）：法院应当如何认定被告人的行为？为什么？

3. 教师引导分析。

问题（1）：考虑伪造武装部队证件罪和买卖武装部队专用标志罪的犯罪构成基本特征。

问题（2）：考虑上述两个犯罪行为之间有无牵连关系，对于牵连犯的处理原则。

4. 教师总结。具体见本单元后面的【引例评析】。

二、学生互动训练

基本步骤：

1. 按问题需要对学生进行分组。

2. 以组为单位让学生自行开展讨论。

3. 各组学生内部选出代表拟订应答方案。

4. 各组代表应答，阐述观点及其理由。

5. 学生自我评价实训效果。

6. 教师简要点评与总结。

案例1：被告人梁某系新疆维吾尔自治区哈密市农十师红星钙塑厂退休职工。2003年3月，梁某为骗取财物而伪造了假公文、假军官证，谎称自己是中国人民解放军空军某飞行师师长并授大校军衔，使用伪造的“兰州军区司令部”和“兰州军区空军司令部军务处”印章、军校招生表格等进行招摇撞骗活动。同月11日，梁某冒充军人身份，伙同唐某（另案处理）骗取了叶某信任，后以唐某竞选阳山县政法委书记缺乏“活动经费”为由，假以借款形式骗取了叶某的人民币2.5万元。同年5月和10月，梁某采取同样的作案手段，以帮助徐某儿子徐某某退伍后转入军校读书为名，先后两次以需要“活动经费”为由骗取了徐某的人民币1.3万元。后被叶某识破，并被扭送公安机关。破案后，被告人梁某将全部赃款退还给被害人叶某、徐某。后检察机关以伪造武装部队公文、证件罪和冒充军人招摇撞骗罪提起公诉。问：

（1）检察机关的公诉罪名有无问题？为什么？

（2）人民法院应对被告人梁某判以何罪？为什么？

案例2：2010年12月18日，时某因涉嫌诈骗罪被刑事拘留，2011年1月22日被批准逮捕。法院审理查明，2009年5月4日至2010年1月1日，被告人时某为牟取非法利益，非法购买伪造武警部队士兵证、驾驶证、行驶证等证件，并购买两副假军用车牌照，在郑石高速公路下汤收费站、长葛西收费站、禹州南收费站、鲁山收费站多次骗免通行费，共计人民币368万余元。某市中级人民法院审理认为，时某以非法占有为目的，虚构事实、隐瞒真相，骗取河南中原高速公路股份有限公司免收其通行费，财物损失达360多万元，数额特别巨大，其行为符合诈骗罪的构成要件，已构成诈骗罪。2011年12月21日，法院作出判决，时某犯诈骗罪，判处无期徒刑，剥夺政治权利终身，并处罚金200万元，并追缴违法所得的一切财物。问：

（1）时某的行为是否构成犯罪？如果构成犯罪，何罪？

(2) 某市中级人民法院对时某行为的定性是否正确？为什么？

(3) 法院能否对时某进行数罪并罚？为什么？

项目二　次重点罪名

基本任务：理解与了解10个次重点罪名的基本内涵与主要特征。

一、过失损坏武器装备、军事设施、军事通信罪（第369条第2款、第3款）

(1) 概念。过失损坏武器装备、军事设施、军事通信，危害国防利益，后果严重的行为。本罪是《刑法修正案（五）》第3条规定的新罪名。

(2) 犯罪构成特点。客体为武器装备、军事设施的使用效能和军事通信的保障秩序。主体为一般主体。主观方面表现为过失。

(3) 处罚。3年以下有期徒刑或者拘役；3年以上7年以下有期徒刑。战时从重处罚。

二、故意提供不合格武器装备、军事设施罪（第370条第1款）

(1) 概念。明知是不合格的武器装备、军事设施而提供给武装部队的行为。

(2) 犯罪构成特点。客体为武器装备、军事设施的质量管理制度。主体为一般主体。

(3) 处罚。5年以下有期徒刑或者拘役；5年以上10年以下有期徒刑；10年以上有期徒刑、无期徒刑或者死刑。单位犯本罪的，对单位判处罚金，并对其直接负责的主管人员和其他直接责任人员，依照上述规定处罚。

三、聚众冲击军事禁区罪（第371条第1款）

(1) 概念。聚众冲击军事禁区，严重扰乱军事禁区正常秩序的行为。

(2) 犯罪构成特点。客体为军事禁区的管理秩序。“聚众”是指多人聚集在一起，“冲击”是指用交通工具或徒步强行闯入。主体为一般主体，由自然人构成。

(3) 处罚。对首要分子，处5年以上10年以下有期徒刑；对其他积极参加的，处5年以下有期徒刑、拘役、管制或者剥夺政治权利。

四、聚众扰乱军事管理区秩序罪（第371条第2款）

(1) 概念。聚众扰乱军事管理区秩序，情节严重，致使军事管理区工作无法进行，造成严重损失的行为。

(2) 犯罪构成特点。客体为军事管理区的正常秩序。情节严重、致使军事管理区工作无法进行、造成严重损失，必须同时存在才能构成本罪；主体为一般主体。

(3) 处罚。对首要分子，处3年以上7年以下有期徒刑；对其他积极参加的，处3年以下有期徒刑、拘役、管制或者剥夺政治权利。

五、接送不合格兵员罪（第374条）

（1）概念。弄虚作假、徇私舞弊，接送不合格兵员①，情节严重的行为。

（2）犯罪构成特点。客体为武装部队征兵工作的正常活动。主体为特殊主体，即履行征兵职责的征兵工作人员，包括各地武装部门或政府部门负责征兵工作的人员以及现役部队的征兵工作人员。主观方面为故意。

（3）处罚。3年以下有期徒刑、拘役、管制或者剥夺政治权利；3年以上10年以下有期徒刑。

六、盗窃、抢夺武装部队公文、证件、印章罪（第375条第1款）

（1）概念。以非法占有为目的，秘密窃取或者乘人不备公然夺取武装部队公文、证件、印章的行为。

（2）犯罪构成特点。客体为武装部队的公文、证件、印章的管理秩序。主体为一般主体。主观方面为故意，并且具有非法占有的目的。

（3）处罚。3年以下有期徒刑、拘役、管制或者剥夺政治权利；3年以上10年以下有期徒刑。

七、战时拒绝、逃避征召、军事训练罪（第376条第1款）

（1）概念。预备役人员战时拒绝、逃避征召或者军事训练，情节严重的行为。

（2）犯罪构成特点。客体为战时兵役管理制度。主体为特殊主体，仅限于预备役人员，即编入民兵组织或者经过登记服役的人员，包括预备役军官和预备役士兵。

（3）处罚。3年以下有期徒刑或者拘役。

八、战时故意提供虚假敌情罪（第377条）

（1）概念。战时故意向武装部队提供虚假敌情，造成严重后果的行为。

（2）犯罪构成特点。客体为武装部队作战指挥秩序。“虚假敌情”是指不符合真实情况的敌情，包括虚假的敌方军事情况和与军事有关的敌方政治、经济、科技、气象、地理等方面的情况；“严重后果”是指对作战部署产生较大影响、造成人员伤亡、贻误战机等情形。主体为一般主体，只能由自然人构成。

（3）处罚。3年以上10年以下有期徒刑；10年以上有期徒刑或者无期徒刑。

九、战时窝藏逃离部队军人罪（第379条）

（1）概念。战时明知是逃离部队的军人而为其提供隐蔽处所、财物，情节严重的行为。

（2）犯罪构成特点。客体为战时武装部队对军人的管理秩序。主体为一般主体。主观方面为故意，即明知是逃离部队的军人，对其窝藏会造成部队非战斗力减员，危害作战行动，仍予以窝藏，而希望或放任这种结果的发生。

（3）处罚。3年以下有期徒刑或者拘役。

① 不合格兵员，是指不符合征兵条件的兵员，包括不到入伍年龄的兵员、健康状况不符合入伍条件的兵员、不符合学历要求的兵员、政治审查不合格的兵员等等。

十、战时拒绝、故意延误军事订货罪（第380条）

（1）概念。战时无正当理由拒绝或故意延误军事订货，情节严重的行为。

（2）犯罪构成特点。客体为武装部队的作战利益。情节严重，是指因拒绝或者故意延误军事订货而严重影响部队作战任务的完成，导致战斗失利等情形。主体为特殊主体，仅限于单位，即生产、销售武器装备、军事设施或者军用物资的企事业单位，自然人不能构成本罪。

（3）处罚。对单位判处罚金，并对其直接负责的主管人员和其他直接责任人员处5以下有期徒刑或者拘役；造成严重后果的，处5年以上有期徒刑。

项目三　本单元涉及的其他罪名

本单元除上述重点罪名与次重点罪名外，还有6个罪名未加论述。它们是：过失提供不合格武器装备、军事设施罪（《刑法》第370条第2款）；煽动军人逃离部队罪（《刑法》第373条）；雇用逃离部队军人罪（《刑法》第373条）；战时拒绝、逃避服役罪（《刑法》第376条第2款）；战时造谣扰乱军心罪（《刑法》第378条）；战时拒绝军事征用罪（《刑法》第381条）。

【引例评析】

解答问题（1）：二人的辩护理由不成立，法院应予以驳回。这里关键是看手段行为与目的行为之间是否存在牵连关系。由于被告人刘某先后伪造武装部队车辆驾驶证、车辆行驶证数本，又购买伪造的武装部队车辆号牌三块，这两种行为分别侵犯了不同的犯罪对象，且相互之间不存在牵连关系，所以依法构成伪造武装部队证件罪和买卖武装部队专用标志罪，应当分别定罪，实行数罪并罚。虽然这两个罪名都规定在同一个条文即《刑法》第375条中，但这并不能作为一罪论处的理由。故刘某及其辩护人的相关辩护意见，与法不符，不予采纳。

解答问题（2）：被告人刘某通过提供信息等方法，授意社会制假人员伪造武装部队证件，其行为已构成伪造武装部队证件罪。被告人还非法买卖武装部队车辆号牌等专用标志，情节严重，其行为又构成买卖武装部队专用标志罪。鉴于二者之间不存在牵连关系，故人民法院应当以伪造武装部队证件罪和买卖武装部队专用标志罪对被告人实行数罪并罚。被告人有自首情节，依法可以从轻处罚。又根据其犯罪情节较轻和悔罪表现，依法可适用缓刑。

【课后作业】

1. 名词解释

阻碍军人执行职务罪　破坏武器装备、军事设施、军事通信罪　冒充军人招摇撞骗罪　伪造、变造、买卖部队公文、证件、印章罪　非法生产、买卖武装部队制式服装罪　伪造、盗窃、买卖、非法提供、非法使用武装部队专用标志罪

2. 思考题

阻碍军事行动罪与阻碍军人执行职务罪有何区别?

【自测案例】

犯罪嫌疑人陈某健的哥哥陈某康一直从事个体钢材运输。2010 年 1 月，陈某健找到哥哥，要求在哥哥那里打工，每月工资 2 500 元，另有提成。同年 4 月在哥哥的谋划和帮助下，陈某健盗来一辆大卡车，购买假冒的军车驾驶证和行驶证、军队职工证，并伪造军车车牌，开始进行货物运输，逃避过路费。2011 年 9 月，在成都市成华区龙潭寺双龙路龙岗钢材市场附近，陈某健被成都军区政治部保卫部抓获。犯罪嫌疑人陈某健交代，使用军用牌照的目的是躲避交通管理部门的检查，逃避过路费等费用。问：

（1）陈某健的行为构成何罪？为什么？

（2）陈某康的行为是否构成犯罪？为什么？

【拓展阅读】

1. 叶希善．危害国防利益罪办案一本通．北京：中国长安出版社，2007.

2. 《图表速查立案追诉标准与定罪量刑证据规范》编写组．图表速查立案追诉标准与定罪量刑证据规范、危害国防利益罪：第六分册．北京：中国人民公安大学出版社，2011.

3. 有关刑事法律、政策的最新规定以及理论、实践的最新成果。

单元九

贪污贿赂罪

【知识目标】

理解贪污贿赂罪的本质特征；掌握贪污罪等7个重点罪名的概念、特征、认定及其处罚规定；理解单位行贿罪等6个次重点罪名的概念、特征及处罚。

【能力目标】

能在司法实践中正确认定贪污贿赂行为的罪与非罪，区分此罪与彼罪以及重罪与轻罪。

【内容结构表】

<table>
<tr><td rowspan="3">贪污贿赂罪</td><td>概　述</td><td>概念</td><td>国家工作人员利用职务上的便利非法占有、使用公私财物，或者向国家工作人员进行贿赂，收买公务行为，损害国家工作人员及国有单位公务行为廉洁性的犯罪的总称</td><td>特征</td><td>客体为国家工作人员职务行为的廉洁性或公私财产所有权；客观方面表现为利用职务之便贪污、受贿、挪用公款，或与国家工作人员职务密切相关又或与国家工作人员受贿具有对向性的行贿、介绍贿赂的行为；主体为特殊主体或一般主体；主观方面表现为故意</td><td>范围</td><td>《刑法》第382条至第396条，共计13个罪名</td></tr>
<tr><td>重点罪名
(7)</td><td colspan="6">贪污罪，挪用公款罪，受贿罪（修正案七），利用影响力受贿罪（修正案七），行贿罪，巨额财产来源不明罪（修正案七），私分国有资产罪</td></tr>
<tr><td>次重点罪名
(6)</td><td colspan="6">单位受贿罪，对单位行贿罪，介绍贿赂罪，单位行贿罪，隐瞒境外存款罪，私分罚没财物罪</td></tr>
</table>

项目一　重点罪名

基本任务：理解、记忆7个重点罪名的犯罪构成及其处罚规定，并能在实践中熟练掌握其定罪与量刑。

【引例】犯罪嫌疑人张某系某国有石油企业油气集输公司卸油工，负责该公司卸油车辆的安全检查、设施日常维护保养、站内各种设施（包括原油）的看守和保管工作。社会闲散人员王某、李某主动联系张某要求提供方便，并提出盗窃原油销赃后给予张某1万元报酬。2010年7月至2011年1月间，王某、李某在犯罪嫌疑人张某值班时间内秘密进入该公司卸油站，采取抽取卸油车内原油的方式盗窃原油。经物价部门价格认证中心鉴定，涉案原油价值人民币5万余元，事后犯罪嫌疑人张某分得1万元。问：对本案各被告人的行为应如何定性？

【原理精读】

一、贪污罪（修正案九）

（一）概念

贪污罪，是指国家工作人员和受国家机关、国有公司、企业、事业单位、人民团体委托管理、经营国有财产的人员，利用职务上的便利，侵吞、窃取、骗取或者以其他手段非法占有公共财物的行为。这是一个经《刑法修正案（九）》大幅修改的罪名。

（二）犯罪构成

（1）客体是复杂客体，国家工作人员职务的廉洁性和公共财产所有权。侵害的对象主要是公共财物，但也包括非国有单位的财物。公共财物分为两类：其一，当然的公共财物，包括国有财产①、劳动群众集体所有的财产②以及用于扶贫和其他公益事业的社会捐助或者专项基金的财产③。其二，拟定的公共财物，即国有公司、企业、集体企业和人民团体管理、使用或运输中的私人财产。非国有单位的财物④也可以成为本罪的犯罪对象。例如，受国家机关或国有企业委派到中外合资企业、中外合作企业或者其他股份制企业从事公务的人员，利用职务上的便利非法占有这些单位的财物的，构成贪污罪。

（2）客观方面表现为利用职务之便，侵吞、窃取、骗取或者以其他手段非法占有公共财物的行为。利用职务上的便利，是指行为人利用其职责范围内主管⑤、经手⑥、管理⑦公共财产的职权所形成的便利条件，假借执行职务的形式非法占有公共财物，而不是因工作关系或主体身份所带来的某些方便条件。⑧ 非法占有公共财物的手段有侵吞、窃取、骗取或者其他手段。侵吞，是指行为人将自己管理或经手的公共财物非法转归自己或他人所有的行为。主要有三种：一是将自己管理或经手的公共财物加以隐匿、扣留，应上交的不上交，应支付的不支付，应入账的不入账；二是将自己管理、使用或经手的公共财物非法转卖或擅自赠送他人；三是将追缴的赃款赃物或罚没款物私自用掉或非法据为私有。窃取，是指行为人利用职务之便，采取秘密窃取的方式，

---

① 国有财产是指国家机关、国有公司、企业、事业单位和人民团体所拥有的财产。

② 劳动群众集体所有的财产是指集体经营组织所拥有的所有权属于该组织全体成员共同所有的财产。

③ 专项基金的财产是指通过捐助或专项基金手段募集的用于扶贫或其他公益事业的慈善性质的款物。

④ 非国有单位的财物是指非国有公司、企事业单位和社会团体所有的财物。

⑤ 主管是指具有调拨、转移、使用或者以其他方式支配公共财产的职权，例如厂长、经理等具有的一定范围内支配企业内部公共财产的权力。

⑥ 经手是指具有领取、支出等经办公共财物流转事务的权限。

⑦ 管理是指具有监守或保管公共财物的职权，例如出纳员、保管员等具有监守和保管公共财物的职权。

⑧ 如因工作关系而熟悉作案环境，凭借工作人员身份进出某些机关、单位的方便等。

将自己管理的公共财物非法占有的行为，也就是通常所说的监守自盗。骗取，是指行为人利用职务之便，采取虚构事实或隐瞒真相的方法，非法占有公共财物的行为。例如，出差人员用涂改或伪造单据的方法虚报或谎报支出冒领公款，工程负责人多报工时或伪造工资表冒领工资等。其他方法包括：①内外勾结，迂回贪污。即国家工作人员利用职务上的便利，内外勾结，将自己管理、经营的公共财物以合法形式，转给与其勾结的外部人员，然后再迂回取回，据为己有。②利用合同非法占有公款。即行为人为单位购买货物、推销产品而与他人签订经济合同时，双方恶意串通，提高合同标的价格，然后将抬高的差价私分等。③占有应交单位的劳务收入。④利用新技术手段进行贪污。主要有：银行工作人员利用微机侵吞公款、套取利息，证券从业人员利用技术手段侵吞股金、红利等。

（3）主体是国家工作人员或者受委托管理、经营国有财产的人员。国家工作人员是指在国家机关中从事公务的人员。其本质特征是从事公务，即代表国家机关、国有公司、企业、事业单位、人民团体等单位履行组织、领导、监督、具体负责某项工作等职责。具体包括以下 4 种人员：①国家机关工作人员，指各级国家权力机关、行政机关、审判机关、检察机关和军事机关中从事公务的人员。根据有关规定，参照国家公务员条例管理的乡（镇）以上各级党委、政协机关中从事公务的人员，应视为国家机关工作人员。②国有公司[①]、企业[②]、事业单位[③]、人民团体[④]中从事公务的人员。③国家机关、国有公司、企业、事业单位委派到非国有公司、企业、事业单位、社会团体从事公务的人员，这里的委派是指受有关国有单位委任而派往非国有单位从事公务。被委派以前既可以是国家工作人员，也可以是非国家工作人员，但被委派后就都成为国家工作人员。因为委派是一种行政法律关系，委派单位与被委派人员之间存在行政上的隶属关系。④其他依照法律从事公务的人员。这类人员应具备两个特征：一是在一定条件下代表国家行使国家管理职能；二是依照法律规定从事公务。[⑤] 具体包括：依法履行职责的各级人民代表大会代表；依法履行审判职责的人民陪审员；协助乡镇人民政府、街道办事处从事行政管理工作的村民委员会、居民委员会等农村和城市基层组织人员；其他由法律授权从事公务的人员。受委托管理、经营国有财产的人员，是指受国家机关、国有公司、企业、事业单位、人民团体委托管理、经营国有财产的人员。这些人员主要以承包、租赁等方式，管理、经营国有公司、企业，或者其中的某个部门等，以承包人、租赁人的身份等，在承包、租赁合同约定的时间、权限范围内，管理、经营国有财产。不具有上述特殊身份的一般公民与上述人员勾结，伙同贪污的，以贪污罪的共犯论处。主观方面表现为故意，并且具有非法占有公共财物的目的。

---

① 国有公司是指依照公司法成立，财产全部属于国家所有的公司。国有资本控股及参股的股份有限公司不属于国有公司。

② 国有企业是指财产全部属于国家所有，从事生产、经营活动的营利性的非公司化经济组织。

③ 国有事业单位是指受国家机关领导，财产属于国家所有的非生产、经营性单位，包括国有医院、科研机构、体育、广播电视、新闻出版等单位。

④ 人民团体，是指由国家组织成立，财产属于国家所有的各种群众性组织，包括乡级以上工会、共青团、妇联等组织。

⑤ 参见 2003 年 11 月 13 日最高人民法院《全国法院审理经济犯罪案件工作座谈会纪要》。

（三）认定

1. 罪与非罪的界限

（1）贪污罪与一般贪污违法行为的界限。根据《刑法》第383条的规定，个人贪污5 000元以上的构成犯罪；不足5 000元的一般不构成犯罪，但情节较严重的，也可以构成犯罪。

（2）贪污罪与错账、错款行为的界限。错账、错款，是由于行为人业务不熟练或者对工作疏漏造成的，不具备贪污罪的主观特征，不按犯罪处理。

2. 贪污罪与盗窃罪、诈骗罪的界限

这三种犯罪都以非法占有为目的，行为手段也有相同之处。贪污罪和后两罪的主要区别是：①主体不同：本罪是特殊主体；后罪是一般主体。②犯罪客体和对象不同：本罪是复杂客体，即国家工作人员职务的廉洁性和公共财产所有权，对象主要是是公共财物，也包括非国有单位的财物；后罪是简单客体，即公私财产所有权，对象是公私财物。③客观方面的表现不同：本罪是利用职务之便进行的；后罪不存在职务之便的条件。

3. 贪污罪与职务侵占罪的界限

二者区分的关键在于主体是否属于国家工作人员或者受委托管理、经营国有财产的人员。根据最高人民法院2000年5月1日《关于农村合作基金会从业人员犯罪如何定性问题的批复》，农村合作基金会从业人员，除具有金融机构现职工作人员身份的以外，不属于金融机构工作人员。因此，上述人员利用职务上的便利，非法占有财物，构成职务侵占罪。

4. 非国有单位中的国家工作人员与非国家工作人员相勾结，共同非法占有本单位财物案件的认定

对这类案件应根据不同情况分别处理：①非国家工作人员与国家工作人员相勾结，利用的是后者的职务便利，按贪污罪共犯处理；②国家工作人员与非国家工作人员相勾结，利用的是后者的职务便利，按职务侵占罪共犯处理；③国家工作人员与非国家工作人员相勾结，双方利用各自职务上的便利非法占有本单位财物的，按主犯的犯罪性质定罪。①

5. 村民小组、居委会等单位的基层群众性自治组织人员能否成为贪污罪的主体

最高人民法院在1999年6月18日《关于村民小组组长利用职务便利非法占有公共财物行为如何定性问题的批复》中明确指出，对村民小组组长利用职务上的便利，将村民小组集体财产非法占为已有，数额较大的行为，应当依照《刑法》第271条第1款的规定，以职务侵占罪定罪处罚。但同时须注意，根据2000年4月29日全国人大常委会《关于〈中华人民共和国刑法〉第93条第2款的解释》的规定，如果村民委员会等村基层组织人员协助人民政府从事下列行政管理工作，属于《刑法》第93条第2款规定的“其他依照法律从事公务的人员”，其利用职务上的便利非法占有公共财物构成犯罪的，应以贪污罪定罪处罚：①救灾、抢险、防汛、优抚、扶贫、移民、救济款物的管理；②社会捐助公益事业款物的管理；③国有土地的经营和管理；④土地征用补偿费用的管理；⑤代征、代缴税款；⑥有关计划生育、户籍、征兵工作；⑦协助人民

---

① 参见最高人民法院《关于审理贪污、职务侵占案件如何认定共同犯罪几个问题的解释》。

政府从事的其他行政管理工作。

（四）处罚

根据《刑法修正案（九）》大幅修订后的《刑法》第383条的规定，对犯本罪的，根据情节轻重，分别依照下列规定处罚：第一，贪污数额较大或者有其他严重情节的，处3年以下有期徒刑或者拘役，并处罚金。尚不构成犯罪的，由其所在单位或者上级主管机关给予处分；第二，贪污数额巨大或者有其他严重情节的，处3年以上10年以下有期徒刑，并处罚金或者没收财产；第三，贪污数额特别巨大或者有其他特别严重情节的，处10年以上有期徒刑或者无期徒刑，并处罚金或者没收财产；数额特别巨大，并使国家和人民利益遭受特别重大损失的，处无期徒刑或者死刑，并处没收财产。对多次贪污未经处理的，按照累计贪污数额处罚。

犯本罪，在提起公诉前如实供述自己罪行、真诚悔罪、积极退赃，避免、减少损害结果发生，有第一项规定情形的可以从轻、减轻或免除处罚；有第二项、第三项规定情形的，可以从轻处罚。

犯本罪，有第三项规定情形被判处死缓的，人民法院根据犯罪情节等情况可以同时决定在死缓执行2年期满依法减为无期徒刑后，终身监禁，不得减刑、假释。

【法律链接】

1. 《中华人民共和国刑法》（1997）第382条、第383条*、第91条、第93条、第183条第2款、第271条第2款、第287条、第394条。

2. 全国人大常委会《关于渎职罪主体、适用问题的解释》（2002）。

3. 最高人民法院《关于村民小组组长利用职务便利非法占有公共财物行为如何定性问题的批复》（1999）。

4. 全国人大常委会《关于〈中华人民共和国刑法〉第93条第2款的解释》（2000）。

5. 最高人民检察院《关于人民检察院直接受理立案侦查案件立案标准的规定》（1999）第1条。

6. 最高人民法院《关于审理贪污、职务侵占案件如何认定共同犯罪几个问题的解释》（2000）。

7. 《中华人民共和国刑法修正案（九）》第44条。

二、挪用公款罪

（一）概念

挪用公款罪，是指国家工作人员利用职务上的便利，挪用公款归个人使用，进行非法活动的；或者挪用公款数额较大，进行营利活动的；或者挪用公款数额较大，超过3个月未还的行为。

（二）犯罪构成

（1）客体是复杂客体，即本罪侵犯了国家工作人员的职务廉洁性，也侵犯了公共财产的所有权。本罪的对象主要是国家机关、国有公司、企业、事业单位、人民团体的公款，以及用于救灾、抢险、防汛、优抚、扶贫、移民、救济的款物（即还包括特定公物）。但也不排除非公有性质的资金，因为《刑法》第272条第2款规定“国有公司、企业或者其他国有单位中从事公务的人员和国有公司、企业或者其他国有单位委派到非国有公司、企业以及其他单位从事公务的人员有前款（挪用资金）行为的，依照本法第三百八十四条的规定定罪处罚”。据此，如果行为人是国有公司、企业或者其他国有单位中从事公务的人员或国有公司、企业或者其他国有单位委派到非国有公司、企业以及其他单位从事公务的人员，利用职务便利，挪用该非国有单位的资金归个人使用或者借贷给他人，只要在挪用数额、未归还期限以及资金用途方面符合挪用公款罪的要件，就应当以挪用公款罪定罪处罚。

（2）客观方面表现为利用职务上的便利，挪用公款的行为。所谓挪用，是指行为人违反财经制度，不经合法批准，擅自将公款私用。具体行为包括以下三种形式：①挪用公款归个人使用，进行非法活动[1]的。对这种类型的挪用公款罪，没有挪用数额和挪用时间的限制性规定。但最高人民法院 1998 年 4 月 6 日《关于审理挪用公款案件具体应用法律若干问题的解释》，规定此类型挪用公款行为以挪用公款 5 000 元至 1 万元作为追究刑事责任的数额起点。②挪用公款归个人使用，进行营利活动[2]，数额较大的。此类型挪用公款罪的数额较大起点为 1 万元至 3 万元。③挪用公款归个人使用，数额较大，超过 3 个月未还的。这是指挪用公款用于如购买住宅、还债、支付医药费等活动。数额较大的起点也是 1 万元至 3 万元。这里的“未还”，是指案发前即被司法机关、主管部门或者有关单位发现前未还。如果案发前已全部归还本息，可以从轻处罚或者免除处罚。挪用公款数额巨大，超过 3 个月，案发前全部归还本息的，可以酌情从轻处罚。所谓挪用公款归个人使用，根据 2002 年 4 月 28 日全国人大常委会《关于〈中华人民共和国刑法〉第 384 条第 1 款的解释》，包括以下三种情形：一是将公款供本人、亲友或者其他自然人使用的；二是以个人名义将公款供其他单位使用的；三是个人决定以单位名义供其他单位使用，牟取个人利益的。

（3）主体是特殊主体，即限于国家工作人员。

（4）主观方面是故意，其目的是使用公款。

（三）认定

1. 罪与非罪的界限

首先应考虑不同类型挪用公款罪的数额起点；其次应考虑挪用公款的用途和时间，从而确定是否构成犯罪。

2. 本罪与贪污罪的界限

主要区别是：

（1）犯罪目的不同：本罪以使用公款为目的；后罪以非法占有公共财物为目的。

（2）主体的范围不同：本罪是国家工作人员；后罪是国家工作人员及非国家工作人员而受委托管理、经营国有财产的人员。

（3）客体不同：本罪是公款的占有、使用、收益权，是所有权的部分权能；后罪是公共财物的占有、使用、收益和处分的全部权能。

（4）客观方面行为方式不同：本罪表现为擅自暂时非法使用公款；后罪表现为侵吞、窃取、骗取或以其他手段非法占有公共财物。

---

① 非法活动是国家法律法规所禁止的活动，如走私、赌博、嫖娼、非法经营等违法犯罪活动。

② 营利活动是指国家法律允许的经营性活动，如生产经营、开工厂、买卖股票等。

根据2003年11月13日最高人民法院《全国法院审理经济犯罪案件工作座谈会纪要》第4条第8款的规定："挪用公款是否转化为贪污，应当按照主客观相一致的原则，具体判断和认定行为人主观上是否具有非法占有公款的目的。"在司法实践中，具有以下情形之一的可以认定行为人具有非法占有公款的目的：①行为人携带挪用的公款潜逃的，对其携带挪用的公款部分，以贪污罪定罪处罚。②行为人挪用公款后采取虚假发票平账、销毁有关账目等手段，使所挪用的公款已难以在单位财务账目上反映出来，且没有归还行为的，应当以贪污罪定罪处罚。③行为人截取单位收入不入账，非法占有，使所占有的公款难以在单位财务账目上反映出来，且没有归还行为的，应当以贪污罪定罪处罚。④有证据证明行为人有能力归还所挪用的公款而拒不归还，并隐瞒挪用的公款去向的，应当以贪污罪定罪处罚。

3. 本罪与挪用资金罪的界限

二者主要区别是：①犯罪主体不同：本罪是国家工作人员；后罪是非国家工作人员。②客体不同：本罪是国家工作人员职务行为的廉洁性和公共财产所有权；后罪是单位资金的所有权。③侵害的对象不同：本罪是公款；后罪是非国有单位的资金。

（四）处罚

根据《刑法》第384条的规定，犯本罪的，处5年以下有期徒刑或者拘役；情节严重的，处5年以上有期徒刑；挪用公款数额巨大不退还[①]的，处10年以上有期徒刑或者无期徒刑。挪用用于救灾、抢险、防汛、优抚、扶贫、移民、救济款物归个人使用的，从重处罚。根据最高人民法院的司法解释，挪用公款不是从事非法活动的，数额巨大的起点是15万元至20万元；进行非法活动数额巨大的起点是5万元至10万元。

【法律链接】

1. 《中华人民共和国刑法》（1997）第384条*、第185条第2款、第272条第2款。

2. 最高人民法院《关于如何认定挪用公款归个人使用有关问题的解释》（2001）第1条、第2条。

3. 最高人民法院《关于审理挪用公款案件具体应用法律若干问题的解释》（1998）。

4. 全国人大常委会《关于〈中华人民共和国刑法〉第384条第1款的解释》（2002）。

5. 最高人民检察院《关于人民检察院直接受理立案侦查案件立案标准的规定》（1999）第2条。

6. 最高人民法院《全国法院审理经济犯罪案件工作座谈会纪要》（2003）第4条第8款。

---

① 这里的"不退还"，是指因客观情况，行为人想退还而不能退还。如果主观上不想退还或者挪用公款后潜逃的，应以贪污罪论处。

三、受贿罪（修正案七）

（一）概念

受贿罪，是指国家工作人员利用职务上的便利，索取他人财物，或者非法收受他人财物，为他人牟取利益的行为。

（二）犯罪构成

（1）客体是国家工作人员职务行为的廉洁性。犯罪对象是财物。

（2）客观方面表现为行为人利用职务上的便利，索取他人财物或者非法收受他人财物，为他人牟取利益的行为。利用职务之便是受贿罪客观方面的一个重要构成要件，利用职务之便可以分为以下两种情况：①利用职务上的便利。即指利用本人现有职务范围内的权力，即自己职务上主管、负责或者承办某项公共事务的职权及其所形成的便利条件，也包括利用职务上有隶属、制约关系的其他国家工作人员的职权。在司法实践中，大量受贿罪是利用职权的便利条件构成的。例如，负责掌管物资调拨、分配、销售、采购的人，利用其调拨权、分配权、销售采购权，满足行贿人的愿望，而收受财物。②利用与职务有关的便利条件。根据《刑法》第 388 条的规定，国家工作人员利用本人职权或者地位形成的便利条件，通过其他国家工作人员职务上的行为，为请托人牟取不正当利益，索取或者收受请托人财物的，以受贿论处。对此，刑法理论称之为“斡旋受贿”，此种受贿行为并没有利用本人职务上的便利，而是“利用本人职权或者地位形成的便利条件”，即利用与职务有关的便利条件，具体指行为人与被其利用的国家工作人员之间在职务上虽然没有隶属、制约关系，但是行为人利用了本人职权或者地位产生的影响和一定的工作联系，如单位内不同部门的国家工作人员之间、上下级单位没有职务上隶属、制约关系的国家工作人员之间、有工作联系的不同单位的国家工作人员之间等。受贿罪的行为方式有两种：一是索贿，即行为人在公务活动中主动向他人索取财物；二是收受贿赂，并为他人牟取利益。所谓为他人牟取利益，包括承诺[①]、实施、实现三个阶段的行为，不是已经为他人实际牟取到利益才能成立。只要收取了他人的财物，具有为他人牟取利益的任何一个阶段的行为都可以成立受贿罪。为他人牟取利益，可以是正当的利益，也可以是不正当的利益。主动索取他人财物的行为，比被动受贿具有更大的社会危害性。因此，索贿行为成立受贿罪不以行为人为他人牟取利益为必要条件。受贿罪除了索贿和收受贿赂这两种基本形态外，还包括收受回扣、手续费的情形。根据《刑法》第 385 条第 2 款的规定，国家工作人员在经济往来[②]中，违反国家规定，收受各种名义的回扣、手续费归个人所有的，以受贿论处。此种受贿须具备以下条件：①违反国家规定。收取的回扣、手续费，按国家法律、行政法规、行政措施及国务院发布的决定和命令，应当入账。国家工作人员在经济往来中，账外暗中收取回扣、手续费的，违反国家相关规定。②将收受的回扣、手续费归个人所有。这里“归个人所有”，是指个人账外暗中据为己有。如果单位在经济往来中，账外暗中收取各种名义的回扣、手续费的，应为单位受贿。

（3）主体是特殊主体，即只能由国家工作人员构成。这里的“国家工作人员”是

① 承诺包含明示和默许两种情况。

② 经济往来指购买、销售商品或者提供、接受服务等交易活动。

指在职的国家工作人员，不包括已经离退休的国家工作人员。但是，国家工作人员在离退休之前利用职务上的便利为他人牟取利益，并与请托人事先约定，离退休之后收受请托人财物的，应以受贿罪定罪处罚。

（4）主观方面表现为故意。

（三）认定

1. 罪与非罪的界限

（1）受贿罪与接受亲友财物的界限。亲友间的馈赠、礼尚往来不属受贿。但亲友间也有受贿。区分亲友间礼尚往来与受贿罪的关键是：行为人接受亲友的财物，是否利用职务上的便利为亲友牟取利益。同时要考察一下几个方面：第一，接受财物双方的关系，是基于一时一事的苟合还是长期深厚的友情关系；第二，接受财物的原因，是一方遇事需帮助还是双方利害关系的勾结；第三，接受财物的方式，是公开还是暗中进行；第四，财物的价值，馈赠的财物价值是否会超常。

（2）受贿罪与取得合法报酬的界限。合法报酬，是行为人在法律、政策允许的范围内，利用自己的知识、技术和劳动为其他单位或个人承揽业务、提供咨询或提供其他服务，从中获取的报酬，是合法收入，不属受贿。二者区分的关键是行为人是否利用职务上的便利为他人牟取利益。

（3）受贿罪与一般受贿行为的界限。区分二者的标准是受贿的数额和受贿的情节。个人受贿5 000元以上的，构成受贿罪。个人受贿不到5 000元，但具有因受贿行为而使国家和社会利益遭受重大损失或故意刁难、要挟有关单位、个人，造成恶劣影响，或强行索取财物等严重情节的，构成受贿罪。

2. 受贿罪与非国家工作人员受贿罪的界限

①犯罪主体不同：本罪是国家工作人员；后罪是非国有公司、企业中不具有国家工作人员身份的人员。②客观方面有所不同：本罪索贿行为不论是否为他人牟取利益，均可构成犯罪；后罪无论索取贿赂还是收取贿赂，均以为他人牟取利益作为成立犯罪的要件。③客体不同：本罪是国家工作人员职务行为的廉洁性；后罪是公司、企业、工作人员职务行为的廉洁性和公司、企业的管理秩序。

3. 受贿罪与敲诈勒索罪的界限

客观方面不同：国家工作人员利用职务便利，勒索有求于己的人的财物，是索贿行为，应当认定受贿；敲诈勒索罪客观表现为使用暴力、胁迫手段，使被害人产生精神上的恐惧，被迫交出财物，不存在利用职务上的便利问题。

（四）处罚

犯受贿罪的，按照《刑法》第383条关于贪污罪的规定处罚。在司法实践中应注意：多次受贿未经处理的，按照累计数额处罚；索贿的从重处罚。

【法律链接】

1.《中华人民共和国刑法》（1997）第385条、第386条*、第383条、第388条、第163条第3款、第184条第2款。

2.《中华人民共和国刑法修正案（七）》第13条第1款、第2款。

3. 最高人民法院《关于审理挪用公款案件具体应用法律若干问题的解释》（1998）。

4. 最高人民检察院《关于人民检察院直接受理立案侦查案件立案标准的规定》（1999）第3条。

5. 最高人民法院《全国法院审理经济犯罪案件工作座谈会纪要》（2003）第3条。

四、利用影响力受贿罪（修正案七）

（一）概念

利用影响力受贿罪，是指国家工作人员的近亲属或者其他与该国家工作人员关系密切的人，通过该国家工作人员职务上的行为，或者利用该国家工作人员职权或者地位形成的便利条件，通过其他国家工作人员职务上的行为，为请托人牟取不正当利益，索取请托人财物或者收受请托人财物，数额较大或者有其他较重情节的行为。

（二）犯罪构成

（1）客体是国家工作人员职务行为廉洁性。

（2）客观方面表现为利用影响力与请托人交易财物，数额较大或者情节较重的行为。此类犯罪的“影响力”应属于非权力影响力，是基于一定的社会关系形成的影响力，一般表现为通过血缘关系、社会交往而产生的影响力。影响力包括生活事实上的影响力，譬如配偶、情人、亲属、朋友、老乡、师长、同学、家庭所雇用的保姆等对国家工作人员生活产生的事实上的影响力。但是，法律概念绝不仅仅是一个生活事实的简单反映，行为人同国家工作人员具有某种生活事实上的关系，并不是确定“影响力”的标准，能否真正利用国家工作人员的影响才是确定“影响力”的标准。在实践中，是否利用对国家工作人员的影响力牟取利益事前难于把握判断。对此采取事后判断为宜。

（3）主体是特殊主体，包括国家工作人员的近亲属、其他关系密切的人；离职国家工作人员及其近亲属、其他关系密切人。这里的近亲属的范围应作广义解释，与我国传统的亲属观念相结合，其他密切关系的人也应作宽泛的理解，主要是看双方平时的关系是否密切，能否利用国家工作人员的影响进行受贿。

（4）主观方面表现为故意。

（三）认定

1. 利用影响力受贿罪与非国家工作人员受贿罪的区别

（1）主体要件不同。利用影响力受贿罪的主体是与国家工作人员关系密切的人、离职的国家工作人员以及与离职的国家工作人员关系密切的人；强调关系密切或是离职国家工作人员。而非国家工作人员受贿罪的主体是公司、企业或者其他单位的人员，并不一定是与国家工作人员或离职国家工作人员存在密切关系，更不一定是离职国家工作人员。

（2）客观方面要件不同。利用影响力受贿罪中，为请托人牟取利益，所直接利用的并非是“职务上的便利”而是“密切关系”所产生的影响力。在非国家工作人员受贿罪中，正如典型的受贿类犯罪，所利用的是“职务上的便利”，其强调的是本单位职务上的便利。

2. 利用影响力受贿罪与受贿罪中斡旋受贿行为的区别

（1）主体要件不同。利用影响力受贿罪的主体主要分三类：①国家工作人员的近亲属或者其他与国家工作人员关系密切的人；②离职的国家工作人员；③离职的国家工作人员的近亲属或者其他与离职的国家工作人员关系密切的人。而斡旋受贿行为的主体是国家工作人员。由于“关系密切的人”也有可能是国家工作人员，两罪的主体有小部分重合，即当国家工作人员成为“关系密切的人”，这时候两罪的主要区别就在于行为方式上的不同。

(2) 行为方式不同。斡旋受贿行为是利用第三人的职务行为为请托人牟取利益，同时也必须以本人职务上的职权地位影响为前提。也就是说，利用者与被利用者必须存在职务上的影响关系才能够成立利用了本人职权或地位形成的便利条件，这种影响关系强调的是与职务关联。而利用影响力受贿罪中，为请托人牟取利益，利用影响力的行为人和被利用者之间的制约关系是“密切关系”。

(四) 处罚

根据《刑法》第388条之一的规定，犯本罪的处3年以下有期徒刑或者拘役，并处罚金；数额巨大或者有其他严重情节的，处3年以上7年以下有期徒刑，并处罚金；数额特别巨大或者有其他特别严重情节的，处7年以上有期徒刑，并处罚金或者没收财产。离职的国家工作人员或者其近亲属以及其他与其关系密切的人，利用该离职的国家工作人员原职权或者地位形成的便利条件实施前款行为的，依照前款的规定定罪处罚。

【法律链接】

1.《中华人民共和国刑法》(1997) 第388条之一*。

2.《中华人民共和国刑法修正案（七）》(2009) 第13条。

3. 最高人民检察院《关于人民检察院直接受理立案侦查案件立案标准的规定》(1999) 第9条。

五、行贿罪（修正案九）

(一) 概念

行贿罪，是指为牟取不正当利益，给予国家工作人员财物的行为。这是一个经《刑法修正案（九）》作出重大修改的罪名。

(二) 犯罪构成

(1) 客体是国家工作人员职务行为的廉洁性。行贿的对象限于国家工作人员。

(2) 客观方面表现为给予国家工作人员以财物的行为。给予的方式多种多样，可分两种情形：①行为人主动给予国家工作人员财物；②因被勒索而给予国家工作人员财物。在这种情形下，只要行为人没有获得不正当利益，就不构成行贿罪。根据《刑法》第389条第2款的规定，在经济往来中，违反国家规定，给予国家工作人员以财物数额较大的，或者违反国家规定，给予国家工作人员以各种名义的回扣、手续费的，以行贿罪论处。

(3) 主体是一般主体。

(4) 主观方面表现为故意，并具有牟取不正当利益的目的。牟取不正当利益，是指牟取违反法律、法规、国家政策和国务院各部门规章规定的利益，以及要求国家工作人员或者有关单位提供违反法律、法规、国家政策和国务院各部门规章规定的帮助或方便条件。据此，不正当利益不仅指获得的利益本身不正当，而且国家工作人员违反法律、法规、规章规定而牟取的不确定利益，也属于不正当利益。不确定利益，是指需要通过竞争获得的利益。在这种情况下，利益是否正当取决于程序是否正当。因此，要求国家工作人员违反程序帮助其获取这种利益，就是一种不正当利益。本罪的成立不要求实际上获得了不正当利益，只要行为人主观上有获得不正当利益的意图即可。如果是为获得正当利益而给予国家工作人员财物的，不构成行贿罪。

（三）认定

1. 行贿罪与赠予行为的界限

（1）主观目的不同。行贿是行为人为了使对方利用职务之便为自己牟取不正当利益的行为，是一种权钱交易的行为；馈赠是一种正当的民事行为，其目的是增进亲朋好友的情谊，是礼尚往来的行为。

（2）内容和方式不同。行贿常常秘密进行，给付财物是附条件的，给付数额较大。馈赠是公开的、无条件的，数额一般较小，馈赠人是纯粹自愿的。

2. 行贿罪与一般行贿行为的界限

二者的主要区别为数额和情节。为牟取不正当利益给予国家工作人员以财物，数额较小，又无其他严重情节的，属一般行贿行为；数额较大或者有其他严重情节的，构成行贿罪。根据司法解释，行贿数额在1万元以上的，应当追究刑事责任。行贿数额不满1万元，但有下列情节之一的，也应追究刑事责任：为牟取非法利益而行贿的；向3人以上行贿的；向党政机关、司法工作人员、行政执法人员行贿的；使国家或社会利益遭受重大损失的。

（四）处罚

根据《刑法修正案（九）》修改后《刑法》第390条的规定，犯本罪的，处5年以下有期徒刑或者拘役，并处罚金；因为行贿牟取不正当利益，情节严重的，或者使国家利益遭受重大损失的，处5年以上10年以下有期徒刑，并处罚金；情节特别严重的，或者使国家利益遭受特别重大损失的，处10年以上有期徒刑或者无期徒刑，并处罚金或没收财产。行贿人在被追诉前①主动交代行贿行为的，可以从轻或者减轻处罚。其中，犯罪较轻的，对侦破重大案件起关键作用的，或者有重大立功表现的，可以减轻或免除处罚。

【法律链接】

1. 《中华人民共和国刑法》（1997）第389条、第390条*、第93条。

2. 最高人民检察院《关于人民检察院直接受理立案侦查案件立案标准的规定》（1999）第5条。

3. 《中华人民共和国刑法修正案（九）》第45条。

六、巨额财产来源不明罪（修正案七）

（一）概念

巨额财产来源不明罪，是指国家工作人员的财产或者支出明显超过合法收入，差额巨大，其本人不能说明其来源是合法的行为。

① 在被追诉前，是指在司法机关立案侦查前。

（二）犯罪构成

（1）客体是国家工作人员职务行为的廉洁性。

（2）客观方面表现为行为人的财产或支出明显超过其合法收入，并且差额巨大，经责令说明而不能说明来源是合法的行为。本罪构成须具备两个条件：①行为人的财产[①]或者支出[②]明显超过合法收入[③]，并且差额巨大。②行为人不能说明这些差额巨大部分财产或支出的合法来源。行为人不能说明该财产来源合法，便视为非法所得，成立本罪。根据最高人民检察院1999年8月6日《关于人民检察院直接受理立案侦查案件立案标准的规定（试行）》，"差额巨大"的标准是30万元以上。

（3）主体是特殊主体，即国家工作人员。

（4）主观方面表现为故意，即行为人明知其差额财产来源，当司法机关责令其说明时，拒不说明或故意隐瞒。

（三）认定

（1）司法机关在查办巨额财产来源不明案件中，应尽力查清财产和支出明显超出合法收入部分的真实来源。只有在不能落实为贪污、受贿、走私、非法经营等违法犯罪收入，行为人又不能说明时，或者行为人虽然"说明"了，但司法机关经查证不能证明其说明的合法来源的，才能按照巨额财产来源不明罪进行惩处。

（2）一罪与数罪的界限。在查处经济犯罪过程中，往往是行为人既有贪污、受贿等问题，又有财产或者支出与其合法收入差额巨大的问题。对此，除分别认定贪污、受贿等罪外，还应认定巨额财产来源不明罪，实行数罪并罚。

（3）巨额财产来源不明罪与贪污罪和受贿罪的界限。这三个罪有着密切的联系，很多巨额财产来源不明就是没有被查明证实的贪污罪和受贿罪，但巨额财产来源不明罪作为一个独立的罪名有着自己的犯罪构成。首先，贪污罪和受贿罪的犯罪主体的范围要比巨额财产来源不明罪大一些，除国家机关工作人员，还包括国有公司、企业、事业单位及其他经手管理公共财产的人员和其他依法从事公务的人员。在犯罪的客观方面，巨额财产来源不明罪，只要求行为人拥有超过合法收入的巨额财产，而且行为人不能说明、司法机关又不能查明其来源的即可。也就是说，行为人拥有的来源不明的巨额财产，既可能是来自于贪污、受贿，也可能是来自于走私、贩毒、盗窃、诈骗等行为。

（四）处罚

根据《刑法》第395条第1款的规定，犯本罪的，处5年以下有期徒刑或者拘役；差额特别巨大的，处5年以上10年以下有期徒刑。财产的差额部分予以追缴。

【法律链接】

1.《中华人民共和国刑法》（1997）第395条第1款*。

2.《中华人民共和国刑法修正案（七）》（2009）第14条。

3. 最高人民检察院《关于人民检察院直接受理立案侦查案件立案标准的规定》（1999）第9条。

---

① 行为人的财产是指行为人实际所拥有的财产。

② 行为人的支出是指行为人已经实际对外支付的款项，如投资、生活消费、赠予等。

③ 合法收入是指工资、奖金、合法继承遗产等。

七、私分国有资产罪

（一）概念

私分国有资产罪，是指国家机关、国有公司、企业、事业单位、人民团体违反规定，以单位名义将国有资产集体私分给个人，数额较大的行为。

（二）犯罪构成

（1）客体是复杂客体，即本罪侵犯了国家工作人员职务行为的廉洁性和国有资产的所有权。

（2）客观方面表现为违反国家规定，将国有资产以单位名义私分给个人，数额较大的行为。所谓违反国家规定，是指违反国家法律、行政法规、决定、命令中有关国有资产管理、使用、处理等方面的规定。所谓以单位名义，是指私分国有资产是经单位领导共同研究决定或有决策权的负责人决定的，体现了单位的整体意志。所谓集体私分给个人，是指将国有资产擅自私分给单位中每一个成员或者绝大多数成员。如果将国有资产私分给单位的管理人员，不成立本罪，应以贪污罪论处。集体私分国有资产往往以“发奖金”“发补助”“发岗位津贴”等形式进行。此外，私分国有资产须达到数额较大，才能成立本罪。这里“数额较大”是指私分国有资产的总额。根据相关司法解释，涉嫌私分国有资产的立案标准是累计数额10万元以上。

（3）主体是特殊主体，即国家机关、国有公司、企业、事业单位、人民团体，属于单位犯罪。

（4）主观方面表现为故意，即明知是国有资产，故意违反规定，以单位名义集体私分，体现单位的整体意志。

（三）认定

1. 罪与非罪的界限

在实践中，须将正常发放奖金、津贴等与本罪区别开来。本罪国有单位所有成员劳动生产的事实依据，违反法律政策规定，发放“奖金、津贴”等只是私分国有资产的名义。

2. 本罪与贪污罪的界限

二者的主要区别是：

（1）犯罪对象不同：本罪是国有资产；后罪既包括国有资产，也包括其他公共财产。

（2）行为方式不同：本罪以单位名义将国有资产私分给单位的所有成员或者大多数成员，具有一定公开性；后罪行为人采取侵吞、窃取、骗取或其他手段将公共财产据为己有，具有隐蔽性。

（3）犯罪主体不同：本罪是国家机关、国有公司、企业、事业单位、人民团体，属单位犯罪；后罪是国家工作人员，属自然人犯罪。

（四）处罚

根据《刑法》第396条第1款的规定，犯本罪的，对直接负责的主管人员和其他直接责任人员，处3年以下有期徒刑或者拘役，并处或者单处罚金；数额巨大的，处3年以上7年以下有期徒刑，并处罚金。

【法律链接】

1.《中华人民共和国刑法》（1997）第396条第1款*。

2. 最高人民检察院《关于人民检察院直接受理立案侦查案件立案标准的规定》(1999) 第11条。

【实务操练】

一、示范引导训练

案例：见前面的【引例】。

基本步骤：

1. 学生集体阅读案例。

2. 教师提出问题。

问题（1）：张某、王某和李某的行为是构成职务侵占罪还是贪污罪？为什么？

问题（2）：张某、王某和李某的行为是构成盗窃罪还是贪污罪？为什么？

3. 教师引导分析。

问题（1）：结合案情引导学生从职务侵占罪、盗窃罪与贪污罪犯罪构成进行分析比较并结合刑法总论关于共同犯罪理论及司法解释得出正确结论。

问题（2）：比较贪污罪与盗窃罪的个罪特征。

4. 教师总结。

具体见本单元后面的【引例评析】。

二、学生互动训练

基本步骤：

1. 按问题需要对学生进行分组。

2. 以组为单位让学生自行开展讨论。

3. 各组学生内部选出代表拟订应答方案。

4. 各组代表应答，阐述观点及其理由。

5. 学生自我评价实训效果。

6. 教师简要点评与总结。

案例1：被告人朱某、易某、张某分别系应城市陈河镇彭万村党支部书记、村主任、村副主任。2007年7月，武荆高速公路八标段三工区在该村附近施工，施工方需要临时占用彭万村49.8亩土地作为取土场，遂与彭万村协商取土以及赔付青苗补偿费事宜。接着，三位被告人按每亩1 500元的赔偿标准与施工方签订了青苗补偿协议，并分两次从武荆高速公路八标段三工区领取青苗补偿费73 000元，然后再按每亩1 000元的赔偿标准兑现给被占地的农户，截留的21 900元款项以发放电话补助的名义被彭万村8名村干部私分。其中，朱某、易某各分得3 500元，张某分得2 800元。2010年3月，检察机关对朱某、易某、张某三名村干部涉嫌贪污一案侦查终结后，依法向法院提起公诉。问：朱某、易某、张某的行为如何定性？请分析说明。

案例2：2005年，被告人刘某利用身为县农业银行某营业所副主任兼信贷员的职务之便，将贷款户陈某、王某、王某某等13人分别归还的发放扶贫贷款（每人均不超过5 000元），共计5.57万元截留不入账，挪用于为曾某在该市文清路所经营的某品牌皮鞋店资金周转。并且被告人刘某在侦查期间退清了全部赃款。问：刘某的行为如何定性？请分析说明。

案例3：刘某是A市国税局局长。2006年2月，陈某通过亲戚找到刘某，给他送了2万元，要求他向A市B县国税局局长打招呼，让该局尽快支付陈某为其装修办公楼的费用27万元。此前，B县国税局以种种借口拖欠装修费用将近两年，陈某多次催要未果。在刘某的催问下，B县国税局很快将27万元欠款偿还。事后，刘某又收下陈某送来的感谢费3万元。问：刘某的行为如何定性？请分析说明。

项目二　次重点罪名

基本任务：理解6个次重点罪名的主要特征及其处罚规定。

一、单位受贿罪（第387条）

（1）概念。单位受贿罪，是指国家机关、国有公司、企业、事业单位、人民团体，索取、非法收受他人财物，为他人牟取利益，情节严重的行为。

（2）犯罪构成特点。客观方面表现为索取或者非法收受他人财物，为他人牟取利益，情节严重的行为。在经济往来中，单位账外暗中收受各种名义的回扣、手续费的行为，以单位受贿论处。索取他人财物或者非法收受他人财物，必须同时具备为他人牟取利益的条件，并且情节严重，才构成单位受贿罪。所谓情节严重，依最高人民检察院司法解释，是指单位受贿额在10万元以上，或者单位受贿数额不满10万元（应达8万元以上）但具有下列情形之一的：①故意刁难、要挟有关单位、个人，造成恶劣影响的；②强行索取财物的；③致使国家或者社会利益遭受重大损失的。主体是特殊主体，即国家机关、国有公司、企业、事业单位、人民团体，属于单位犯罪。主观方面表现为故意，其故意表现形式是单位的整体意志。

（3）处罚。对单位判处罚金，并对其直接负责的主管人员和其他责任人员处5年以下有期徒刑或者拘役。

二、对单位行贿罪（第391条；修正案九）

（1）概念。对单位行贿罪，是指个人或者单位为牟取不正当利益，给予国家机关、国有公司、企业、事业单位、人民团体以财物的，或者在经济往来中，违反国家规定，给予上述单位各种名义的回扣、手续费的行为。

（2）犯罪构成特点。客观方面有两种表现形式，给予国家机关、国有公司、企业、事业单位、人民团体以财物，或者在经济往来中，违反国家规定，给予上述单位各种名义的回扣、手续费。行贿的对象必须是国家机关、国有公司、企业、事业单位、人民团体，给予其他单位财物的不构成本罪。主体是一般主体，自然人和单位都可以成为本罪的主体。主观方面表现为故意，并且具有牟取不正当利益的目的。

（3）处罚。处3年以下有期徒刑或者拘役并处罚金；单位犯本罪的，对单位判处罚金，并对其直接负责的主管人员和其他直接责任人员，按照上述个人犯罪的规定处罚。

三、介绍贿赂罪（第392条；修正案九）

（1）概念。介绍贿赂罪，是指行为人向国家工作人员介绍贿赂，情节严重的行为。

（2）犯罪构成特点。客体是国家的工作人员职务行为的廉洁性。介绍的受贿人只能是国家工作人员，不包括国有单位。客观方面表现为行为人在行贿人与受贿人之间进行沟通、撮合，促使行贿与受贿得以实现，情节严重的行为。介绍贿赂罪通常有两种表现形式：其一，受行贿人之托，为其物色行贿对象，疏通行贿渠道，引荐受贿人，转达行贿的信息，为行贿人转交财物，向受贿人传达行贿人的要求等。其二，按照受贿人的意图，为其寻找索贿对象，转告索贿人的要求等。主体是一般主体。主观方面表现为故意。

（3）处罚。处3年以下有期徒刑或者拘役，并处罚金。介绍贿赂人在被追诉前[①]主动交代介绍贿赂行为的可以减轻或者免除处罚。

四、单位行贿罪（第393条；修正案九）

（1）概念。单位行贿罪，是指单位为牟取不正当利益而行贿，或者违反国家规定，给予国家工作人员以回扣、手续费，情节严重的行为。

（2）犯罪构成特点。客体是国家工作人员职务行为的廉洁性。行贿对象只能是国家工作人员。客观方面表现为单位为牟取不正当利益，给予国家工作人员以回扣、手续费，情节严重的行为。主体是单位。主观方面表现为故意。

（3）处罚。对单位判处罚金，并对其直接负责的主管人员和其他直接责任人员，处5年以下有期徒刑或者拘役，并处罚金。因行贿取得的违法所得归个人所有的，依照行贿罪或关联行贿罪定罪处罚。

五、隐瞒境外存款罪（第395条第2款）

（1）概念。隐瞒境外存款罪，是指国家工作人员违反国家规定，对其本人应申报的境外存款故意隐瞒不报，数额较大的行为。

（2）犯罪构成特点。客体是复杂客体，侵犯了国家工作人员职务行为的廉洁性和国家工作人员的财产申报制度。客观方面表现为：①行为人应当依照国家的规定申报本人在境外的存款；②行为人不履行申报的义务，对其在境外的存款隐瞒不报；③隐瞒不报的境外存款数额较大，数额较大的标准是折合人民币30万元以上。本罪的主体是特殊主体，即国家工作人员。本罪的主观方面表现为故意。

（3）处罚。处2年以下有期徒刑；情节较轻的，由其所在单位或者上级主管机关酌情给予行政处分。

六、私分罚没财物罪（第396条第2款）

（1）概念。私分罚没财物罪，是指司法机关、行政执法机关违反国家规定，将应上缴国家的罚没财物，以单位名义集体私分给个人，数额较大的行为。

（2）犯罪构成特点。客体是国家工作人员职务行为的廉洁性和国家对罚没财物的所有权。犯罪对象是罚没财物。客观方面表现为违反国家规定将应当上缴国家的罚没财物，以单位名义私分给个人，数额较大[②]的行为。主体是特殊主体，即司法机关、行

① 被追诉前是指在司法机关立案侦查前。

② 根据最高人民检察院司法解释，数额较大的标准是10万元以上。

政执法机关，属单位犯罪。主观方面表现为故意。

（3）处罚。对单位直接负责的主管人员和其他直接责任人员处3年以下有期徒刑或者拘役，并处或者单处罚金；数额巨大的，处3年以上7年以下有期徒刑，并处罚金。

七、对有影响力的人行贿罪（第390条之一；修正案九）

（1）概念。对有影响力的人行贿罪，是指行为人为牟取不正当利益，向国家工作人员的近亲属或者其他关系密切者，或者向离职的国家工作人员或其亲近属以及其他关系密切者行贿的行为。

（2）犯罪构成特点。客体为国家工作人员的职务廉洁性。客观方面为行为人向国家工作人员近亲属或关系密切者，或在离职国家工作人员本人或其近亲属或其关系密切者实施行贿行为。主体为一般主体，包括自然人或单位。主观方面表现为故意，并有牟取不正当利益的目的。

（3）处罚。处3年以下有期徒刑或拘役，并处罚金；情节严重或使国家利益遭受重大损失的，处3年以上7年以下有期徒刑，并处罚金；情节特别严重或使国家利益遭受特别重大损失的，处7年以上10年以下有期徒刑，并处罚金。单位犯前款罪的，对单位处罚金，并对其直接负责的主管人员和其他直接责任人员处3年以下有期徒刑或拘役，并处罚金。

【引例评析】

解答问题（1）：犯罪嫌疑人张某、王某和李某的行为不构成职务侵占罪。首先，贪污行为也是一种职务侵占行为，从客观行为方式上很难将两罪区别开来。贪污罪和职务侵占罪区分的关键在于犯罪主体方面，即是否为国家工作人员。职务侵占罪的主体必须是非国有性质的公司、企业等单位中担任一定职务或者因工作需要而主管、经营、管理、经手财物的不具有国家工作人员身份的人员。而贪污罪的主体原则上是国家工作人员，包括在国家机关中从事公务的人员，在国家机关之外的国有公司、企业、事业单位、人民团体中从事公务的人员，国家机关以及其他国有单位委派到国有单位从事公务的人员等。本案的犯罪嫌疑人张某，系某国有石油企业油气集输公司卸油工，具有国家工作人员身份。张某在日常工作中负责该公司卸油车辆安全检查、设施日常维护保养、站内各种设施（包括原油）的看守和保管工作。其次，最高人民法院《关于审理贪污、职务侵占案件如何认定共同犯罪几个问题的解释》第1条规定，行为人与国家工作人员勾结，利用国家工作人员的职务便利，共同侵吞、窃取、骗取或者以其他手段非法占有公共财物的，以贪污罪共犯论处。行为人与国家工作人员勾结，共同非法占有公共财物的行为，必须利用了国家工作人员的职务便利，如何界定职务上的便利，对于正确处理此案至关重要。认定是否利用职务之便，职务是基础，张某职务的设置与赋予应当是经过一定的组织形式，经过单位正式任命和委派的。从本案的事实来看，该公司对卸油工有明确的管理制度，责权明确。张某是该公司的卸油工，公司正式赋予其有主管、经管或经手本单位财物的权力，其利用工作上便利窃得公司财物的行为，属于“利用职务上便利”。本案中的犯罪嫌疑人王某和李某成功盗窃原油，正是利用了犯罪嫌疑人张某职务上的便利——卸油工看管、经手、管理原油的便利条件。

解答问题（2）：犯罪嫌疑人张某、王某和李某的行为构成盗窃罪的观点违背法理且于法无据。最高人民法院《关于审理贪污、职务侵占如何认定共同犯罪几个问题的解释》第3条的规定是专门针对不具有国家工作人员身份的人与国家工作人员共同犯罪情况的司法解释，持此观点的同志类推适用该条规定违背最基本的刑法理论。因此，不能对犯罪嫌疑人张某、王某和李某以盗窃罪的共犯追究刑事责任。

综上所述，犯罪嫌疑人张某、王某和李某的行为成立贪污罪的共同犯罪。

【课后作业】

1. 名词解释

贪污罪　挪用公款罪　受贿罪

2. 简述题

贪污罪与盗窃罪、诈骗罪、职务侵占罪和挪用公款罪的区别。

【拓展阅读】

1. 赵煜．惩治贪污贿赂犯罪实务指南．北京：法律出版社，2012.

2. 最高人民法院刑事审判庭一至五庭主办．中国刑事审判指导案例·贪污贿赂罪·渎职罪·军人违反职责罪：第六卷．北京：法律出版社，2012.

3. 林亚刚．贪污贿赂罪疑难问题研究．北京：中国人民公安大学出版社，2005.

4. 孙国详，魏昌东．反腐败国际公约与贪污贿赂犯罪立法研究．北京：法律出版社，2011.

5. 赵秉志．贪污贿赂犯罪的惩治与防范．北京：中国人民公安大学出版社，2010.

6. 有关刑事法律、政策的最新规定以及理论、实践的最新成果。

单元十

渎职罪

【知识目标】

理解渎职罪的概念与特征；掌握滥用职权罪等 9 个重点罪名的犯罪构成、认定及处罚规定；理解过失泄露国家秘密罪等 28 个次重点罪名的主要特征与处罚规定。

【能力目标】

能在司法实践中正确认定国家机关工作人员妨害国家机关正常活动行为的罪与非罪，区分此罪与彼罪以及重罪与轻罪。

【内容结构表】

<table>
<tr><td rowspan="3">渎职罪</td><td>概　述</td><td>概念</td><td>国家机关工作人员滥用职权、玩忽职守或者利用职权徇私舞弊，妨害国家机关的正常活动，致使国家和人民利益遭受重大损失的行为</td><td>特征</td><td>客体为国家机关的正常活动；客观方面多表现为结果犯；主观方面表现为故意或过失；主体为特殊主体</td><td>范围</td><td>《刑法》第 397 条至第 419 条，共计 37 个罪名</td></tr>
<tr><td>重点罪名（9）</td><td colspan="6">滥用职权罪，玩忽职守罪，故意泄露国家秘密罪，徇私枉法罪，民事、行政枉法裁判罪，枉法仲裁罪，私放在押人员罪，徇私舞弊减刑、假释、暂予监外执行罪，食品监管渎职罪（修正案八）</td></tr>
<tr><td>次重点罪名（28）</td><td colspan="6">过失泄露国家秘密罪，执行判决、裁定失职罪，执行判决、裁定滥用职权罪，失职致使在押人员脱逃罪，徇私舞弊不移交刑事案件罪，滥用管理公司、证券职权罪，徇私舞弊不征、少征税款罪，徇私舞弊发售发票、抵扣税款、出口退税罪，违法提供出口退税凭证罪，国家机关工作人员签订、履行合同失职被骗罪，违法发放林木采伐许可证罪，环境监管失职罪，传染病防治失职罪，非法批准征用、占用土地罪，非法低价出让国有土地使用权罪，放纵走私罪，商检徇私舞弊罪，商检失职罪，动植物检疫徇私舞弊罪，动植物检疫失职罪，放纵制售伪劣商品犯罪行为罪，办理偷越国（边）境人员出入境证件罪，放行偷越国（边）境人员罪，不解救被拐卖、绑架妇女、儿童罪，阻碍解救被拐卖、绑架妇女、儿童罪，帮助犯罪分子逃避处罚罪，招收公务员、学生徇私舞弊罪，失职造成珍贵文物损毁、流失罪</td></tr>
</table>

项目一　重点罪名

基本任务：理解、记忆 9 个重点罪名的犯罪构成及其处罚规定，并能在实践中熟练掌握其定罪与量刑。

【引例】被告人许某，在 1994—1999 年担任宁波市委书记期间，徇私支持和纵容宁波国际信托投资公司江东营业部违规经营，截至 1997 年 11 月底，造成国家资产损失及经营亏损总额达人民币 11.97 亿元；施加压力指示宁波日报社出资 9 000 万元购买港商钟某投资兴建的宁波华宏国际中心大楼，此楼因质量问题无法交付，造成了巨额经济损失；还要求金融机构给宁波五洲有限公司提供资金支持，后五洲公司资不抵债破产，致使金融机构对五洲公司超过 1 800 万元人民币和 540 万美元贷款均未收回。在上述过程中，许某的儿子和妻子先后收受江东营业部负责人吴某、港商钟某、五洲有限公司总经理胡某所送的超过 680 万元的巨额钱财。1999 年 9 月许某被刑事拘留，杭州市人民检察院以滥用职权罪对许某提起公诉。许某及其辩护人辩称起诉书指控被告人行为构成滥用职权罪的事实不清、证据不足，且其行为主要发生于 1997 年 10 月 1 日前，应适用 1979 年《刑法》，请求法庭对被告人从轻或减轻处罚。问：法院应如何判决？

【原理精读】

一、滥用职权罪

（一）概念

滥用职权罪，是指国家工作人员滥用职权，致使公共财产、国家和人民利益遭受重大损失的行为。

（二）犯罪构成

（1）客体是国家机关的正常管理活动。

（2）客观方面表现为滥用职权，致使公共财产、国家和人民利益遭受重大损失的行为。滥用职权即超越职权或不正当行使职权的行为，有两种表现形式：一是非法行使职权；二是超越职权范围，违法决定、处理其无权决定、处理的事项。本罪是结果犯，即行为人滥用职权的行为导致公共财产、国家和人民利益遭受了重大损失。重大损失即具有下列情形之一的：①导致造成死亡 1 人以上或者重伤 2 人以上，或者轻伤 5 人以上的；②造成直接经济损失 20 万元以上的；③造成有关公司、企业等单位停产、严重亏损、破产的；④严重损害国家声誉，或者造成恶劣社会影响的；⑤其他致使公共财产、国家和人民利益遭受重大损失的情形。

（3）主观方面表现为故意，即行为人明知自己滥用职权的行为会导致公共财产、国家和人民利益遭受重大损失的结果，并且希望或者放任这种结果发生的心理态度。

（4）主体是特殊主体，即只能是国家机关工作人员。

（三）认定

1. 罪与非罪的界限

关键在于两点：是否具有滥用职权的行为；滥用职权的行为造成的损失是否重大。

2. 此罪与彼罪的界限

滥用职权罪与刑法中一些特殊的滥用职权的犯罪。①滥用职权领域不同：本罪是一般领域；后罪是特殊领域。②适用法条不同：本罪适用普通法条；后罪适用特别法条。滥用职权罪与这些犯罪是普通法与特别法的关系。如果行为人的行为同时触犯本罪和其他有关条款规定的犯罪，应按照特别法条优先于普通法条的原则，按照特别法的规定定罪处罚。

（四）处罚

根据《刑法》第397条第1款的规定，犯本罪的，处3年以下有期徒刑或者拘役；情节特别严重的，处3年以上7年以下有期徒刑。国家机关工作人员徇私舞弊犯本罪的，依照《刑法》第399条第2款的规定，处5年以下有期徒刑或者拘役；情节特别严重的，处5年以上10年以下有期徒刑。

【法律链接】

1.《中华人民共和国刑法》（1997）第397条第1款*。

2.《中华人民共和国刑法》（1997）第399条第2款。

二、玩忽职守罪

（一）概念

玩忽职守罪，是指国家机关工作人员玩忽职守，致使公共财产、国家和人民利益遭受重大损失的行为。

（二）犯罪构成

（1）客体是国家机关的正常管理活动。

（2）客观方面表现为玩忽职守，致使公共财产、国家和人民利益遭受重大损失的行为。玩忽职守是指严重不负责任，不履行职责或不正确履行职责。玩忽职守可以表现为作为，也可以表现为不作为。本罪以造成公共财产、国家和人民利益的重大损失为要件。重大损失是指具备下列情形之一的：①造成死亡1人以上的，或者重伤3人以上的，或者轻伤10人以上的；②造成直接经济损失30万元以上的，或者直接经济损失不满30万元，但间接损失超过100万元的；③徇私舞弊，造成直接经济损失20万元以上的；④造成有关公司、企业等单位停产，严重亏损、破产的；⑤严重损害国家声誉，或者造成恶劣社会影响的；⑥海关、外汇管理部门的工作人员严重不负责任，造成巨额外汇被骗或者逃汇的；⑦其他导致公共财产、国家和人民利益遭受重大损失的情形。

（3）主观方面表现为过失。

（4）主体是特殊主体，即仅限于国家机关工作人员。

（三）认定

1. 罪与非罪的界限

关键在于两点：是否具有玩忽职守、严重不负责任的行为；是否造成公共财产、国家和人民利益的重大损失。

2. 此罪与彼罪的界限

（1）玩忽职守罪与重大责任事故罪。①客体不同：本罪是国家机关的正常管理活动；后罪是公共安全。②主体范围不同：本罪是国家机关工作人员；后罪可能是国家机关工作人员，主要是其他职工。③行为发生的场合不同：本罪发生在国家机关工作人员的管理活动中；后罪发生在生产、作业以及直接指挥作业的过程中。

（2）玩忽职守罪与滥用职权罪。①主观方面表现不同：本罪是过失；后罪是故意。②客观方面的行为表现不同：本罪可以表现为作为，也可以表现为不作为；后罪表现为积极实施某种行为。

（3）玩忽职守罪与其他玩忽职守犯罪。①主体范围不同：本罪是国家工作人员；后罪是特定的国家机关工作人员。②客体不同：本罪是国家机关的正常管理活动；后罪是特定的国家机关管理活动。③适用法律不同：本罪适用普通法；后罪适用特别法。如果行为人的行为同时触犯本罪和其他有关条款规定的犯罪，应当按照特别法的规定定罪处罚。

（四）处罚

根据《刑法》第397条的规定，犯本罪的，处3年以下有期徒刑或者拘役；情节特别严重的，处3年以上7年以下有期徒刑。如因徇私舞弊犯本罪的，处5年以下有期徒刑或者拘役；情节特别严重的，处5年以上10年以下有期徒刑。

【法律链接】

1. 《中华人民共和国刑法》（1997）第397条第2款*。
2. 《中华人民共和国刑法》（1979）第187条。

三、故意泄露国家秘密罪

（一）概念

故意泄露国家秘密罪，是指行为人违反保守国家秘密法的规定，故意泄露国家秘密，情节严重的行为。

（二）犯罪构成

（1）客体是国家的保密制度，即我国有关保守国家秘密的法规所形成的制度。

（2）客观方面表现为违反保守国家秘密法的规定，泄露国家秘密[①]，情节严重的行为。违反保守国家秘密法的规定即违反《保守国家秘密法》及其《实施办法》的规定。

（3）主体主要是国家机关工作人员，也可以是非国家机关工作人员。

（4）主观方面表现为故意，包括直接故意和间接故意。

（三）认定

1. 罪与非罪的界限

关键看两点：是否具有泄露国家秘密的行为，是否达到情节严重的程度，二者缺一不可。如果不属于情节严重，即使具有泄露行为亦不以该罪论处。这里的情节严重

---

① 所谓国家秘密，是指关系国家的安全和利益，依照法定程序确定，在一定时间内只限于一定范围人员知悉的事项。国家秘密分三级，即绝密、机密、秘密。所谓泄露，是指行为人将自己掌握或知道的国家秘密泄露给不应知悉的人。

情形，依照最高人民检察院的司法解释确定。

2. 此罪与彼罪的界限

（1）故意泄露国家秘密罪与为境外窃取、刺探、收买、非法提供国家秘密情报罪。①客体不同：本罪是国家的保密制度；后罪是国家安全。②对象不同：本罪是国家秘密；后罪是国家秘密和不属于国家秘密的情报。③主体范围不同：本罪主要是国家机关工作人员；后罪是一般主体。④客观行为不同：本罪是泄露国家秘密；后罪是为境外的机构、组织、人员窃取、刺探、收买、非法提供国家秘密和情报。⑤情节方面要求不同：本罪必须情节严重；后罪不要求情节严重。

（2）故意泄露国家秘密罪与非法获取国家秘密罪。①客体不同：本罪是国家保密制度；后罪是公共秩序。②行为方式不同：本罪将知悉和掌握的国家秘密泄露给不应知悉的人；后罪以窃取、刺探、收买方法非法获取国家秘密的行为。③主体范围不同：本罪主要是国家机关工作人员；后罪是一般主体。

（四）处罚

根据《刑法》第398条的规定，国家机关工作人员犯本罪的，处3年以下有期徒刑或者拘役；情节特别严重的，处3年以上7年以下有期徒刑。非国家机关工作人员犯泄露国家秘密罪的，依照上述规定酌情处罚。

【法律链接】

1. 《中华人民共和国刑法》（1997）第398条第1款*。
2. 《中华人民共和国刑法》（1979）第186条。

四、徇私枉法罪

（一）概念

徇私枉法罪，是指司法工作人员徇私枉法，徇情枉法，对明知是无罪的人而使他受到追诉，对明知是有罪的人而故意包庇使他不受追诉，或者在刑事审判活动中故意违背事实和法律作枉法裁判的行为。

（二）犯罪构成

（1）客体是国家司法机关的正常活动。

（2）客观方面表现为司法工作人员徇私、徇情而实施三种枉法行为：一是对明知是无罪的人而使他受追诉；二是对明知是有罪的人而故意包庇不使他受追诉；三是在刑事审判活动中故意违背事实和法律作枉法裁判。徇私是指为个人利益而枉法，主要是为贪图钱财而枉法。徇情是指出于照顾私人关系，袒护亲友或者泄愤报复而枉法。行为人员只要实施了上述三种行为之一，就可构成本罪。

（3）主体是特殊主体，只能由司法工作人员[①]构成。

（4）主观方面表现为故意。

（三）认定

1. 罪与非罪的界限

关键是看行为人是否出于徇私徇情而故意枉法追诉、包庇、裁判。行为人由于责

① 所谓司法工作人员，是指负有侦查、检察、审判、监管职责的工作人员。

任心不强，业务水平差，法律知识不足，造成认定事实错误，适用法律失当，导致误判、错判，是工作失误。

2. 此罪与彼罪的界限

(1) 徇私枉法罪与诬告陷害罪。①主体范围不同：本罪是特殊主体；后罪是一般主体。②客观方面不同：本罪行为人直接追诉无罪的人，是利用本身职权进行的；后罪行为人必须利用司法机关追诉无罪的人，没有利用职权的问题。

(2) 徇私枉法罪与包庇罪。①客观行为不同：本罪利用本人司法职务之便包庇有罪的人使他不受到追诉；后罪通过向司法机关作假证明包庇犯罪人。②主体不同：本罪是司法工作人员；后罪是一般主体。③客体不同：本罪是司法机关的正常活动及司法机关的公正性和威信；后罪是社会管理秩序中的司法秩序。

(四) 处罚

根据《刑法》第399条第1款的规定，犯本罪的，处5年以下有期徒刑或者拘役；情节严重的，处5年以上10年以下有期徒刑；情节特别严重的，处10年以上有期徒刑。司法工作人员贪赃枉法犯本罪，同时又构成受贿罪的，依照处罚较重的规定定罪处罚。

【法律链接】

《中华人民共和国刑法》(1997) 第399条第1款*。

五、民事、行政枉法裁判罪

(一) 概念

民事、行政枉法裁判罪，是指审判人员在民事、行政审判活动中，故意违背事实和法律，作枉法裁判，情节严重的行为。

(二) 犯罪构成

(1) 客体是司法机关的正常活动。

(2) 客观方面表现为审判人员在民事、行政审判中，违背事实和法律作枉法裁判，情节严重的行为。违背事实包括亲自篡改案件事实和明知当事人及代理人捏造虚假案件事实而予以采信。违背法律包括故意适用不应适用的法律和故意错误解释应当适用的法律条款。枉法裁判是指故意作出违背事实和法律的判决和裁定。情节严重是指具有下列情形之一的行为：枉法裁判致使当事人的经济利益遭受到重大损失的；枉法裁判引起当事人及其亲属自杀、伤残、精神失常的；伪造有关材料、证据，制造假案枉法裁判的；串通当事人制造伪证、毁灭证据或者篡改庭审笔录而枉法裁判的；其他情节严重的情形。

(3) 主体是特殊主体，即司法工作人员，具体指人民法院从事民事、行政审判工作的人员和有关主管人员。

(4) 主观方面表现为故意，即明知案件的真实事实，故意违背事实和法律作枉法裁判。

(三) 认定

1. 罪与非罪的界限

关键看是否为主观故意，行为人因工作严重不负责任或法律素质和业务水平不高而导致错判的，不能构成本罪。

2. 此罪与彼罪的界限

民事、行政枉法裁判罪与徇私枉法罪。①主体范围不同：本罪是审判机关工作人员；后罪是公安、安全、检察、审判、监管人员。②发生的诉讼环节不同：本罪发生在民事、行政审判活动中；后罪发生在刑事诉讼的侦查、检察、审判的过程中。③情节要求不同：本罪构成犯罪以“情节严重”为要件；后罪构成犯罪不要求情节严重。

（四）处罚

根据《刑法》第399条第2款的规定，犯本罪的，处5年以下有期徒刑或者拘役；情节特别严重的，处5年以上10年以下有期徒刑。根据该条第3款的规定，因收受贿赂而枉法裁判，同时构成本罪和受贿罪的，依照其中处罚较重的规定定罪处罚。

【法律链接】

《中华人民共和国刑法》（1997）第399条第2款*、第3款。

六、枉法仲裁罪①

（一）概念

枉法仲裁罪，是指依法承担仲裁职责的人员，在仲裁活动中，故意违背事实和法律作枉法裁决，情节严重的行为。

（二）犯罪构成

（1）客体是复杂客体，即侵犯了仲裁机构的正常仲裁秩序和当事人的合法权益。

（2）客观方面表现为行为人在仲裁②活动中，故意违背事实和法律作枉法裁决，情节严重的行为。违背事实是指违背为证据所证明的仲裁案件事实的行为，包括不认定有确实、充分证据所证实的事实；捏造案件事实，用伪造证据、毁灭证据等方式篡改事实；或者明知当事人及代理人捏造虚假事实而予以采信。违背法律是指违背实体法和程序法，包括故意适用不应当适用的法律和故意错误解释应当适用的法律条款。枉法裁决是指故意作出违背事实和法律的裁决。这里的“裁决”，是指已经作出的裁决，包括具有裁决效力的仲裁调解。“情节严重”是指枉法裁决，致使当事人的利益遭受重大损失的；引起当事人及其亲属自杀、伤残、精神失常的；伪造有关材料、证据，制造假案，枉法裁决的；串通当事人制造伪证、毁灭证据或者篡改庭审笔录而枉法裁决的等。

（3）主体是特殊主体，即依法承担仲裁职责的人员，具体应包括案件仲裁员和对仲裁负有职责的仲裁委员会主任、委员和秘书长。上述仲裁人员并不要求具有国家工作人员身份。

（4）主观方面表现为故意，即行为人明知案件的真实事实，故意违背事实和法律作枉法裁决。

---

① 本罪是2006年6月《中华人民共和国刑法修正案（六）》增设的一个罪名。

② 所谓仲裁，是指当事人在纠纷发生前后，自愿约定或依照法律规定，将纠纷交由仲裁机构依法作出裁决的纠纷解决机制。仲裁是一种国家法律特别授权和认可其裁决效力的“准司法活动”，因此，要求仲裁机构和负有仲裁职责的人员，必须公正、不偏不倚，依法裁决。

（三）认定

1. 罪与非罪的界限

关键看是否为主观故意，行为人因工作严重不负责任或业务水平不高而导致错误裁决的，不能构成本罪。

2. 此罪与彼罪的界限

枉法仲裁罪与民事、行政枉法裁判罪。①主体不同：本罪是依法负有仲裁职责的仲裁人员；后罪是人民法院从事审判的工作人员和有关主管人员。②客体不同：本罪是仲裁机构的正常秩序和当事人的合法权益；后罪是司法机关的正常活动。③发生场合不同。本罪发生在仲裁机构仲裁过程中；后罪发生在人民法院民事、行政审判过程中。

（四）处罚

根据《刑法》第 399 条之一的规定，犯本罪的，处 3 年以下有期徒刑或者拘役；情节特别严重的，处 3 年以上 7 年以下有期徒刑。

【法律链接】

《中华人民共和国刑法》（1997）第 399 条之一 * 。

七、私放在押人员罪

（一）概念

私放在押人员罪，是指司法工作人员，利用职务上的便利私自非法释放犯罪嫌疑人、被告人或者罪犯的行为。

（二）犯罪构成

（1）客体是司法机关的正常活动和监管制度。

（2）客观方面表现为行为人利用职务上的便利，私自非法释放在押人员的行为。在押人员，包括犯罪嫌疑人、被告人和罪犯。非法释放包括利用职务上的便利，将在押人员直接释放或伪造法律文书释放或提供脱逃条件，帮助脱逃。非法释放的地点可以在关押场所、狱外作业场所或押解途中。

（3）主体是特殊主体，即司法工作人员。

（4）主观方面表现为故意。

（三）认定

1. 罪与非罪的界限

关键看是否具有故意的主观表现和非法释放的行为，因警惕性不高等过失而致在押人员脱逃的，不构成本罪。

2. 本罪既遂与未遂的界限

本罪既遂与未遂的标准，是在押人员是否脱离司法工作人员的实际控制范围。脱离即为既遂，反之为未遂。

3. 此罪与彼罪的界限

私放在押人员罪与脱逃罪共犯。非司法工作人员帮助在押人员脱逃的，以脱逃罪共犯处理。司法工作人员私放在押人员并未利用自己的职务便利，不构成本罪，应以脱逃罪共犯论处。

（四）处罚

根据《刑法》第400条第1款的规定，犯本罪的，处5年以下有期徒刑或者拘役；情节严重的，处5年以上10年以下有期徒刑；情节特别严重的，处10年以上有期徒刑。

【法律链接】

1.《中华人民共和国刑法》（1997）第400条第1款＊。

2.《中华人民共和国刑法》（1979）第190条。

八、徇私舞弊减刑、假释、暂予监外执行罪

（一）概念

徇私舞弊减刑、假释、暂予监外执行罪，是指司法工作人员徇私舞弊，对不符合减刑、假释、暂予监外执行条件的罪犯予以减刑、假释、暂予监外执行的行为。

（二）犯罪构成

（1）客体是司法机关的正常活动及威信。

（2）客观方面表现为徇私舞弊，对不符合减刑、假释或者暂予监外执行条件的罪犯，予以减刑、假释、暂予监外执行。本罪的行为方式主要有两种：一是刑罚执行机关工作人员因徇私利、徇私情，上报虚假材料；二是有权决定的机关的工作人员因徇私利、徇私情，非法地作出裁定、决定。

（3）主体是司法工作人员，具体指具有报请、裁定或决定减刑、假释、暂予监外执行职权的司法机关工作人员。

（4）主观方面表现为故意，动机是徇私利、徇私情。

（三）认定

罪与非罪。关键看是否为主观故意、是否徇私利和私情。

（四）处罚

根据《刑法》第401条的规定，犯本罪的，处3年以下有期徒刑或者拘役；情节严重的，处3年以上7年以下有期徒刑。

【法律链接】

《中华人民共和国刑法》（1997）第401条＊。

九、食品监管渎职罪[①]（修正案八）

（一）概念

食品监管渎职罪，是指负有食品安全监督管理职责的国家机关工作人员，滥用职权或者玩忽职守，导致发生重大食品安全事故或者造成其他严重后果的行为。[②]

---

① 本罪为2011年2月《中华人民共和国刑法修正案（八）》所增加，第408条之一。

② 根据《中华人民共和国食品安全法》第99条的规定："食品，指各种供人食用或者饮用的成品和原料以及按照传统既是食品又是药品的物品，但是不包括以治疗为目的的物品。食品安全，指食品无毒、无害，符合应当有的营养要求，对人体健康不造成任何急性、亚急性或者慢性危害。食品安全事故的界定，指食物中毒、食源性疾病、食品污染等源于食品，对人体健康有危害或者可能有危害的事故。"

（二）犯罪构成

（1）客体可认定为食品监管机关的正常监督管理活动，同时侵犯公共和个人的合法权益。

（2）客观方面表现为，负有食品安全监管职责的相关工作人员滥用职权或者玩忽职守，导致发生重大食品安全事故或者发生其他严重后果的行为。食品安全监管滥用职权的行为是指不依法行使食品安全监管职务上的权力的行为，既包括非法地行使本人职务范围内的权力，也包括超越本人职权范围而实施的有关行为。食品安全监管玩忽职守的行为是指严重不负责任，不履行职责或者不正确履行职责的行为，如擅离职守、马虎行事、搪塞敷衍等。不履行，是指行为人应当履行且有条件、有能力履行职责，但违背职责没有履行，其中包括擅离职守的行为；不正确履行，是指在履行职责的过程中，违反职责规定，马虎草率、粗心大意。重大食品安全事故的界定，在相关司法解释出台之前，参见国务院发布的《国家重大食品安全事故应急预案》。

（3）主体是特殊主体，指负有食品安全监督管理职责的国家机关工作人员，即卫生行政、农业行政、质量监督、工商行政管理、食品药品监督管理部门的工作人员。

（4）主观上表现为过失，指应当预见自己玩忽职守或滥用职权的行为可能导致发生重大食品安全事故或者造成其他严重后果，或者已经预见而轻信能够避免。行为人玩忽职守或滥用职权的行为是故意的，但对损害结果的发生是过失的。

（三）认定

1. 罪与非罪的界限

关键看渎职行为是否发生在食品安全监管领域、是否造成“重大食品安全事故”或者“其他严重后果”，二者须同时具备才构成本罪。

2. 此罪与彼罪的界限

食品监管渎职罪与商检徇私舞弊罪、商检失职罪、动植物检疫徇私舞弊罪、动植物检疫失职罪、放纵制售伪劣商品犯罪行为罪。客体和行为后果不同：本罪属于食品安全监管领域的渎职行为，且造成重大食品安全事故或其他严重后果；后罪属于非食品安全监管领域的应受刑罚处罚的行为。

（四）处罚

根据《刑法》第408条之一的规定，犯本罪的，处5年以下有期徒刑或者拘役；造成特别严重后果的，处5年以上10年以下有期徒刑。徇私舞弊犯前款罪的，从重处罚。

【法律链接】

1. 《中华人民共和国刑法》（2011）第408条之一*。
2. 《中华人民共和国食品安全法》（2009）第98条、第99条。
3. 《中华人民共和国刑法修正案（八）》（2011）。

【实务操练】

一、示范引导训练

案例：见前面的【引例】。

基本步骤：

1. 学生集体阅读案例。

2. 教师提出问题。

问题（1）：许某及其辩护人辩称其构成滥用职权罪的事实不清、证据不足，是否成立？为什么？

问题（2）：检察机关公诉适用《刑法》第397条第2款是否不当？为什么？

问题（3）：应当如何处罚许某？为什么？

3. 教师引导分析。

问题（1）：考虑犯罪的基本特征、犯罪构成。

问题（2）：了解许某滥用职权行为的时间。

问题（3）：考虑个罪相关处罚规定。

4. 教师总结。

具体见本单元后面的【引例评析】。

二、学生互动训练

基本步骤：

1. 按问题需要对学生进行分组。
2. 以组为单位让学生自行开展讨论。
3. 各组学生内部选出代表拟订应答方案。
4. 各组代表应答，阐述观点及其理由。
5. 学生自我评价实训效果。
6. 教师简要点评与总结。

案例1：李某，原北京房山区大安山乡政府副乡长，负责大安山乡的煤矿安全生产工作。其辖区的北京兴苑煤矿1112采区，因未通过房山区安监局的安全认证于2005年10月被责令关闭。2006年2月至6月间，矿主私自拆封，招募矿工非法采煤，大安山乡矿山巡查大队巡查发现后向乡长蔡某、主管副乡长李某进行了汇报，房山区矿山执法大队多次建议大安山乡政府采取措施，乡长蔡某曾于3月、4月两次责成李某向所在西苑村发出通知，要求组织人员封堵井口、遣散所有务工人员。对此，西苑村党支部及村委会并未执行，李某亦未监督落实，始终没有采取措施对该煤矿的盗采活动进行制止。6月2日凌晨3点，矿井发生塌冒，3名采煤人员被埋身亡。问：

（1）李某的行为是否构成玩忽职守罪？为什么？

（2）检察机关应当如何处理？为什么？

案例2：吕某，南京市某教育培训机构的讲师，经常对参加自考、成教类的考生作考前辅导。张某，在南京某指挥学院负责教育工作，两人经朋友介绍认识。一日张某告诉吕某，他可以提前领到自考试卷，只要吕某在培训机构以军内招生的名义替他招收南京市的自考考生，招生所收的费用两人五五分成，吕某答应了张某的要求。2005年10月25、26日，张某提前拿到《财务管理学》《国际贸易理论与实务》2份自考试卷，复印后交给吕某，由吕某找朱某、王某等人代做答案并支付辛苦费。朱某觉得可疑，于26日下午到江苏省高等教育自考办检举了吕某找他做试卷之事，并将自己所做的财务管理学答案提供给了自考办。自考办人员进行查看后，确认朱某所做的试卷的确是考试用卷。于是立即提交检察院，并在南京市区临时启用《财务管理学》B卷。问：

（1）吕某的行为是否构成犯罪？如果构成犯罪，何罪？为什么？

（2）吕某、张某的行为是否有主犯、从犯之分？为什么？

（3）张某是同案审判还是由军事法庭审判？为什么？

案例3：陈某，原武平县公安局森林分局下坝森林派出所所长。2002年6月，下坝村的邱某在未办理林木采伐许可证的情况下组织人员在其责任山上砍伐杉原木20多立方米。下坝林业工作站人员检查发现后，将此事报告被告人陈某，并于9月将滥伐林木事件移交至森林派出所查处。之后邱某向陈某承认其无证砍伐20多立方米，先后两次请陈某等人到饭店喝酒，请求陈某不要追究其刑事责任。11月，龙岩市林业局到下坝村采伐山场进行伐区质量抽查时，亦发现无证砍伐之事，要求陈某抓紧调查处理，但陈某直至案发仍未对邱某滥伐林木一案依法提请立案、侦查，也未向上级报告，致使邱某等人未被刑事追诉。陈某在武平县检察院立案前，主动到武平县人民检察院交代了其涉嫌徇私枉法的犯罪事实。问：

（1）检察机关对被告人陈某构成徇私枉法罪的指控能否成立？为什么？

（2）被告人陈某是否存在从轻处罚的量刑情节？为什么？

案例4：王某，原鄂州市华容区人民法院副院长。郑某，原该法院审判员。2006年6月，武汉某房地产公司法人代表任某为了达到控制公司资产的目的，与他人合谋查封公司开发的楼盘，以给好处费为条件，要求王某违法受理此案。王某在明知华容区法院无权管辖该案的情况下，仍同意受理了此民事案件，并指使郑某具体承办。王某签发了任某与书记员虚拟的合议庭同意笔录，于2007年3月17日，在没有其他合议庭成员参加的情况下，由郑某在王某妻子所开设的某餐馆包房里，“开庭”审理了这起民事案件，郑某指使书记员在庭审记录中编造了开庭时间和地点。6月12日，郑某在未经合议庭允许的情况下，再次下达裁定书，对该楼盘再次进行查封，并依据购房需要随时对该项目解封。由于上述人员的行为，使得该项目近亿元销售收入为任某所控制，致使其他股东权益受损。经查，王某在此期间收受好处费3.7万元。问：

（1）王某与郑某的行为构成了什么罪？为什么？

（2）检察机关应当如何处理？为什么？

案例5：陈某，江苏省如东县仲裁委员会仲裁员，对朋友很是仗义。2011年的一天，陈某接到朋友刘某的电话，刘某侄女顾某在上夜班途中遭遇交通事故，被认定为工伤，顾某为此向劳动人事争议仲裁院提出要求公司支付医疗费等相关费用的请求。刘某电话咨询之余，多次明里暗里请求陈某在仲裁时给予帮忙。陈某为还朋友人情，在出具的仲裁裁定书中，故意违背事实，出具虚假说明，认定公司未为职工顾某缴纳工伤保险，又故意隐瞒顾某已经报支的医疗费、一次性伤残补助金、鉴定费人民币共52 558.45元的事实，将该部分费用裁定由被申请人陶某等人再次支付。问：

（1）陈某行为构成了什么罪？为什么？

（2）检察机关应当如何处理？为什么？

案例6：王某，男，49岁。谢某，男，39岁。两人原系东方市公安局第一看守所民警。2001年4月5日下午，被告人王某利用其当班的便利，私自将因犯故意杀人罪被判处13年有期徒刑的罪犯黄某从看守所监仓带出办公区，然后打传呼机让谢某回到所里。王某对谢某讲其欲放黄某回去拜清明，谢某听后即叫王某应事先向所长汇报、请示，然后便走开了。当天下午，王某还是准许黄某离所出走，致使黄某至今未归。案发当天，谢某值副班，无看守监仓人犯的任务。问：

（1）王某行为构成私放在押人员罪还是失职致使在押人员脱逃罪？为什么？

（2）王某行为应如何判决？为什么？

（3）谢某行为有没有构成犯罪？为什么？

案例7：何某、吴某，分别系某县看守所原所长、指导员。2005年2月至8月期间，被告人何某先后收受在押人员周某（因涉嫌挪用资金罪、虚报注册资本罪于2005年1月被关押在该县看守所）及其亲友现金10.5万元以及总价值1万余元的中华香烟19条，并将其中现金5 000元分给吴某。吴某还另行收受周某及其亲友现金6 888元、价值2 200元的手机1部以及总价值1 200元的中华香烟2条。何某、吴某收受他人贿赂后，先后共6次允许或安排周某离开该看守所，与亲友会面、与家人团聚，脱离监管，独自行动，有时甚至长达三天之久。何某、吴某在得知某市中级人民法院判处周某有期徒刑7年并已送达执行通知书后，明知应当依法将周某交付监狱执行，但却反而应周某要求，共同在某医院为其开具了虚假病情证明，办理了保外就医手续，直至案发。问：

（1）何某、吴某的行为涉及受贿罪、私放在押人员罪和徇私舞弊暂予监外执行罪，是构成一罪还是数罪？为什么？

（2）检察机关应当如何处理？为什么？

案例8：卜某，深圳某街道办执法队协管员，负责该街道南片区的对私设屠宰场（点）、非法屠宰畜禽行为的查处工作。2010年11月，光明执法队根据群众举报查处了钟某专门私宰死、病、残猪的私宰场。事后，钟某找到执法队长潘某说情，潘某在明知钟某私宰的是死、病、残猪的情况下，仍多次暗示下属人员张某、被告人卜某对其关照。卜某同意关照，并和钟某谈好按每月2 000元人民币的标准支付好处费。卜某多次接受钟某的吃请，先后四次在查处钟某私宰点行动前给其通风报信，使钟某逃避查处。2012年4月10日，街道办组织联合检查，查处了钟某的私宰场，现场查获死、病、残猪12头，交执法队处理后，钟某找到潘某和卜某说情，潘某默许后，卜某将查获的12头死猪抛到了钟某指定的鱼塘，钟某又叫人把猪肉捞回卖掉。钟某屠宰场出售猪肉共计233 437斤，金额共计人民币735 265.70元；共收取加工死猪982头，金额共计人民币19 810.00元。现场查获的猪肉样本经检验，大肠菌群、磺胺类超标；口蹄疫病毒、圆环病毒、高致病性蓝耳病毒呈阳性。问：卜某的行为构成了什么罪，为什么？

项目二　次重点罪名

基本任务：理解与了解28个次重点罪名的主要特征与处罚规定。

一、过失泄露国家秘密罪（第398条第2款）

（1）概念。国家机关工作人员违反保守国家秘密法的规定，过失泄露国家秘密，情节严重的行为。

（2）犯罪构成特点。客体为国家保密制度。主体一般情况下为特殊主体，即国家机关工作人员，但非国家机关工作人员亦可构成过失泄露国家秘密罪。在主观方面表现为过失，如疏忽大意、工作马虎、盲目自信等，而非出于故意。

（3）处罚。3 年以下有期徒刑或者拘役；3 年以上 7 年以下有期徒刑。

二、执行判决、裁定失职罪（第 399 条第 3 款）

（1）概念。司法工作人员在执行判决、裁定活动中，严重不负责任或者滥用职权，不依法采取诉讼保全措施、不履行法定执行职责，致使当事人或者其他人的利益遭受重大损失的行为。

（2）犯罪构成特点。客体为司法机关的正常活动及威信。主体为特殊主体，即司法机关中依法负有执行判决、裁定职责的工作人员。主观方面表现是过失，即应当预见到执行判决、裁定失职行为可能致使当事人或者其他人的利益遭受重大损失，因为疏忽大意而没有预见，或者已经预见而轻信能够避免。

（3）处罚。5 年以下有期徒刑或者拘役；5 年以上 10 年以下有期徒刑。司法工作人员收受贿赂，同时构成本罪和受贿罪的，依照处罚较重的规定定罪处罚。

三、执行判决、裁定滥用职权罪（第 399 条第 4 款）

（1）概念。司法工作人员在执行判决、裁定活动中，滥用职权，违法采取诉讼保全措施、强制执行措施，致使当事人或者他人的利益遭受重大损失的行为。

（2）犯罪构成特点。客体为司法机关的正常活动及威信。主体为特殊主体，即司法机关中依法负有执行判决、裁定职责的工作人员。主观方面表现为故意，明知是滥用执行判决、裁定职权的行为而有意实施。

（3）处罚。5 年以下有期徒刑或者拘役；5 年以上 10 年以下有期徒刑。司法工作人员收受贿赂，同时构成本罪和受贿罪的，依照处罚较重的规定定罪处罚。

四、失职致使在押人员脱逃罪（第 400 条第 2 款）

（1）概念。司法工作人员由于严重不负责任，不履行或不认真履行职责，致使在押的犯罪嫌疑人、被告人或者罪犯脱逃，造成严重后果的行为。

（2）犯罪构成特点。客体为司法机关对在押人员的正常监管活动。严重后果是指致使依法可能被判处或者已经判处 10 年以上有期徒刑、无期徒刑、死刑的犯罪嫌疑人、被告人或者罪犯脱逃的；三次以上致使犯罪嫌疑人、被告人、罪犯脱逃的；犯罪嫌疑人、被告人、罪犯、被监管人脱逃以后，打击报复控告人、检举人、被害人、证人和司法工作人员等，或者连续犯罪，危害社会的等。主体为特殊主体，即司法工作人员。主观方面表现为过失。

（3）处罚。3 年以下有期徒刑或者拘役；3 年以上 10 年以下有期徒刑。

五、徇私舞弊不移交刑事案件罪（第 402 条）

（1）概念。行政执法人员在行政执法过程中徇私舞弊，对依法应当移交司法机关追究刑事责任的案件故意不移交，情节严重的行为。

（2）犯罪构成特点。客体为行政执法机关的正常活动和国家法律的尊严。依法应当移交的刑事案件不移交是指行为人在行政执法活动中，明知他人的行为已经构成犯罪，应当交由司法机关追究刑事责任的却不移交，而使其逃避刑事责任追究的行为。

情节严重是指多次不移交应移交的刑事案件；对重大刑事案件不移交；不移交刑事案件造成严重后果或恶劣影响的等等。主体为特殊主体，即行政执法人员。主观方面表现为故意，动机是徇私情、私利。

（3）处罚：3 年以下有期徒刑或者拘役；3 年以上 7 年以下有期徒刑。

六、滥用管理公司、证券职权罪（第 403 条）

（1）概念。国家有关主管部门的国家机关工作人员徇私舞弊、滥用职权，对不符合法律规定条件的公司设立、登记申请或者股票、债券发行、上市申请，予以批准或者登记，致使公共财产、国家和人民利益遭受重大损失的行为。

（2）犯罪构成特点。客体为公司设立审批、登记机关和股票、债券发行、上市审批机关的正常活动。重大损失主要是指造成巨大直接经济损失的，或造成恶劣的政治影响的等情况。主体为特殊主体，即国家有关主管部门的国家机关工作人员。主观方面必须是出于故意。

（3）处罚。5 年以下有期徒刑或拘役。上级部门强令登记机关及其工作人员实施本条所定行为的，对其直接负责的主管人员，依照上述的规定处罚。

七、徇私舞弊不征、少征税款罪（第 404 条）

（1）概念。税务机关的工作人员徇私舞弊，不征或者少征应征税款，致使国家税收遭受重大损失的行为。

（2）犯罪构成特点。客体为国家的税收征收管理制度和国家税收机关的正常管理活动。重大损失是指为徇私情、私利，违反规定，对应当征收的税款擅自决定停征、减征或者免征，或者伪造材料，隐瞒情况，弄虚作假，不征、少征应征税款，致使国家税收损失累计达 10 万元以上的；或徇私舞弊不征、少征税款不满 10 万元，但具有索取或者收受贿赂或者其他恶劣情节的。本罪属结果犯，行为方式属于不作为的犯罪。主体为特殊主体，即税务机关的工作人员。主观方面表现为故意。

（3）处罚。5 年以下有期徒刑或者拘役；5 年以上有期徒刑。

八、徇私舞弊发售发票、抵扣税款、出口退税罪（第 405 条）

（1）概念。税务机关的工作人员违反法律、行政法规的规定，在办理发售发票、抵扣税款、出口退税工作中，徇私舞弊，致使国家利益遭受重大损失的行为。

（2）犯罪构成特点。客体为税务机关的正常工作秩序。主体为特殊主体，即税务机关的工作人员。主观方面表现为故意，出于徇私的动机。

（3）处罚。5 年以下有期徒刑或者拘役；5 年以上有期徒刑。

九、违法提供出口退税凭证罪（第 405 条）

（1）概念。其他国家机关工作人员违反国家规定，在提供出口货物报关单、出口收汇核销单等出口退税凭证的工作中，徇私舞弊，致使国家利益遭受重大损失的行为。

（2）犯罪构成特点。客体为国家的税收管理制度和国家机关的正常管理活动。主体为特殊主体，即税务机关以外的其他国家机关的工作人员。主观方面表现为故意，明知自己的行为是违反国家有关规定的、可能致使国家利益遭受重大损失，而对此后果持希望或放任的态度。

（3）处罚。5 年以下有期徒刑或者拘役；5 年以上有期徒刑。

十、国家机关工作人员签订、履行合同失职被骗罪（第 406 条）

（1）概念。国家机关工作人员在签订、履行合同过程中，因严重不负责任被诈骗，致使国家利益遭受重大损失的行为。

（2）犯罪构成特点。客体为国家机关正常的合同管理秩序和国家财产利益。失职是指严重不负责任，即不履行或者不正确履行签订、履行合同时应尽的职责；重大损失是指造成直接经济损失 30 万元以上或者其他致使国家利益遭受重大损失的情形。主体为特殊主体，即国家机关工作人员。主观方面表现为过失。

（3）处罚。3 年以下有期徒刑或者拘役；3 年以上 7 年以下有期徒刑。

十一、违法发放林木采伐许可证罪（第 407 条）

（1）概念。林业主管部门的工作人员违反森林法的规定，超过批准的年采伐限额发放采伐许可证或者违反规定滥发林木采伐许可证，情节严重，致使森林遭受严重破坏的行为。

（2）犯罪构成特点。客体为国家的林业管理制度和管理活动。主体为特殊主体，即林业主管部门的工作人员。主观方面表现为过失。

（3）处罚。3 年以下有期徒刑或者拘役。

十二、环境监管失职罪（第 408 条）

（1）概念。负有环境保护监督管理职责的国家机关工作人员严重不负责任、导致发生重大环境污染事故，致使公私财产遭受重大损失或者造成人身伤亡的严重后果的行为。

（2）犯罪构成特点。客体为国家环境保护机关的监督管理活动和国家对保护环境防治污染的管理制度。严重后果是指造成直接经济损失 30 万元以上的；造成人员死亡 1 人以上，或者重伤 3 人以上，或者轻伤 10 人以上的；使一定区域内的居民的身心健康受到严重危害的等。主体为特殊主体，即负有环境保护监督管理职责的国家机关工作人员。主观方面表现为过失，或放任的间接故意。

（3）处罚。3 年以下有期徒刑或者拘役。

十三、传染病[1]防治失职罪（第 409 条）

（1）概念。从事传染病防治的政府卫生行政部门的工作人员严重不负责任、导致传染病传播或者流行，情节严重的行为。

（2）犯罪构成特点。客体为国家对传染病防治的管理制度。导致传染病传播或者流行是指致使传染病通过一定的途径播散给其他健康的人，致使一个地区某种传染病发病率显著超过该病历年的一般发病率水平。主体为特殊主体，即从事传染病防治的

---

① 传染病，是指由于致病性微生物，如细菌、病毒、立克次体、寄生虫等侵入，发生使人体健康受到某种损害以及危及生命的一种疾病，可以通过不同方式直接或间接地传播，造成人群中传染病的发生或者流行。

政府卫生行政部门的工作人员。主观上只能为过失。

（3）处罚。2 年以下有期徒刑或者拘役。

十四、非法批准征用、占用土地罪（第 410 条）

（1）概念。国家机关工作人员徇私舞弊，违反土地管理法规，滥用职权，非法批准征用、占用土地，情节严重的行为。

（2）犯罪构成特点。客体为国家的土地管理制度。滥用职权，非法批准征用、占用土地是指滥用手中权力，没有批准权而批准征用、占用土地，或者虽有批准权，却超越权限批准征用、占用土地。主体为特殊主体，即国家机关工作人员。主观方面表现为故意。

（3）处罚。3 年以下有期徒刑或者拘役；3 年以上 7 年以下有期徒刑。

十五、非法低价出让国有土地使用权罪（第 410 条）

（1）概念。国家机关工作人员徇私舞弊，违反土地管理法规，滥用职权，非法低价出让国有土地使用权，情节严重的行为。

（2）犯罪构成特点。客体为国家的土地管理制度。情节严重是指非法低价出让国有土地使用权 2 公顷（30 亩）以上，并且价格低于规定的最低价格的 60% 的；非法低价出让国有土地使用权的数量虽未达到上述标准，但造成国有土地资产流失价值 20 万元以上或者植被遭到严重破坏的；非法低价转让国有土地使用权，影响群众生产、生活，引起纠纷，造成恶劣影响或其他严重后果的等等。主体为国家机关工作人员。主观方面表现为故意，动机是徇私情、私利。

（3）处罚。3 年以下有期徒刑或者拘役；3 年以上 7 年以下有期徒刑。

十六、放纵走私罪（第 411 条）

（1）概念。海关工作人员徇私舞弊，放纵走私，情节严重的行为。

（2）犯罪构成特点。客体为国家的海关监管制度。放纵走私是指放任、纵容走私。情节严重是指多次放纵走私的；放纵走私犯罪的；因放纵走私致使国家应收税额损失累计 10 万元以上的；因收受贿赂而放纵走私的等等。主体为特殊主体，即海关工作人员。主观方面表现为故意，动机是徇私情、私利。

（3）处罚。5 年以下有期徒刑或者拘役；5 年以上有期徒刑。

十七、商检徇私舞弊罪（第 412 条）

（1）概念。国家商检部门、商检机构的工作人员徇私舞弊，故意伪造检验结果的行为。

（2）犯罪构成特点。客体为国家进出口商品检验部门、机构及其他有关机关的正常活动。表现形式是指对不合格的商品做检验合格的结果，对合格的商品做检验不合格的结果；为出具检验证书更换检验标的物；或者直接篡改检验证书等等。本罪是行为犯，只要行为人实施了伪造检验结果的行为就构成了犯罪，造成严重后果是加重情节。主体为特殊主体，即国家商检部门、商检机构的工作人员。主观方面表现为故意。

（3）处罚。5 年以下有期徒刑或者拘役；5 年以上 10 年以下有期徒刑。

十八、商检失职罪（第 412 条）

（1）概念。国家商检部门、商检机构的工作人员严重不负责任，对应当检验的物品不检验，或者延误检验出证、错误出证，致使国家利益遭受重大损失的行为。

（2）犯罪构成特点。客体为国家进出口商品检验部门、机构及其他有关机关的正常活动。本罪为结果犯，只有使国家利益遭受重大损失的才构成犯罪。主体为特殊主体，即国家商检部门、商检机构的工作人员。主观方面表现为过失。

（3）处罚。3 年以下有期徒刑或者拘役。

十九、动植物检疫徇私舞弊罪（第 413 条）

（1）概念。动植物检疫机关的检疫人员徇私舞弊，伪造检疫结果的行为。

（2）犯罪构成特点。客体为国家对进出境动植物检疫管理秩序。表现方式是指采取伪造、变造的手段对检疫的单证、印章、标志、封识等作虚假的证明或出具不真实的结论，将合格检为不合格，或者将不合格检为合格等。构成本罪不要求造成严重后果，造成严重后果是加重情节。主体为特殊主体，即动植物检疫机关的检疫人员。主观方面表现为故意。动机为徇私情、私利。

（3）处罚。5 年以下有期徒刑或者拘役；5 年以上 10 年以下有期徒刑。

二十、动植物检疫失职罪（第 413 条）

（1）概念。动植物检疫机关的检疫人员严重不负责任，对应当检疫的物品不检疫或者延误检疫出证、错误出证，致使国家遭受重大损失的行为。

（2）犯罪构成特点。客体为国家动植物检疫机关的正常活动。重大损失是指致使国家遭受重大经济损失，引起动植物疫情或者引起动植物疫情严重后果的；严重影响国家对外贸易关系，损害国家的声誉等。主体为特殊主体，即动植物检疫机关的检疫人员。主观方面表现为过失。

（3）处罚。3 年以下有期徒刑或者拘役。

二十一、放纵制售伪劣商品犯罪行为罪（第 414 条）

（1）概念。对生产、销售伪劣商品犯罪行为负有追究责任的国家工作人员，徇私舞弊，不履行法律规定的追究职责，情节严重的行为。

（2）犯罪构成特点。客体为国家对产品质量的监督管理制度。表现形式是不作为。主体为特殊主体，即对生产、销售伪劣商品犯罪行为负有追究责任的国家工作人员。主观方面表现为故意，明知是有生产、销售伪劣商品犯罪行为的犯罪分子而不予追究刑事责任，动机是徇私。

（3）处罚。5 年以下有期徒刑或者拘役。

二十二、办理偷越国（边）境人员出入境证件罪（第 415 条）

（1）概念。负责办理护照、签证以及其他出入境证件的国家机关工作人员，对明知是企图偷越国（边）境的人员，予以办理出入境证件的行为。

（2）犯罪构成特点。客体为国家的出入境管理制度。主体为特殊主体，即负责办理护照、签证以及其他出入境证件的国家机关工作人员。主观方面表现为故意，明知他人是企图偷越国（边）境的人员而故意给其办理出入境证件。

（3）处罚。3年以下有期徒刑或者拘役；3年以上7年以下有期徒刑。

二十三、放行偷越国（边）境人员罪（第415条）

（1）概念。负责办理护照、签证以及其他出入境证件的国家机关工作人员，对明知是偷越国（边）境的人员，予以放行的行为。

（2）犯罪构成特点。客体为国家的出入境管理制度。主体为特殊主体，即边防、海关等国家机关工作人员。主观方面为故意，明知是采取持伪造或变造的护照、偷渡等手段偷越国（边）境的人员，而故意予以放行。

（3）处罚。3年以下有期徒刑或者拘役；3年以上7年以下有期徒刑。

二十四、不解救被拐卖、绑架妇女、儿童罪（第416条）

（1）概念。对被拐卖、绑架的妇女、儿童负有解救职责的国家机关工作人员，接到被拐卖、绑架的妇女、儿童及其家属的解救要求或者接到他人的举报，而对被拐卖的妇女、儿童不进行解救，造成严重后果的行为。

（2）犯罪构成特点。客体为国家机关的正常管理活动和被拐卖、绑架妇女、儿童的人身权利。严重后果是指造成被害人自杀、自残、精神失常或被转移、隐匿、转卖，不能及时解救或造成恶劣影响等等。主体为特殊主体，具体指对被拐卖、绑架的妇女、儿童负有解救职责的国家机关工作人员。主观方面表现为故意，即故意对被拐卖、绑架的妇女、儿童不解救。

（3）处罚。处5年以下有期徒刑或者拘役。

二十五、阻碍解救被拐卖、绑架妇女、儿童罪（第416条）

（1）概念。对被拐卖、绑架的妇女、儿童负有解救职责的国家机关工作人员，利用职务阻碍解救被拐卖、绑架的妇女、儿童的行为。

（2）犯罪构成特点。客体为国家机关的正常活动和被拐卖、绑架妇女、儿童的人身权利。阻碍解救是指设置各种障碍，妨碍他人解救被拐卖、绑架的妇女、儿童，如组织群众围攻解救人员，为违法犯罪分子通风报信等。主体为特殊主体，即对被拐卖、绑架的妇女、儿童负有解救职责的国家机关工作人员。主观方面表现为直接故意。

（3）处罚。2年以下有期徒刑或者拘役；2年以上7年以下有期徒刑。

二十六、帮助犯罪分子逃避处罚罪（第417条）

（1）概念。负有查禁犯罪职责的国家机关工作人员，向犯罪分子通风报信、提供便利，帮助犯罪分子逃避处罚的行为。

（2）犯罪构成特点。客体为国家有关机关查禁犯罪的正常活动。所帮助的对象只能是犯罪分子。主体为特殊主体，即负有查禁犯罪职责的国家机关工作人员。主观方面表现为故意。

（3）处罚。3年以下有期徒刑或者拘役；3年以上10年以下有期徒刑。

二十七、招收公务员、学生徇私舞弊罪（第418条）

（1）概念。国家机关工作人员在招收公务员、学生工作中徇私舞弊，情节严重的行为。

（2）犯罪构成特点。客体为国家招收公务员、学生的正常管理活动。学生是指省级以上教育行政部门组织招收的学生。徇私舞弊是指出于私情私利，在招收公务员、学生工作中，违反有关法律法规，弄虚作假，对明知不符合条件的人员予以招收。主体为特殊主体，即国家机关工作人员。主观方面表现为故意，犯罪动机是徇私情、私利。

（3）处罚。3年以下有期徒刑或者拘役。

二十八、失职造成珍贵文物损毁、流失罪（第419条）

（1）概念。国家机关工作人员严重不负责任，造成珍贵文物[①]损毁或者流失，后果严重的行为。

（2）犯罪构成特点。客体为国家机关的正常活动。国家机关工作人员违反工作纪律、规章制度，擅离职守不尽职责义务，或者不正确履行职责义务，造成珍贵文物损毁或者流失。本罪是结果犯，严重不负责任的行为必须后果严重，才构成犯罪。主体为特殊主体，具体指负有管理、保护文物职责的国家机关工作人员。主观方面只能由过失构成，故意不构成本罪。

（3）处罚。3年以下有期徒刑或者拘役。

【引例评析】

解答问题（1）：被告人的辩护予以驳回。这里涉及罪与非罪问题。公诉人出具的大量书证、证人证言以及被告人许某所作供述等均已证实，被告人许某身为国家机关工作人员，在担任中共宁波市委书记、市长期间，为徇私情而不正确履行职责，致使公共财产、国家和人民利益遭受特别重大损失，符合犯罪的基本特征，事实清楚，证据确实、充分，其行为已构成滥用职权罪，故其辩护不能成立。

解答问题（2）：检察机关起诉书使用《刑法》第397条第2款并无不妥。这里涉及犯罪行为的时间及刑法的溯及力问题。被告人的辩护人提出应适用1979年《刑法》有关规定（第187条玩忽职守罪，5年以下有期徒刑或拘役），经查，被告人许某滥用职权的行为开始于1994年延续至1999年即1997年《刑法》施行后，且被告人因多次接受其妻、儿的请托而滥用职权，致使公共财产遭受特别重大损失（十多亿元），故应适用1997年《刑法》第397条第2款的规定。

解答问题（3）：从重处罚。许某属于国家机关工作人员徇私舞弊、滥用职权，他所交代的犯罪事实在案发前已被有关部门掌握，故不能认定为自首，不具备法定减轻情节；同时许某犯罪情节特别严重，造成恶劣的社会影响，故依照《刑法》第397条第2款之规定，以滥用职权罪一审判处其有期徒刑10年。

---

① 珍贵文物，是指具有重要历史、艺术、科学价值的文物，主要包括国家规定的一、二级文物，三级文物要确定为珍贵文物的，应经国家文物鉴定委员会确认。

【课后作业】

1. 名词解释

国家秘密　渎职罪　滥用职权罪　玩忽职守罪　故意泄露国家秘密罪　徇私枉法罪　民事、行政枉法裁判罪　枉法仲裁罪　私放在押人员罪　徇私舞弊判刑、假释、暂予监外执行罪　食品监管渎职罪

2. 思考题

（1）徇私枉法罪与包庇罪有何区别?

（2）滥用职权罪与玩忽职守罪有何区别?

【自测案例】

被告人古某，原任某区财政局长、区经济技术开发有限公司董事长。2004 年 10 月，被告人古某在任职期间，代表区经济开发公司与广东 A 网络有限公司股东王某洽谈购买其所持有的该公司部分股权过程中，严重不负责任，轻信对方所言公司很快将在深圳证券上市，没有进行任何的咨询、论证和核实，就于 10 月 23 日与王某签订了购买股权协议，并于 10 月 24 日、11 月 18 日分两次向王某指定的公司账户上汇入协议规定的 1 500 万元。协议履行后，该公司未能按约上市，王某也未按约定回购股权，导致 1 500 万元国有资产被骗。目前除追回 50 万元外，尚有 1 450 万元国有资金至今未被追回。问：古某的行为构成何罪？为什么？

【拓展阅读】

1. 任彦君．渎职罪的司法适用．北京：中国方正出版社，2009.

2. 贾济东．渎职罪构成研究：修订版．北京：知识产权出版社，2007.

3. 刘志高．司法工作人员渎职犯罪基本问题研究．上海：上海社会科学院出版社，2008.

4. 有关刑事法律、政策的最新规定以及理论、实践的最新成果。

单元十一

军人违反职责罪

【知识目标】

理解军人违反职责罪的概念和特征；掌握阻碍执行军事职务罪等7个重点罪名的犯罪构成、认定及其处罚规定；理解战时违抗命令罪等24个次重点罪名的主要特征与处罚规定。

【能力目标】

能在司法实践中正确认定军人违反职责行为的罪与非罪，区分此罪与彼罪以及重罪与轻罪。

【内容结构表】

军人违反职责罪	概述	概念	军人违反职责，危害国家军事利益，依法应受刑罚处罚的行为	特征	客体为国家的军事利益；客观方面表现为行为犯；主观方面多为故意；主体为特殊主体	范围	《刑法》第420条至451条，共计31个罪名
	重点罪名（7）	阻碍执行军事职务罪，军人叛逃罪，非法获取军事秘密罪，为境外窃取、刺探、收买、非法提供军事秘密罪，故意泄露军事秘密罪，逃离部队罪，武器装备肇事罪					
	次重点罪名（24）	战时违抗命令罪，隐瞒、谎报军情罪，拒传、假传军令罪，投降罪，战时临阵脱逃罪，擅离、玩忽军事职守罪，指使部属违反职责罪，违令作战消极罪，拒不救援友邻部队罪，过失泄露军事秘密罪，战时造谣惑众罪，战时自伤罪，擅自改变武器装备编配用途罪，盗窃、抢夺武器装备、军用物资罪，非法出卖、转让武器装备罪，遗弃武器装备罪，遗失武器装备罪，擅自出卖、转让军队房地产罪，虐待部属罪，遗弃伤病军人罪，战时拒不救治伤病军人罪，战时残害居民、掠夺居民财产罪，私放俘虏罪，虐待俘虏罪					

项目一　重点罪名

基本任务：理解、记忆7个重点罪名的犯罪构成及其处罚规定，并能在实践中熟练掌握其定罪与量刑。

【引例】被告人张某，重庆某部队干部。某次与本部队战士李某一起到外地执行押运任务时，因张某酒后违反规定使用手枪走火，李某被打成重伤致残。事发后，部队承担了李某的医疗费用，但没有将张某交由司法机关处理，案发当年年底，部队在支付一笔医疗补助费用后安排李某退伍。李某对此不服，执意不去地方报到，多次向重庆军事检察院寄送控告申诉材料。经调查了解，发现李某反映的情况基本属实，军事检察院立即要求张某所在部队保卫部门说明不立案理由，不久保卫部门对张某进行立案侦查并提出公诉。问：张某的行为是否构成犯罪？如果构成犯罪，何罪？张某是否应承担被害人李某的民事赔偿责任？

【原理精读】

一、阻碍执行军事职务罪

（一）概念

阻碍执行军事职务罪，是指军人[1]以暴力、威胁方法阻碍指挥人员或者值班、值勤人员执行职务的行为。

（二）犯罪构成

（1）客体是部队的指挥、值班、值勤秩序。

（2）客观方面表现为行为人以暴力、威胁方法，阻碍指挥人员或者值班、值勤人员执行职务的行为。暴力是指实施殴打、捆绑、伤害等人身侵袭。威胁是指以杀害、捆绑、伤害等暴力方法相威胁。执行职务是指部队的指挥人员、值班或值勤人员正在履行的特定职责。

（3）主观方面表现为故意。

（4）主体为特殊主体，即现役军人。

（三）认定

1. 罪与非罪的界限

关键看两点：是否故意阻挠军队指挥、值班、值勤人员执行职务；是否因实施了暴力、威胁手段而发生指挥、值班、值勤人员停止、放弃、变更执行职务或无法执行职务的后果。

2. 此罪与彼罪的界限

（1）阻碍执行军事职务罪与阻碍军人执行职务罪。①主体范围不同：本罪是特殊主体（军人）；后罪是一般主体。②犯罪对象不同：本罪是部队的指挥人员或值班、值勤人员；后罪是军人。

（2）阻碍执行军事职务罪与妨害公务罪。①主体范围不同：本罪是特殊主体（军人）；后罪是一般主体。②侵害的客体不同：本罪是军职任务的正常执行活动；后罪是社会管理秩序。③犯罪对象不同：本罪是军队的指挥人员、值班人员、值勤人员；后罪是国家机关工作人员。

---

① 根据《中华人民共和国刑法》第450条的规定，军人包括两类人员：一是现役军人，包括中国人民解放军和中国人民武装警察部队的现役军官（警官）、文职干部、士兵和具有军籍的学员。二是执行军事任务的预备役人员和其他人员。预备役人员指编入民兵组织或者经过登记服预备役的地方人员。其他人员是指执行作战、支前、战场救护等军事任务的军内在编职员以及临时征用或受委托执行军事任务的地方人员。

（3）阻碍执行军事职务罪与聚众扰乱社会秩序罪。①主体范围不同：本罪是特殊主体（军人）；后罪是一般主体。②侵害的客体不同：本罪是军队任务的正常执行活动，即军事利益；后罪是社会秩序。③犯罪对象不同：本罪是军队的指挥、值班、值勤人员；后罪是特定的机关、单位等。④犯罪手段不尽相同：本罪是暴力、威胁方法；后罪是暴力袭击、强行侵占、冲击、哄闹等。⑤犯罪结果不同：本罪不一定造成具体的危害结果；后罪必须是情节严重并使国家、军队、社会遭受严重损失。

（四）处罚

根据《刑法》第426条的规定，犯本罪的，处5年以下有期徒刑或者拘役；情节严重的，处5年以上10年以下有期徒刑；情节特别严重的，处10年以上有期徒刑或者无期徒刑[①]。战时从重处罚。

【法律链接】

《中华人民共和国刑法》（1997）第426条＊。

二、军人叛逃罪

（一）概念

军人叛逃罪，是指军人在履行公务期间，擅离职守，叛逃境外或者在境外叛逃，危害国家军事利益的行为。

（二）犯罪构成

（1）客体是国家的军事利益和军人的忠诚义务。

（2）客观方面表现为行为人在履行公务期间，擅离职守，叛逃境外或者在境外叛逃，危害国家军事利益的行为。叛逃是指出于某种目的，逃往国外、境外不归或者利用境外履行公务之机，擅离职守或与派出机构脱离关系，滞留国外，以及逃往外国驻华使领馆的行为。

（3）主观方面表现为故意。

（4）主体为正在履行公务的军人。

（三）认定

1. 罪与非罪的界限

关键看三点：第一，是否在履行公务期间擅离岗位出逃；第二，是否为军人；第三，是否有危害国家军事利益。三者缺一不可。

2. 此罪与彼罪的界限

（1）军人叛逃罪与逃离部队罪。①侵害客体不同：本罪是国防安全秩序；后罪是兵役秩序。②逃往地域范围不同：本罪必须逃亡到境外；后罪不要求逃往境外。③主观方面不同：本罪是背叛国家的目的；后罪是逃避服兵役的目的。

（2）军人叛逃罪与投敌叛变罪。①主观目的不同：本罪不要求有明确的犯罪目的；后罪具有危害国家安全的目的。②行为目的地不同：本罪是非敌对国家或地区；后罪是敌对国家或地区。③主体不同：本罪是正在履行公务的军人；后罪是中国公民。

① 《中华人民共和国刑法修正案（九）》取消本罪死刑。

（四）处罚

根据《刑法》第430条的规定，犯本罪的，处5年以下有期徒刑或者拘役；情节严重的，处5年以上有期徒刑；驾驶航空器、舰船叛逃的，或者有其他特别严重情节的，处10年以上有期徒刑、无期徒刑或者死刑。

【法律链接】

《中华人民共和国刑法》（1997）第430条＊。

三、非法获取军事秘密罪

（一）概念

非法获取军事秘密罪，是指军人以窃取、刺探、收买方法，非法获取军事秘密[①]的行为。

（二）犯罪构成

（1）客体是国家军事保密制度。

（2）客观方面表现为行为人违反国家和军队的保密规定，采取窃取、刺探、收买方法，非法获取军事秘密的行为。窃取是指以秘密手段非法获取。刺探是指以收集、探听、侦察、观察等手段获取。收买是指以金钱、物质等利益向知秘人换取。

（3）主体为特殊主体（军人）。

（4）主观方面表现为故意，并具有非法获取军事秘密的目的。

（三）认定

1. 罪与非罪的界限

关键看成三点：第一，是否使用窃取、刺探、收买方法；第二，是否为军人；第三，是否获取军事秘密。

2. 此罪与彼罪的界限

非法获取军事秘密罪与非法获取国家秘密罪。①主体范围不同：本罪是特殊主体（军人）；后罪是一般主体。②犯罪对象不同：本罪是军事秘密；后罪是国家秘密。

（三）处罚

根据《刑法》第431条第1款的规定，犯本罪的，处5年以下有期徒刑；情节严重的，处5年以上10年以下有期徒刑；情节特别严重的，处10年以上有期徒刑。

【法律链接】

《中华人民共和国刑法》（1997）第431条第1款＊。

四、为境外窃取、刺探、收买、非法提供军事秘密罪

（一）概念

为境外窃取、刺探、收买、非法提供军事秘密罪，是指军人为境外机构、组织、人员[②]窃取、刺探、收买、非法提供军事秘密的行为。

---

① 军事秘密，是指在一定时间内只限于一定范围的人员知悉的有关国防安全的事项，如军事部署、国防尖端技术等等。

② 境外机构、组织、人员，是指境外企图收集我国军事秘密的一切机构、组织和人员。

（二）犯罪构成

（1）客体是国家军事秘密的保密制度。

（2）客观方面表现为实施了为境外的机构、组织、人员窃取、刺探、收买、非法提供军事秘密的行为。非法提供是指违反《保守国家秘密法》的规定，未经批准，擅自把国家军事秘密提供给境外机构、组织和人员。

（3）主体为特殊主体（军人）。

（4）主观方面表现为直接故意，即知道或者应当知道对方是境外组织、机构、人员，还要将国家秘密、情报告知。

（三）认定

1. 罪与非罪的界限

关键看两点：一是行为人是否知道或应当知道对象是军事秘密；二是行为人是否为境外组织机构、组织、人员服务。

2. 此罪与彼罪的界限

（1）为境外窃取、刺探、收买、非法提供国家军事秘密罪与为境外窃取、刺探、收买、非法提供国家秘密情报罪。①犯罪对象的范围不同：本罪是国家军事秘密；后罪是国家秘密、情报。②主体不同：本罪是特殊主体（军人）；后罪是一般主体。③犯罪客体不同：本罪是军队的作战利益；后罪是中华人民共和国的国家安全。

（2）为境外窃取、刺探、收买、非法提供军事秘密罪与间谍罪。①行为服务对象不同：本罪是间谍组织及其代理人之外的境外、机构、组织、人员；后罪是间谍组织及其代理人。②犯罪对象的范围不同：本罪是军事秘密；后罪是国家秘密与情报、为敌人指示的轰炸目标、间谍组织派遣任务的对象。

（四）处罚

根据《刑法》第431条第2款的规定，犯本罪的，处10年以上有期徒刑、无期徒刑或者死刑。

【法律链接】

《中华人民共和国刑法》（1997）第431条第2款*。

五、故意泄露军事秘密罪

（一）概念

故意泄露军事秘密罪，是指军人违反保守国家秘密法规，故意泄露国家军事秘密，情节严重的行为。

（二）犯罪构成

（1）客体是国家军事秘密的保密制度。

（2）客观方面表现为行为人违反保守国家秘密的法规，故意泄露国家军事秘密，情节严重的行为。泄露是指以口头、书面、互联网络或其他方式，使不应知悉的人知悉的行为。情节严重是指泄露大量或重要的军事秘密，或泄露手段恶劣，或导致国家军事利益遭受重大损失等情形。

（3）主体为特殊主体，即现役军人。非军人泄露军事秘密，应以《刑法》第398条规定的故意泄露国家秘密罪定罪处罚。

（4）主观方面表现为故意。

（三）认定

1. 罪与非罪的界限

关键看三点：是否军人犯罪；是否为泄露军事秘密；是否情节严重。

2. 此罪与彼罪的界限

故意泄露军事秘密罪与故意泄露国家秘密罪。①主体范围不同：本罪是特殊主体（军人）；后罪是一般主体。②犯罪对象不同：本罪是军事秘密；后罪是国家秘密。

（四）处罚

根据《刑法》第432条的规定，犯本罪的，处5年以下有期徒刑或者拘役；情节特别严重的，处5年以上10年以下有期徒刑。战时犯本罪的，处5年以上10年以下有期徒刑；情节特别严重的，处10年以上有期徒刑或者无期徒刑。

【法律链接】

1.《中华人民共和国刑法》(1997) 第432条第1款*。

2. 最高人民检察院《关于人民检察院直接受理立案侦查案件立案标准的规定（试行）》(1999)。

六、逃离部队罪

（一）概念

逃离部队罪，是指军人违反兵役法规，逃离部队，情节严重的行为。

（二）犯罪构成

（1）客体是国家的兵役制度。

（2）客观方面表现为行为人违反兵役法规，逃离部队，情节严重的行为。违反兵役法规是指违反《兵役法》等法规有关公民履行服兵役义务的规定。逃离部队是指逃避兵役，擅自离队或请假后逾期拒不归队。情节严重是指逃离部队3个月以上或3次以上；担任重要职责的人员逃离的；组织他人逃离的；在执行重要任务时逃离的等等。

（3）主体为现役军人。

（4）主观方面表现为故意，并有脱离部队，逃避兵役的目的。

（三）认定

1. 罪与非罪的界限

区别的关键在于逃离部队的行为情节是否严重。对于情节不严重的逃离部队的行为，应当按违反军纪处理。

2. 此罪与彼罪的界限

（1）逃离部队罪与临阵脱逃罪。①发生时间不同：本罪是平时和没有作战任务的战时；后罪是面临作战任务的战时。②目的不同：本罪是逃避继续服兵役；后罪是逃避面临的作战任务，动机是贪生怕死。

（2）逃离部队罪与擅离军事职守罪。①主观方面不同：本罪是故意犯罪；后罪是过失犯罪。②主体范围不同：本罪是所有现役军人；后罪是指挥人员和值班、值勤人员。③犯罪客体不同：本罪是现役军人依法服兵役的职责要求；后罪是指挥和值班、值勤人员的特殊职责要求。④情节严重程度不同：本罪不要求已造成严重后果；后罪必须已造成严重后果。

（3）逃离部队罪与军人叛逃罪。①主观目的不同：本罪是逃避服役；后罪是背叛祖国。②逃离地域不同：本罪是逃离部队；后罪是逃至境外。

3. 一罪与数罪的界限

关键看军人逃离部队的行为情节严重程度。若军人逃离部队的行为本身已情节严重，构成逃离部队罪的，应与其又实施的其他犯罪行为进行数罪并罚；如果军人逃离部队的行为本身没有严重的情节，可将逃离部队作为其他犯罪行为从重处罚的情节，不再定逃离部队罪。军人叛逃的行为本身必然包含了逃离部队的行为。因此，在适用法律上，应根据重罪吸收轻罪的原则，以军人叛逃罪论处，不能再定逃离部队罪实行并罚。

（四）处罚

根据《刑法》第435条的规定，犯本罪的，处3年以上7年以下有期徒刑。

【法律链接】

1.《中华人民共和国刑法》(1997) 第435条*。

2. 最高人民法院、最高人民检察院《关于对军人非战时逃离部队的行为能否定罪处罚问题的批复》(2000)。

七、武器装备肇事罪

（一）概念

武器装备肇事罪，是指军人违反武器装备[1]的使用规定，情节严重，因而发生责任事故，致人重伤、死亡或者造成其他严重后果的行为。

（二）犯罪构成

（1）客体是国家关于武器装备的使用制度。

（2）客观方面表现为行为人违反武器装备使用规定，情节严重，因而发生责任事故，致人重伤、死亡或者造成其他严重后果的行为。使用规定是指国家或者军事主管部门制定的关于武器装备的操作规程、安全规范和制度等。情节严重是指故意违反武器装备使用规定，或者严重不负责任，或者擅自使用武器装备等情形。

（3）主体为特殊主体，即军人。

（4）主观方面表现为过失，即行为人对行为可能引起责任事故是过失，但对违反武器装备使用规定则可能是明知故犯。

（三）认定

1. 罪与非罪的界限

关键看三点：犯罪对象是否属于武器装备；是否实施了违反武器装备使用规定的行为；是否发生责任事故（致人重伤、死亡或者造成其他严重后果）。

2. 此罪与彼罪的界限

（1）武器装备肇事罪与重大责任事故罪。①主体不同：本罪是现役军人；后罪是工矿、企业等单位的直接责任人员。②行为场合不同：本罪是对武器装备的操作、使用、维修、保养的过程中；后罪是工矿、企业的生产、作业过程中。③侵犯的客体不同：本罪是国家关于武器装备的使用制度；后罪是国家关于安全生产的管理制度。

（2）武器装备肇事罪与交通肇事罪。①主体不同：本罪是军职人员；后罪是一般

① 武器装备，是指部队用于实施和保障对敌打击和防御的武器系统和军事技术装备，如枪械、火炮、战车、导弹、弹药、爆炸物、坦克、战机、舰艇、通讯、电子对抗装备、防化、防空等技术装备。

主体。②侵犯的客体不同：本罪是武器装备的使用规定和操作规程；后罪是交通运输规章制度。③行为场合不同：本罪是驾驶军用装备车辆；后罪是一般车辆。军职人员仅仅是违反交通运输规章制度而发生重大事故，应以交通肇事罪定罪处罚。

（四）处罚

根据《刑法》第436条的规定，犯本罪的，处3年以下有期徒刑或者拘役；后果特别严重的，处3年以上7年以下有期徒刑。

【法律链接】

《中华人民共和国刑法》（1997）第436条*。

【实务操练】

一、示范引导训练

案例：见前面的【引例】。

基本步骤：

1. 学生集体阅读案例。
2. 教师提出问题。
3. 教师引导分析。

问题（1）：考虑犯罪的基本特征、犯罪构成。

问题（2）：考虑张某肇事造成李某重伤的行为与所在部队有无因果关系以及张某有无赔偿能力。

4. 教师总结。

具体见本单元后面的【引例评析】。

二、学生互动训练

基本步骤：

1. 按问题需要对学生进行分组。
2. 以组为单位让学生自行开展讨论。
3. 各组学生内部选出代表拟订应答方案。
4. 各组代表应答，阐述观点及其理由。
5. 学生自我评价实训效果。
6. 教师简要点评与总结。

项目二　次重点罪名

基本任务：理解与了解24个次重点罪名的主要特征与处罚规定。

一、战时违抗命令罪（第421条）

（1）概念。军人在战时[①]故意违背、抗拒执行上级命令，对作战造成危害的行为。

① 战时，是指国家宣布进入战争状态、部队受领作战任务或者遭敌突然袭击时，部队执行戒严任务或处置突发性暴力事件时，以战时论。

（2）犯罪构成特点。客体为作战指挥秩序。违背、抗拒命令是指战时违背、抗拒执行上级命令或拖延执行上级作战命令，或不按命令的具体要求执行；对作战造成危害是指违抗作战命令，扰乱了作战部署，贻误了战机，造成作战任务不能完成、或迟延完成，或者造成人员伤亡、装备重大损失等等。主体是现役军人。主观表现为故意。

（3）处罚。3 年以上 10 年以下有期徒刑；致使战斗、战役遭受重大损失的，处 10 年以上有期徒刑、无期徒刑或者死刑。

二、隐瞒、谎报军情罪（第 422 条）

（1）概念。故意隐瞒、谎报军情，对作战造成危害的行为。

（2）犯罪构成特点。客体为作战秩序。隐瞒军情是指将应当向首长、上级报告的军事情况隐瞒不报；谎报军情是指用编造或者篡改的军事情况欺骗首长、上级。隐瞒军情与谎报军情是选择性行为，实施其中之一即可构成本罪。主体是特殊主体，即军人，一般是指负有报告军事情况职责的军人。主观方面表现为故意。

（3）处罚。3 年以上 10 年以下有期徒刑；致使战斗、战役遭受重大损失的，处 10 年以上有期徒刑、无期徒刑或者死刑。

三、拒传、假传军令罪（第 422 条）

（1）概念。拒传军令罪，是指在战时明知是与作战有关的命令、指示等而故意拒绝传递的行为；假传军令罪，是指军人战时伪造、篡改军事命令并予以传达或发布，对作战造成危害的行为。

（2）犯罪构成特点。客体为作战指挥秩序。军令是指与部队军事行动有关的命令。主体为特殊主体，即军人。在司法实践中，犯拒传军令罪的主要是负有传递军令职责的军人。主观方面表现为故意。

（3）处罚。3 年以上 10 年以下有期徒刑；致使战斗、战役遭受重大损失的，处 10 年以上有期徒刑、无期徒刑或者死刑。

四、投降罪（第 423 条）

（1）概念。在战场上，贪生怕死，自动放下武器，投降敌人的行为。

（2）犯罪构成特点。客体为军人的作战义务。自动放下武器是指有能力作战而不作战自动放弃抵抗的行为；投降是指放下武器向敌对一方表示屈服的行为。主体是特殊主体，即军人。主观方面表现为故意。

（3）处罚。3 年以上 10 年以下有期徒刑；情节严重的，处 10 年以上有期徒刑或者无期徒刑；投降后为敌人效劳的，处 10 年以上有期徒刑、无期徒刑或者死刑。

五、战时临阵脱逃罪（第 424 条）

（1）概念。在战时，因贪生怕死，畏惧战斗，脱离战斗岗位，逃避战斗的行为。

（2）犯罪构成特点。客体为军人的作战义务。临阵包含两种情况：一种是在战场上或战斗中；另一种情况是指部队虽然尚未进入战斗，但已受领战斗任务，正待命出击的场合下。主体是特殊主体，即参战的军人。主观方面表现为故意，并且有贪生怕死，畏惧战斗的动机。

（3）处罚。3 年以下有期徒刑；情节严重的，处 3 年以上 10 年以下有期徒刑；致使战斗、战役遭受重大损失的，处 10 年以上有期徒刑、无期徒刑或者死刑。

六、擅离、玩忽军事职守罪（第 425 条）

（1）概念。部队的指挥人员和值班、值勤人员，擅自离开自己的指挥、值班、值勤岗位，或者在履行职责时，严重不负责任，因而造成严重后果的行为。

（2）犯罪构成特点。客体为我国人民民主专政的国家政权与社会主义制度安全。擅离职守是指行为人擅自离开正在履行职责的岗位。玩忽职守是指行为人在职责岗位上严重不负责任而不履行或不正确履行职责。严重后果是指擅离职守或玩忽职守造成部队军事利益的重大损失，如贻误战机，造成战斗失利，或重大人员伤亡，或武器装备、军事设施的重大损失等等。主体是特殊主体，即部队的指挥人员和正在值班、值勤的人员。主观方面表现为过失。

（3）处罚。3 年以下有期徒刑或者拘役；造成特别严重后果的，处 3 年以上 7 年以下有期徒刑；战时犯本罪的，处 5 年以上有期徒刑。

七、指使部属违反职责罪（第 427 条）

（1）概念。滥用职权，指使部属进行违反职责的活动，造成严重后果的行为。

（2）犯罪构成特点。客体为正当行使指挥权的秩序。指使部属进行违反职责的活动，是指指使部属实施违反军人的共同职责、一般职责和专业职责的行为。严重后果通常包括造成人员重伤、死亡的，造成重要武器装备、军事设施、军用物资严重毁损及其他严重责任事故的，影响部队完成重要任务的，引起严重事端的等。主体为特殊主体，指军队中的各级首长和其他有权指挥他人的人员。主观方面表现为过失。

（3）处罚。造成严重后果的，处 5 年以下有期徒刑或者拘役；情节特别严重的，处 5 年以上 10 年以下有期徒刑。

八、违令作战消极罪（第 428 条）

（1）概念。指挥人员违抗命令，临阵畏缩，作战消极，造成严重后果的行为。

（2）犯罪构成特点。客体为军人参战秩序。主体为特殊主体，即指挥人员，指在部队对作战、训练、施工、抢险、救灾等活动及日常行政管理实施组织领导的人员。主观方面是直接故意。

（3）处罚。造成严重后果的，处 5 年以下有期徒刑；致使战斗、战役遭受重大损失或者有其他特别严重情节的，处 5 年以上有期徒刑。

九、拒不救援友邻部队罪（第 429 条）

（1）概念。在战场上明知友邻部队处境危急请求救援，能救援而不救援，致使友邻部队遭受重大损失的行为。

（2）犯罪构成特点。客体为战场上的友邻关系。处境危急是指被敌人包围、追击或者阵地将被攻陷等紧急情况。主体为特殊主体，即指挥人员。主观方面表现为故意。

（3）处罚。5 年以下有期徒刑。

十、过失泄露军事秘密罪（第432条第2款）

（1）概念。违反保守国家秘密法规，过失泄露军事秘密，情节严重的行为。

（2）犯罪构成特点。客体为军事秘密的安全。情节严重包括机要、保密人员或者其他负有特殊保密义务的人员泄密的，战时泄密的，执行特殊任务时泄密的，泄露重要或者大量军事秘密的，因泄密造成严重后果的，泄密后隐情不报或者未及时采取补救措施的等。主体为军人。主观方面由过失构成。

（3）处罚。5年以下有期徒刑或者拘役；5年以上10年以下有期徒刑。战时犯本罪的，处5年以上10年以下有期徒刑；情节特别严重的，处10年以上有期徒刑或者无期徒刑。

十一、战时造谣惑众罪（第433条；修正案九）

（1）概念。战时造谣惑众、动摇军心的行为。

（2）犯罪构成特点。客体为战时宣传舆论秩序。造谣惑众、动摇军心，是指战时在部队中公开或者私下用口头或者通过文字、图像、计算机网络或者其他途径，故意制造、散布谎言，煽动怯战、厌战或者恐怖情绪，蛊惑官兵，造成或者足以造成部队情绪恐慌，士气不振，军心涣散。主体为特殊主体，即军人。主观方面为故意。

（3）处罚。3年以下有期徒刑；情节严重的，3年以上10年以下有期徒刑。情节特别严重的，处10年以上有期徒刑或者无期徒刑。①

十二、战时自伤罪（第434条）

（1）概念。在战时为了逃避履行军事义务而伤害自己身体的行为。

（2）犯罪构成特点。客体为部队的作战利益和军人战时履行军事义务的秩序。自伤是指行为人故意伤害自己身体，行为人因过失而伤害自己身体的误伤不构成本罪。主体为特殊主体，即军人。主观方面表现为故意，并具有逃避军事义务的目的。

（3）处罚。3年以下有期徒刑；3年以上7年以下有期徒刑。

十三、擅自改变武器装备编配用途罪（第437条）

（1）概念。违反武器装备管理规定，未经有权机关批准而自行将编配的武器装备改作其他用途，造成严重后果的行为。

（2）犯罪构成特点。客体为武装部队的武器编配、用途的相关规定、制度，危害人的生命安全、国防利益。客观方面表现为军职人员未经请示报告，在未经批准的情况下，擅自改变武器装备的编配、用途。主体为军人。主观方面为故意。

（3）处罚。3年以下有期徒刑或者拘役；3年以上7年以下有期徒刑。

十四、盗窃、抢夺武器装备、军用物资罪（第438条）

（1）概念。采取盗窃或者抢夺的方法，非法占有武器装备或者军用物资的行为。

（2）犯罪构成特点。客体为国家武装部队对武器装备、军用物资的所有权，武装

① 《中华人民共和国刑法修正案（九）》取消本罪死刑。

部队对武器装备、军用物资的使用权、管理权和武装部队战斗力的物质保障权。客观方面表现为军职人员对部队的武器装备、军用物资的盗窃抢夺。主体为特殊主体，即行为人必须具备军职人员身份。主观方面表现为故意。

（3）处罚。5年以下有期徒刑或者拘役；5年以上10年以下有期徒刑；10年以上有期徒刑、无期徒刑或者死刑。盗窃、抢夺枪支、弹药、爆炸物的，按《刑法》第127条处罚。

十五、非法出卖、转让武器装备罪（第439条）

（1）概念。非法出卖、转让军队武器装备的行为。

（2）犯罪构成特点。客体为武器装备的管理、使用制度。客观方面表现为未经军队有权机关批准，擅自出卖、转让行为人依法配置、掌管和使用的军用武器装备。主体为特殊主体，即中国人民解放军的现役军官、文职干部、士兵及具有军籍的学员和中国人民武装警察部队的现役警官、文职干部、士兵及具有军籍的学员以及执行军事任务的预备役人员和其他人员。主观方面表现为故意。

（3）处罚。3年以上10年以下有期徒刑；10年以上有期徒刑、无期徒刑或者死刑。

十六、遗弃武器装备罪（第440条）

（1）概念。违背命令，遗弃武器装备的行为。

（2）犯罪构成特点。客体为武器装备的管理、使用制度。客观方面表现为负有履行保管武器装备的义务，有能力承担保管武器装备的能力而拒不履行保管义务。主体为特殊主体，即军职人员。主观方面是故意。

（3）处罚。5年以下有期徒刑或者拘役；遗弃重要或者大量武器装备的，或者有其他严重情节的，处5年以上有期徒刑。

十七、遗失武器装备罪（第441条）

（1）概念。遗失武器装备，不及时报告或者有其他严重情节的行为。

（2）犯罪构成特点。客体为武器装备的使用制度。遗失是指在武器装备的操作、使用、维护、保养运送等过程中，因疏忽大意或者过于轻信而造成武器装备丢失。不及时报告是指根据军队有关规定，丢失武器装备后在一定期限内不如实向上级报告，或者因其谎报行为致使上级领导误信武器装备没有丢失，而丧失追查、寻找的机会。主体为特殊主体，即军人。主观方面表现为过失。

（3）处罚。3年以下有期徒刑或者拘役。

十八、擅自出卖、转让军队房地产罪（第442条）

（1）概念。违反规定，擅自出卖、转让军队房地产，情节严重的行为。

（2）犯罪构成特点。客体为房地产管理制度。客观方面表现为未经有权机关依法审批，有偿或者无偿改变军队土地、房屋、国防工程设施、林木的产权关系。主体为特殊主体，是军队各单位的主管人员和负有房地产管理职责的人员。主观方面表现为故意。

（3）处罚。直接责任人员，处3年以下有期徒刑或者拘役；情节特别严重的，处3年以上10年以下有期徒刑。

十九、虐待部属罪（第443条）

（1）概念。处于领导岗位的军职人员滥用职权，对部属进行精神上的折磨或肉体上的摧残，情节恶劣，致人重伤或者造成其他严重后果的行为。

（2）犯罪构成特点。客体为我军官兵一致、平等相待的军人之间的相互关系。主体为特殊主体，指处于领导岗位的军职人员。主观方面表现为故意。

（3）处罚。5年以下有期徒刑或者拘役；致人死亡的，处5年以上有期徒刑。

二十、遗弃伤病军人罪（第444条）

（1）概念。在战场上故意将我方伤病军人弃置不顾，情节恶劣的行为。

（2）犯罪构成特点。客体为我军的战场救护秩序。客观方面表现为有条件抢救的伤病军人弃置不顾不予抢救。主体为特殊主体，且为军人之中的直接责任人员。主观方面表现为故意。

（3）处罚。情节恶劣的，对直接责任人员，处5年以下有期徒刑。

二十一、战时拒不救治伤病军人罪（第445条）

（1）概念。负有救护治疗责任的军职人员战时在救护治疗职位上，有条件救治而拒不救治危重伤病军人的行为。

（2）犯罪构成特点。客体为我军的战场救护秩序。主体为军队医务人员，一般是负有救护治疗职责的军职人员。主观方面表现为故意。

（3）处罚。5年以下有期徒刑或者拘役；造成伤病军人重残、死亡或者有其他严重情节的，处5年以上10年以下有期徒刑。

二十二、战时残害居民、掠夺居民财产罪（第446条）

（1）概念。战时在军事行动地区，残害无辜居民或者掠夺无辜居民财物的行为。

（2）犯罪构成特点。客体为战时群众工作秩序。客观方面表现为以暴力、胁迫等方式，抢劫、抢夺无辜居民财物的行为。主体为特殊主体，指参加军事行动的军职人员。主观方面表现为故意且是直接故意。

（3）处罚。5年以下有期徒刑；5年以上10年以下有期徒刑；10年以上有期徒刑、无期徒刑或者死刑。

二十三、私放俘虏罪（第447条）

（1）概念。违反战场纪律，把被俘的敌方人员擅自放走的行为。

（2）犯罪构成特点。客体为我军的俘虏管理制度。客观方面表现为未经批准，擅自将俘虏放走，使其脱离我方的控制。主体为特殊主体，主要是对俘虏有管理责任的军职人员，也可以是其他军职人员。主观方面表现为故意。

（3）处罚。私放俘虏的，处5年以下有期徒刑；私放重要俘虏、私放俘虏多人或者有其他严重情节的，处5年以上有期徒刑。

二十四、虐待俘虏罪（第448条）

（1）概念。对被我军俘获不再进行反抗的敌方人员，实施虐待，情节恶劣的行为。

（2）犯罪构成特点。客体为我军的俘虏管理制度。虐待的对象必须是俘虏。虐待行为一般表现为侮辱人格、不人道的生活待遇。主体为特殊主体，且主要是对俘虏有管理责任的军职人员。也可以是其他军职人员，主观方面表现为故意。

（3）处罚。3年以下有期徒刑。

【引例评析】

解答问题（1）：构成武器装备肇事罪。这里涉及罪与非罪问题。本案中，张某在外出执勤期间，酒后玩枪走火致战士李某重伤，属于故意违反枪支管理规定，私自玩弄走火造成他人重伤的情形，情节比较恶劣，符合武器装备肇事罪的构成要件。

解答问题（2）：应承担民事赔偿责任。这里涉及张某的肇事行为与部队的关系及张某的赔偿能力问题。张某外出执勤期间违反军人职责和《内务条令》关于枪支使用的规定，肇事犯罪造成他人重伤结果的行为，与所在部队二者之间没有必然的因果关系，部队不应当为此承担其犯罪造成的民事赔偿责任。同时张某作为干部有工资收入，本人完全有能力承担因其违法犯罪行为所产生的民事责任。因此，张某应承担被害人李某的民事赔偿责任。

【课后作业】

1. 名词解释

阻碍执行军事职务罪　军人叛逃罪　非法获取军事秘密罪　为境外窃取、刺探、收买、非法提供军事秘密罪　故意泄露军事秘密罪　逃离部队罪　武器装备肇事罪

2. 思考题

军人叛逃罪与逃离部队罪有何区别？

【自测案例】

胡某，某边防战士。某日凌晨，胡某因欠钱太多，无颜面对即将来队看望他的父母，便乘站岗之机携带执勤用的81式半自动步枪一支和私藏的21发子弹逃离连队，进入他国境内，后来在企图越境回国时被邻国边防人员抓获。经过交涉，他国将其本人及枪、弹一并交还我方。问：胡某的行为构成何罪？一罪还是数罪？

【拓展阅读】

1. 黄林异，王小鸣．军人违反职责罪．北京：中国人民公安大学出版社，2003.

2. 卢树明．图解刑法罪名适用、贪污贿赂、渎职罪、军人违反职责罪：第五分册．北京：中国法制出版社，2012.

3. 最高人民检察院，解放军总政治部．军人违反职责罪案件立案标准的规定．2013－03－28.

4. 有关刑事法律、政策的最新规定以及理论、实践的最新成果。

参考文献

1. 马克昌 . 刑法学 . 北京：高等教育出版社，2003.

2. 王作富 . 刑法 . 北京：中国人民大学出版社，2004.

3. 王海涛 . 刑法修正案（六）罪名图解与案例参考 . 北京：中国法制出版社，2006.

4. 曲新久，陈兴良，等 . 刑法学 . 北京：中国政法大学出版社，2004.

5. 张明楷 . 刑法学 . 北京：法律出版社，2011.

6. 杨再明，汪力 . 刑法分论 . 重庆：重庆大学出版社，2005.

7. 周京英，陈鸿 . 刑法学分论 . 广州：暨南大学出版社，2010.

8. 杨春洗，杨敦先，郭自力 . 中国刑法论 . 北京：北京大学出版社，2011.

9. 赵秉志 . 刑法新教程. 北京：中国人民大学出版社，2012.

10. 赵秉志 . 刑法学 . 北京：中央广播电视大学出版社，2003.

11. 贺小电，翟玉华 . 刑法修正罪名精释 . 北京：法律出版社，2003.

12. 高铭暄，马克昌 . 刑法学 . 北京：北京大学出版社，2010.

13. 贾宇 . 刑法原理与实务 . 北京：中国政法大学出版社，2002.

14. 贾宇 . 刑法原理与实务 . 北京：中国政法大学出版社，2011.

15. 陶月娥，李云昭，舒和润 . 刑法教程 . 北京：中国人民公安大学出版社，2002.

16. 黄京平 . 刑法 . 北京：中国人民大学出版社，2005.

17. 黄京平 . 刑法 . 北京：中国人民大学出版社，2011.

18. 法律出版社法规中心 . 新刑法办案必携 . 北京：法律出版社，2006.

19. 全国人大常委会 . 中华人民共和国刑法修正案（一至九）.

20. 法律出版社法规中心 . 2013 学生常用法律手册：全科通用版 . 北京：法律出版社，2013.